应用型本科经管系列教材　金融投资类

证券投资学

主　编　吴平凡

副主编　郑云峰　梁中云
　　　　李　杰

厦门大学出版社
XIAMEN UNIVERSITY PRESS

国家一级出版社
全国百佳图书出版单位

图书在版编目（CIP）数据

证券投资学 / 吴平凡主编 ；郑云峰，梁中云，李杰
副主编. -- 厦门 ：厦门大学出版社，2025. 8. --（应
用型本科经管系列教材）. -- ISBN 978-7-5615-9814-6

Ⅰ. F830.91

中国国家版本馆 CIP 数据核字第 2025QR0355 号

责任编辑	宋杨萍
美术编辑	张雨秋
技术编辑	朱　楷

出版发行　厦门大学出版社

社　　址	厦门市软件园二期望海路 39 号
邮政编码	361008
总　　机	0592-2181111　0592-2181406(传真)
营销中心	0592-2184458　0592-2181365
网　　址	http://www.xmupress.com
邮　　箱	xmup@xmupress.com
印　　刷	厦门金凯龙包装科技有限公司

开本	787 mm×1 092 mm　1/16
印张	24.5
字数	471 千字
版次	2025 年 8 月第 1 版
印次	2025 年 8 月第 1 次印刷
定价	58.00 元

厦门大学出版社
微信二维码

厦门大学出版社
微博二维码

总 序

教育是强国建设、民族复兴之基。习近平总书记在 2024 年 9 月召开的全国教育大会上强调,紧紧围绕立德树人根本任务,朝着建成教育强国战略目标扎实迈进。《墨子·尚贤》有言:"国有贤良之士众,则国家之治厚;贤良之士寡,则国家之治薄。"培养什么人,是教育的首要问题。随着国家对高等教育质量提升和创新型人才培养的日益重视,应用型本科教育以其鲜明的职业导向和实践特色,成为培养未来经济社会所需高素质、高技能人才的关键阵地。作为连接理论与实践、促进经济社会发展的重要桥梁,经管学科始终站在时代的前沿,不断创新教育模式、更新教材建设。在快速变化的全球经济版图中,全国各地积极探索地方特色鲜明的应用型人才培养体系,努力为区域经济发展输送高质量的经管类人才。鉴于此,我们精心策划并编写了应用型本科经管系列教材,旨在响应国家教材建设要求,为推进建设中国特色、世界一流的教育提供坚强保障。

一、回应时代呼唤:抓住新机遇,迎接新挑战

习近平总书记指出,教育数字化是我国开辟教育发展新赛道和塑造教育发展新优势的重要突破口。教书育人既要体现时代精神,又要回答时代之问。当前,全球经济一体化加速推进,信息技术日新月异,新兴产业层出不穷,这些变化不仅深刻改变了经济社会的运行逻辑,也对经管教育提出了新的挑战。如何回应信息技术的发展,推进教育数字化,是我们面临的重大课题。为紧跟时代脉搏,牢牢把握当前时代特征赋予经管教育的新使命和新任务,本系列教材在形式上不再局限于纸质书本的内容,通过提供丰富的数字化教学资源来满足新时代的教学需求,包括在线学

习资源、微课视频、电子课件、题库测试等,探索数字技术赋能教材建设之路,持续推动经管教育数字化改革创新。

二、创新人才培养:锻造"新商科"人才,支撑新质生产力发展

新质生产力以科技创新为驱动力,以高水平人才为支撑。传统经管教育体系非常关注管理和营销、金融与投资、会计等维度的素养培训和提升,但容易形成学科领地和专业边界固化的"知识孤岛"。新质生产力的要素构成转变,对经管专业人才的素质和技能提出了新的要求。面向未来,经管教育的发展必须适应科技的变革和社会的真实需求。教材建设是育人育才的重要依托,我们邀请了来自高校、企业、行业协会等多方专家共同参与编写,确保教材内容既紧跟学术前沿,又有足够宽广的视野,助力培养和锻造一批具有多学科知识背景、多方面实践技能的"新商科"高水平复合型人才,直接服务现代化产业建设与中国高质量发展,着力打造中国经济的升级版。

三、定位教材特质:强化应用导向,注重实践能力

传统的经管类专业教材通常侧重于理论体系的完整性和逻辑性,而应用型本科教育更关注理论的实际应用性和操作性。为了更好地体现应用型本科教育的实践导向,本系列教材紧密围绕应用型本科教育的人才培养目标,坚持"理论够用、重在实践"的原则,力求在内容安排上实现理论性与实践性的有机结合。本系列教材在编写过程中不仅重视基础理论的系统性讲解,还特别注重理论在实际经济管理活动中的应用场景和操作方法。教材中不仅涵盖了经管领域的基础理论和核心知识,还融入了国内外优秀的经典教学案例,精选了大量真实企业的管理案例,分析了行业热点问题和研究了典型经济现象,旨在通过模拟真实的工作场景和解决实际问题,提升学生的综合素质和实践能力。

四、开阔教学视野:服务国家经济,面向国际合作

在全球经济一体化的背景下,企业的经营和管理已经超越了单一国

家的范围。这就需要应用型本科经管教育围绕服务国家战略需求,促进中国经济和管理教育事业发展,培养既深刻理解中国国情和特色又具备全球视野的经济管理人才。因此,本系列教材在内容设置中,既注重结合我国经济背景和产业特点,展开如关于数字贸易发展、绿色经济转型、海洋经济发展等系列专题内容的深入分析,又引入了国际经贸理论、跨国企业管理、国际投资分析等内容,增强学生国际化视野和跨文化管理能力的培养。如此规划,既能提升学生在就业过程中的适应性和竞争力,又能为学生未来参与国际合作打下基础。

五、整合编写资源:确保内容科学性,增强教材适用性

采他山之石以攻玉,纳百家之长以厚己。本系列教材在策划之初,就先下好作者队伍的"先手棋",得到了众多经管院校的大力支持。各院校注重发挥自身学科优势,联合一线教师共同将教学经验融入教材之中。各位编者在撰写过程中仔细打磨、反复论证,力求在内容的科学性、先进性和适用性上达到最佳平衡,用心打造培根铸魂、启智增慧的精品教材。同时,我们还通过广泛征求教师和学生的意见,不断改进教材的内容结构,使其更加符合应用型本科教育的实际需要。

应用型本科教育已然走上了提质培优、增值赋能的快车道。教材建设是推动教育创新的重要引擎,应用型本科经管系列教材的出版是对应用型本科教育改革和发展的一次积极探索。它不仅反映了高等教育服务国家经济的理念,也体现了教育界对应用型人才培养的深入思考和实践。我们期冀本系列教材能够在应用型本科教育中发挥重要作用,让更多院校和师生受益于优质教育资源,为学生提供更好的学习方向和成长机会。

2024 年 11 月

前　言

　　经过 40 多年的发展,我国的证券市场规模逐步壮大、投资品种日益丰富、市场体系不断健全,成为现代金融体系不可或缺的重要组成部分。伴随着科创板的推出、注册制的实施、北京证券交易所的成立、量化投资的兴起,我国的金融体系改革稳步推进,金融创新步伐不断加大,金融科技发展日新月异,金融监管制度日趋完善。在此背景下,证券投资理论与实践的研究须不断深化,证券投资学教材的建设亦须与时俱进。

　　本教材为"应用型本科经管系列教材"之一,在内容体系上,分为"证券投资工具""证券市场""证券投资分析""证券投资管理""证券投资前沿"五大篇,前四大篇分别回答"投资什么—在哪投资—怎么投资—如何管理"这四个在投资过程中面临的重要应用问题,并在第五篇"证券投资前沿"中介绍新型证券投资工具和新型证券投资方法,融入数字货币、金融科技等前沿内容,渗透量化投资理念,反映学科交叉融合。

　　本教材突出以下三个特色。

1.教材设计突出应用性

　　本教材结合应用型本科人才培养的特点与要求,强化学生的创新与实践能力。在案例设置方面,侧重前沿知识、热点问题讲解与讨论;在教材的题库设置方面,对标职业资格考试要求,突出讲解考试重难点,辅以相关题库,实现教学目标与职业资格考试的"双覆盖";在每章的思考练习中特别搭配了"实训课堂",指导学生的实践活动和学科竞赛,帮助学生提升专业素养和就业技能。

2.教材内容融入思政性

本教材把"立德树人"根植于教材编写的全过程,将习近平新时代中国特色社会主义思想、党的二十届三中全会精神、新质生产力、高质量发展、中国式现代化等内容融入教材。每章正文前都配备了"引导案例",应用证券市场热点引导学生思考;每章课后练习的"案例分析"都设计了"思政点拨"环节,把"课程思政"贯穿于教材建设的各个方面。

3.教材形式呈现新形态

本教材为"纸质新媒体"的新形态教材及省级线上线下混合式一流课程配套教材,拥有丰富的数字资源。本教材将拓展资料以二维码链接的方式在书中呈现;每章都配备相应的"知识结构图",便于学生理顺知识点与知识点之间的逻辑联系。

本教材由厦门理工学院吴平凡任主编并负责全书的修改定稿,福建技术师范学院郑云峰、李杰及福州理工学院梁中云担任副主编。具体编写分工如下:绪论、第一至四章、第十四章由厦门理工学院吴平凡编写;第五至八章、第十五章由福州理工学院梁中云、李丽华、梁晨希、吴蓓蓓编写;第九章、第十章由福建技术师范学院李杰编写;第十一章由集美大学诚毅学院徐丽林编写;第十二章、第十三章由福建技术师范学院郑云峰编写;福建商学院陈述、厦门理工学院韩晓婷对本教材内容进行校对;华宝证券厦门营业部总经理雍艳对本教材案例与实训内容进行指导和把关。

本教材在编写过程中得到福建商学院和厦门大学出版社的大力支持,特别感谢福建商学院程灵老师、郭竞老师以及厦门大学出版社对本教材编写工作进行指导。本教材还参阅了目前已经出版的国内外相关优秀教材、论文和相关资料,谨向有关作者表示诚挚的谢意。

由于编者水平有限,书中难免存在疏漏和不足之处,恳请各位读者批评指正。

编者

2025 年 6 月

目 录

第四篇　证券投资管理

第五篇　证券投资前沿

绪　论

📑 **学习目标**

知识目标

1.掌握证券投资的含义；

2.了解证券投资的分类。

能力目标

1.能根据理财目标选择是否开展证券投资；

2.能掌握证券投资的具体步骤。

素养目标

1.深化对证券投资意义的理解，增强对国家发展
　证券市场的认同感；

2.理解投资和投机的区别，树立正确的价值观和
　投资理念。

📋 知识结构图

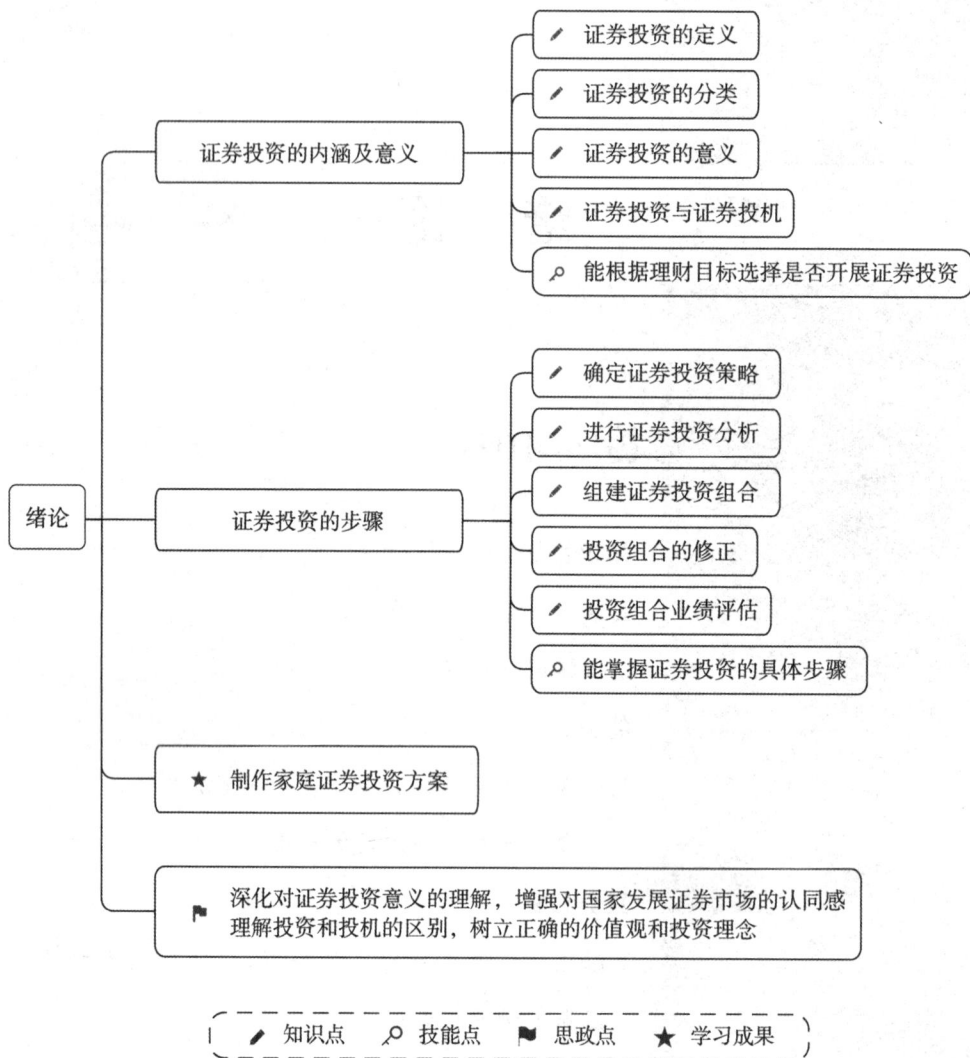

绪论
├─ 证券投资的内涵及意义
│   ├─ ✎ 证券投资的定义
│   ├─ ✎ 证券投资的分类
│   ├─ ✎ 证券投资的意义
│   ├─ ✎ 证券投资与证券投机
│   └─ 🔍 能根据理财目标选择是否开展证券投资
├─ 证券投资的步骤
│   ├─ ✎ 确定证券投资策略
│   ├─ ✎ 进行证券投资分析
│   ├─ ✎ 组建证券投资组合
│   ├─ ✎ 投资组合的修正
│   ├─ ✎ 投资组合业绩评估
│   └─ 🔍 能掌握证券投资的具体步骤
├─ ★ 制作家庭证券投资方案
└─ 🚩 深化对证券投资意义的理解,增强对国家发展证券市场的认同感
     理解投资和投机的区别,树立正确的价值观和投资理念

✎ 知识点　🔍 技能点　🚩 思政点　★ 学习成果

📚 引导案例

理财活动与证券投资

管子曰:"仓廪实而知礼节,衣食足而知荣辱。"人在不同的生命周期阶段有不同的财务状况、不同的资金需求,这决定着人生各个阶段的投资理财目标也有所不同。投资理财的目的就在于解决不同人生节点的财务问题,追求更加丰富多彩的人生,其终极命题就是如何有效地安排个人有限的财务资源,实现其一生生命满足感的最大化。

假设市民王先生手上有一笔闲余资金。考虑到房地产市场未来的升值空间可能比较有限,定期存款收益率太低,买理财产品或信托产品又存在变现能力不足的问题,于是,王先生咨询了专业的理财规划师。理财规划师给出了下列可选方案:①到银行柜台购买证券投资基金;②认购国债;③到证券公司开户购买股票;④购买黄金或者外汇资产。

资料来源:周春喜.投资与理财[M].杭州:浙江工商大学出版社,2023;董雪梅,姜睿.证券投资学教程(慕课版)[M].北京:清华大学出版社,2021.

理财规划师给出的理财方案,哪些属于证券投资? 王先生在开展证券投资之前应该做哪些准备工作呢?

第一节　证券投资的内涵及意义

一、证券投资的定义

证券投资是指投资者通过购买、持有或者转让有价证券,以期获得收益的行为。需要指出的是,证券投资是以有价证券的存在和流通为前提条件的,是一种金融投资,它和实物投资之间既有密切的联系,又存在一定的区别。

1.实物投资是证券投资的基础

实物投资是对现实的物质资产的投资,它的投入会形成社会资本存量和促进生产能力的增加,并可以直接增加社会物质财富或提供社会所需要的服务,故被称为直接投资。证券投资所形成的资金运动是建立在金融资产基础上的,投资于证券的资金通过金融资产的发行转移到企业部门,故被称为间接投资。

2.证券投资和实物投资是互补关系

证券投资和实物投资之间并不是排斥关系,而是互补关系。在实物投资无法满足巨额资本的需求时,往往需要借助于证券投资,通过证券投资可使实体经济部门筹集到所需资本。证券市场自身机制的作用,不仅使社会资金在盈余部门和短缺部门之间重新分配,解决了资金供求的矛盾,而且还会促使社会资金流向经济效益好的部门和企业,提高资金利用效率和社会生产力水平。此外,证券投资者可以利用自己所固有的责任和权利、风险和利益去关心、监督、参与实体经济的决策和管理。

二、证券投资的分类

1.根据投资标的分类

投资标的是指投资者或机构在进行投资时选择的具体资产或项目。投资标的通常是投资者希望获取回报或增值的对象。证券投资的投资标的包括股票、债券、基金、信托、期货、期权等。

2.根据投资期限分类

根据投资期限不同,证券投资可分为短线投资和长线投资。通常而言,投资周期为 1 年及以下的为短线投资;1 年以上的为长线投资。严格划分,1~5 年为中线投资,5 年以上为真正意义上的长线投资。具体投资期限的长短取决于投资者的风险偏好。

3.根据投资收益分类

根据投资收益不同,证券投资可分为固定收益证券投资与非固定收益证券投资。固定收益证券投资是指投资于票面载明面值和固定收益率的证券,如投资国债、短期融资券和可转让存单等,通常按期获取金额固定的利息并收回本金。

非固定收益证券投资是指投资的证券品种不能或无法预先规定投资者应得的收入,非固定收益证券包括股票、期货、期权等,尤其是普通股,其收益为不固定红利收入,具有永久性。

三、证券投资的意义

1.证券投资对家庭理财的意义

证券投资在家庭理财中的意义体现在其能够帮助家庭实现财富增值。通过证券投资,家庭可以获得股票、债券等金融工具的收益,从而增加家庭财富。相比于存款等传统理财方式,证券投资具有较高的回报率,可以有效应对通货膨胀带来的财务压力。证券投资对家庭理财的作用还表现在其提高了家庭的财务管理水平。家庭进行证券投资,就需要对市场走势、投资标的等进行深入研究和分析,这不仅能够增加家庭成员的财务知识和投资技能,还可以培养家庭成员的理财意识和风险意识。

2.证券投资对企业经营的意义

证券投资为企业提供了筹集资金的重要渠道,是各类企业进行直接融资的有效途径。证券投资有利于调节资金投向,提高资金使用效率,从而引导资源合理流动,实现资源的优化配置。证券投资有利于改善企业经营管理,提高企业经济效益和社会知名度。

3.证券投资对宏观经济的意义①

证券投资具有融资和配置资源的作用,能够有效提高资源配置水平,通过资金向更有利于经济发展的行业倾斜,促进新兴产业和高科技产业的发展。证券投资也推动了金融业的发展,作为金融市场的一部分,证券投资能够促进金融业的创新和发展,提高金融服务的质量和效率。证券投资为中央银行进行金融宏观调控提供了重要手段,对国民经济的持续、高效发展具有重要意义。

知识链接 0-1

科创板为战略性新兴产业赋能

2024 年 6 月,科创板迎来开市五周年。5 年来,科创板始终围绕创新与改革两大关键词,支持科创企业发展。上海证券交易所数据显示,科创板目前已拥有超 570 家上市公司,重点支持新一代信息技术、高端装备、新材料、新能源、节能环保以及生物医药等高新技术产业和战略性新兴产业企业。其中有 341 家国家级专精特新"小巨人"企业、49 家制造业单项冠军企业。36 家科创板公司参与"十四五"国家重点研发计划,覆盖基础科研、关键仪器、前沿材料等多个关键领域。

资料来源:祁豆豆,梁银妍.科创板开市五周年,改革"试验田"如何拥抱"硬科技"?[N].上海证券报,2024-07-23.

四、证券投资与证券投机

1.证券投机的含义与特点

巴菲特一生的"精神导师"本杰明·格雷厄姆指出:投资操作是以深入分析为基础,确保本金的安全,并获得适当的回报;不满足这些要求的操作就是投机。证券投机是指在证券市场上,短期内买入或卖出一种或者多种证券,以获取收益的一种经济行为。投机行为的特点是以短期内获取较大的利润为目的,并愿意承担较大的行为风险。投机者从事股票买卖的目的与投资行为不同,他们是希

---

① 感兴趣的读者可以自行阅读《中共中央关于进一步全面深化改革 推进中国式现代化的决定》,https://www.gov.cn/zhengce/202407/content_6963770.htm? sid_for_share=80113_2.

望能在短期的股价变动中获得差价。投机者通常不注重对上市公司的经济实力和经营业绩的分析。他们进行投机行为是以了解和猜测某方面的内幕消息为前提,以技术分析为主要手段,据此作出投机决策,因此,其未来投资收益的不确定性很大,但投机者愿意承担较大的风险,也往往会在短期内获得预期的收益。当然,一旦失算,其损失也很大。

知识链接 0-2

投机与投机者

"投机"一词最早出现在《荀子·劝学》一篇中,意为利用机会或环境谋取私利。在现代汉语中,"投机"一词可用于描述一个人利用某种情况或机会来谋取个人利益,通常有一定的负面含义。从经济领域看,投机是指利用市场出现的价差进行买卖,从中获得利润的交易行为。

投机者是指在金融市场上通过"买空卖空",希望以较小资金来博取巨大利润的投资者。

2.证券投资与证券投机的联系和区别

证券投资与证券投机的相似之处:①两者都以获得未来货币的增值或收益为目的而预先投入货币;②两者的未来收益都带有不确定性,都要承担本金损失的风险。

证券投资与证券投机的不同之处:①两者行为期限的长短不同。一般认为,证券投资的期限较长,投资者愿意进行实物投资或长期持有证券,而证券投机的期限较短,投机者热衷于频繁的快速买卖。②两者的利益着眼点不同。投资者着眼于长期的利益,而投机者只着眼于短期的价格涨落,以谋取短期利益。③两者对风险的态度不同。投资者一般是风险厌恶者,希望回避风险,将风险降至最低限度,偏爱预期收益稳定、本金相对安全的证券;投机者一般是风险喜爱者,希望从价格涨跌中赚取差价,偏爱高风险、高收益的证券。④两者的交易方式不同。证券投资一般从事现货交易并实际交割,而证券投机往往是一种信用交易,买空卖空,不进行现货交割。

具体区别如表 0-1 所示。

表 0-1　证券投资和证券投机的区别

项目	类别	
	证券投资	证券投机
持有期限长短	长	短
利益着眼点	长期利益	短期价差
对风险的态度	厌恶风险	喜爱风险
交易方式	现货交易	信用交易

第二节　证券投资的步骤

理性投资者在面临各种可投资的证券时,一定会在买卖之前做一系列的分析研究,一般遵循如下步骤。

一、确定证券投资策略

确定证券投资策略是投资过程的第一步,涉及决定投资目标和可投资资金的数量。

1.通过储蓄筹集投资资金

证券投资的第一步是进行储蓄,以便为证券投资筹措资金。当投资者准备开展证券投资时,其首先面临的问题是要掌握一定数额的资金,这是参与证券投资的前提条件。对于大多数个人投资者来说,用于证券投资的货币资金只能来自收入超过支出的盈余部分——储蓄,因此,积累储蓄是证券投资的首要步骤。

2.明确自己对风险的态度

由于证券投资属于风险投资,而风险和收益之间呈现出一种正相关关系,所以,投资者如果把只能赚钱不能赔钱定为证券投资的目标,是不合适和不客观的。客观和合适的投资目标应该是在赚钱的同时,也承担可能发生的亏损。因此,投资目标的确定应包括风险和收益两项内容。投资过程的第一步是确定投资者在最终可能的投资组合中所包含的金融资产的类型特征,这一特征是以投资者的投资目标、可投资资产的数量为基础的。

3.具体判断投资于何种证券

进入证券市场,股票、债券等证券投资品种繁多,投资者应该比较全面地了

拓展阅读 0-2
投资者风险测评
问卷(个人版)
及评分标准

解这些证券及其各自的特点,然后根据各种证券的收益特征,并结合自身的风险偏好,对所要投资于何种证券作出抉择。

二、进行证券投资分析

进行证券投资分析是投资过程的第二步,涉及搜集市场信息、了解市场运作规律以及掌握投资方法。

1.搜集详尽而准确的市场信息

市场信息对于证券投资至关重要,证券投资的成功与失败很大程度上取决于对市场信息的掌握程度。为了更好地分析每一种证券的收益和风险,投资者都要争取及时地掌握其详尽、真实的市场信息资料。投资者可以通过大众新闻媒介公开资料和有关部门的统计资料进行加工、整理,也可以通过向证券投资领域的专家咨询来获得相关资料。

2.了解证券市场运作的基本方法

从事证券投资活动是以买卖证券的行为来体现的,因此,证券投资者应该对证券市场运作的基本方式有所了解,掌握证券发行、证券交易的基本知识。尤其当证券投资者参与证券二级市场运作时,还必须对证券市场的交易机制、交易过程、交易规则以及证券经纪业务做到大致通晓,同时对国家、地方政府部门颁布实施的各种法规有所了解。

3.掌握证券投资的具体方法

明确证券的价格形成机制和影响证券价格波动的诸多因素及其作用机制,发现价格偏离价值的证券。进行证券投资分析的方法很多,大致可分为两大类:第一类称为基本分析,第二类称为技术分析。

三、组建证券投资组合

组建证券投资组合是投资过程的第三步,涉及确定具体的投资资产和投资者的资金对各种资产的投资比例。在这里,投资者需要注意个别证券选择、投资时机选择和多元化这三个问题。个别证券选择,主要是预测个别证券的价格走势及波动情况;投资时机选择,涉及预测和比较各种不同类型证券的价格走势和波动情况(例如,预测普通股相对于公司债券之类的固定收益证券的价格波动);多元化则是指依据一定的现实条件,组建一个在一定收益条件下风险最小的资产组合。

四、投资组合的修正

投资组合的修正是投资过程的第四步。投资过程实际上是一个动态过程，随着时间的推移，投资者会改变投资目标，从而使当前持有的资产组合不再为最优，为此需要对之进行调整，抛售现有组合的一些证券，同时购进一些新的证券，以形成新的组合。也就是投资目标变了，投资战略就要跟着调整，结果就是对投资组合的修正。此外，投资者还应根据证券行情、上市公司经营状况和国民经济形势等各方面情况的变化，适时对证券结构进行调整，使整个证券投资过程更加趋于完善。

五、投资组合业绩评估

投资组合业绩评估是投资过程的第五步，其主要目的是定期评价投资的表现，其依据不仅是投资的回报率，还有投资者所承受的风险，因此，需要有衡量收益和风险的相对标准（或称基准）。投资组合的业绩评价，着重讨论组合业绩评价基准的选择，以及如何通过跟踪投资收益与评价基准之间的误差来分析导致这些误差的原因，并总结经验为下一阶段的投资过程提供指导。

当业绩评价完成后，一个完整的投资过程就结束了。需要强调的是，在投资实践中，投资过程五个步骤的工作并不是机械地进行，而是应该根据投资实践的动态变化而不断地作出适应性调整。上述五个步骤之间的关系是一种动态"反馈—调整"的关系，而投资过程就在这种"反馈—调整"的循环中不断地进行着。

思考与练习

一、单项选择题

1.下列不属于证券投资的是（　　　）。

A.股票投资　　　　B.债券投资　　　　C.房地产投资　　　　D.期货投资

2.下列说法错误的是（　　　）。

A.证券投资的期限一般比证券投机长

B.证券投资是实物投资的基础

C.证券投资和实物投资是互补关系

D.证券投资和证券投机都是为了获取收益

二、多项选择题

1.根据投资期限不同,证券投资可分为(　　　)。

A.长线投资　　　　B.中线投资　　　　C.短线投资　　　　D.灵活投资

2.下列属于非固定收益证券的有(　　　)。

A.债券　　　　　　B.股票　　　　　　C.期货　　　　　　D.期权

3.下列关于证券投资步骤的描述,不正确的有(　　　)。

A.确定证券投资策略时,最首要的投资目标是只能赚钱不能赔钱

B.投资组合一旦确定,不需要进行调整

C.投资过程五个步骤的工作并不是机械地进行,而是动态变化的

D.确定投资组合时,组合中的证券数量越多越好

三、判断题

1.证券投资是实物投资的基础。(　　　)

2.证券投资和实物投资是替代关系。(　　　)

3.证券投资的投资期限一般比证券投机的长。(　　　)

4.证券投机是贬义词。(　　　)

5.证券投资组合不需要修正。(　　　)

四、简答题

1.简述证券投资和实物投资的关系。

2.试比较证券投资和证券投机的异同。

3.简述证券投资的步骤。

五、案例分析

耐心是一种美德

巴菲特曾说:"在投资领域里,没有人可以把你三震出局,唯一可能让你出局的是不断追涨杀跌,错失良机。"他为"吉列"苦等 16 年,最终迎来了超过 800% 的高额回报。因为他坚信一个简单的道理:每天一早醒来,全世界会有 25 亿男

人要刮胡子。耐心是一种美德,以时间积累财富,巴菲特用一生的经验告诉了我们财富的奥秘。当人人都在默念芝麻开门的时候,我们细想一下:是否有耐心长途跋涉,来到宝库的门前?因为这是赢得财富的第一步。

一些学者做的统计分析显示,股票持有时间越长,赚钱概率越高,投资时间为1年,赚钱概率为74%,赔钱概率为26%;投资时间为5年,赚钱概率为83%,赔钱概率为17%;投资时间为10年,赚钱概率为94%,赔钱概率为6%;投资时间为15年,赚钱概率为100%,赔钱概率为0。

他们还有一个有趣的发现,如果每分钟检视一次股票的表现,一天观察4个小时,每天会有121次心情愉快,119次不愉快,一年分别是30 250次愉快和29 750次不愉快;假设只是每个月才看一次股票的表现,一年只会心疼4次,快乐的次数则有8次;如果每年看一次股票,那么在20年的时间里,将体验到19次惊喜,而只有1次不愉快。

资料来源:周春喜.投资与理财[M].杭州:浙江工商大学出版社,2023;董雪梅,姜睿.证券投资学教程(慕课版)[M].北京:清华大学出版社,2021.

案例思考:结合上述案例,谈谈你对证券投资的理解。

思政点拨:你如何理解"耐心是一种美德",如何将这种美德应用到学习、生活中去?

六、实训课堂

1.实训目标:理顺证券投资的步骤,思考证券投资应该考虑的因素,将所学知识用于指导家庭投资。

2.实训操作:如果你的家庭拥有10万元资金准备用于投资,该笔资金近3年为闲余资金。结合本章所学证券投资知识,请为你的家庭设计合适的投资步骤。

绪论

思考与练习参考答案

第 一 篇
证券投资工具

第一章　股票

学习目标

知识目标

1.掌握股票的含义及特征；

2.了解股票的分类。

能力目标

1.能计算股票的理论价格；

2.能分析股票的投资价值。

素养目标

1.深化对股权分置改革等政策的理解，增强政策认同感；

2.理解股票投资价值的来源，树立正确的投资理念。

📑 知识结构图

```
                                        ┌─────────────────────┐
                                    ┌──▶│ ✎ 股票的定义及性质  │
                  ┌──────────────┐  │   └─────────────────────┘
              ┌──▶│   股票概述   │──┤   ┌─────────────────────┐
              │   └──────────────┘  └──▶│ ✎ 股票的特征        │
              │                         └─────────────────────┘
              │
              │                         ┌─────────────────────┐
              │                     ┌──▶│ ✎ 股票的种类        │
              │                     │   └─────────────────────┘
              │   ┌──────────────┐  │   ┌─────────────────────┐
              ├──▶│  股票的分类  │──┼──▶│ ✎ 我国现行的股票类型│
              │   └──────────────┘  │   └─────────────────────┘
              │                     │   ┌─────────────────────┐
              │                     └──▶│ 🔍 能判断现行股票的类型│
              │                         └─────────────────────┘
              │
              │                         ┌─────────────────────┐
              │                     ┌──▶│ ✎ 股票价格及其本质  │
  ┌──────┐    │                     │   └─────────────────────┘
  │ 股票 │────┤                     │   ┌─────────────────────┐
  └──────┘    │   ┌──────────────┐  │   │ ✎ 股票价格的种类    │
              ├──▶│ 股票的投资价值│──┼──▶└─────────────────────┘
              │   └──────────────┘  │   ┌─────────────────────┐
              │                     ├──▶│ ✎ 股票的估值        │
              │                     │   └─────────────────────┘
              │                     │   ┌─────────────────────┐
              │                     └──▶│ 🔍 能分析股票的投资价值│
              │                         └─────────────────────┘
              │
              │   ┌──────────────────────┐
              ├──▶│ ★ 股票价值分析报告   │
              │   └──────────────────────┘
              │
              │   ┌──────────────────────────────────────────────┐
              └──▶│ 🚩 深化对股权分置改革等政策的理解,增强政策认同感│
                  │    理解股票投资价值的来源,树立正确的投资理念  │
                  └──────────────────────────────────────────────┘
```

```
┌ ─ ─ ─ ─ ─ ─ ─ ─ ─ ─ ─ ─ ─ ─ ─ ─ ─ ─ ─ ─ ─ ─ ─ ─ ─ ┐
   ✎ 知识点    🔍 技能点    🚩 思政点    ★ 学习成果
└ ─ ─ ─ ─ ─ ─ ─ ─ ─ ─ ─ ─ ─ ─ ─ ─ ─ ─ ─ ─ ─ ─ ─ ─ ─ ┘
```

📚 引导案例

邓小平送股票[①]

1986 年 11 月 14 日,在北京人民大会堂,邓小平同志将一张面额为 50 元人民币的上海飞乐音响公司股票(即"小飞乐")赠送给美国纽约证券交易所董事长

[①] 感兴趣的读者可以观看视频《中国股市记忆》第九集"邓小平送股票",https://tv.cctv.com/2011/01/16/VIDErX1R60jLjHH9hryjxYiD110112.shtml.

约翰·凡尔霖。一下子,这张"新中国第一股"让世界为之轰动,让世界看到了中国正在涌动的改革春潮。

"小飞乐"在我国股份制试点历史中创造了四个"第一":上海飞乐音响股份有限公司(简称飞乐音响)是上海市首家向社会公开发行股票的公司;飞乐音响于1986年9月26日与延中实业两只股票率先在证券部进行柜台交易,这是我国改革开放以来第一次实行的股票买卖交易;邓小平同志送给凡尔霖的"小飞乐"股票成为第一张被外国人拥有的股票,凡尔霖先生成为中国上市公司第一位外国股东;"小飞乐"经批准于1989年3月第一次增资扩股,采取对老股东无偿增资的方法,这是国内股份制度中第一次实行无偿增资。

实际上,那时的中国股市还处在起步状态。在上海开设的全国第一个股票营业柜台只有飞乐音响和延中实业两只股票在交易。交易场所没有电脑,没有行情显示屏,成交由客户口头协商,然后写在黑板上。交割、登记卡号、盖章、过户,所有的程序都是手工完成,每天的平均交易量只有数十笔。邓小平的这一举动无疑给了正在蹒跚学步的中国股市以莫大的鼓励和肯定。

资料来源:刘文韬.新中国第一张股票:"小飞乐"[J].党建,2021(12):67.

经过40多年的改革发展,我国资本市场经历了从无到有、从弱到强的发展历程。你知道现在中国股票市场发展到什么规模了吗?达到什么水平了呢?

第一节　股票概述

一、股票的定义及性质

(一)股票的定义

股票是股份有限公司发行的,是表示股东按其持有的股份享受权益和承担义务的可转让书面凭证。股票的本质是股东对股份有限公司净资产的所有权,股份有限公司的股东以其认购的股份为限对公司承担责任。公司股东对公司依法享有获得资产收益、参与重大决策和选择管理者等权利。

(二)股票的性质

(1)股票是要式证券。所谓要式,是指具备法律规定且必须采取一定形式、具备一定要素的要件。股票作为一种要式凭证，应具备法律规定的要件，否则就不具备法律效力①。

（2）股票是有价证券。所谓"有价"，顾名思义，是赋有价值。有价证券表明持券人对发行人有一定的收入请求权。持有有价证券，一方面表示拥有一定价值量的财产，另一方面也表示有价证券的持有人可以行使该证券所代表的权利。股票所有者可以凭借其所有权行使分红派息、投票、参与决策等权利。股东虽然是公司财产的所有人，享有种种权利，但对公司的财产不能直接支配处理。

（3）股票是资本证券。股份有限公司发行股票是公司筹集自有资本的手段，对于股东来说，购买股票就是一种投资行为。因此，股票是投入股份有限公司的资本份额的证券化，属于资本证券。但是，股票又独立于真实资本之外，在股票市场上遵循自己的涨跌规律，进行独立的价值运动，因此股票不是真实资本，而是一种虚拟资本。

二、股票的特征

股票作为有价证券的一种，又是投资者重要的投资工具。股票的特性主要表现在如下几个方面。

1.不可返还性和决策性

不可返还性是指股票所载有权利的有效性是始终不变的，因为它是一种无期限的法律凭证。这种关系实质上反映了股东与股份公司之间比较稳定的经济关系。股票代表着股东的永久性投资，对于股份公司来说，因为股东不能要求退股，所以通过发行股票募集到的资金，在公司存续期间是一笔稳定的自有资本。当然，如果想要变现，股票持有者可以通过出售股票转让其股东身份。

决策性是指股票持有人有权参与公司重大决策的特性。普通股股票持有人作为股份公司的股东，有权出席股东大会，选举公司董事会，行使对公司经营决策的参与权。特别股股东相对于普通股股东，根据约定在参与性上有特别权利或特别限制。

2.流通性和收益性

投资人购买公司股票后，虽不能退还股本，但可以将股票拿到证券市场上去转让，因此股票持有人在出现资金紧张时，可以通过出售股票换取现金，也可将股票作为抵押品向银行贷款。股票由于有极强的变现能力，因而被视作仅次于

---

① 感兴趣的读者可以阅读《中华人民共和国公司法》中关于股票发行的有关规定，https://www.gov.cn/yaowen/liebiao/202312/content_6923395.htm。

现金资产的流动性较强的资产。这种流通性和灵活性是股票的优点，也是它的生命力所在。

收益性是股票最基本的特征，它是指股票可以为持有人带来收益的特性。持有股票的目的在于获取收益。股票的收益来源可分成两类：一是来自股份公司。认购股票后，持有者即对发行公司享有经济权益，其实现形式是公司派发的股息、红利，数量多少取决于股份公司的经营状况和盈利水平。二是来自股票流通。股票持有者可以持股票到依法设立的证券交易场所进行交易，当股票的市场价格高于买入价格时，卖出股票就可以赚取差价收益。这种差价收益被称为资本利得。

3.价格波动性和风险性

股票在交易市场上作为交易对象，同商品一样，有自己的市场行情和市场价格。由于股票价格受诸如公司经营状况、供求关系、银行利率、大众心理等多种因素的影响，其波动有很大的不确定性。正是这种不确定性，有可能使股票投资者遭受损失。

股票风险的内涵是股票投资收益的不确定性，或者说实际收益与预期收益之间的偏离。投资者在买入股票时，对其未来收益会有一个预期，但真正实现的收益可能会高于或低于原先的预期，这就是股票的风险。由于受股份公司自身和股票市场等影响，股票投资收益与预期收益相比可能出现较大的偏差。因此，股票是一种高风险的金融产品。

第二节 股票的分类

一、股票的种类

随着现代股份公司制度的不断发展完善及投资者不断提出新的投资要求，股票的形式与内容也发生了很大变化。目前的股票种类纷繁复杂，按照不同的分类方法可将其分为若干种。

（一）按股票持有者承担的风险和享有的权益分类

按股票持有者承担的风险和享有的权益，可将股票分为普通股、优先股。

1.普通股

普通股是指在公司的经营管理、盈利及财产的分配上享有普通权利的股份。

普通股是公司最基本、最常见和最重要的股票,我们通常所说的 A 股就是指人民币普通股票,它是由中国境内公司发行,供境内机构、组织或个人以人民币认购和交易的普通股票。其权利主要表现在如下几个方面。

(1)投票表决权。持有普通股的股东就是发行该股票的公司的所有者之一,对于公司的重大决策、经营管理,按规定每持有一股就有一份投票权。

(2)收益分配权。普通股在公司盈利分配上位于优先股之后,普通股的股利完全取决于公司盈利情况及其分配政策。一般来说,公司盈利多,股利就高;反之则少,若公司亏损则可能分文没有。这种股利收益的不固定,正是普通股的重要特点。但若公司获得高额利润,普通股股东可获得高额股利,有权享受利润增长所带来的利益,而一般优先股就无此项权利。

(3)资产分配权。当公司因各种缘由而需要解散清算时,普通股股东有权按比例分得公司的剩余财产,但必须排在公司债权人、优先股股东之后。若在他们分配之后所剩无几,普通股股东则只能蒙受损失。

(4)优先认股权。当公司增发新股时,普通股原有股东有按占有公司股份的原比例优先认购新股的权利。这样,原有股东就可以通过认购新股而继续维持其原有权利和收益。股东拥有新股优先认购权后,其处理权利的方式有三种:其一是行使优先权,购买新股票;其二是转让优先认股权;其三是放弃这一权利,任其过期失效。认股权可以转让,就使得它有了价格,由此派生了又一个证券投资内容——认股权证交易。

2.优先股

优先股是指公司在筹集资金时,给予投资者某些具有优先权的股票。由于在股份公司中优先股是预先确定股息的,因而使得它既是股票的一种,又有些类似于债券,是介于普通股与债券之间的一类折中性证券。

这类股票之所以被称为优先股,是因为它在以下两个方面处于优先地位:

第一,领取股息优先。股份公司分配股息的顺序首先是优先股,其次才是普通股。而且无论公司经营状况好坏和利润多少,优先股都可以按照预先确定的股息率领取股息,即使普通股减少或没有股利,优先股也不能受损。但是当公司无股息可分或股东大会决定当年不分配股息时,优先股在当年也有可能分不到股息。

第二,分配剩余财产优先。当公司解散或破产清偿时,优先股有先于普通股参加公司剩余财产分配的权利,但其分配顺序要排在债权人之后。

与普通股比较,优先股有它优先的一面,也有它不利的一面。首先,优先股的股息率是事先确定的,当公司经营良好、利润激增时,优先股的股息不会因此而提高,而普通股的收益却可大增。其次,优先股股东一般没有选举权和被选举权,对公司经营决策没有表决权。最后,在股份公司发行新股票时,优先股不具有优先认购权。普通股和优先股的区别如表 1-1 所示。

拓展阅读 1-1
优先股试点管理办法(节选)

表 1-1 普通股和优先股的区别

项目	普通股	优先股
股息分配权	不优先	优先
剩余财产分配权	不优先	优先
优先认股权	有	无
投票表决权	有	无

优先股又因不同情况,分为如下几种类型。

(1)累积优先股与非累积优先股。累积优先股的基本特征为:如公司本年度没有盈利因而不能分派股息,或者盈利不足以满额分派股息,那么公司可以把未分派或未满额分派的股息累积到以后年度补付。而非累积优先股则以当年公司所得盈利为限分派股息,若当年未能分派股息或未能足额分派股息,则不进行累积,当然也不存在次年补付的问题。

(2)参加优先股与非参加优先股。参加优先股又分为两种:凡是在分配定额股息后又参加剩余盈利分配的,称为盈余参加优先股;而在公司破产时,在偿还各种债务和优先股定额股本后,有权参加其剩余财产分配的,称为资产参加优先股。

(3)可转换优先股与不可转换优先股。按公司章程规定,能够将一部分票面转换成普通股的优先股,称为可转换优先股;反之,那些不能转换成普通股的优先股,称为不可转换优先股。可转换优先股只是表明一种权利,至于优先股是否真的实行转换,要看投资者的决定。

(4)可赎回优先股与不可赎回优先股。这两种股票在发行时就已被股份公司确定。可赎回优先股是指将来公司不再需要此项资金时,公司有权按一定的价格将股份收回注销;而不可赎回优先股,是指股票一经投资者认购,在任何条件下都不能由股份公司赎回。

(二)按有无记名分类

按有无记名,股票可分为记名股票与无记名股票。

1.记名股票

记名股票是指在股票票面和股份公司的股东名册上要同时记载股东姓名的股票。记名股票若转让,须将受让人姓名及其住所记载于股票票面和公司股东名册上,否则转让无效;只登记于股票票面而未记入股东名册上,亦无效。

2.无记名股票

无记名股票是指股票票面上不记载股东姓名的股票。对于无记名股票来说,凡是持有公司股票的人即为公司股东。此种股票在证券市场上频繁易手,因而股东也是不断变化的,该种股票发行时一般留有存根联,它在形式上分为两部分:一部分是股票的主体,记载了有关公司的事项;另一部分是股息票,用于进行股息结算和行使增资权利。

(三)按有无面值分类

按有无面值,股票可分为有面值股票与无面值股票。有面值股票是指股票票面上记载有每股金额的股票。这一记载的金额也称为票面金额、票面价值或股票面值。股票面值为公司资本的基本单位,是股东的基础出资额。无面值股票是在股票票面上不载明股票面值,只注明它在公司总股本中所占的比例。无面值股票也称为比例股票或份额股票。

(四)按收益能力、风险特征分类

按股票的收益能力、风险特征划分,还可将股票分为如下几类。

1.蓝筹股

蓝筹股是指历史较长、信誉卓著、资金实力雄厚的大公司发行的股票。这种公司一般在本行业内占有重要的甚至是支配性的地位,具有稳定的长期盈利能力,能定期发放不菲的股息。所以,蓝筹股的股票市场价格稳定、投资风险适中、股价呈上升趋势,普遍受投资者的欢迎。

2.成长股

成长股是指由一些正处于高速发展阶段的公司发行的股票。优秀的成长型企业一般具有如下特征:利润应在每个经济周期的高涨期间都达到新的高峰,而且一次比一次高;产品开发与市场开发的能力强;在行业内始终处于领先地位,具有很强的综合、核心竞争力;拥有优秀的管理班子。成长型公司的资金,多用于建造厂房、添置设备、增加雇员、加强科研、将经营利润投资于公司的未来发展,往往派发很少的股息。

3.收入股

收入股是指当前能发放较高股利的股票。发行收入股的企业一般处于成熟阶段,不需要新的投资项目,且具有较好的盈利能力。收入股留存收益较少,大量的利润被用于股利分配。因其收益稳定且不需要专业投资知识,这类股票一般受老年人、退休者和一些法人团体的欢迎。

4.周期股

周期股是指那些收益随经济周期波动的股票。当整体经济上升时,这些股票的价格也会迅速上升,并且上涨得非常快;当整体经济走下坡路时,这些股票的价格也下跌很多。一般而言,钢铁、机械制造、建材、房地产等行业的股票属于周期股。

5.防守型股票

防守型股票是指在任何经济波动条件下收益都比较稳定的股票。这种股票与周期股正好相反,在商业条件恶化时,它的收益要比其他股票优厚并且较为稳定,如水、电和交通等公用事业公司发行的股票。

6.投机性股票

投机性股票是指那些价格变化快、幅度大、发展前景很难确定的股票。这种股票是由一些盈利情况极不稳定且未来收入难以确定的公司发行的。由于这种股票价格波动大且涨落频繁,给证券投机者赚取巨额差价带来了极大的可能性,因此这种股票备受偏好高风险的证券投机者的青睐。

二、我国现行的股票类型

在我国,按投资主体的不同性质,可以将股票划分为国家股、法人股、社会公众股和外资股等不同类型。

1.国家股

国家股是指有权代表国家投资的部门或机构以国有资产向公司投资形成的股份,包括公司现有国有资产折算成的股份。在我国企业的股份制改造中,原来的一些全民所有制企业改组为股份公司,从性质上讲,这些全民所有制企业的资产属于国家所有,因此在改组为股份公司时,就折成国家股。另外,国家对新组建的股份公司进行投资,也构成了国家股。

国家股是国有股权的一个组成部分(国有股权的另一组成部分是国有法人股)。国有资产管理部门是国有股权行政管理的专职机构。国有股权可由国家授权投资的机构持有,也可由国有资产管理部门持有或由国有资产管理部门代政府委托其他机构或部门持有。国有股股利收入由国有资产管理部门监督收缴,依法纳入国有资产经营预算,并根据国家有关规定安排使用。国家股股权可以转让,但转让应符合国家的有关规定。

2.法人股

法人股是指企业法人或具有法人资格的事业单位和社会团体以其依法可支配的资产投入公司形成的股份。法人股所形成的也是所有权关系,是法人经营自身财产的一种投资行为。法人股股票以法人记名。

　　如果是具有法人资格的国有企业、事业单位及其他单位以其依法占用的法人资产向独立于自己的股份公司出资形成或依法定程序取得的股份,则被称为"国有法人股"。国有法人股属于国有股权。

　　作为发起人的企业法人或具有法人资格的事业单位和社会团体在认购股份时,可以用货币出资,也可以用其他形式的资产,如实物、工业产权、非专利技术、土地使用权等作价出资。但必须对其他形式的资产进行评估作价,核实财产,不得高估或者低估作价。

3.社会公众股

　　社会公众股是指社会公众依法以其拥有的财产投入公司时形成的可上市流通的股份。在社会募集方式下,股份公司发行的股份,除了由发起人认购一部分外,其余部分应该向社会公众公开发行。《中华人民共和国证券法》、《上海证券交易所股票上市规则(2024年4月修订)》以及《深圳证券交易所股票上市规则(2024年修订)》规定,申请证券上市交易,应当符合证券交易所上市规则规定的上市条件。证券交易所上市规则规定的上市条件,应当对发行人的经营年限、财务状况、最低公开发行比例和公司治理、诚信记录等提出要求。

4.外资股

　　外资股是指股份公司向外国和我国香港、澳门、台湾地区投资者发行的股票。这是我国股份公司吸收外资的一种方式。外资股按上市地域,可以分为境内上市外资股和境外上市外资股。

　　境内上市外资股原来是指股份有限公司向境外投资者募集并在我国境内上市的股份,投资者限于外国的自然人、法人和其他组织,我国香港、澳门、台湾地区的自然人、法人和其他组织,定居在国外的中国公民等。这类股票被称为B股。B股采取记名股票形式,以人民币标明股票面值,以外币认购、买卖,在境内证券交易所上市交易。但从2001年2月对境内居民个人开放B股市场后,境内投资者逐渐成为B股市场的重要投资主体,B股的外资股性质发生了变化。境内居民个人可以用现汇存款和外币现钞存款以及从境外汇入的外汇资金从事B股交易,但不允许使用外币现钞。境内居民个人与非居民之间不得进行B股协议转让。境内居民个人所购B股不得向境外转托管。经有关部门批准,境内上市外资股或者其派生形式,如认股权凭证和境外存股凭证,可以在境外流通转让。公司向境内上市外资股股东支付股利及其他款项,以人民币计价和宣布,以外币支付。

　　境外上市外资股是指股份有限公司向境外投资者募集并在境外上市的股份。它也采取记名股票形式,以人民币标明面值,以外币认购。在境外上市时,可以采取境外存股凭证形式或者股票的其他派生形式。在境外上市的外资股除了应符合我国的有关法规外,还须符合上市所在地国家或者地区证券交易所制定的上市条件。依法持有境外上市外资股、其姓名或者名称登记在公司股东名册上的境外投资人,为公司的境外上市外资股股东。公司向境外上市外资股股东支付股利及其他款项,以人民币计价和宣布,以外币支付。

知识链接 1-1

中国概念股

中国概念股,是指外国投资者对所有在境外上市的中国股票的统称。由于同一家企业既可以在国内上市,也可以在国外上市,所以这些中国概念股中也有一些是在境内外同时上市的。中国概念股主要包括两大类:一类是在我国大陆注册、国外上市的企业;另一类是虽然在境外注册和上市,可是主体业务和关系仍然在我国大陆的企业。

境外上市外资股主要由 H 股、N 股、L 股和 S 股等构成。H 股是指在中国内地注册的公司在香港上市的外资股,认购和交易均用港元。香港的英文是"Hong Kong",取其首字母,故在中国香港上市的外资股被称为"H 股"。以此类推,纽约的第一个英文字母是"N",新加坡的第一个英文字母是"S",伦敦的第一个英文字母是"L",因此,在纽约、新加坡、伦敦上市的外资股分别被称为"N股""S 股""L 股"。

第三节 股票的投资价值

一、股票价格及其本质

1.股票价格的定义

股票价格,从广义上讲,包括股票的发行价格和股票的交易价格;而狭义的股票价格,则更多的是指股票的交易价格,即股票行市。股票价格不是由人们的主观意志决定的,而是根据时常变动的供求关系形成的。

2.股票价格的本质

股票是一种虚拟资本,它本身没有价值,仅仅是一种凭证。它之所以有价格,是因为它具有能给持有者带来股息收入的性质。因此,买卖股票实际上就是购买或转让一种领取股息收入的凭证。

二、股票价格的种类

1.股票的理论价格

股票及其他有价证券的理论价格是根据现值理论而来的。现值理论认为,人们之所以愿意购买股票和其他证券,是因为它能够为它的持有人带来预期收益。因此,它的价值取决于未来收益的大小。可以认为,股票的未来股息收入、资本利得收入是股票的未来收益,也称为期值。将股票的期值按必要收益率和有效期限折算成今天的价值,即为股票的现值。股票的现值就是股票未来收益的当前价值,即人们为了得到股票的未来收益愿意付出的代价。可见,股票及其他有价证券的理论价格就是以一定的必要收益率计算出来的未来收入的现值。

知识链接 1-2

货币的时间价值

本杰明·弗兰克说:"钱生钱,并且所生之钱会生出更多的钱。"这就是货币时间价值的本质。货币的时间价值,就是指当前拥有的货币比未来收到的同样金额的货币具有更大的价值,因为当前拥有的货币可以进行投资,获取复利。即使有通货膨胀的影响,只要存在投资机会,货币的现值就一定大于它的未来价值。

2.股票的票面价格

股票的票面价格又称股票的面额,是股份公司在发行股票时所标明的每股股票的票面金额。它表明每股占公司总资本的比例,以及该股票持有者在股利分配时所应占有的份额。股票的票面价格是确定股票发行价格的重要参考依据,也可防止那些同公司内部人员有联系的投资者以较低的价格获取新股票,同时又是新股票投资者投资的参考依据。通常而言,股票票面价格的高低主要取决于公司的筹资总额、公司发行股票的股数、原公司股票的票面价格等因素。在我国上海和深圳证券交易所流通的股票的面值基本上为每股1元,紫金矿业和洛阳钼业除外。

紫金矿业发行面值 0.1 元股票

2008 年，紫金矿业首次公开发行人民币普通股（A 股），与其他发行的新股不同，紫金矿业的发行面值为每股 0.1 元，这是沪深 A 股首次出现 1 元以下的股票面值。

目前，国际上证券市场的股票面值并不统一。比如欧美股票、香港股票，每股面值是不同的，既有当地货币 1 元面值的股票，也有 10 元、100 元面值的股票，也有几分甚至几厘（"厘"为"分"的十分之一，即 1 分＝10 厘）面值的股票。有的国家的一些股票更加特殊，竟然没有面值，仅以每个投票权代表的价值计算。0.1 元股票面值的出现，表明股票面值"1"统天下的局面得到改变，A 股的发行将越来越与国际接轨。

3.股票的发行价格

股票的发行价格是指股份公司在发行股票时的出售价格。根据不同公司和发行市场的不同情况，股票的发行价格也各不相同，主要有面额发行、设定价格发行、折价发行和溢价发行四种情况。股票虽然有许多种发行价格，但在一般情况下，同一种股票只能有一种发行价格。在股票发行过程中究竟采用哪一种价格，主要取决于股票的票面形式、公司法的有关规定、公司状况及其他有关因素。

4.股票的账面价格

股票的账面价格也称为股票的净值，指的是用会计方法计算出来的每股股票所包含的资产净值。净资产的计算方法是将公司的注册资本加上各种公积金、累积盈余，也就是通常所说的股东权益，将净资产再除以总股数就是每股的净值。股票的账面价值是股份公司剔除了一切债务后的净资产。股份公司的账面价值高，则股东实际所拥有的财产就多；反之，股票的账面价值低，股东拥有的财产就少。

股票的账面价值虽然只是一个会计概念，但它对投资者进行投资分析具有较大的参考作用，也是产生股票价格的直接根据，因为股票价格越贴近每股净资产，就越接近于股票的账面价值。在股票市场中，股民除了要关注股份公司的经营状况和盈利水平外，还需特别注意股票的净资产含量。净资产含量越高，公司自己所拥有的本钱就越大，抗拒各种风险的能力也就越强，在盈利水平相同的前提下，股票的收益就越高，股票就越有投资价值。因此，账面价值是股票投资价值分析的重要指标，在计算公司的净资产收益率时也有重要的作用。

三、股票的估值

（一）影响股票投资价值的因素

1.影响股票投资价值的内部因素

影响股票投资价值的内部因素主要包括净资产、盈利水平、股利政策、股份分割、增资和减资以及并购重组等。

（1）净资产。净资产是全体股东的权益，是决定股票投资价值的重要基准。股票作为投资的凭证，每一股代表一定数量的净值。从理论上讲，净值应与股价保持一定比例，即净值增加，股价上涨，净值减少，股价下跌。

（2）盈利水平。公司的盈利水平是影响股票投资价值的基本因素之一。一般来说，预期公司盈利增加，股票市场价格上涨；预期公司盈利减少，股票市场价格下降。值得注意的是，股票价格的涨跌和公司盈利的变化并不完全同时发生。

（3）股利政策。公司的股利政策直接影响股票投资价值。一般来说，股票价格与股利水平成正比。股利水平越高，股票价格越高；股利水平越低，股票价格越低。

（4）股份分割。股份分割又称为拆股或拆细，是将原有股份均等地拆成若干较小的股份。股份分割一般在年度决算月进行，通常会刺激股价上升。股份分割给投资者带来的不是现实的利益，因为股份分割前后投资者持有的公司净资产和以前一样，得到的股利也相同，但是投资者持有的股份数量增加了，给投资者带来了今后可多分股利和更高收益的预期。因此，股份分割往往比增加股利分配对股价上涨的刺激作用更大。

（5）增资和减资。公司因业务发展需要增加资本额而发行新股的行为，对不同公司股票价格的影响不尽相同。在没有产生相应效益前，增资可能使每股净资产下降，因而可能促使股价下跌。但对那些业绩优良、财务结构健全、具有发展潜力的公司而言，增资意味着将增加公司经营实力，会给股东带来更多回报，股价不仅不会下跌，还会上涨；当公司宣布减资时，多半是因为经营不善、亏损严重、需要重新整顿，股价会大幅下降。

（6）并购重组。公司并购重组总会引起公司价值的巨大变动，因而股票价格也随之产生剧烈的波动。但需要分析并购重组对公司是否有利，并购重组后公司的经营状况是否会得到改善，因为这些都是股票价格变动方向的决定因素。

2.影响股票投资价值的外部因素

一般来讲，影响股票投资价值的外部因素主要包括宏观经济因素、行业因素及市场因素。

（1）宏观经济因素。宏观经济走向和相关政策是影响股票投资价值的重要因素。宏观经济走向受到经济周期、通货变动以及国际经济形势等因素影响。国家的货币政策、财政政策、收入分配政策和对证券市场的监管政策等都会对股票的投资价值产生影响。

（2）行业因素。行业的发展状况和趋势、国家的行业政策和相关行业的发展等都会对该行业上市公司的股票投资价值产生影响。

（3）市场因素。证券市场上投资者对股票走势的心理预期会对股票价格走势产生重要的影响。市场中的散户投资者往往有从众心理，对股市起着助涨助跌的作用。

（二）股票估值的方法

股票估值的方法，其基本原理在于：假设价值源于未来流入的现金流，将这一系列现金流以一定比率折现，再进行加总就可以得到相应的价值。因此，股票估值法也就是现金流折现法。

1.零增长模型

人们在进行股票投资价值分析时，一般都是以货币的时间价值理论为基础来计算股票的投资价值。根据这一理论，在计算股票投资价值时，就是把未来的现金收入资本化，或者说用折现的方法以时间现值计算股票的投资价值。

假设我们以 W 代表股票投资价值，以 n 代表股票持有年数，未来各期每股预期股息分别为 D_1，D_2，$\cdots$，D_n，n 年后股票卖出的价格为 S，折现率为 i，则：

$$W = \frac{D_1}{(1+i)} + \frac{D_2}{(1+i)^2} + \cdots + \frac{D_n}{(1+i)^n} + \frac{S}{(1+i)^n}$$

$$= \sum_{t=1}^{n} \frac{D_t}{(1+i)^t} + \frac{S}{(1+i)^n} \qquad \text{式(1-1)}$$

这是一个具有一般性的基本模型，以后对各种模型的分析都是在此基础上进行的。

现在我们假设未来各期的预期股息为一固定值 D，且持有时间等于无限长，即 $D_1 = D_2 = \cdots = D_n = D$，且 $n \to \infty$。这时，式(1-1)则变为：

$$W = \sum_{t=1}^{\infty} \frac{D}{(1+i)^t} + \frac{S}{(1+i)^\infty}$$

$$= \frac{D}{1+i} \cdot \frac{1 - \frac{1}{(1+i)^\infty}}{1 - \frac{1}{1+i}} + \frac{S}{(1+i)^\infty}$$

$$= \frac{D}{i}\left[1 - \frac{1}{(1+i)^\infty}\right] + \frac{S}{(1+i)^\infty}$$

又因 $\frac{1}{(1+i)^\infty} \to 0$，$\frac{S}{(1+i)^\infty} \to 0$，

所以，以上公式可归结为：

$$W = \frac{D}{i} \qquad\qquad 式(1\text{-}2)$$

2.固定增长模型

固定增长模型是由戈登推广普及的，因此又称为戈登模型。戈登模型是一个被广泛接受和运用的股票估价模型。它揭示了股票价值、预期基期股息、贴现率和股利固定增长率之间的关系。

戈登模型隐含着下列几个假设：

(1)红利增长率是一个常数。

(2)所评估的股票会支付红利，并且是永久性的。

(3)市场资本化比率(i)保持不变，且必须大于红利增长率。

现在我们假设，股息每年增长率为 g，则：

$$D_1 = D, \quad D_2 = D(1+g), \quad D_3 = D(1+g)^2, \cdots, D_n = D(1+g)^{n-1}$$

由式(1-1)可推导出：

$$W = \frac{D}{1+i} + \frac{D(1+g)}{(1+i)^2} + \frac{D(1+g)^2}{(1+i)^3} + \cdots + \frac{D(1+g)^{n-1}}{(1+i)^n} + \frac{S}{(1+i)^n}$$

$$= \sum_{t=1}^{n} \frac{D(1+g)^{t-1}}{(1+i)^t} + \frac{S}{(1+i)^n}$$

$$= \frac{D}{1+i} \cdot \frac{1 - \frac{(1+g)^n}{(1+i)^n}}{1 - \frac{1+g}{1+i}} + \frac{S}{(1+i)^n}$$

$$= \frac{D}{i-g} \cdot \left[1 - \frac{(1+g)^n}{(1+i)^n}\right] + \frac{S}{(1+i)^n}$$

假定 $n \to \infty$，若 $i > g$，则 $\frac{(1+g)^n}{(1+i)^n} \to 0$，

同时 $\frac{S}{(1+i)^n} \to 0$，因此：

$$W = \frac{D}{i-g} \qquad\qquad 式(1\text{-}3)$$

(三)股票投资价值的评价方法

在股票市场上,投资者必须先对各种股票的市场价格进行分析和评价,然后才能决定其投资行为。对股票市场价格进行评价的主要方法有以下三种。

1.市盈率法

市盈率反映了一家公司的股票价值相对于其净利润的倍数。市盈率的计算公式为:

$$市盈率 = 每股市价 / 每股收益 \qquad 式(1-4)$$

在使用市盈率法估值时,先确定可比公司的市盈率作为目标公司的估值基准,然后使用下述公式计算目标公司股票价值:

$$每股价值 = 每股收益 \times 市盈率 \qquad 式(1-5)$$

使用市盈率法估值时,需要注意的是使用哪一时期的盈利数据。对于盈利数据,通常我们会面临三种选择:一是最近一个完整会计年度的历史数据,二是最近 12 个月的数据,三是预测年度的盈利数据。

使用历史数据的好处在于盈利数据和股价都是已知的,很客观。但质疑使用历史数据的观点认为,股票价格是股票未来价值的体现,从这个角度出发,使用预测的年度盈利数据更为合理。这种观点不无道理。同时,若使用历史数据计算市盈率,应尽可能使用最新公开的信息,通常会使用最近 12 个月的数据。

2.市净率法

市净率反映了一家公司的股票市值相对于其净资产的倍数。市净率的计算公式为:

$$市净率 = 每股市价 / 每股净资产 \qquad 式(1-6)$$

市净率法估值与市盈率法类似,先确定可比公司的市净率作为目标公司的估值基准,然后使用下述公式计算目标公司股票价值:

$$每股价值 = 每股净资产 \times 市净率 \qquad 式(1-7)$$

市净率法比较适用于资产流动性较高的金融机构,因为这类公司的资产账面价值更加接近市场价值。例如,银行业的估值通常会用市净率法。而运营历史悠久的制造业企业和新兴产业企业往往不适合采用市净率法。

3.市销率法

市销率反映了一家公司的股权价值相对于其销售收入的倍数。市销率的计算公式为：

$$市销率＝每股市价/每股销售收入 \qquad 式(1-8)$$

在使用市销率法估值时，先确定可比公司的市销率作为目标公司的估值基准，然后使用下述公式计算目标公司股票价值：

$$每股价值＝每股销售收入×市销率 \qquad 式(1-9)$$

一些无利润甚至亏损的企业，经营性现金流也为负，且账面价值比较低。此时，市盈率法、市净率法都无法用来估值，对此类公司，市销率法可能比较实用。

市销率法的局限之处是不能反映成本的影响，因此，该法主要适用于销售成本率较低的收入驱动型公司。

思考与练习

一、单项选择题

1.股票是由股份有限公司发行的，是表示其股东按其（　　）享受权益和承担义务的可转让书面凭证。

A.财产　　　　　B.出资额　　　　　C.持有的股份　　　　D.贡献程度

2.在其所属行业内占有重要支配性地位，业绩优良，成交活跃，红利优厚的大公司股票称为（　　）。

A.优先股　　　　B.蓝筹股　　　　　C.红筹股　　　　　D.普通股

3.不属于股票基本特征的是（　　）。

A.期限性　　　　B.风险性　　　　　C.流通性　　　　　D.不可返还性

4.下列关于股票的描述，错误的是（　　）。

A.股票是一种有价证券

B.股票是股份有限公司发行的凭证

C.股票是证明投资者权益的凭证

D.股票发行人定期支付利息并到期偿付本金

5.下列不属于境外上市外资股的是（　　）。

A.A 股　　　　　B.N 股　　　　　C.S 股　　　　　D.H 股

6.某股份公司因破产进行清算，公司财产在支付完破产费后，其偿付的优先顺序依次是（　　）。

A.优先股股东、债权人、普通股股东　　B.债权人、优先股股东、普通股股东

C.优先股股东、普通股股东、债权人　　D.普通股股东、债权人、优先股股东

7.甲股票的每股收益为 1 元,市盈率水平为 15,那么该股票的价格是(　　)。

A.15 元　　　　　　B.13 元　　　　　　C.20 元　　　　　　D.25 元

二、多项选择题

1.关于股票的描述,正确的是(　　)。

A.股票是一种有价证券

B.股票是股份有限公司发行的凭证

C.股票是证明投资者权益的凭证

D.股票发行人定期支付利息并到期偿付本金

2.按股东享有权利和承担风险的大小不同,股票可分为(　　)。

A.记名股票　　　　B.普通股　　　　　C.优先股　　　　　D.无记名股票

3.以下属于周期股的是(　　)。

A.汽车业股票　　　　　　　　　　B.房地产业股票

C.耐用品制造业股票　　　　　　　D.能源业股票

三、判断题

1.如果一只股票现在被界定为蓝筹股,那么它一直都是蓝筹股。(　　)

2.股东与上市公司之间是一种契约关系。(　　)

3.股份有限公司就是上市公司。(　　)

4.股票的理论价格等于股票的市场价格。(　　)

5.股份有限公司向境外投资者募集并在我国境内上市的股票叫 A 股。(　　)

6.优先股在任何方面都比普通股优先。(　　)

7.股票的面值一定为 1 元。(　　)

8.戈登模型的估值方法适合所有股票。(　　)

四、计算题

1.某公司发行年股利 12 元的优先股,股利固定,股票无到期日,若折现率为 15%,该优先股应定价为多少?

2.某公司发行面额为 10 元的优先股股票,预期股息是 0.90 元,当前市场利率为 6%,计算该股票的理论价格,并根据计算的结果对现在股票市价的高低进行判断。

3.某公司普通股价为每股 53 元,股利预计按每年 6% 的不变增长率增长。该公司刚刚按每股 3 元支付过股利,求该股票的内部收益率。

4.股票的每股收益为 1.5 元,市盈率水平为 30,试估算该股票的价格。

五、简答题

1.股票的主要特性主要表现在哪些方面?

2.试比较普通股与优先股的异同。

3.影响股票投资价值的因素。

4.简述股票投资价值的评价方法。

六、案例分析

归来仍是少年:中概股的出走与回归

中国互联网门户"三巨头"(新浪、搜狐、网易)在千禧年之际赴美 IPO(首次公开募股),在 2000 年前后掀起了海外中概股(即中国概念股)发行的第一波高潮。之后的近 20 年间,虽然偶有波折,但赴美上市对大多数中国企业而言都是孜孜以求的目标。一来,美股市场相对成熟、严谨的制度能够给赴美上市企业带来一定的影响力加成;二来,规模全球领先的美股市场也能够为其提供更为充裕的融资支持。

然而,近些年来,美股市场刻意针对中概股持续无端打压,正在不断降低全球企业和投资者对其规则制度包容性和确定性的信任。同时,国内股市,无论港交所还是 A 股市场,都对海外上市的中概股大开方便之门。在一拒一迎之间,越来越多的中概股纷纷展开行动,谋求登陆国内股市。时至今日,国内股市已经有了更成熟的环境和更强大的资本实力。可以肯定的是,新一波的中概股回归热潮已经开始,其中不仅涵盖了百度、B 站这两只备受关注的中概股,而且通过汇总消息可知,目前已经有 7 家在美上市的中概股被传出打算或正在安排香港二次上市。另据《日本经济新闻》透露,2021 年已有 10 只中概股在香港二次上市。

中概股回到国内股市二次上市,不仅有助于自身拓宽融资渠道和规避风险,也可以让更多国内投资者参与到这些本土创新型企业的成长过程中,将有机会达成双赢,甚至是多赢的结果。

资料来源:归来仍是少年:中概股的出走与回归[EB/OL].(2021-01-05)[2024-10-03].https://baijiahao.baidu.com/s? id=1688035099244778 321&wfr=spider&for=pc.

案例思考:结合上述案例,谈谈你对中国概念股的理解。

思政点拨:你如何看待中概股新一轮的"海归潮"?

七、实训课堂

1.实训目标:查找企业财务指标,理解股票的估值方法。

2.实训操作:选择一家上市公司,查找相关财务指标,应用适当的估值方法对其进行估值。

第一章

思考与练习参考答案

第二章　债券

学习目标

知识目标

1.掌握债券的含义及特征；

2.了解债券的分类。

能力目标

1.能计算债券的理论价格；

2.能计算债券的收益率。

素养目标

1.理解国债在经济社会发展中的重要意义,培养
　爱国情怀；

2.了解地方政府债务问题,提升责任担当意识。

📋 **知识结构图**

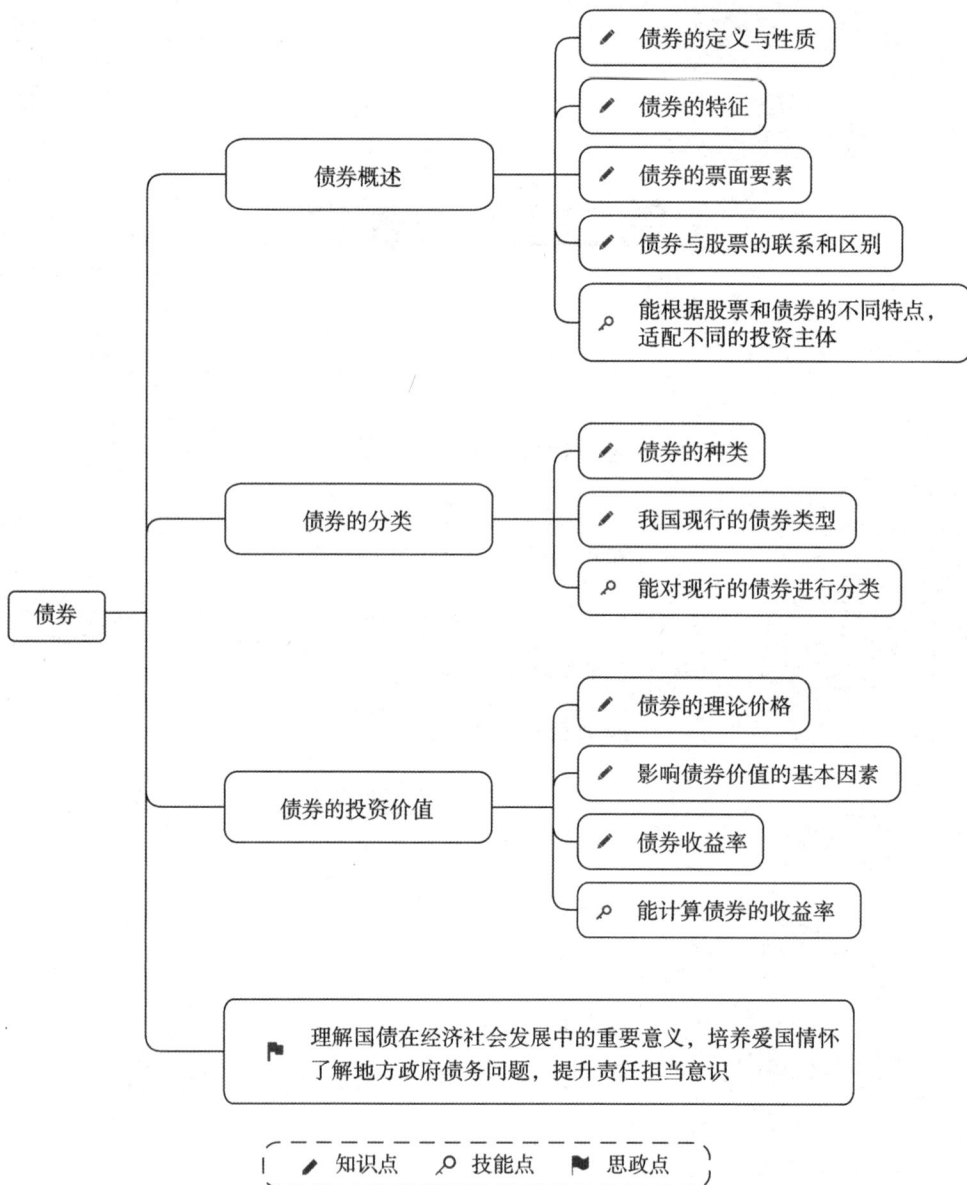

```
            ┌─ 债券概述 ─┬─ ✎ 债券的定义与性质
            │           ├─ ✎ 债券的特征
            │           ├─ ✎ 债券的票面要素
            │           ├─ ✎ 债券与股票的联系和区别
            │           └─ 🔍 能根据股票和债券的不同特点，
            │                 适配不同的投资主体
            │
            ├─ 债券的分类 ─┬─ ✎ 债券的种类
 债券 ──────┤             ├─ ✎ 我国现行的债券类型
            │             └─ 🔍 能对现行的债券进行分类
            │
            ├─ 债券的投资价值 ─┬─ ✎ 债券的理论价格
            │                 ├─ ✎ 影响债券价值的基本因素
            │                 ├─ ✎ 债券收益率
            │                 └─ 🔍 能计算债券的收益率
            │
            └─ 🚩 理解国债在经济社会发展中的重要意义，培养爱国情怀
                  了解地方政府债务问题，提升责任担当意识
```

(✎ 知识点　🔍 技能点　🚩 思政点)

📚 **引导案例**

我国发行超长期国债

2024年"两会"提出，从2024年开始拟连续几年发行超长期特别国债，专项用于国家重大战略实施和重点领域安全能力建设（简称"两重"），2024年先发行

1万亿元。财政部官网显示,本次超长期特别国债涉及品种包括20年、30年、50年,其中50年期超长期特别国债于2024年6月14日首发,根据发行安排,本期国债将通过财政部北京证券交易所政府债券发行系统进行招标发行,为50年期固定利率附息债,发行总额350亿元。本息兑付日期方面,从2024年6月15日开始计息,每半年支付一次利息,2074年6月15日偿还本金并支付最后一次利息。

资料来源:万亿超长期特别国债陆续发行,"两重"领域投资关注三条主线[EB/OL].(2024-05-04)[2024-10-03].https://baijiahao.baidu.com/s? id＝17998942587744469341&wfr＝spi der&for＝pc;50年期超长期特别国债今日首发,发行总额350亿元[EB/OL].(2024-06-14)[2024-10-03].https://www.guancha.cn/economy/2024_06_14_737907.shtml? s＝sywglbt.

拓展阅读 2-1
超长期特别国债
——首期招标 400
亿元,期限 30 年

你了解国债吗？我国为什么要发行超长期国债？

第一节　债券概述

一、债券的定义与性质

1.债券的定义

债券是一种有价证券,是社会各类经济主体为筹集资金而向债券投资者出具的、承诺按一定利率定期支付利息并到期偿还本金的债权债务凭证。债券所规定的资金借贷双方的权责关系主要有:第一,所借贷货币资金的数额;第二,借贷的时间;第三,在借贷时间内的资金成本或应有的补偿。

2.债券的性质

(1)债券属于有价证券。首先,债券反映和代表一定的价值。债券本身有一定的面值,通常是债券投资者投入资金的量化表现。另外,持有债券可按期取得利息,利息也是债券投资者收益的价值表现。其次,债券与其代表的权利联系在一起,拥有债券就拥有了债券所代表的权利,转让债券也就将债券代表的权利一并转移。

(2)债券是一种虚拟资本。债券尽管有面值,代表了一定的财产价值,但它也只是一种虚拟资本,而非真实资本。因为债券的本质是证明债权债务关系的证书,在债权债务关系建立时所投入的资金已被债务人占用,债券是实际运用的真实资本的证书。债券的流动并不意味着它所代表的实际资本也同样流动,债券独立于实际资本之外。

（3）债券是债权的表现。债券代表债券投资者的权利,这种权利不是直接支配财产权,也不是资产所有权,而是一种债权。拥有债券的人是债权人,债权人不同于公司股东,是公司的外部利益相关者。

二、债券的特征

1.债券的偿还性

债券的偿还性是指债券有规定的偿还期限。债券的偿还期限通常简称为期限,是个时间段,其起点是债券的发行日期,终点是债券票面上标明的偿还日期,也叫到期日。对于债券投资者而言,更重要的是从债券购买日起至债券到期日止的期限长度,即债券的剩余期限。由于债券具有事先预定的到期期限,因此,投资者可以根据自己的资金使用时间做出合理的安排,从而既能保证获得比较高的收益率,又能保证按期收回本金和利息。

2.债券的流动性

债券的流动性即债券变现能力,指的是在债券偿还期届满前能在市场上及时转变为货币,以满足投资者对货币的需求,或到银行等金融机构进行抵押,以取得相应数额的抵押贷款。无论是国债还是企业债券,一般都有比较活跃的交易市场,有的可以在证券交易所挂牌交易,有的可以在一些证券公司或商业银行的柜台交易。

3.债券的安全性

安全性是指债券投资者能够按照债券约定期限到期无条件收回本金并获取利息的可能性大小。相对于股票而言,债券是有确定利息的有价证券,它必须按事先预定的时间、利率支付利息,与债券发行者的盈利状况无关。而股票的收益受到股票发行者——股份有限公司盈利状况的影响,因此,投资债券的安全性比股票高,风险比股票低。

4.债券的收益性

债券的收益性是指投资债券不仅可以获得利息收入,在一定条件下还可能获得购买价格和到期本金之间的差额收益。与银行存款和股票相比,投资债券的收益具有如下特征:第一,投资债券所获得的收益要高于银行存款所获得的收益;第二,与股票收益相比,债券的收益具有相对稳定性。

三、债券的票面要素

债券作为证明债权债务关系的凭证,一般以有一定格式的票面形式来表现。

《中华人民共和国公司法》第一百九十六条规定:公司以纸面形式发行公司债券的,应当在债券上载明公司名称、债券票面金额、利率、偿还期限等事项,并由法定代表人签名,公司盖章。

1.发行债券的公司名称

这一要素指明了该债券的债务主体,既明确了债券发行人应履行对债权人偿还本息的义务,也为债权人到期追索本金和利息提供了依据。

2.债券的票面金额

债券的票面金额是债券票面标明的货币价值,是债券发行人承诺在债券到期日偿还给债券持有人的金额。对于债券的票面价值,首先要规定票面价值的币种,即以何种货币作为债券价值的计量标准。币种确定后,要规定债券的票面金额。票面金额大小不同,可以适应不同的投资对象,同时也会产生不同的发行成本。因此,债券票面金额的确定也要根据债券的发行对象、市场资金供给情况及债券发行费用等因素进行综合考虑。

3.债券的票面利率

债券的票面利率也称为名义利率,是债券年利息与债券票面价值的比率,通常用百分数表示。票面利率是债券票面要素中不可缺少的内容。

4.债券的偿还期限

债券的偿还期限,是指债券从发行之日起至偿清本息之日止的时间,也是债券发行人承诺履行合同义务的全部时间。各种债券有不同的偿还期限,短则几个月,长则几十年,习惯上有短期债券、中期债券和长期债券之分。

以上是债券的基本记载事项,除此之外,债券发行机关还应根据具体情况在票面上记载其他一些需要明确的有关事项。

四、债券与股票的联系和区别

1.债券与股票的联系

债券与股票一样,都属于有价证券,都是虚拟资本,它们本身无价值,但又都是真实资本的代表;持有债券或股票都拥有取得发行单位一定收益的权利,并伴有权利的发生、行使和流通转让活动;两者都是发行单位筹措资金的手段。

2.债券与股票的区别

从性质上看,股票是所有权凭证,而债券是债权凭证;股票投资者有参与公司经营管理的权利,而债券投资者则没有参与经营管理的权利。

从期限上看,股票通常是不能偿还的,没有到期日。股东把资本交给公司后,资本即归公司支配,除非停业清理或解散,资本是不能退还给股东的。债券有到期日,期满时债务人必须按时归还本金,因此,债券是一种有期投资。

从投资风险的大小上看,股票风险大于债券。这是因为:第一,从报酬支付顺序上看,债券获得报酬优先于股票。第二,倘若发行单位破产,清算资产时发现有余额偿还时,则债券偿付在前,股票偿付在后。第三,在二级市场上,债券因其利率固定、期限固定,市场价格也较稳定,投机性很小。而股票无固定的期限和利率,受各种宏观因素和微观因素的影响,市场价格波动频繁,有时猛涨,有时暴跌,投机性很强。

从流通性上看,股票和债券都具有很强的流通性,但程度有明显差别。一般情况下,债券因有期限,流通性不如股票。

从发行单位看,债券的发行单位多于股票的发行单位。股票仅限于股份公司发行;而除股份公司外,其他各类公司、金融机构、中央和地方政府等都可发行债券。债券和股票的区别如表2-1所示。

表 2-1　债券和股票的区别

项目	债券	股票
性质	债权债务凭证	所有权凭证
期限	有期限	无期限
风险性	小	大
流动性	弱于股票	强
发行主体	中央和地方政府、金融机构、企业	股份公司

第二节　债券的分类

一、债券的种类

(一)按发行单位性质分类

根据债券发行单位的性质不同,可将其分为政府债券、金融债券、公司债券和国际债券。

1.政府债券

政府债券的发行主体是政府以及政府所属机构。中央政府发行的债券称为国债,其主要用途是满足由政府投资的公共设施或重点建设项目的资金需要和弥补国家财政赤字。除了政府部门直接发行的债券外,有些国家把政府担保的债券也划归进政府债券体系,这被称为政府保证债券。这种债券由一些与政府有直接关系的公司或金融机构发行,并由政府提供担保。地方政府债券,指某一国家中有财政收入的地方政府及地方公共机构发行的债券。地方政府债券一般用于交通、通信、住宅、教育、医院和污水处理系统等地方性公共设施的建设,如美国的市政债券、日本的地方债券、英国的地方当局债券等。

2.金融债券

金融债券的发行主体是银行或非银行金融机构。金融机构一般有雄厚的资金实力,信用度较高,因此,金融债券往往也有良好的信誉。银行和非银行金融机构是社会信用的中介,其资金来源主要靠吸收公众存款和金融业务收入。发行债券的目的主要是筹资用于某种特殊用途或改变本身的资产负债结构。金融债券的期限以中期较为多见。

3.公司债券

公司债券是公司按照法定程序发行、约定在一定期限还本付息的有价证券。公司发行债券的目的主要是满足经营需要。由于公司的情况千差万别,有些经营有方、实力雄厚、信誉高,也有一些经营较差,可能处于倒闭的边缘,因此,公司债券的风险性相对于政府债券和金融债券要大一些。公司债券有中长期的,也有短期的,视公司的需要而定。

知识链接 2-1

垃圾债券真的是垃圾吗?

垃圾债券是美国公司发行的一种非投资级的债券。美国的债券通常分为政府债券、投资级公司债券和非投资级的"垃圾债券"三种。美国95%的公司发行的债券都是第三种,这类债券通常由一些规模较小的新行业,或者信贷关系时间较短的公司发行。但也有一些大公司由于出现财政困难或整个行业衰退等,其发行的原本属于投资级的债券被贬为"垃圾债券"。若经营情况好转,"垃圾债券"也可调整为投资级债券。通常而言,"垃圾债券"的利率比美国政府债券的利率高0.2~0.4个百分点。

4.国际债券

国际债券,简称外债,是指一国政府、金融机构、工商企业或国际组织为筹措和融通资金,在国外金融市场上发行的债券。依发行债券所用货币与发行地点的不同,国际债券又可分为外国债券和欧洲债券。

外国债券是一国政府、金融机构、工商企业或国际组织在另一国发行的以当地国货币计值的债券。扬基债券、武士债券与龙债券是外国债券的三个品种。扬基债券是在美国债券市场上发行的外国债券,即美国以外的政府、金融机构、工商企业和国际组织在美国国内市场发行的、以美元为计价货币的债券。"扬基"一词英文为"Yankee",意为"美国佬"。武士债券是在日本债券市场上发行的外国债券,是日本以外的政府、金融机构、工商企业和国际组织在日本市场发行的以日元为计价货币的债券。龙债券是以非日元的亚洲国家或地区货币发行的债券,它是东亚经济迅速增长的产物。

欧洲债券是一国政府、金融机构、工商企业或国际组织在国外债券市场上以第三国货币计值发行的债券。欧洲债券的发行人、发行地以及面值货币分别属于三个不同的国家。

(二)按债券的期限分类

债券根据其偿还期限的长短,可分为短期债券、中期债券和长期债券。①短期债券,是指偿还本金的期限在 1 年以下的债券。如美国的国库券、英国的国库券、日本的短期国债等。当然,在现实生活中,由于不同国家、不同地区、不同性质的债券有不同的特点和划分习惯,因此其期限划分标准也不完全一致。但一般情况下,短期债券的期限多在 1 年以下。②中期债券,是指本金偿还期限在 1 年以上 10 年以下的债券。如美国的中期国家债券、日本的中期附息国家债券和贴现国家债券等。③长期债券,是指本金偿还期限在 10 年以上的债券。如美国的长期国家债券、日本的长期附息国家债券等。

(三)按利息的支付方式分类

根据债券发行条款中是否规定在约定期限向债券持有人支付利息,债券可分为零息债券、附息债券、息票累积债券三类。

①零息债券也称为零息票债券,指债券合约未规定利息支付的债券。通常,这类债券以低于面值的价格发行和交易,债券持有人实际上是以买卖(到期赎回)价差的方式取得债券利息。②附息债券是指在债券存续期内,向持有人定期支付利息(通常每半年或每年支付一次)。按照计息方式的不同,这类债券还可细分为固定利率债券和浮动利率债券两大类。有些附息债券可以根据合约条款推迟支付定期利率,故称为缓息债券。③与附息债券相似,息票累积债券也规定

了票面利率,但是债券持有人必须在债券到期时一次性获得本息,存续期间没有利息获得。

(四)按有无抵押担保分类

按有无抵押担保分类,债券分为信用债券、抵押债券和担保债券三种。①信用债券是指仅凭债券发行单位的信用作保证而发行的,没有抵押品作担保的债券。一般政府公债券、地方债券和金融债券都属于信用债券。当然,一些信誉较高的企业也可以发行信用债券,但为保证投资者利益,对发行信用债券的企业有许多约束,如企业不得随意增加其债务,在信用债券未偿清前,股东分红须有限制等,以保障投资者的利益。②抵押债券是指本金和利息的支付有抵押品作保证的债券。③担保债券,又称保证债券,是指由第三方担保偿还本息的债券。发行这种债券的担保人可以是政府、银行、其他企业等。发行这种债券可以提高债券信誉,扩大销路,减轻发行单位的利息负担。

(五)按债券形态分类

债券有不同的形式,根据债券券面形态可以分为实物债券、凭证式债券和记账式债券。

1.实物债券

实物债券是一种具有标准格式和实物券面的债券。在标准格式的债券券面上,一般印有债券面额、债券利率、债券期限、债券发行者、还本付息方式等票面要素。发行期内,投资者可直接在销售实物债券的柜台购买,发行期结束后,实物债券持有者可在柜台卖出,也可将实物债券交给证券交易所托管,再通过交易系统卖出。我国发行的无记名国债就属于实物债券,它以实物券的形式记录债权、面值等,不记名、不挂失,可以上市流通。图2-1为实物国债样例。

图 2-1 实物国债

2.凭证式债券

凭证式债券是一种债权人认购债券的收款凭证。凭证式债券是一种储蓄债券,可记名、挂失,但不能上市流通。我国从1994年开始通过银行系统发行的凭证式国债即属凭证式债券,该债券券面上不印制票面金额,而是根据认购者的认购额填写实际的缴款金额,可记名、挂失,以"凭证式国债收款凭证"记录债权,不能上市流通,从购买之日起计息。在持有期内,持券人如果遇到特殊情况,需要提取现金,可以到购买网点提前兑取。提前兑取时,除偿还本金外,利息按实际持有天数及相应的利率档次计算。

3.记账式债券

记账式债券没有实物形态的票券,而是在电子账户中记录债权。从1994年开始,我国通过沪、深交易所的交易系统发行和交易的记账式国债就属于记账式债券。由于记账式国债的发行和交易均为无纸化,所以效率高、成本低、交易安全。记账式国债购买后可以随时在证券市场上转让,流动性较强。

二、我国现行的债券类型

中华人民共和国成立后已发行过许多债券,根据中国证监会、中央国债登记结算有限责任公司、沪深北三家证券交易所统计口径,中国债券按发行主体,大致可分为政府债券、金融债券、企业债券、国际债券和资产支持债券等[①]。

(一)我国的政府债券

我国的政府债券包括中央政府债券、地方政府债券和政府支持机构债券。

1.中央政府债券

我国国债主要品种包括记账式国债和储蓄国债。我国从1994年推出记账式国债这一品种。记账式国债的券面特点是国债无纸化,投资者购买时并没有得到纸券或凭证,而是在其债券账户上记上一笔。

储蓄国债是政府面向个人投资者发行的,用以吸收个人储蓄资金,满足国家长期投资需求的国债品种。储蓄国债不可以流通转让,但可以提前兑取。

---

① 感兴趣的读者可以阅读《债券市场发展简史》,https://zhuanlan.zhihu.com/p/659501909。

知识链接 2-2

特别国债

特别国债都有特定用途,是国债的一种,但它并不是对预算赤字的融资。同时,与发行普通国债筹集资金的用途不同,特别国债一般是以提高收益为主要目标。2024 年 6 月 14 日,财政部发行 2024 年超长期特别国债(三期)(50 年期),竞争性招标面值总额 350 亿元。

资料来源:2024 年超长期特别国债续发行完成 年收益率2.37%[EB/OL].(2024-08-09)[2024-09-20].https://baijiahao.baidu.com/s? id=18069016510544532638&wfr=spider&for=pc.

2.地方政府债券

地方政府债券也被称为"市政债券",曾于 1990 年前后被明文禁止,到 2009年得以重启,2011 年首只地方政府债券在交易所上市,2014 年得到大规模发展。地方政府债券按照地方政府资金用途与偿还资金的来源分为一般债券和专项债券,前者往往用于没有收益的公益性商业发展的支出,后者一般用于有收益的公益性事业支出,发行量更多,广泛应用在各级地方土地储备、收费公路棚户区改造等地方项目上。地方政府债券绝大多数在银行间债券市场发行和交易,少量在沪深北交易所买卖。[①]

拓展阅读 2-2
地方政府债券
市场报告

3.政府支持机构债券

中央汇金债,发行主体为中央汇金投资有限责任公司,经人民银行批准发行;铁道债,发行主体为中国国家铁路集团有限公司(前身为铁道部),由国家发展改革委注册发行。

(二)我国的金融债券

金融债券是由银行及非银行金融机构按照法定程序发行并约定在一定期限内还本付息的债券。由于金融机构一般有雄厚的资金实力,信用度较高,政府对它们的运营又有严格的监管,因此,金融债券的违约风险相对较小,具有较高的安全性。我国的金融债券发行始于 1982 年,主要品种包括政策性金融债券、商业银行债券和非银行金融债券。

政策性金融债券的发行主体为开发性金融机构(国家开发银行)和政策性银

---

① 感兴趣的读者可以阅读《地方政府债券发行管理办法》,https://www.gov.cn/gongbao/content/2021/content_5588832.htm。

行(中国进出口银行、中国农业发展银行)。近年来,政策性金融债券加大创新力度,推出扶贫专项金融债券、"债券通"绿色金融债券等品种,试点弹性招标发行。政策性金融债券已在商业银行柜台交易,其中,国开债(即国家开发银行金融债券)在柜台已实现常规化发行。

商业银行债券分为一般金融债券、小微企业贷款专项债券、"三农"专项金融债券、次级债券、二级资本债券、无固定期限资本债券等品种,其发行主体为境内设立的商业银行法人。

非银行金融债券包括财务公司债券、金融租赁公司债券、证券公司债券、保险公司金融债券和保险公司次级债券,其发行主体为境内设立的非银行金融机构法人。

(三)我国的企业债券

在国外,企业发行的债券统称为公司债券。在我国,企业发行的债券分为企业债券和公司债券。企业债券是按照《企业债券管理条例》规定发行与交易、由国家发展和改革委员会监督管理的债券,其发债主体为中央政府部门所属机构、国有独资企业或国有控股企业,很大程度上体现了政府信用。公司债券管理机构为中国证券监督管理委员会,发债主体为按照《中华人民共和国公司法》设立的公司法人,其信用保障是发债公司的资产质量、经营状况、盈利水平和持续盈利能力等。公司债券在证券登记结算公司统一登记托管,可申请在证券交易所上市交易,其信用风险一般高于企业债券。我国企业债券与公司债券的区别见表2-2。

表2-2 我国企业债券与公司债券的区别

项目	企业债券	公司债券
发行主体	以大型企业为主	不限于大型公司,一些中小规模公司只要符合一定法规标准,都有发行机会
审批主体	国家发展和改革委员会	中国证监会
审批制度	采取审批制	采取核准制
担保要求	较多地采用担保方式,同时又以一定的项目为主	募集资金的使用不强制与项目挂钩,包括可以用于偿还银行贷款、改善财务结构等股东大会核准的用途,也不强制担保,而是引入了信用评级方式
发行定价方式	企业债券的利率不得高于银行相同期限居民储蓄定期存款利率的40%	利率或价格由发行者通过市场询价确定

(四)我国的国际债券

对外发行债券是我国吸引国外资金的一个重要渠道。1987 年 10 月,财政部在德国法兰克福发行了 3 亿德国马克的公募债券,这是我国经济体制改革后政府首次在国外发行债券。1993—2004 年,财政部在境外共发行了 12 期美元国债,累计规模 67 亿美元。2021 年,财政部在中国香港市场发行了 40 亿美元无评级主权债券。

目前,中国企业发行的境外债券总体可以分为三类:第一类是在境外市场以非人民币发行和结算的债券,称为非人民币债券,比如美元债券;第二类是以人民币发行、以人民币结算的债券,称为点心债;第三类是以人民币发行、以其他国货币结算的债券,称为合成型债券。此外,我国还积极吸引境外资金,引入外资机构发行主体在我国境内发行"熊猫债券"。

知识链接 2-3

熊猫债券规模创新高

熊猫债券(以下简称"熊猫债")是境外机构在中国境内发行的人民币债券,其发行主体包括主权类机构、国际开发机构、金融机构和非金融企业等。它与日本的"武士债券"、美国的"扬基债券"统属于外国债券的一种。

据 WIND 数据统计,2024 年上半年,共有 60 只熊猫债合计 1 103 亿元发行,同比增长超 50%。2023 年全年共计发行熊猫债 1 544.50 亿元,已创下历年新高。

资料来源:发行规模再增 50%,熊猫债持续扩容[EB/OL].(2024-07-13)[2024-08-03].https://baijiahao.baidu.com/s? id=1804423319205738914&wfr=spider&for=pc.

(五)资产支持证券

资产支持证券是指由银行业金融机构作为发起机构,将信贷资产信托给受托机构,由受托机构发行的,以该财产所产生的现金支付其收益的收益证券。换言之,资产支持证券就是由特定目的的信托受托机构发行的、代表特定目的的信托的信托收益权份额。信托机构以信托财产为限向投资机构承担支付资产支持证券收益的义务。根据证券化的基础资产不同,可以将资产证券化划分为不动产证券化、应收账款证券化、信贷资产证券化、未来收益证券化(如高速公路收费)、债券组合证券化等类别。

第三节 债券的投资价值

一、债券的理论价格

与股票的估值类似,债券估值的基本原理就是现金流贴现。把现金流入用适当的贴现率进行贴现并求和,便可得到债券的理论价格。由于债券投资者持有债券,会获得利息和本金偿付,因此债券的理论价格是未来各期债券的利息收入与某年后出售(兑付)债券所得收入的现值之和。

其通用计算公式为:

$$P = \sum_{t=1}^{n} \frac{C_t}{(1+i)^t} + \frac{S}{(1+i)^n} \qquad 式(2\text{-}1)$$

式中:P 为债券理论价格,t 为现金流到达的时间,C_t 为第 t 期期末的现金流收入,i 为贴现率(通常为年利率),S 为 n 年后出售(兑付)债券所得收入。

例 2-1:某附息债券的面值是 1 000 元,票面利率是 9%,市场利率为 11%,债券期限为 3 年,每年付息一次,到期一次性还本,问该债券的理论价格为多少?

根据题意,该债券的理论价格为

$$P = \frac{1\,000 \times 9\%}{1+11\%} + \frac{1\,000 \times 9\%}{(1+11\%)^2} + \frac{1\,000 \times 9\%}{(1+11\%)^3} + \frac{1\,000}{(1+11\%)^3} = 951.125(元)$$

例 2-2:某零息债券的面值是 1000 元,市场利率为 11%,债券期限为 3 年,问该债券的理论价格为多少?

根据题意,该债券的理论价格为

$$P = \frac{1\,000}{(1+11\%)^3} = 731.191(元)$$

二、影响债券价值的基本因素

(1)面值。面值是债券还本付息的依据,面值越大,债券价值越大。

(2)票面利率。债券的票面利率越高,其价值越高。因为高票面利率的债券,每期可以获得的利息收入较多,相对于票面利率较低的债券具有更高的吸引力。

(3)折现率。在计算债券理论价格时,一般采用市场利率作为折现率,由于折现率处于分母的位置,因此债券的价值与市场利率呈反向关系。当市场利率上升时,债券的价值下降;当市场利率下降时,债券的价值上升。

(4)信用风险。债券的信用评级越高,其价值越高。债券的信用风险越低,投资者对其的需求越大,从而提高了债券的价值。

(5)市场流动性。债券市场的流动性越高,债券的价值越高。流动性高的债券更容易买卖,因此更受投资者欢迎,从而提高了其价值。

三、债券收益率

出于不同的用途,债券收益率计算方式种类繁多,以下主要介绍债券的当期收益率、认购者收益率、到期收益率的计算。

1.当期收益率

当期收益率是指利息收入所产生的收益,又称直接收益率,通常每年支付两次,可以衡量债券某一期间所获得的现金收入相较于债券价格的比率,当期收益占了公司债券所产生收益的大部分。其计算公式为:

$$Y = \frac{C}{P} \times 100\% \qquad 式(2-2)$$

式中:Y 为当期收益率,C 为每年利息收益,P 为债券价格。

例 2-3:某附息债券的面值是 1 000 元,票面利率是 9%,该债券的购买价格为 980 元,问该债券的当期收益率为多少?

根据题意,该债券的当期收益率为

$$Y = (1\ 000 \times 9\%) \div 980 \times 100\% = 9.18\%$$

当期收益率的优点在于简便易算,可以用于期限和发行人均较为接近的债券进行比较,其缺点是不能用于评价不同期限付息债券的优劣。零息债券无法计算当期收益率。

2.认购者收益率

认购者收益率是认购者收益与投资的比率。债券的发行条件之一,是投资者判断某一债券与其他债券相比是否有吸引力,具体是计算认购者所得的偿还价格和发行价格的差额利润率及票面利息率的总和。投资者在购买债券之前就把收益率与银行存款利息和股份投资的收益率进行比较,从而判断向哪方面投资更为有利。其计算公式为:

$$认购者收益率 = \frac{债券到期本利和 - 购买价格}{购买价格 \times 偿还期限} \times 100\% \qquad 式(2-3)$$

例 2-4： 某十年期国债，面值 1 000 元，票面利率 5％，购买者从财政部购买的价格是 1 020 元，求该债券的认购者收益率。

根据题意，该债券的认购者收益率为

$$认购者收益率 = \frac{1\,000 + 1\,000 \times 5\% \times 10 - 1\,020}{1\,020 \times 10} \times 100\% = 4.71\%$$

3. 到期收益率

到期收益率又称最终收益率，是投资购买债券的内部收益率，即为可以使购买债券所获得的未来现金流量的现值等于债券当前市价的贴现率。

例 2-5： 如果票面金额为 1 000 元的一年期债券，票面利率为 6％，到期一次性还本付息，该债券的市场价格为 950 元，问该债券的到期收益率为多少？

假设债券的到期收益率为 i，根据题意得

$$950 = \frac{1\,000 \times 6\%}{1+i} + \frac{1\,000}{1+i}$$

解得 $i = 11.58\%$。

思考与练习

一、单项选择题

1. 不是根据发行主体对债券进行分类的债券种类是（　　）。

A. 政府债券　　　　B. 金融债券　　　　C. 贴现债券　　　　D. 公司债券

2. 债券按其是否公开募集分为公募债券和（　　）。

A. 国库券　　　　B. 私募债券　　　　C. 企业债券　　　　D. 重点建设债券

3. 通常而言，被认为安全性最强的金融工具是（　　）。

A. 商业票据　　　　B. 企业债券　　　　C. 国库券　　　　D. 股票

4. 兼有股票和债券双重性质的金融工具是（　　）。

A. 优先股票　　　　B. 可赎回债券　　　　C. 可转换债券　　　　D. 金融债券

二、多项选择题

1. 债券应具备的票面要素有（　　）。

A. 发债单位　　　　　　　　　　　　　　B. 面值

C.债券的偿还期限和方式　　　　D.债券的利率、付息及付息方式

2.影响债券价值的因素有（　　　）。

A.面值　　　　B.票面利率　　　　C.折现率　　　　D.信用风险

三、判断题

1.一般来说，公司债券的发行主体是股份公司，所以非股份公司不可发行公司债券。（　　）

2.公司债券投资者一般不参与公司的经营管理。（　　）

3.可转换公司债券的票面利率一般低于相同条件的不可转换公司债券。（　　）

4.一般来说，当未来利率趋于下降时，应发行期限较长的债券，这样可以有利于降低筹资者的利息负担。（　　）

5.根据发行单位性质的不同，债券可分为记名债券和不记名债券。（　　）

四、计算题

1.某种债券的面值是 1 000 元，票面利率是 5%，市场利率为 3%，债券期限为 2 年，问该债券的理论价格为多少？

2.某种债券的面值是 1 000 元，票面利率是 9%，认购价格为 950 元，偿还期限为 3 年。问该债券的认购者收益率为多少？

五、简答题

1.简述债券的票面要素。

2.简述债券与股票的联系和区别。

3.简述影响债券价值的基本因素。

4.简述债券收益率的种类及含义。

六、案例分析

我国地方政府债务问题

财政部数据显示，2023 年 1—12 月，全国发行地方政府债券 93 374 亿元，其中一般债券 33 474 亿元，专项债券 59 900 亿元。截至 2023 年 12 月末，全国地方政府债务余额 407 373 亿元，控制在全国人大批准的限额之内。其中：一般债务 158 688 亿元，专项债务 248 685 亿元；政府债券 405 711 亿元，非政府债券形

式存量政府债务 1 662 亿元。截至 2023 年 12 月末,地方政府债券剩余平均年限 9.1 年,其中一般债券 6.3 年,专项债券 10.9 年;平均利率 3.27％,其中一般债券 3.26％,专项债券 3.28％。

我国的地方政府债务中,长期贷款所占的比重较大,且在地方政府债务总量中占有较大比重。部分地区的债务远远超出了地方政府的偿债能力,一些地方甚至出现了局部性的债务风险,出现了支付危机。地方政府在债务资金的筹集与使用上缺乏整体规划和科学的项目论证,债务融资存在多部门分散管理,使地方政府债务在总体上缺乏科学合理的规划。并且,地方政府一般会为一些国有企业贷款提供担保,这样就会形成或有债务,而且数额越来越大,在借款人不能还款的情况下,地方政府要承担清偿责任,也可能引发债务风险。

资料来源:财政部:2023 年全国发行地方政府专项债券 59 900 亿元[EB/OL].(2024-01-30)[2024-10-05].https://www.jiemian.com/article/10749500.html;地方政府债务的特点是什么[EB/OL].(2024-09-16)[2024-10-05].https://www.66law.cn/laws/377215.aspx.

案例思考:结合上述案例,谈谈你对地方政府债务的了解。

思政点拨:作为一名新时代大学生,谈谈你对如何化解地方政府债务危机的看法。

七、实训课堂

1.实训目标:理解国债在经济中的地位和作用,分析当前我国地方政府债务存在的问题。

2.实训操作:查找国债和地方债的发行数据,分小组讨论数据背后隐藏的信息。

第二章
思考与练习参考答案

第三章 证券投资基金

学习目标

知识目标

1.掌握基金的含义及特征；

2.了解基金的分类。

能力目标

1.能理解基金同股票、债券等投资工具的关系；

2.了解基金的投资运作过程。

素养目标

1.能根据不同种类基金的特点,匹配合适的投资群体,培养职业技能；

2.体会基金在大资管时代的基础性作用,把握时代脉搏。

知识结构图

```
                    ┌─────────────────────┐        ┌──────────────────────────────┐
                    │  证券投资基金概述      │────┬───│ ✎ 证券投资基金的概念及发展历程 │
                    └─────────────────────┘    │   └──────────────────────────────┘
                                               │   ┌──────────────────────────────┐
                                               ├───│ ✎ 证券投资基金的特点           │
                                               │   └──────────────────────────────┘
                                               │   ┌──────────────────────────────┐
                                               ├───│ ✎ 证券投资基金与股票、债券的区别 │
                                               │   └──────────────────────────────┘
                                               │   ┌──────────────────────────────┐
                                               └───│ 🔍 理解基金与股票债券的关系      │
                                                   └──────────────────────────────┘
```

- 证券投资基金概述
  - ✎ 证券投资基金的概念及发展历程
  - ✎ 证券投资基金的特点
  - ✎ 证券投资基金与股票、债券的区别
  - 🔍 理解基金与股票债券的关系

- 证券投资基金的种类
  - ✎ 按证券投资基金能否赎回分类
  - ✎ 按证券投资基金的组织形式分类
  - ✎ 按证券投资基金的投资标的分类
  - ✎ 按证券投资基金的投资目标分类
  - ✎ 按证券投资基金的投资来源和运用地域分类
  - 🔍 了解基金的运作过程

- 证券投资基金的运作
  - ✎ 证券投资基金的运作概述
  - ✎ 证券投资基金的参与主体
  - ✎ 证券投资基金运作关系

- 证券投资基金的投资价值
  - ✎ 证券投资基金的收入来源
  - ✎ 证券投资基金的风险
  - ✎ 证券投资基金的投资价值评价

- 🚩 根据不同种类基金的特点，匹配合适的投资者，培养职业技能 体会基金在大资管时代的基础性作用，把握时代脉搏

（证券投资基金）

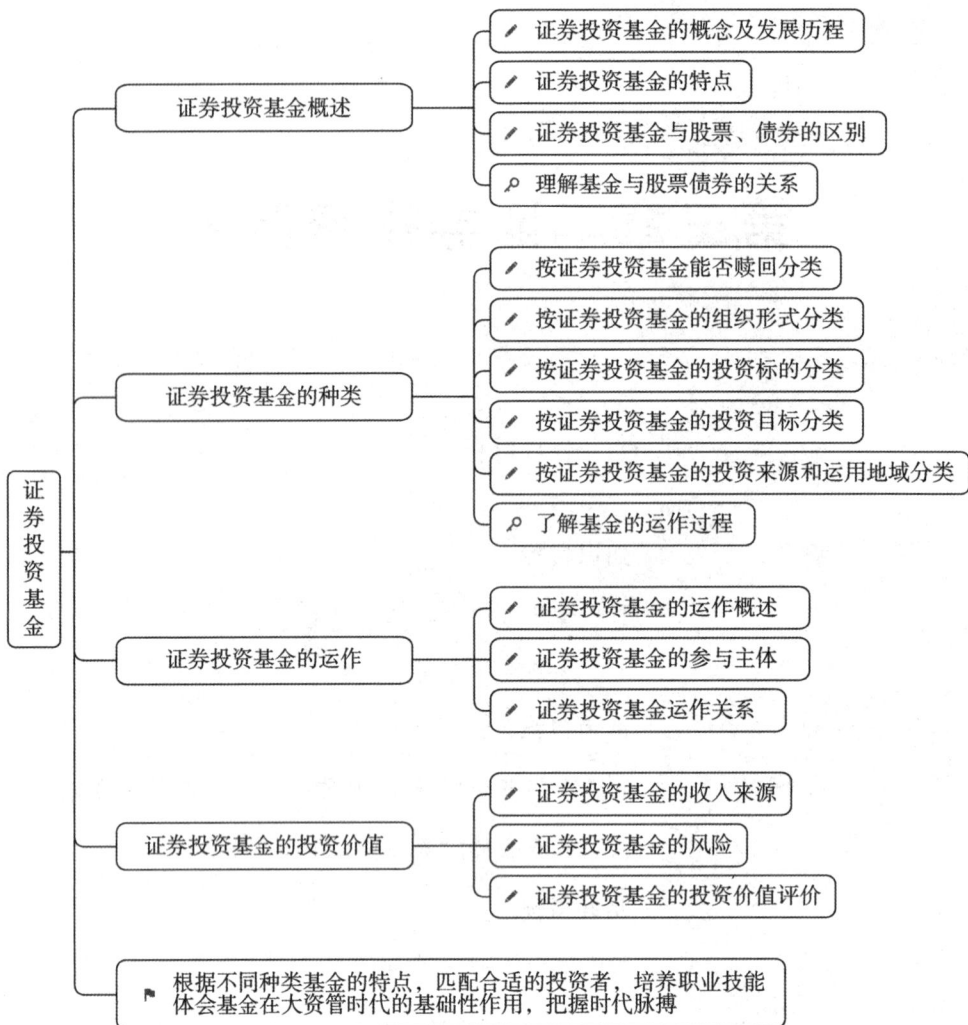

> ┆ ✎ 知识点　🔍 技能点　🚩 思政点 ┆

引导案例

公募基金成为大资管时代"一哥"

　　大资管时代的新秩序正在形成。截至 2024 年 6 月末，我国公募基金整体规模首次超越银行理财产品，成为资管"一哥"。根据中国证券投资基金业协会发布的数据，截至 2024 年 6 月底，我国境内基金管理公司较 2023 年同期增加 5 家，达到 144 家。其中，外商投资基金管理公司增加 3 家，达到 48 家，内资基金

管理公司增加 2 家,达到 96 家。到 2024 年 6 月底,公募基金资产净值合计 27.69 万亿元,较 2023 年同期增加 0.9 万亿元。

资料来源:阎岳.公募基金如何巩固资管"一哥"的地位?[EB/OL].(2023-08-16)[2024-09-08]. https://fund.eastmoney.com/a/202308162813472448.html.

公募基金在大资管时代扮演着什么角色? 发展公募基金有何重要意义?

第一节　证券投资基金概述

一、证券投资基金的概念及发展历程

1.证券投资基金的概念

证券投资基金(以下简称基金)是一种利益共存、风险共担的集合证券投资方式,通过发行基金份额,把众多投资者的资金集合起来,形成独立资产,由基金托管人托管,由基金管理人负责管理和投资运作,通过投资于股票、债券等投资标的,获得投资收益。基金份额,也称为基金单位,是指基金发起人向不特定的投资者发行的,表示持有人对基金享有资产所有权、收益分配权和其他相关权利,并承担相应义务的凭证。基金份额就是投资人购买基金时得到或持有的数量。

2.证券投资基金的发展历程

作为国际上一种通行的组合投资方式,基金已经有了 100 多年的历史。我国基金业起步较晚,1998 年 3 月,经中国证监会批准,南方基金管理公司和国泰基金管理公司分别发起设立两只封闭式基金——基金开元和基金金泰,拉开了我国证券投资基金发展的序幕。2001 年 9 月,我国第一只开放式公募基金——华安创新诞生,揭开了公募基金发展新篇章。2002 年,首家中外合资基金管理公司成立,2003 年 6 月,《中华人民共和国证券投资基金法》颁布,系统地规范了基金当事人的权利义务,尤其是受托人信义义务,为行业规范运作奠定坚实的基础。2012 年,中国证券投资基金业协会成立。

经过近 30 多年的发展,我国基金业逐步发展壮大,成为我国证券市场的重要组成部分①。以公募基金为例,截至 2024 年 6 月底,我国境内公募基金管理机构共 163 家,其中基金管理公司 148 家,取得公募资格的资产管理机构 15 家。以上机构管理的公募基金资产净值合计 31.08 万亿元。表 3-1 为截至 2024 年 6 月底,我国公募基金的数量及规模。

表 3-1　我国公募基金的数量及规模(截至 2024 年 6 月底)

基金类型	基金数量/只	基金份额/亿份	基金净值/亿元
封闭式基金	1 354	36 022.57	38 570.52
开放式基金	10 682	260 604.07	272 255.86
其中:股票基金	2 474	28 472.32	31 048.96
其中:混合基金	5 046	33 600.34	35 461.50
其中:债券基金	2 490	61 085.56	68 896.29
其中:货币基金	371	131 910.07	131 870.27
其中:QDII 基金	301	5 535.79	4 978.83
合计	12 036	296 626.65	310 826.38

数据来源:中国证券投资基金业协会.公募基金市场数据(2024 年 6 月)[EB/OL].(2024-07-22)[2024-10-03].https://www.amac.org.cn/sjtj/tjbg/gmjj/202407/P020240722632942396302.pdf.

二、证券投资基金的特点

1.集合理财,专业管理

证券投资基金通过汇集众多投资者的资金,进行共同投资,表现出一种集合理财的特点。集中众多投资者的资金,积少成多,有利于发挥资金的规模优势,降低投资成本。证券投资基金由专业机构进行管理与运作,他们一般拥有专业的投资研究人员和强大的信息网络,能够更好地对证券市场进行动态跟踪与深入分析。因此,通过购买基金进行投资,相当于聘请了一个专业的投资经理,使中小投资者也能享受到专业化的投资管理服务。

2.组合投资,分散风险

对中小投资者而言,由于资金有限,很难通过购买多种证券达到有效分散投资风险的目的。为降低投资风险,《证券投资基金管理暂行办法》②明确规定:基金的投资组合应当符合下列规定:第一,1 个基金投资于股票、债券的比例,不得低于该基金资产总值的 80%;第二,1 个基金持有 1 家上市公司的股票,不得超

---

① 感兴趣的读者可以观看视频纪录片《基金》第一集《因何而来》,https://www.amac.org.cn/hdjl/jjjlp/jjjlp1/202112/t20211227_24109.html。

② 感兴趣的读者可以阅读《证券投资基金管理暂行办法》,https://baike.baidu.com。

过该基金资产净值的 10％;第三,同一基金管理人管理的全部基金持有 1 家公司发行的证券,不得超过该证券的 10％。因此,投资者购买基金就相当于用很少的投资购买了一篮子股票,从而享受到组合投资、分散风险的好处。

3.利益共享,风险共担

证券投资基金实行利益共享、风险共担的原则,基金收益在扣除基金费用后,由基金投资者按其所持基金份额享受盈利和承担亏损。按照《证券投资基金管理暂行办法》的规定:基金管理公司必须以现金形式分配至少 90％的基金净收益,并且每年至少一次。

4.严格监管,信息透明

为切实保护基金投资者的利益,增强投资者对基金投资的信心,各国(地区)的基金监管机构都对证券投资基金实行严格监管,并强制基金进行信息披露。对各种有损投资者利益的行为进行严厉打击。在这种情况下,严格监管、信息透明成为证券投资基金,特别是公募证券投资基金的一个显著特点。

知识链接 3-1

基金信息披露

基金信息披露是指基金市场上的有关当事人在基金募集、上市交易、投资运作等一系列环节中,依照法律法规向社会公众进行的信息披露。

《证券投资基金信息披露管理办法》第18条至第20条分别规定,基金管理人应当在每年结束之日起 90 日内,编制完成基金年度报告,并将年度报告正文登载于网站上,将年度报告摘要登载在指定报刊上;于上半年结束之日起 60 日内,编制完成基金半年度报告;基金管理人应当在每个季度结束之日起 15 个工作日内,编制完成基金季度报告。

资料来源:中国证券监督管理委员会.证券投资基金信息披露管理办法[EB/OL].(2004-06-08)[2024-11-03].http://www.csrc.gov.cn/csrc/c101877/c1029651/content.shtml.

5.独立托管,保障安全

基金财产独立于基金管理人、基金托管人的固有财产。基金管理人负责基金的投资操作,本身并不参与基金财产的保管,基金财产的保管由独立于基金管理人的基金托管人负责。这种相互制约、相互监督的制衡机制为投资者利益保护提供了主要的制度保障。

三、证券投资基金与股票、债券的区别

（1）反映的经济关系不同。股票反映的是所有权关系，债券反映的是债权债务关系，而基金反映的则是信托关系。

（2）筹集资金的投向不同。股票和债券是直接投资工具，筹集的资金主要投向实业，而基金是间接投资工具，筹集的资金主要投向有价证券等金融工具。

（3）收益风险水平不同。股票的直接收益取决于发行公司的经营效益，不确定性强，投资于股票有较大的风险。债券的直接收益取决于债券利率，而债券利率一般是事先确定的，投资风险相对较小。基金主要投资于有价证券，投资选择灵活多样，从而使基金的收益有可能高于债券，投资风险又可能小于股票。因此，基金能满足那些不能或不宜直接参与股票、债券投资的个人或机构的需要。证券投资基金和股票、债券的区别如表 3-2 所示。

表 3-2　证券投资基金和股票、债券的区别

项目	类别		
	证券投资基金	股票	债券
经济关系	信托关系	所有权关系	债权债务关系
资金投向	有价证券	实业	实业
收益风险水平	中	大	小

第二节　证券投资基金的种类

一、按证券投资基金能否赎回分类

1.封闭式基金

封闭式基金是相对于开放式投资基金而言的，是指基金资本总额及发行份数在未发行之前就已确定下来，在发行期满后，基金就封闭起来，总量不再增减的投资基金，因此也称为固定型投资基金。封闭式投资基金受益凭证在封闭期间内不能追加认购或赎回，但投资者可以在证券交易所等二级市场上交易。

2.开放式基金

开放式基金是指基金的发行总额是变动的,可以随时根据市场供求状况发行新份额或被投资人赎回的投资基金。但它追加购买或赎回的价格不同于原始发行价,而是以基金当时的净资产价值为基础加以确定。投资者可以按投资基金的报价在国家规定的营业场所申购或者赎回投资基金单位。

3.开放式基金与封闭式基金的区别

根据开放式基金和封闭式基金的定义及特点分析,开放式基金和封闭式基金的区别如表 3-3 所示。

表 3-3　开放式基金与封闭式基金的区别

	开放式基金	封闭式基金
发行份额	可以随时增减	固定不变
期限	无固定期限	通常在 5 年以上
交易地点	不上市,销售柜台买卖	上市,交易所转让
交易方式	基金投资人随时向基金管理公司或销售机构认购、申购或赎回	发行期间,投资人向销售机构认购,上市后在投资者之间交易
交易价格	根据基金资产净值加手续费计算	根据股市交易价格计算,由市场供求关系决定
交易费用	申购费和赎回费	手续费
绩效评价	基金净值	受市场行情波动影响
适合投资的市场	规模较大、流动性较高、管理规范的市场	封闭而资金流动性不高的初级发展阶段的市场
投资策略	须保留现金以备投资人赎回,一般投资于变现能力强的资产	存续期限固定,可以制定长期投资策略,取得长期经营绩效
投资风险	便于投资者控制风险	风险较大

二、按证券投资基金的组织形式分类

1.公司型基金

公司型基金又叫作共同基金,指基金本身为一家股份有限公司,公司通过发行股票或受益凭证的方式来筹集资金。投资者购买了该公司的股票,就成为该公司的股东,凭股票领取股息或红利、分享投资所获得的收益。其特点如下:①公司型基金的形态为股份公司,但又不同于一般的股份公司,其业务集中于证券投资信托。②公司型基金的资金为公司法人的资本,即股份。③公司型基金的结构同一般的股份公司一样,设有董事会和股东大会。基金资产由公司拥有,投资者则是这家公司的股东,也是该公司资产的最终持有人。股东按其所拥有的股份大小在股东大会上行使权利。④依据公司章程,董事会对基金资产负有安全增值之责任。

以公司型投资基金为主体的代表国家是美国,价值投资大师沃伦·巴菲特管理的伯克希尔·哈撒韦,即为公司型投资基金。

2.契约型基金

契约型基金又称为单位信托基金,指专门的投资机构(银行和企业)共同出资组建一家基金管理公司,基金管理公司作为委托人通过与受托人签订"信托契约"的形式发行受益凭证——"基金单位持有证"来募集社会上的闲散资金。在我国,契约型基金依据基金管理人、基金托管人之间所签署的基金合同设立,基金投资者购买基金份额后成为基金持有者,依法享受权利、承担义务。

3.公司型基金与契约型基金的区别

根据公司型基金和契约型基金的定义及特点分析,公司型基金和契约型基金的区别如表 3-4 所示。

表 3-4　公司型基金和契约型基金的区别

	公司型基金	契约型基金
法律依据	依据公司法组建	依照基金契约组建
投资者地位	直接参与基金资金运用的经营或监督	对基金运作所做的重要投资决策通常不具有发言权
基金运营	一般都具有永久性	基金契约期满,基金运营也就终止
资产性质	基金财产是公司法人的资本	基金资产是信托财产
主要分布地区	美国等	日本及中国台湾、中国香港等

三、按证券投资基金的投资标的分类

按投资基金投资标的的不同,投资基金可分为股票基金、债券基金、货币市场基金、指数基金、创业基金等。

(1)股票基金。股票基金是投资基金中最常见的一种,其投资对象是股票,包括优先股股票和普通股股票。

(2)债券基金。债券基金是基金市场的重要组成部分,其规模仅次于股票基金,主要以政府公债、市政债券、公司债券等债券品种为投资对象。我国市场上的债券基金有其自身特点,包括标准债券型基金、普通债券型基金和其他策略型

债券基金等,其中,标准债券型基金不能投资于股票市场,因此也被称为"纯债基金"。

(3)货币市场基金。货币市场基金是指在全球的货币市场上从事短期有价证券投资的一种基金。主要投资对象包括国库券、银行可转让大额存单、商业票据、银行承兑汇票、同业拆借及回购协议等。

知识链接 3-2

"余额宝们"收益跌破 1.5%

2013 年以来,伴随着以余额宝为代表的货币基金开始在市场全面普及,买货币市场基金作为家庭理财的选择几乎已经成为一种常态。但是,2024 年中,各家货币市场基金的收益水平持续下跌,余额宝更是率先跌破了 1.5%。Wind 数据显示,全市场有业绩记录的 364 只(各份额合并计算)货币基金中,有 182 只的 7 日年化收益率低于 1.5%,占比五成。

资料来源:"余额宝们"收益跌破 1.5%,资产荒时代我们该怎么办?[EB/OL].(2024-07-16)[2024-10-06].https://www.163.com/dy/article/J778PLNO0519860S.html.

(4)指数基金。指数基金是指通过复制所跟踪指数中的股票而形成的基金。简单地说,就是基金跟踪的指数中有哪些股票,基金就主要购买哪些股票,且指数基金中每只股票配置的比例大致与指数中每只股票在指数中所占的比例相同。

知识链接 3-3

我国第一只指数基金——上证 50ETF

2004 年 7 月,上海证券交易所将上证 50 指数授权给华夏基金使用,华夏基金管理公司拔得头筹,成为中国第一个 ETF 的管理人。

华夏上证 50ETF 产品将采用完全复制法,紧密跟踪上证 50 指数,组合中的股票种类和上证 50 指数包含的成分股相同,股票数量比例和该指数成分股构成权重一致,追求跟踪偏离度和跟踪误差最小化,在上证所上市交易后,其申购与赎回也将通过上证所系统进行。

资料来源:我国第一只 ETF——上证 50ETF[EB/OL].(2023-09-11)[2024-10-06].https://caifuhao.eastmoney.com/news/20230911143037081513440.

(5)创业基金。创业基金又称置业基金或风险基金,是以股权投资方式,主要投资于未上市公司的基金。它是为支持一些盈利前景看好的新兴产业而设立的基金,其经营方针是在高风险中追求高回报。

四、按证券投资基金的投资目标分类

根据投资基金收益风险目标划分,主要有以下几类:

(1)成长型基金。成长型基金追求的是基金资产的长期增值,为了达成这一目标,基金资产主要投资于信誉好、长期有稳定盈余的公司的普通股股票,或是有长期升值潜力的公司的普通股股票。

(2)收入型基金。收入型基金主要投资于可带来现金收入的有价证券,投资对象通常为股息比较优厚、红利水平较高的绩优股票,资信度高的政府债券、公司债券和可转换债券,以获取稳定的股息或债息。

(3)平衡型基金。平衡型基金的投资目标是追求基金资产净值的稳定、可观的经常性收入和适度的长期增长。为兼顾以上三个目标,它通常会把一半的资金投资于债券,另一半的资金投资于股票,以达到获取平衡收益的投资目标。

五、按证券投资基金的投资来源和运用地域分类

根据投资来源和运用地域不同,投资基金有如下分类:

(1)国内基金。国内基金是指资金全部来自国内投资者并投资于国内金融市场的一种投资基金。一般而言,国内基金在一国基金市场上应占主导地位。

(2)国际基金。国际基金是指资金来源于国内但投资于境外金融市场的投资基金。中国证监会颁布的《合格境内机构投资者境外证券投资管理试行办法》规定,符合条件的境内基金管理公司和证券公司,经中国证监会批准、可在境内募集资金进行境外证券投资管理。这种经中国证监会批准可以在境内募集资金进行境外证券投资的机构称为合格境内机构投资者(qualified domestic institutional investor,QDII)。

知识链接 3-4

我国第一只 QDII 外币基金

2006年9月,第一只QDII外币基金——华安国际配置基金正式通过工商银行、华安基金理财中心和华安基金网上销售向投资人定向募集。根据外汇局批准的额度,华安国际配置基金首次募集规模上限为5亿美元,募完即止。

该基金将投资于纽约、伦敦、东京、香港等国际资本市场,投资范围主要覆盖股票、债券、房地产信托凭证(REITs)、商品基金等金融产品。

资料来源:首只 QDII 外币基金发售[EB/OL].(2006-09-18)[2024-07-03]. http://finance.sina.com.cn/roll/20060918/0432930534.shtml.

(3)离岸基金。离岸基金亦称"外国境外基金"。资金主要来源于一个国家或地区,而注册地在其他国家或地区的投资基金。这种基金的受托人或保管人通常是较大的跨国财团、银行或实力雄厚的投资机构,其设备先进、通信手段广泛而灵活。这种基金的优点是,当投资者所在国出现政治或经济政策的变化时,投资者的资金不会被冻结。其资金主要投资于以境外投资者名义注册的证券。离岸基金与海外基金的主要区别是,离岸基金的注册地与资金投入地不是同一国家或地区,而海外基金的注册地与资金投放地是同一国家或地区。

(4)海外基金。海外基金是指从国外筹集资金并投资于国内金融市场的基金。2002 年,我国开始实行 QFII 制度,QFII 机制是指外国专业投资机构到境内投资的资格认定制度。这种制度要求外国投资者若要进入一国证券市场,必须符合一定的条件,得到该国有关部门的审批通过后,汇入一定额度的外汇资金,并转换为当地货币,通过严格监管的专门账户投资当地证券市场。2019 年 9 月 10 日,国家外汇管理局已宣布,经国务院批准,决定取消 QFII/RQFII 投资额度限制。同时,RQFII 试点国家和地区限制也一并取消。

除了上述几种类型的基金,证券投资基金还可按是否收费将其划分为收费基金和不收费基金;根据投资币种不同,将其划分为美元基金、英镑基金、日元基金、欧元基金等,以及投资于其他基金的基金中的基金等。

第三节 证券投资基金的运作

一、证券投资基金的运作概述

基金的运作包括基金的募集、基金的投资管理、基金资产的托管、基金份额的登记交易、基金的估值与会计核算、基金的信息披露以及其他基金运作活动在内的所有相关环节。

二、证券投资基金的参与主体

在基金市场上,存在许多不同的参与主体。依据所承担的职责与作用的不同,可以将基金市场的参与主体分为基金当事人、基金市场服务机构、基金监管机构和自律组织三大类。

1.基金当事人

我国的证券投资基金依据基金合同设立,基金份额持有人、基金管理人与基金托管人是基金合同的当事人,简称基金当事人。

(1)基金份额持有人,即基金投资人,是基金的出资人、基金资产的所有者和基金投资收益的受益人。基金份额持有人享有的权利包括:分享基金财产收益,分配清算剩余财产,依法转让或申请赎回持有份额,按规定要求召开基金份额持有人大会,大会上的表决权,查阅或复制公开披露信息资料,对管理人、托管人、销售机构提起诉讼等。

(2)基金管理人,其主要职责是基金的投资运作,使基金份额持有人利益最大化。基金管理人在基金运作中具有核心作用。在我国,基金管理人只能由依法设立的基金管理公司担任。

(3)基金托管人,其职责是资产保管、资金清算、会计复核、运作监督等。在我国,基金托管人只能由依法设立并取得基金托管资格的商业银行担任。

2.基金市场服务机构

基金管理人、基金托管人既是基金的当事人,又是基金的主要服务机构。除基金管理人与基金托管人外,基金市场还有许多面向基金提供各类服务的其他机构。这些机构主要包括基金销售机构、销售支付机构、份额注册登记机构、估值核算机构、投资顾问机构、评级机构、信息技术系统服务以及律师事务所、会计师事务所等。

3.基金监管机构和自律组织

(1)基金监管机构。基金监管机构是证券监管机构的组成部分,是政府为了保护基金投资者利益、规范基金交易和运作、维护基金市场秩序并促进基金市场健康发展而设立的,对基金活动进行严格的监督和管理。基金监管机构依法拥有审批或核准基金的权利,对成立的基金进行备案。我国的基金监管机构主要为中国证券监督管理委员会、中国人民银行、证券交易所、证券业协会。

(2)基金自律组织。基金自律组织是由基金管理人、基金托管人及基金市场服务机构共同成立的同业协会。同业协会在促进同业交流、提高从业人员素质、加强行业自律管理、促进行业规范发展等方面具有重要的作用。我国的基金自律组织是 2012 年 6 月 6 日成立的中国证券投资基金业协会。

三、证券投资基金运作关系

基金投资者、基金管理人与基金托管人是基金的当事人。基金市场上的各类中介服务机构通过自己的专业服务参与基金市场,监管机构则对基金市场上的各种参与主体实施全面监管。图 3-1 为我国证券投资基金运作关系。

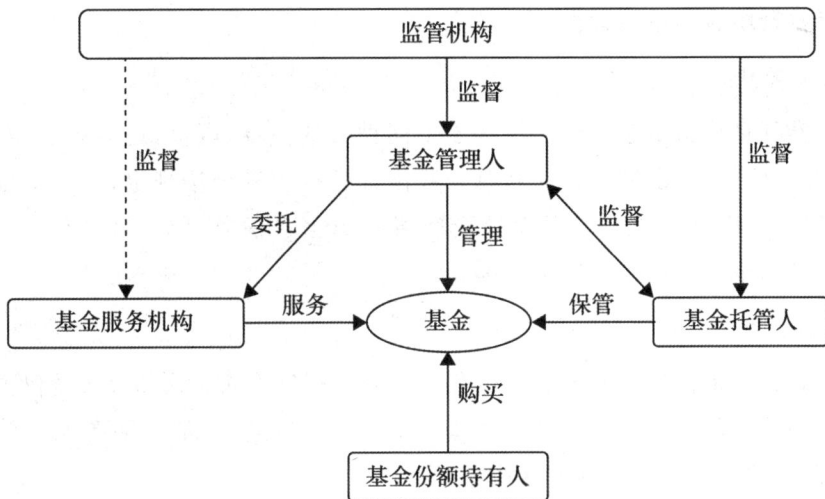

图 3-1 我国证券投资基金运作关系

资料来源:中国证券业协会.金融市场基础知识[M].北京:中国财政经济出版社,2022.

第四节 证券投资基金的投资价值

一、证券投资基金的收入来源

证券投资基金收入是指基金资产在运作过程中所产生的各种收入,主要包括利息收入、投资收益以及其他收入。基金资产估值引起的资产价值变动应作为公允价值变动损益计入当期损益。

1.红利

红利是指基金购买公司股票而享有对该公司净利润分配的所得。一般而言,公司对股东的红利分配有现金红利和股票红利两种形式。基金作为长线投资者,其主要目标在于为基金投资者提供长期、稳定的回报,红利是构成基金收益的一个重要部分。所投资股票的红利的多少,是基金管理人选择投资组合的一个重要标准。

2.股息

股息是指基金因购买公司的优先股权而享有对该公司净利润分配的所得。股息通常是按一定的基金收益的比例事先规定的,这是股息与红利的主要区别。与红利相同,股息也是构成投资者回报的一个重要部分,股息高低也是基金管理人选择投资组合的重要标准。

3.债券利息

债券利息是指基金资产因投资于不同种类的债券(国债、地方政府债券、企业债、金融债等)而定期取得的利息。我国证券投资基金法规定,一只基金投资于国债的比例,不得低于该基金资产净值的 20%。由此可见,债券利息也是构成投资者回报的不可或缺的组成部分。

4.存款利息

存款利息是指基金资产的银行存款部分的利息收入。这部分收益仅占基金收益很小的一部分。开放式基金由于必须随时准备应对基金持有人的赎回申请,因此必须保留一部分现金存在银行。

5.资本利得

任何证券的价格都会受证券供需关系的影响,如果基金能够在资本供应充裕、价格较低时购入证券,而在证券需求旺盛、价格上涨时卖出证券,所获价差就称为基金的资本利得收入。

6.其他收入

其他收入是指运用基金资产而带来的成本或费用的节约额,如基金因大额交易而从证券商处得到的交易佣金优惠等各项收入。这部分收入通常数额很小。

二、证券投资基金的风险

1.市场风险

基金的分散投资虽能在一定程度上消除来自个别公司的非系统性风险,但无法消除市场的系统性风险。因此,证券市场价格因经济因素、政治因素等各种因素的影响而产生波动时,将导致基金收益水平和净值发生变化,从而给基金投资者带来风险。

2.管理风险

基金管理人作为专业投资机构,虽然比普通投资者在风险管理方面拥有某些优势,但是不同的基金管理人的基金投资管理水平、管理手段和管理技术存在差异,从而对基金收益水平产生影响。同时,在基金运营过程中也可能因为管理不规范,出现"老鼠仓"[①]等问题,给基民造成损失。

3.技术风险

当计算机、通信系统、交易网络等技术保障系统或信息网络支持出现异常情况时,可能导致基金日常的申购或赎回无法按正常时限完成、注册登记系统瘫痪、核算系统无法按正常时限显示基金净值、基金的投资交易指令无法即时传输等风险。

4.巨额赎回风险

这是开放式基金所特有的风险。若因市场剧烈波动或其他原因而连续出现巨额赎回,并导致基金管理人出现现金支付困难时,基金投资者申请巨额赎回基金份额,可能会遇到部分顺延赎回或暂停赎回等风险。

三、证券投资基金的投资价值评价

(一)基金的资产净值

对于主要将有价证券作为投资对象的基金而言,其资产净值应该是能够比较准确地反映基金实际价值的。基金的资产净值是基金经营业绩的指示器,也是基金单位价格的计算依据。基金的资产净值可用如下公式表示:

$$资产净值 = \frac{基金资产的市场价值 - 各种费用}{基金份额} \qquad 式(3-1)$$

一般而言,投资基金的资产净值与基金单位价格的变动是一致的,投资基金的资产净值越高,基金单位价格也越高;反之,基金单位价格就越低。这种正比关系在开放式基金中得到了较好体现。

(二)开放式基金的价格

开放式基金的规模是不固定的,因经常按投资者要求赎回或者出售基金证券,所以,开放式基金的价格分为申购价格和赎回价格两种。

---

① "老鼠仓"是指庄家在用公有资金拉升股价之前,先用自己个人(机构负责人,操盘手及其亲属,关系户)的资金在低位建仓,待用公有资金拉升到高位后,个人仓位率先卖出获益。

1.申购价格

由于开放式基金的基金证券流通买卖是在证券交易所场外进行的,故投资者买入基金证券时,除支付资产净值外,还要支付一定的销售附加费用。因此,开放式基金的申购价格公式为:

$$申购价格 = \frac{资产净值}{1 - 附加费率} \qquad 式(3-2)$$

如果是不计费的开放式基金,则其申购价格等于资产净值。

2.赎回价格

开放式基金承诺在任何时候都可以根据投资者的个人意愿赎回基金证券。收费型的开放式基金的赎回价格为:

$$赎回价格 = \frac{资产净值}{1 + 赎回费率} \qquad 式(3-3)$$

对不收费的开放式基金而言,其赎回价格等于资产净值。

(三)封闭式基金的价格

封闭式基金的价格除受到基金资产净值的影响以外,还受到市场上基金供求状况的影响。由于封闭式基金不承担购回基金证券的义务,基金证券只能在交易市场上进行交易才能转让,这使封闭式基金的交易价格如同股票的价格一样,存在着很大的波动性。封闭式基金的价格决定可以利用普通股股票的价格决定公式。

思考与练习

一、单项选择题

1.(   )投资基金一般都在二级市场上挂牌交易。

A.公司型   B.契约型   C.开放式   D.封闭式

2.基金规模不固定,且可以随时根据市场供求情况发行新份额或由投资人赎回的投资基金是(   )。

A.契约型基金   B.公司型基金   C.开放式基金   D.封闭式基金

3.从国外筹集资金并投资于国内金融市场的基金叫（　　　）。

A.美元基金　　　　B.海外基金　　　　C.日元基金　　　　D.英镑基金

4.证券投资基金反映的是（　　　）关系。

A.债权债务　　　　B.所有权　　　　C.信托关系　　　　D.产权

5.（　　　）不是投资基金的特征。

A.分散风险　　　　B.安全性高　　　　C.交易成本较高　　　　D.专业管理

6.封闭式基金的封闭期限是指（　　　）。

A.基金从成立起到终止之间的时间

B.从开始认购到全部份额认购完成时的时间

C.从终止时开始到清算完毕之间的时间

D.从每年的1月1日到该年的12月31日

二、多项选择题

1.根据投资基金收益风险目标，投资基金分为（　　　）。

A.股票型基金　　　B.成长型基金　　　C.收入型基金　　　D.平衡型基金

2.投资者投资基金的收益来源于（　　　）。

A.股息　　　　B.存款利息　　　　C.资本利得　　　　D.手续费

3.基金托管人的职责包括（　　　）。

A.基金投资运作的监督　　　　　　B.基金资产的保管

C.基金资金清算、会计复核　　　　D.基金份额的发售

4.下列各项中属于开放式基金特点的有（　　　）。

A.开放式基金的买卖价格受到市场供求关系的影响

B.基金份额可以在基金合同约定的时间和场所进行申购或者赎回

C.交易在投资者与基金管理人之间完成

D.基金份额不固定

5.关于债券型基金的特点，以下表述正确的有（　　　）。

A.风险较低，但预期收益也较低

B.以追求长期的资本增值为目标

C.是应对通货膨胀的有效手段

D.适合短期波段操作，通过买卖价差盈利

三、判断题

1.封闭式基金一般可上市交易。（　　　）

2.以基金是否可以自由赎回为标志,基金可分为公募基金和私募基金。(　　)

3.基金管理人和基金托管人可以是同一人。(　　)

4.基金获得收益不一定要分红。(　　)

5.开放式基金的价值主要由基金净值决定。(　　)

四、计算题

某只基金共有 100 000 份基金份额,其中股票总市值为 1 亿元,债券总市值为 5 000 万元、存款及现金总额为 2 000 万元,其他资产总值为 500 万元,各种费用总计 200 万元,问:该基金每份份额的资产净值为多少?

五、简答题

1.简述基金的特点。

2.简述公司型基金与契约型基金的区别。

3.简述封闭式基金与开放式基金的区别。

4.简述基金的收入来源。

5.简述证券投资基金的风险。

六、案例分析

基金公司在基金行业寒冬中求变求新

2024 年以来,基金销售市场持续低迷,市场竞争也日趋激烈。面对基金销售寒冬,"零售之王"招商银行也主动求变,在近期动作频频。继在业内率先掀起基金销售费用全线一折起"自我革命"后,8 月初,招商银行又有新动作。招商银行财富管理团队联合基金公司推出了"TREE 长盈计划——安稳盈",为客户提供稳健理财方案。据了解,该方案由稳健类资产打底,通过配置黄金等多元资产分散风险,10% 左右的仓位配置 ETF、主动股基、股票等权益资产,80%～90% 的仓位配置债券基金,以多资产配置降低投资风险,并通过专属顾问式服务和全流程陪伴,提升持有体验。

在招商银行"自我革命"的同时,互联网代销龙头蚂蚁财富也在不断开疆拓土,通过降费、AI 服务、多元资产配置等多个方式提升投资者体验。一方面,作为业内率先倡导低费率的平台,蚂蚁财富在今年新上线了"省钱中心"功能,不仅在基金申购页面突出展示预计节省金额,也在整体持仓页提示用户持有基金以来不同年份以及累计节省的金额。蚂蚁财富数据显示,截至 2024 年 6 月 30 日,蚂蚁基金半年预估为用户节省超18亿元交易手续费。另一方面,蚂蚁财富也充分发挥自己在 AI 科技上的优势,利用人工智能赋能理财服务。2024 年第二季度,蚂蚁集团旗下的"AI 金融助理"支小宝 2.0 版对外测试,"AI 金融助理"支小宝基于支付宝平台,专注于理财、保险类专业知识问答,为用户提供市场解读、持仓分析、保险配置和投教科普等专业服务。QuestMobile 统计数据显示,6 月支小宝的用户量已达 5 908 万人,用户日均使用支小宝 559 万次,当月平均每位用户使用约2.8次。此外,支付宝最近在"理财"首页推出新板块"全球投资"。"全球投资"板块主要展示了投向海外多市场、多资产的 QDII 基金产品,覆盖了美国、日本、欧洲、东南亚等多个市场。

资料来源:基金公司在基金行业寒冬中求变求新[EB/OL].(2024-08-12)[2024-09-18].
https://funds.hexun.com/2024-08-12/213950852.html.

案例思考:你了解基金公司吗,谈谈你对基金公司的认识。

思政点拨:结合上述案例,谈谈你对基金公司在基金行业寒冬中求变求新的理解。

七、实训课堂

1.实训目标:掌握基金产品的类型,能根据基金产品的不同特点匹配适合的投资者。

2.实训操作:分小组通过角色扮演的方式分别扮演基金公司人员和基金投资人。由基金投资人提出投资需求,基金公司人员为其推荐合适的基金投资产品。

第三章
思考与练习参考答案

第四章　金融衍生工具

学习目标

知识目标

1.掌握金融衍生工具的含义及特征；

2.理解期货、期权的原理。

能力目标

1.熟悉金融衍生工具的交易规则；

2.能应用金融衍生工具进行套期保值。

素养目标

1.体会金融衍生工具的风险，树立正确的投资
　理念；

2.正确应用金融衍生工具，做好投资风险管理。

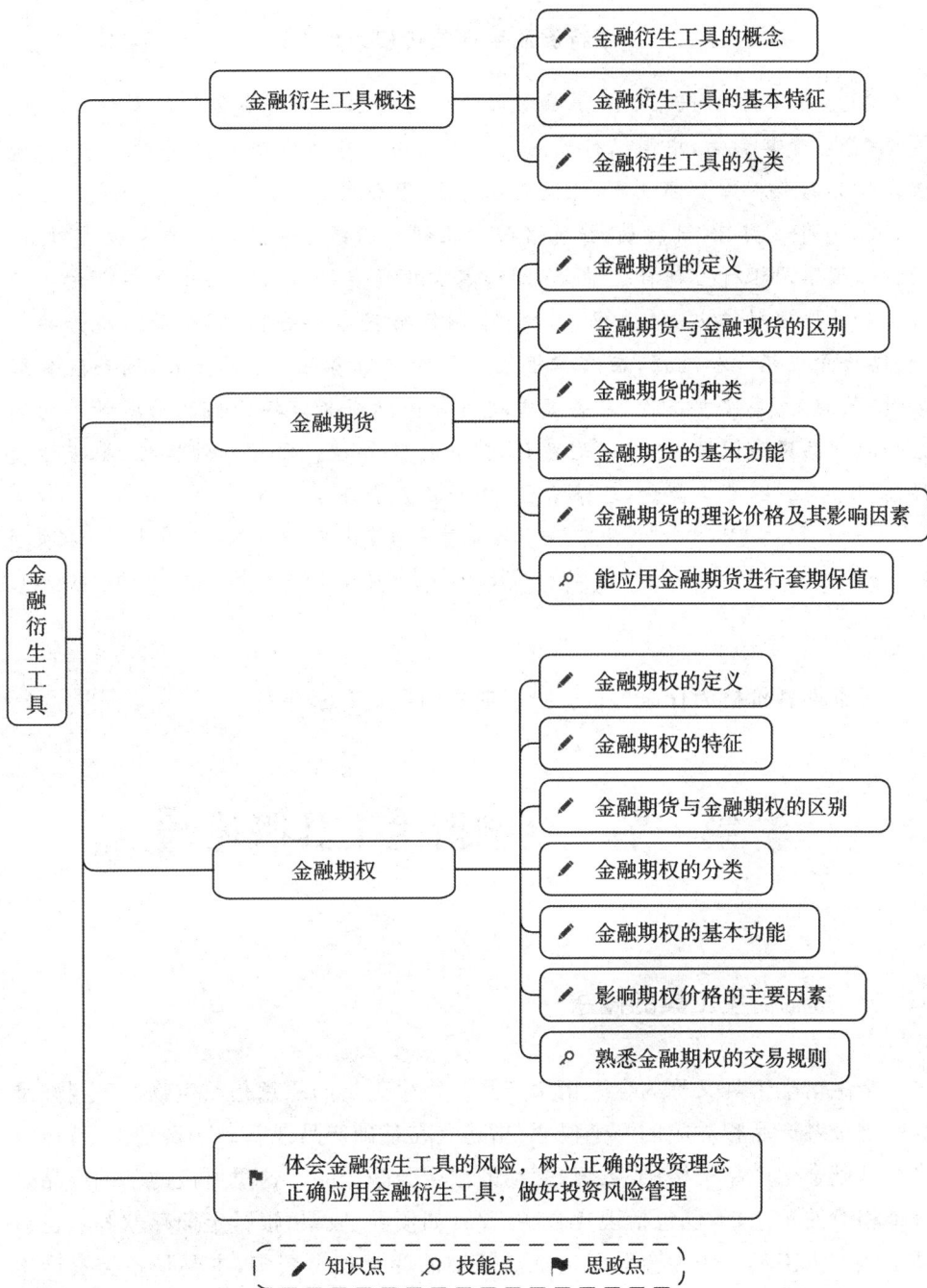

📋 知识结构图

```
                    ┌─ ✎ 金融衍生工具的概念
          金融衍生工具概述 ─┼─ ✎ 金融衍生工具的基本特征
                    └─ ✎ 金融衍生工具的分类

                    ┌─ ✎ 金融期货的定义
                    ├─ ✎ 金融期货与金融现货的区别
                    ├─ ✎ 金融期货的种类
          金融期货 ────┤
                    ├─ ✎ 金融期货的基本功能
                    ├─ ✎ 金融期货的理论价格及其影响因素
                    └─ 🔍 能应用金融期货进行套期保值

金融衍生工具
                    ┌─ ✎ 金融期权的定义
                    ├─ ✎ 金融期权的特征
                    ├─ ✎ 金融期货与金融期权的区别
          金融期权 ────┤─ ✎ 金融期权的分类
                    ├─ ✎ 金融期权的基本功能
                    ├─ ✎ 影响期权价格的主要因素
                    └─ 🔍 熟悉金融期权的交易规则

          🚩 体会金融衍生工具的风险，树立正确的投资理念
             正确应用金融衍生工具，做好投资风险管理
```

(✎ 知识点   🔍 技能点   🚩 思政点)

📚 **引导案例**

中行原油宝期货价格为负

2020 年 4 月 21 日,WTI 原油 5 月期货合约出现历史负值的结算价－37.63 美元/桶。受其影响,中国银行原油宝美国原油 5 月合约出现了"穿仓"——投资者发现其本金不但全部亏尽,还倒欠银行 1~2 倍的钱。

2020 年 4 月 23 日凌晨,投资者陆续收到中国银行扣款和催缴欠款的短信。因担心被中国银行当作补缴资金划扣,不少投资者纷纷将存在中国银行卡中的存款和其他理财转出。4 月 24 日晚,中国银行发布公告称,将全面审视产品设计、风险管控环节和流程,在法律框架下承担应有责任。5 月 4 日,国务院金融委对"原油宝"事件表态称,要高度重视当前国际商品市场价格波动所带来的部分金融产品风险问题,增强风险意识,强化风险管控。要控制外溢性,把握适度性,提高专业性,尊重契约,理清责任,保护投资者合法利益。

资料来源:林倩冰.中行"原油宝"首批庭审案件细节披露:中行承担投资者穿仓损失和20%本金损失[EB/OL].(2023-12-22)[2024-07-03].https://www.thepaper.cn/newsDetail_forward_25752245.

原油期货价格为什么为负?投资期货的风险有哪些?

第一节 金融衍生工具概述

一、金融衍生工具的概念

金融衍生工具又称为金融衍生产品。衍生工具的原意是派生物、衍生物,是与基础金融产品相对应的一个概念,指建立在基础产品或基础变量之上、价格取决于基础金融产品价格(或数值)变动的派生金融产品。这里所说的基础产品是一个相对的概念,不仅包括现货金融产品(如债券、股票、银行定期存款等),也包括金融衍生工具。作为金融衍生工具基础的变量种类繁多,主要是各类资产价格、价格指数、利率、汇率、费率、通货膨胀率以及信用等级等。近些年来,某些自然现象(如气温、降雪量、霜冻、飓风)甚至人类行为(如选举、温室气体排放)也逐渐成为金融衍生工具的基础变量。

在国际金融领域中,流行的衍生工具包括金融远期合约、金融期货、金融期权以及金融互换等。采取这些衍生工具的最主要目的均为保值或投机。但是，这些衍生工具之所以能存在与发展，都有其前提条件，那就是发达的远期市场。

二、金融衍生工具的基本特征

由金融衍生工具的定义可以看出，它们具有下列四个显著特性。

1.跨期性

金融衍生工具是交易双方通过对利率、汇率、股价等因素变动趋势的预测，约定在未来某一时间按照一定条件进行交易或选择是否交易的合约。无论是哪一种金融衍生工具，都会影响交易者在未来一段时间内或未来某时点上的现金流，跨期交易的特点突出。这就要求交易双方对利率、汇率、股价等价格因素的未来变动趋势作出判断，而判断的准确与否直接决定了交易者的交易盈亏。

2.杠杆性

金融理论中的杠杆性是指以较少的资金成本可以取得较多的投资，从而提高收益的操作方式。衍生金融工具是以基础工具的价格为基础，交易时不必缴清相关资产的全部价值，而只要缴存一定比例的押金或保证金便可对相关资产进行管理和运作。因此，交易者可以利用不同市场价格的差异，从低价市场买入，在高价市场卖出从而获利。

3.联动性

联动性是指金融衍生工具的价值与基础产品或基础变量紧密联系、规则变动。通常，金融衍生工具与基础变量相联系的支付特征由衍生工具合约规定，其联动关系既可以是简单的线性关系，也可以表达为非线性函数或者分段函数。

4.不确定性与高风险性

金融衍生工具的交易后果取决于交易者对基础工具(变量)未来价格(数值)的预测和判断的准确程度。基础工具价格的变幻莫测决定了金融衍生工具交易盈亏的不稳定性，这是金融衍生工具高风险性的重要诱因。

基础金融工具价格不确定性仅仅是金融衍生工具风险性的一个方面，金融衍生工具还伴随着以下几种风险：①交易中对方违约，没有履行承诺造成损失的信用风险；②因资产或指数价格不利变动可能带来损失的市场风险；③因市场缺乏交易对手而导致投资者不能平仓或变现所带来的流动性风险；④因交易对手无法按时付款或交割可能带来的结算风险；⑤因交易或管理人员的人为错误或系统故障、控制失灵而造成的操作风险；⑥因合约不符合所在国法律，无法履行或合约条款遗漏及模糊导致的法律风险。

三、金融衍生工具的分类

金融衍生工具可以按照交易方式、基础工具种类以及交易场所的不同而有不同的分类。

(一)按照交易方式分类

金融衍生工具按照交易方式,可以分为金融远期合约、金融期货、金融期权、金融互换和结构化金融衍生工具。

(1)金融远期合约。金融远期合约是指交易双方在场外市场上通过协商,按约定价格(称为远期价格)在约定的未来日期(交割日)买卖某种标的金融资产(或金融变量)的合约。金融远期合约规定了将来交割的资产、交割的日期、交割的价格和数量,合约条款根据双方需求协商确定。金融远期合约主要包括远期利率协议、远期外汇合约、远期股票合约等。

(2)金融期货。金融期货是指协议双方同意在约定的将来某个日期按约定的条件(包括价格、交割地点、交割方式)买入或卖出一定标准数量的某种金融工具的标准化协议。合约中规定的价格就是期货价格。金融期货主要包括货币期货、利率期货、股价指数期货和股票期货四种。近年来,不少交易所又陆续推出更多新型的期货品种,例如房地产价格指数期货、通货膨胀指数期货等。

(3)金融期权。金融期权是指合约买方向卖方支付一定费用(称为期权费或期权价格),在约定日期内(或约定日期)享有按事先确定的价格向合约卖方买卖某种金融工具的权利的契约。金融期权包括现货期权和期货期权两大类。除交易所交易的标准化期权之外,还存在大量场外交易的期权。

(4)金融互换。金融互换是指两个或两个以上的当事人按共同商定的条件,在约定的时间内定期交换现金流的金融交易。金融互换可分为货币互换、利率互换、股权互换、信用违约互换等类别。

(5)结构化金融衍生工具。前述四种常见的金融衍生工具通常也称作"建构模块工具",它们是最简单和最基础的金融衍生工具,而利用其结构化特性,通过相互结合或者与基础金融工具相结合,能够开发设计出更多具有复杂特性的金融衍生工具,后者通常称为"结构化金融衍生工具",或简称为"结构化产品"。以结构化理财产品为例,结构化理财产品是指在产品设计中嵌入了金融衍生工具,理财产品的收益和这种金融衍生品挂钩的标的相关联,将固定收益证券的特征与金融衍生工具的特征融为一体的理财产品。

(二)按照基础工具种类分类

从基础工具分类角度,金融衍生工具可以划分为股权类产品的衍生工具、货币衍生工具、利率衍生工具、信用衍生工具以及其他衍生工具。

(1)股权类产品的衍生工具。股权类产品的衍生工具是指以股票或股价指数为基础工具的金融衍生工具,主要包括股票期货、股票期权、股价指数期货、股价指数期权以及上述合约的混合交易合约。

(2)货币衍生工具。货币衍生工具是指以各种货币作为基础工具的金融衍生工具,主要包括远期外汇合约、货币期货、货币期权、货币互换以及上述合约的混合交易合约。

(3)利率衍生工具。利率衍生工具是指以利率或利率的载体为基础工具的金融衍生工具,主要包括远期利率协议、利率期货、利率期权、利率互换以及上述合约的混合交易合约。

(4)信用衍生工具。信用衍生工具是指以基础产品所蕴含的信用风险或违约风险为基础变量的金融衍生工具,用于转移或防范信用风险,是20世纪90年代以来发展最为迅速的一类衍生工具,主要包括信用互换、信用联结票据以及信用风险缓释合约、信用风险缓释凭证等信用风险缓释工具。

(5)其他衍生工具。除以上四类金融衍生工具之外,还有相当数量的金融衍生工具是在非金融变量的基础上开发的,例如用于管理气温变化风险的天气期货、管理政治风险的政治期货、管理巨灾风险的巨灾保险衍生产品等。

(三)按照交易场所分类

按交易场所,金融衍生工具可以分为两类:①交易所交易的衍生工具。交易所交易的衍生工具是指在有组织的交易所上市交易的衍生工具,例如在股票交易所交易的股票期权产品,在期货交易所和专门的期权交易所交易的各类期货合约、期权合约等。②场外交易市场(OTC)交易的衍生工具。场外交易市场交易的衍生工具是指通过各种通信方式,不通过集中的交易所,实行分散的、一对一交易的衍生工具,例如金融机构之间、金融机构与大规模交易者之间进行的各类互换交易和信用衍生工具交易。从近年来的发展看,这类衍生产品的交易量逐年增大,已经超过交易所市场的交易额,市场流动性也得到增强,还发展出专业化的交易商。

知识链接 4-1

场外交易市场衍生工具——雪球结构收益凭证

雪球结构收益凭证,是指由证券公司发行的面向合格投资者的场外融资工具,由证券公司支付与特定标的的资产价格相关联的浮动收益。雪球产品可以获得票息收入,让投资者误以为是低风险的固定收益产品,但其实是一种结构化的期权,风险等级为 PR5,属于较高风险型,存在本金损失的风险。

资料来源:雪球产品,你真的了解吗?警惕三大误区![EB/OL].(2024-01-30)[2024-07-03].https://business.sohu.com/a/755313174_115433.

第二节　金融期货

一、金融期货的定义

金融期货是以各类金融资产以及相关价格指数为标的物的期货,即以金融工具作为标的物的期货合约,是由交易双方订立的,约定在未来某日按成交时约定的价格交割一定数量的某种金融商品的标准化协议。

我国目前的股指期货和国债期货都在"中国金融期货交易所"(CFFEX)交易,它是经国务院同意,由中国证监会批准设立的,由上海证券交易所、深圳证券交易所、上海期货交易所、郑州商品交易所和大连商品交易所五大交易所共同发起,于 2006 年 9 月 8 日在上海正式挂牌成立。沪深 300 指数期货合约在 2010 年 4 月 16 日起上市交易。现在,除了沪深 300,还有中证 500 和上证 50 指数期货合约在交易。据统计,2024 年 1—7 月,中国金融期货交易所累计成交量为 130 001 480 手,累计成交额为 928 822.21 亿元,同比分别增长 46.26% 和 28.41%,分别占全国市场的 3.12% 和 27.81%。

二、金融期货与金融现货的区别

(1)交易对象不同。金融现货交易的对象是某一具体形态的金融工具,如股票、债券等;金融期货交易的对象是金融期货合约本身,也就是说,金融期货合约本身就是金融工具。

(2)交易目的不同。金融现货交易的首要目的是筹资或投资,金融期货交易的主要目的是套期保值。

(3)交易价格的含义不同。现货价格是实时的成交价,期货价格是对金融现货未来价格的预期。

(4)交易方式不同。现货交易要求在成交后的几个交易日内完成资金与金

融工具的全额交割。期货交易实行保证金和逐日盯市制度,交易者并不需要在成交时拥有或借入全部资金或基础金融工具。

(5)结算方式不同。以基础金融工具与货币的转手而结束交易活动。绝大多数的期货合约是通过做相反交易实现对冲而平仓的。表4-1为金融期货和金融现货的区别。

表 4-1 金融期货和金融现货的区别

项目	类别	
	金融期货	金融现货
交易对象	期货合约	金融工具
交易目的	套期保值	筹资或投资
交易价格	实时价格	未来价格
交易方式	全额交割	保证金交易
结算方式	对冲平仓	转手买卖

三、金融期货的种类

(一)外汇期货

外汇期货是指标的资产为外汇的期货合约,如美元、欧元、英镑、日元、澳元、加元期货等,主要用于规避外汇风险。外汇分为商业性汇率风险和金融性汇率风险,商业性汇率风险是外汇风险中最常见且最重要的风险。金融性汇率风险包括债权债务风险和储备风险。目前,我国正致力于实现人民币汇率形成机制的市场化改革,有关方面已经着手推动包括人民币期货在内的衍生工具开发。

(二)利率期货

利率期货是指标的资产价格依赖于利率水平的期货合约。利率期货产生于1975年10月的美国芝加哥期货交易所(CBOT)。利率期货品种有以下两种:

1.债券期货

以国债期货为主。国债期货,顾名思义就是在未来特定时间内进行券款交割的国债交易方式。交易者只需支付一定数量的保证金,就可通过交易场所按规定的标准化合约来买卖远期的国债。

2.主要参考利率期货

常见的参考利率有:伦敦银行间同业拆借利率(LIBOR)、香港银行间同业拆借利率(HIBOR)、欧洲美元定期存单利率和联邦基金利率等。

知识链接 4-2

伦敦同业拆借利率

伦敦同业拆借利率(London InterBank Offered Rate,简称 LIBOR),是大型国际银行愿意向其他大型国际银行借贷时所要求的利率。它是在伦敦银行内部交易市场上的商业银行对存于非美国银行的美元进行交易时所涉及的利率。LIBOR 常常作为商业贷款、抵押、发行债务利率的基准。同时,浮动利率长期贷款的利率也会在 LIBOR 的基础上确定。LIBOR 同时也是很多合同的参考利率。

(三)股权类期货

股权类期货是以股票价格指数、单只股票、股票组合为基础资产的期货合约。

1.股票价格指数期货

股票价格指数期货的标的物是股价指数。由于股价指数是一种特殊的金融商品,它没有具体的实物形式,双方在交易时只能把股价指数的点数换算成货币单位进行结算,没有实物的交割。这是股价指数期货与其他标的物期货的最大区别。2006 年 9 月 8 日,中国金融期货交易所正式成立,2010 年推出以沪深 300 指数为基础资产的首个中国内地股票价格指数期货。

股指期货和股票都是在交易所交易的产品。在我国大陆市场,股指期货在中国金融期货交易所交易,股票在上海证券交易所和深圳证券交易所上市交易。二者是不同的金融工具,存在很大的区别,如表 4-2 所示:

表 4-2　股指期货与股票的区别

区别	股指期货	股票	备注
期限	股指期货合约有到期日	没有期限	交易股指期货要注意临近到期时,投资者必须决定是提前平仓了结,还是等待合约到期时进行现金交割
交易方式	只需要缴纳一定的保证金	股票交易需要支付股票价值的全部金额	目前,我国由于股指期货保证金交易提供了交易杠杆,其损失和收益的金额可能会很大
交易方向	可以做多或卖空,双向交易	股票一般只能先买后卖,单向交易	目前部分股票允许融券交易

续表

区别	股指期货	股票	备注
结算方式	当日交易结束后要对持仓头寸进行结算	在股票卖出以前,不管是否盈利都不进行结算	如果股指期货的账户保证金余额不足,必须在规定的时间内补足,否则可能会被强行平仓

2.单只股票期货

单只股票期货是以单只股票作为基础工具的期货。股票期货均实行现金交割,买卖双方只需要按规定的合约乘数乘以价差,盈亏以现金方式进行交割。为防止操纵市场行为,并不是所有上市交易的股票均有期货交易,交易所通常会选取流通盘较大、交易比较活跃的股票推出相应的期货合约,并且对投资者的持仓数量进行限制。

3.股票组合期货

以标准化的股票组合为基础资产。股票组合期货是金融期货中最新的一类,是以标准化的股票组合为基础资产的金融期货。其中芝加哥商业交易所(CME)基于美国证券交易所的交易所交易基金(ETF)的期货最具代表性。有3只交易所交易基金的期货在CME上市交易。

四、金融期货的基本功能

1.套期保值功能

套期保值是指通过在现货市场与期货市场建立相反的头寸,从而锁定未来现金流的交易行为。

期货价格和现货价格受相同经济因素的制约和影响,因而它们的变动趋势大致相同。若同时在现货市场和期货市场建立数量相同、方向相反的头寸,则到期时不论现货价格上涨或是下跌,两种头寸的盈亏恰好抵销,使套期保值者避免承担风险损失。

套期保值的基本类型有两种:一是多头套期保值,即持有现货空头的交易者担心将来现货价格上涨而给自己造成经济损失,于是买入期货合约。二是空头套期保值,是指持有现货多头的交易者担心未来现货价格下跌而给自己造成经济损失,于是卖出期货合约。

由于期货交易的对象是标准化产品,因此,套期保值者很可能难以找到与现货头寸在品种、期限、数量上均恰好匹配的期货合约。如果选用替代合约进行套期保值操作,则不能完全锁定未来现金流,由此带来的风险称为基差风险。

2.价格发现功能

在竞争条件下,期货价格是所有参与期货交易的人对未来某一特定时间的现货价格的预期。不论期货合约的多方还是空方,都会依其个人所持立场或所掌握的市场信息,并对过去的价格加以分析后,做出判断进行买卖。而期货交易所通过电脑撮合公开竞价出来的价格,即为此时市场对未来某一特定时间现货价格的预期。这个过程就是期货市场的价格发现功能。市场参与者可以利用期货市场的价格发现功能进行相关决策,以提高自己适应市场的能力。

3.投机功能

与所有有价证券交易相同,期货市场上的投机者也会利用对未来期货价格走势的预期进行投机交易,预计价格上涨的投机者会建立期货多头,反之则建立空头。投机者在期货交易中发挥至关重要的作用,发现远期价格,引领产业均衡,提高市场流动性,承担市场价格风险。所以,要正确认识期货市场运行机制及其经济功能,必须正确认识和理解期货投机。

4.套利功能

套利是金融市场中一种常见的交易策略,旨在利用不同市场或不同合约之间的价格差异来获取无风险或低风险的利润。这种策略依赖于市场的有效性和价格的一致性,通过同时买入和卖出相关联的期货合约,交易者可以锁定价格差异带来的收益。

五、金融期货的理论价格及其影响因素

1.金融期货的理论价格

期货价格就等于现货价格加上持有成本。持有成本可能是正值,也可能是负值,具体取决于现货金融工具的收益率、融资利率的对比关系。金融期货的理论价格决定于现货金融工具的收益率、融资利率及持有现货金融工具的时间。期货价格可以高于、低于或等于相应的现货金融工具价格。

2.影响金融期货价格的主要因素

(1)现货价格。现货价格水准及其变动数据,是表现整体经济活力的重要信息,同时它也是反映通货膨胀压力程度的替代指标。因此,参与者必须密切关注通货膨胀指标的变化。

(2)要求的收益率或贴现率。投资者要求的收益率或贴现率高,期货的价格就变低,两者呈反向关系。

(3)时间长短。时间与期货的价格呈反向关系。

（4）现货金融工具的付息情况。现货金融工具的付息高,影响期货的价格走低。

（5）交割选择权。交割选择权的大小对期货的价格影响也是一种反向关系。

第三节　金融期权

一、金融期权的定义

期权又称选择权,是指其持有者能在规定的期限内按交易双方商定的价格购买或出售一定数量的基础工具的权利。

期权交易实际上是一种权利的单方面有偿让渡。期权的买方以支付一定数量的期权费为代价而拥有了这种权利,但不承担必须买进或卖出的义务;期权的卖主则在收取了一定数量的期权费后,在一定期限内必须无条件服从买方的选择,并履行成交时的允诺。

二、金融期权的特征

期权交易同其他交易（如商品交易、金融期货交易等）相比有很大区别,具有明显的特征。

（1）交易的对象是一种权利。期权交易由于是一种权利买卖,即买进或卖出某种金融产品的权利,但并不承担一定要买进或卖出的义务,这个权利是单方面的,这是期权交易的一个显著特征。

（2）具有很强的时间性。期权的持有者只有在规定的时间内才有效,或执行期权,或放弃转让期权,超过规定的有效期,期权合约自动失效,期权购买者所拥有的权利随之消失。

知识链接 4-3

注意行权操作逾期不候

根据《股票期权交易试点管理办法》第二十八条,行权是指股票期权合约买方按照规定行使权利,以行权价买入或者卖出约定标的证券,或者按照规定结算价格进行现金差价结算。特别要注意的是,行权操作逾期不候,到期后尚未行权的权证将予注销,届时该期货将没有任何价值。

(3)具有杠杆效应。期权投资可以以小博大,即以支付一定的权利金为代价购买到无限盈利的机会。因此,购买期权具有杠杆效应。

(4)交易双方权利和义务不对称。权利和义务的不对称是期权交易的基本特征之一,表现为期权购买者拥有履约的权利而不承担义务,期权的出售者则只有义务而无权利。同时在风险与收益上也具有不对称性,期权的购买者承担的风险是有限的,其收益可能是无限的;期权的出售者的收益是有限的,其风险可能是无限的。

(5)多重金融创新工具。金融创新主要包括金融技术创新、金融业务创新和金融工具创新。金融期权就是创新的金融工具之一。金融期权是一种经过由低到高多重创新的、比较复杂的金融交易工具。

三、金融期货与金融期权的区别

1.基础资产不同

凡可用作期货交易的金融工具都可用作期权交易,可用作期权交易的金融工具却未必可做期货交易。只有金融期货期权,而没有金融期权期货。一般而言,金融期权的基础资产多于金融期货的基础资产。

2.交易者权利与义务的对称性不同

金融期货交易双方的权利与义务对称。金融期权交易双方的权利与义务存在着明显的不对称性。对于期权的买方只有权利没有义务,对于期权的卖方则只有义务没有权利。

3.履约保证不同

金融期货交易双方均须开立保证金账户,并按规定缴纳履约保证金。在金融期权交易中,只有期权出售者,尤其是无担保期权的出售者才需开立保证金账户,并按规定缴纳保证金,因为它有义务而没有权利。

4.现金流转不同

金融期货交易双方在成交时不发生现金收付关系,但在成交后,由于实行逐日结算制度,交易双方将因价格的变动而发生现金流转,即盈利一方的保证金账户余额将增加,而亏损一方的保证金账户余额将减少。当亏损方保证金账户余额低于规定的维持保证金时,亏损方必须按规定及时缴纳追加保证金。而在金融期权交易中,在成交时,期权购买者为取得期权合约所赋予的权利,必须向期权出售者支付一定的期权费,但在成交后,除了到期履约外,交易双方将不发生任何现金流转。

5.盈亏特点不同

金融期货交易双方都无权违约,也无权要求提前交割或推迟交割,而只能在到期前的任一时间通过反向交易实现对冲或到期进行实物交割,因此购销双方潜在的盈利和亏损是有限的。在金融期权交易中,期权的购买者与出售者在权利和义务上不对称,金融期权买方的损失仅限于他所支付的期权费,而他可能取得的盈利却是无限的;相反,期权出售者在交易中所取得的盈利是有限的,仅限于他所收取的期权费,损失却是无限的。

6.套期保值的作用与效果不同

利用金融期权进行套期保值,若价格发生不利变动,套期保值者可通过执行期权来避免损失;若价格发生有利变动,套期保值者又可通过放弃期权来保护利益。而利用金融期货进行套期保值,在避免价格不利变动造成的损失的同时也必须放弃若价格有利变动可能获得的利益。但并不是说金融期权比金融期货更为有利。如从保值角度来说,金融期货通常比金融期权更为有效,也更为便宜。表 4-3 为金融期权和金融期货的区别。

表 4-3　金融期权和金融期货的区别

项目	类别	
	金融期权	金融期货
基础资产	可以以期货为标的物	不能以期权为标的物
权利义务对称性	不对称	对称
履约保证	只需卖方缴纳保证金	双方都需要缴纳保证金
现金流转	除了到期履约,期间不发生任何现金流转	每日无负债结算
盈亏特点	买方盈利无限、亏损有限;卖方盈利有限、亏损无限	买卖双方盈亏机会均等
套保效果	价格发生不利变动,可以放弃行权	价格发生有利变动,也要放弃收益

四、金融期权的分类

根据选择权的性质划分,可分为买入期权和卖出期权。买入期权又称看涨期权,指期权的买方具有在约定期限内按协定价格买入一定数量金融工具的权利。卖出期权又称看跌期权或认沽权,指期权的买方具有在约定期限内按协定价格卖出一定数量金融工具的权利。

按照履约时间划分可分为欧式期权和美式期权。欧式期权只能在期权到期日执行,美式期权则可在期权到期日或到期日之前的任何一个营业日执行。修正的美式期权又称百慕大期权或大西洋期权,可以在期权到期日前的规定日期执行。

五、金融期权的基本功能

金融期权的功能是多方面的,归纳起来,主要有以下三种。

(1)保值防险功能。如前所述,保值防险是期权的一项基本功能。在套期保值中,投资者既可以回避价格的不利变动造成损失的风险,又可以在相当程度上保住价格的有利变动所带来的收益。

(2)盈利功能。期权的盈利主要是期权协定价和市价的不一致带来的收益。这种独特的盈利功能是吸引众多投资者的一大原因。

(3)激励功能。激励功能是由期权的盈利功能延伸出来的一项功能。在现代公司制的条件下,一些公司的所有者往往用期权作为激励经营管理人员的工具,已取得了较好的效果。他们给予经营管理人员较长期限内的该公司股票的买入期权,合约规定的买入价一般与当时的股价接近。这样一来公司经营管理人员只要努力工作,使企业经济效益不断提高,股票价格也会随之上扬,股票买入期权的价格同样会上升,经营管理人员便可从中获利。因为规定的期限较长,这种激励方式通常有较好的持久性,对防止经营管理人员的短期行为十分有利。

知识链接 4-4

阿里期权

阿里期权是指阿里巴巴集团为员工提供的期权激励计划,允许员工在未来以预定价格购买公司股票。股票期权是一种给予员工未来购买公司股票的权利,但不是义务。这意味着员工可以在特定时间、以特定价格购买公司股票,从而分享公司成长带来的收益。这种期权激励计划是为了吸引和保留优秀人才,激励员工为公司的长期成功努力。

六、影响期权价格的主要因素

期权价格由内在价值和时间价值构成,因此,凡是影响内在价值和时间价值的因素,都是影响期权价格的因素。

1.标的资产的市场价格与期权的协议价格

标的资产的市场价格与期权的协议价格是影响期权价格的最重要因素。对于看涨期权而言,当在执行时,其收益等于标的资产当时的市价与协议价格之差。因此,标的资产的价格越高、协议价格越低,看涨期权的价格就越高。对于看跌期权而言,由于执行时其收益等于协议价格与标的资产市价的差额,因此,标的资产的价格越低、协议价格越高,看跌期权的价格就越高。

2.标的资产价格的波动率

标的资产价格的波动率是用来衡量标的资产未来价格波动的指标。期权作为一种金融衍生工具,它的价格取决于标的资产价格的变化。一般认为,标的资产价格的波动率越大,与之对应的期权价格也会相应提高。

3.期权的有效期

对于美式期权而言,由于它可以在有效期内的任何时间执行,有效期越长,多头获利的机会就越大,而且有效期长的期权包含了有效期短的期权的所有执行机会,因此有效期越长,期权价格越高。

对于欧式期权而言,由于它只能在期末执行,有效期长的期权就不一定包含有效期短的期权的所有执行机会。这就使欧式期权的有效期与期权价格之间的关系显得较为复杂。但在一般情况下(即剔除标的资产支付大量收益这一特殊情况),由于有效期越长,标的资产的风险就越大,空头亏损的风险也越大,因此即使是欧式期权,有效期越长,其期权价格也越高,即期权的边际时间价值为正值。

4.无风险利率

无风险利率水平也是影响期权价格的基本因素之一。当无风险利率提高时,看涨期权的时间价值会增加,期权价格上涨;反之,当无风险利率下降时,看涨期权的时间价值则会下降,期权价格下跌。同理,对于看跌期权,无风险利率对其的影响正好与看涨期权的变化相反。

5.标的资产的收益

在期权有效期内,由于标的资产分红付息等将减少标的资产的价格,而协议价格并未进行相应调整,因此在期权有效期内,标的资产产生的收益将使看涨期权的价格下降,而使看跌期权的价格上升。

思考与练习

一、单项选择题

1.以下几种金融资产的风险按从低到高的顺序为(　　)。

A.基金＜债券＜期货＜股票　　　　B.期货＜基金＜债券＜股票

C.债券＜基金＜股票＜期货　　　　D.基金＜债券＜股票＜期货

2.交易双方不必在买卖双方的初期交割,而是约定在未来的某一时刻交割的金融衍生工具是(　　)。

A.期货　　　　　B.股权　　　　　C.基金　　　　　D.股票

3.期货产生的根本原因是(　　)。

A.盈利　　　　　B.金融自由化　　　C.避险　　　　　D.新技术革命

4.股指期货的交割方式是(　　)。

A.以现金交割　　　　　　　　　　B.以某种股票交割

C.以股票组合交割　　　　　　　　D.以股价指数交割

二、多项选择题

1.当你预测股票价格未来会下跌,下列哪种避险方式可以帮助你规避风险。(　　)

A.卖出期货合约　　　　　　　　　B.买入看跌期权

C.卖出看涨期权　　　　　　　　　D.买入期货合约

2.下列关于期权的描述,正确的有(　　)。

A.期权的买方只有权利没有义务

B.期权没有杠杆效应

C.期权的卖方只有义务没有权利

D.期权的风险比股票大

三、判断题

1.金融衍生工具的基础产品只能是现货金融产品。(　　)

2.金融期货一般采用实物交割。(　　)

3.期货交易采取保证金制度,在收益可能成倍放大的同时,投资者所承担的风险和损失却是一定的。(　　)

4.金融期权的合约双方都需要缴纳保证金。(　　)

5.对看涨期权而言,若市场价格低于协定价格,期权的买方将放弃执行期权。(　　)

四、计算题

1.某超市发行了一种优惠券,优惠券的价格是 0.2 元一张,该优惠券规定 1 个月后,不管大米的市场价格怎样,都可以 3 元的价格购买 1 斤大米。假设你买了这种优惠券。

情况 1:大米价格涨到 3.5 元/斤,你会怎么做?

情况 2:大米价格涨到 3.1 元/斤,你会怎么做?

情况 3:大米价格跌为 2.8 元/斤,你会怎么做?

请问在这三种情况下,你的盈亏状况分别是怎样的?

2.2024 年 7 月 1 日,某投资者买入某股票的看涨期权,执行价格为 20 元/股,期权费为 2 元/股,8 月 1 日到期时,股票上涨到 25 元/股,此时该投资者该如何操作,他的盈亏状况如何?

五、简答题

1.简述金融衍生工具的特点。

2.简述金融期货与金融现货的区别。

3.简述金融期货的基本功能。

4.简述金融期货和金融期权的区别。

5.简述影响期权价格的主要因素。

六、案例分析

青山集团镍期货事件

北京时间 2022 年 3 月 7 日 16 点,伦敦金属交易所(LME)基准镍价(下称"伦镍")刚开盘不久突然连续拉涨,一度飙涨逾 88%,触及 55 000 美元/吨,创历史新高。当晚,期货圈传出消息,因市场内的外资多头逼空,青山控股 20 万吨空单岌岌可危,后者正筹钱补足保证金,而伴随镍价大涨,后者浮亏超 80 亿美元。

该事件源于青山控股在伦敦期货交易所一直将持有的 20 万吨镍远期空单用作套期保值。如镍价平稳,这 20 万吨空单不会造成任何问题。如青山控股拥有足够的交割品,那也不会带来太大损失。原本,青山控股完全可以通过购买俄镍的方式来完成交割,但不料制裁发生后俄镍无法进入欧洲,也就不能充当交割品,而 LME(伦敦金属交易所)要求镍交割品的含镍量不低于 99.8%,青山控股自己生产的镍产品含镍量又达不到这一标准,难以在 LME 交割,遂遭遇多头连续拉涨镍价的逼仓行为。

到了北京时间 8 日,镍主力合约盘中突破 10 万美元大关,两个交易日累计大涨 248%,刷新纪录。至此,短短 16 个小时,青山控股的空单理论上浮亏已在 120 亿美元以上。

资料来源:惊魂 16 小时!还原青山控股被逼仓事件[EB/OL].(2022-03-10)[2024-07-04].https://finance.sina.com.cn/roll/2022-03-10/doc-imcwipih7658107.shtml? cref=cj.

案例思考:青山控股的期货空单为什么会亏损?

思政点拨:结合上述材料,谈谈你对期货风险的理解,思考在投资活动中如何有效规避风险。

七、实训课堂

1.实训目标:理解金融期货、金融期权的基本原理,树立风险防范意识。
2.实训操作:利用模拟操作软件,开展期货和期权的模拟交易。

第四章
思考与练习参考答案

第 二 篇
证券市场

第五章 证券市场概述

学习目标

知识目标

1.掌握证券市场的含义；

2.理解证券市场的主要功能和分类；

3.了解证券市场的发展历程。

能力目标

1.能对证券市场进行分类；

2.能对各国证券市场的发展进行对比分析。

素养目标

1.体会证券市场在中国式现代化建设中的重要作用,增强责任担当意识；

2.理解我国证券市场的改革方向,提升改革创新能力。

知识结构图

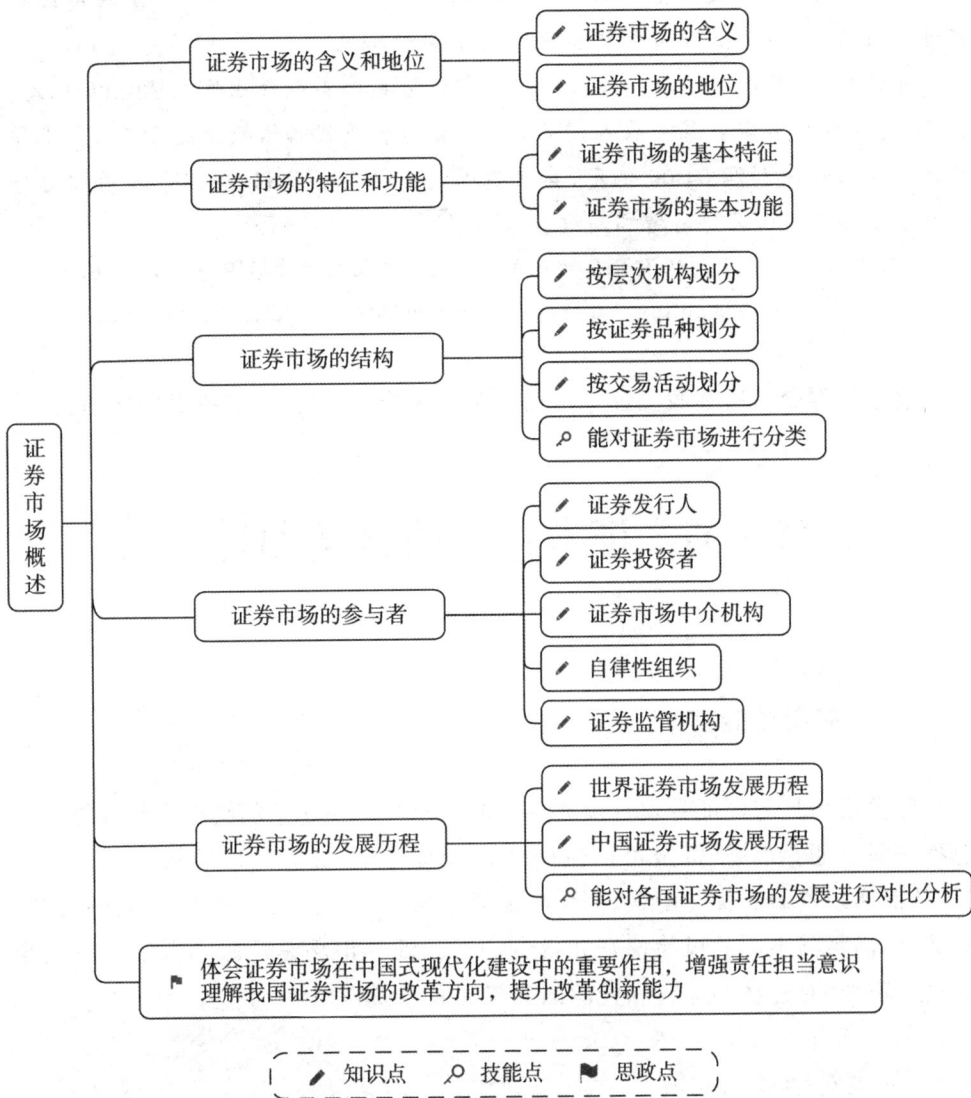

```
                    ┌─── 证券市场的含义和地位 ───┬─ ✎ 证券市场的含义
                    │                              └─ ✎ 证券市场的地位
                    │
                    ├─── 证券市场的特征和功能 ───┬─ ✎ 证券市场的基本特征
                    │                              └─ ✎ 证券市场的基本功能
                    │
                    │                           ┌─ ✎ 按层次机构划分
                    │                           ├─ ✎ 按证券品种划分
                    ├─── 证券市场的结构 ────────┤
                    │                           ├─ ✎ 按交易活动划分
证券                 │                           └─ ⚲ 能对证券市场进行分类
市场                 │
概述 ────────────────┤                           ┌─ ✎ 证券发行人
                    │                           ├─ ✎ 证券投资者
                    ├─── 证券市场的参与者 ──────┼─ ✎ 证券市场中介机构
                    │                           ├─ ✎ 自律性组织
                    │                           └─ ✎ 证券监管机构
                    │
                    │                           ┌─ ✎ 世界证券市场发展历程
                    ├─── 证券市场的发展历程 ────┼─ ✎ 中国证券市场发展历程
                    │                           └─ ⚲ 能对各国证券市场的发展进行对比分析
                    │
                    └─── ⚑ 体会证券市场在中国式现代化建设中的重要作用，增强责任担当意识
                             理解我国证券市场的改革方向，提升改革创新能力
```

> ✎ 知识点　⚲ 技能点　⚑ 思政点

引导案例

北京证券交易所致力于支持创新驱动

2021年9月,北京证券交易所(以下简称北交所)宣布设立。北交所设立3年来,为扶持专精特新企业,为资本市场支持实体经济、科技创新和高质量发展贡献了自己的力量。

北交所统计数据显示,截至2024年8月30日,北交所上市公司数量增至

251家,总市值达到2 967.14亿元,成交金额达到38.47亿元。在北交所的251家上市公司中,高新技术企业超90%,国家级专精特新"小巨人"企业的占比也超过半数,北交所已成为专精特新企业的重要聚集地。

业绩方面,2024年上半年,北交所上市公司共计实现营业收入784.96亿元,其中,超六成公司实现营业收入增长,14家公司营业收入增幅超过50%;上半年共计实现归母净利润54.00亿元,其中超八成公司实现盈利,超四成公司归母净利润实现增长,30家公司增幅超过50%。

资料来源:总市值近3000亿元!超八成企业盈利!北交所三周年亮点十足[EB/OL].
(2024-09-02)[2024-10-03].http://stock.10jqka.com.cn/20240902/c661372049.shtml.

北京证券交易所在我国证券市场体系中扮演何种角色,发挥哪些作用?

第一节 证券市场的含义和地位

一、证券市场的含义

证券市场是有价证券发行及流通的场所及与此相联系的组织和管理体系的总称。通过证券市场,资金可以流向那些最有效率、最有发展前景的企业或项目,从而实现资源的优化配置。此外,证券市场还可以为投资者提供多样化的投资选择,满足其不同的风险偏好和投资需求。证券市场是反映和调节货币资金流动的市场,对经济的运行和资源的配置起着重要作用。

二、证券市场的地位

证券市场在整个金融市场体系中具有非常重要的地位,是现代金融体系的重要组成部分。党的二十大报告提出,"健全资本市场功能,提高直接融资比重"。这十六个字明确了我国证券市场发展方向,也表明其将在整个融资体系中占据更重要地位。2024年7月,党的二十届三中全会胜利召开,会议发表了《中共中央关于进一步全面深化改革、推进中国式现代化的决定》(以下简称《决定》),《决定》对进一步深化资本市场改革进行部署,作出"健全投资和融资相协调的资本市场功能""促进资本市场健康稳定发展""建立增强资本市场内在稳定性长效机制"等安排。

证券市场的地位可以归纳为以下三个方面。

1.市场规模庞大

自 1990 年我国证券市场形成以来,我国的证券市场已初具规模,并取得了突飞猛进的发展。截至 2024 年 6 月末,上海、深圳、北京 3 家证券交易所共有上市公司 5 374 家,总市值约 73.6 万亿元。新上市企业中,科技创新类占比超过70%,高科技行业上市公司市值占比超过 40%。债券市场规模居全球第二,债券市场托管余额 165 万亿元。当前,我国资本市场已经到了向高质量发展加快转变的阶段。

2.与货币市场齐头并进

一方面,证券市场是货币市场上的资金需求者。证券的发行通常要有证券经营机构的垫款,垫款所需要的资金通常依赖于货币市场的资金供给。另一方面,当证券市场上买卖兴旺、证券价格上涨时,又需要更多的资金来辅助交易的完成,引起货币市场上的资金需求增长,利率上升。长期信贷的资金来源依赖于证券市场。

3.经济体制改革与发展的推进剂

中国证券市场的发展推动了国有企业改革。经过 40 多年的发展,国资控股或参股的重要骨干企业基本已成为上市公司,国有资产增值效应明显;民营企业也加速发展,目前中小板和创业板上市公司中,民营企业占比超过 80%。

第二节　证券市场的特征和功能

一、证券市场的基本特征

1.证券市场是价值直接交换的场所

有价证券是资产价值的直接代表,其本质上只是价值的一种直接表现形式;虽然证券交易的对象是各种各样的有价证券,但由于它们是价值的直接表现形式,所以证券市场本质上是价值的直接交换场所。

2.证券市场是财产权利直接交换的场所

证券市场上的交易对象是作为经济权益凭证的股票和债券等有价证券,它们本身仅是一定量财产权利的代表,表示对一定数额财产的所有权、债权或相关的收益权。证券市场实际上是财产权利的直接交换场所。

3.证券市场是风险直接交换的场所

有价证券既是一定收益权利的代表,同时也是一定风险的代表。有价证券的交换在转让出一定收益权的同时,也把该有价证券所特有的风险转让出去。所以,从风险的角度分析,证券市场也是风险的直接交换场所。

二、证券市场的基本功能

1.投资融资功能

证券市场的首要功能就是投资和融资的功能,一方面,资金需求者可通过发行证券进行融资,另一方面,资金供给者可通过购买证券进行投资。就证券市场的功能而言,融资和投资犹如一个硬币的两面,忽视任何一个方面都会导致证券市场功能的扭曲。在现代经济中,已经很少有企业只靠自有资本经营,企业发展越来越依赖于社会资本。

证券融资灵活方便,证券市场不仅投资品种多(如各种债券、股票、基金及衍生金融工具,企业可根据情况灵活选择,投资者也可灵活决定自己的投资组合),而且证券市场的流动性也很好,投资者可以很方便地将所持有的证券进行转让,以兑换现金。

2.资本定价功能

有价证券是资本的存在形式,证券价格实际上是证券所代表的资本的价格。一方面,实际资本的价值即资本创造效益能力只有通过证券市场才能作出客观评价,通过市场供求机制形成资本价格;另一方面,实际资本通常是一个难以分割的有机整体,只有通过证券市场,利用虚拟资本和实际资本价值运动的分离,才能使实际资本价值获得相对独立的运动形式,如资产的分割、兼并、收购等。

3.资源配置功能

证券市场配置资源的机制主要表现在:一是投资者为获取更高投资收益,不断研究企业经营状况,将资金投向效益好、增长快的企业。二是企业为满足投资者的收益要求及筹集到更多的资金,不断改进经营水平。三是企业可在证券市场上进行资本重组,经营不善的企业可能被其他企业兼并,一些企业也可以在证券市场上出售自己的不良资产,从而重新将有限的资源配置到优势业务上。这些行为最终都有助于提高社会资本的配置效率。

4.综合反映功能

证券市场是社会信息的集散地,是反映社会经济运行的晴雨表。证券市场的投资者来自社会各个阶层,相应的各种信息,不论是经济的、政治的、国内的、国外的等,都会迅速在证券市场内传播。而证券价格特别是股票价格对信息的反应非常灵敏。个人、企业和政府都可通过证券市场的波动,了解和研究经济和社会的变化趋势,作为采取相应对策的依据。在有效运作的股市,股价综合了上市企业所有可能的影响因素。股市的总市值,以及一些行业板块的股价表现,成为整体经济和行业走势的"风向标"。尤其是随着注册制的全面实行,高质量的信息披露已成为发行人的必然选择[1]。

5.宏观调控功能

政府可以利用证券市场进行宏观经济调控。例如,当经济过热时,政府可在证券市场上发行国债和央行票据,实施紧缩的货币政策,减少社会货币流通量,抑制通货膨胀。当经济萧条时,政府可在证券市场上回购国债或央行票据,实施宽松的货币政策,增加流动性,促进经济复苏。

第三节 证券市场的结构

证券市场的结构是指证券市场的构成及其各部分之间的关系。证券市场的三种常见结构包括层次结构、品种结构和交易场所结构。

一、按层次机构划分

按证券进入市场的顺序而形成的结构关系,可分为一级市场和二级市场。

1.一级市场

一级市场又称发行市场,是发行人以筹集资金为目的,按照一定的法律规定和发行程序,向投资者出售新证券所形成的市场。一方面为资本的需求者提供筹集资金的渠道,另一方面为资本的供应者提供投资场所。发行市场是实现资本职能转化的场所,通过发行股票,把社会闲散资金转化为生产资本。由于发行活动是股市一切活动的源头和起始点,故又称发行市场为一级市场。

2.二级市场

二级市场又称流通市场,是有价证券的交易场所。二级市场是有价证券的

---

[1] 感兴趣的读者可以阅读《坤鹏论:股市到底是不是经济的晴雨表?》,https://baijiahao.baidu.com/s? id=1629034637067670293。

流通市场,是已发行的有价证券进行买卖交易的场所。二级市场为有价证券提供流动性,使证券持有者可以随时卖掉手中的有价证券,用以变现。由于二级市场为有价证券的变现提供了途径,所以二级市场还可以为有价证券定价,向证券持有者表明证券的市场价格。已发行的股票一经上市,就进入二级市场。投资人根据自己的判断和需要买进或卖出股票,其交易价格由买卖双方来决定,投资人在同一天中买入股票的价格是不同的。

二级市场与一级市场关系密切,两者既相互依存,又相互制约。一级市场提供的证券及其发行的种类、数量与方式决定着二级市场上流通证券的规模、结构与速度,而二级市场作为证券买卖的场所,对一级市场起着积极的推动作用。组织完善、经营有方、服务良好的二级市场将一级市场上所发行的证券进行快速有效的分配与转让,使其流通到其他更需要、更适当的投资者手中,并为证券的变现提供现实的可能。此外,二级市场上的证券供求状况与价格水平等都将有力地影响一级市场上证券的发行。因此,没有二级市场,证券发行不可能顺利进行,一级市场也难以为继,扩大发行则更不可能。

图 5-1 表明了发行市场与流通市场的关系。

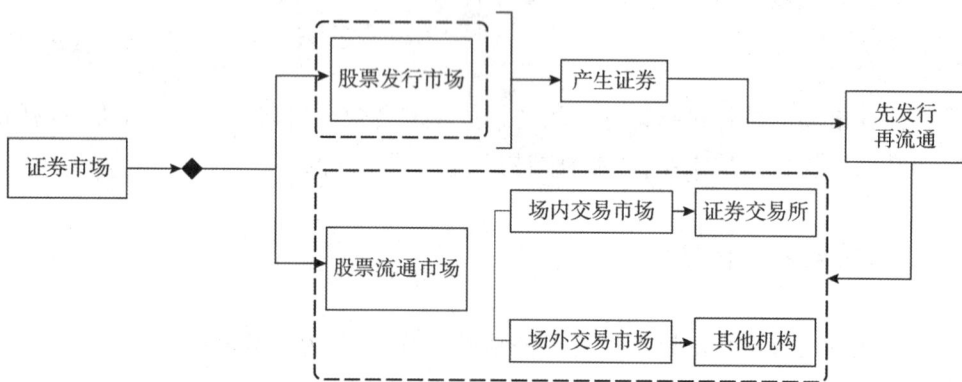

图 5-1 发行市场与流通市场的关系

二、按证券品种划分

依托有价证券的品种而形成的市场,分为股票市场、债券市场、基金市场和衍生品市场等。

(1)股票市场。股票市场是进行各种股票发行和买卖交易的场所。股票市场的发行人必须为股份公司,股票市场交易的对象是股票。股票市场按其基本职能划分,又可分为股票发行市场和股票交易市场,两者在职能上是互补的。股票交易市场又称为流通市场、二级市场,是已发行股票的交易与转让市场。发行市场则是股票发行人向投资者发售股票、进行筹资活动的市场。

（2）债券市场。债券市场是进行各种债券发行和买卖交易的场所。债券的发行人有中央政府、地方政府、政府机构、金融机构以及公司企业。债券市场交易的对象是债券。

（3）基金市场。基金市场是指进行基金证券发行和转让的市场。由于投资基金是一种利益共享、风险共担的集合投资制度，通过发行基金证券，集中投资者的资金，交由基金托管人托管，由基金管理人管理，主要从事股票、债券等金融工具投资。基金证券本身作为一种投资工具，也可以自由买卖和转让，从而也就形成了投资基金的流通市场。

（4）衍生品市场。衍生品市场是各类衍生品发行和交易的市场。衍生品市场按其主要品种又可细分为期货市场、期权市场、远期市场和互换市场。随着金融创新在全球范围内的不断深化，衍生品市场已成为金融市场不可或缺的组成部分。

三、按交易活动划分

按交易活动是否在固定场所进行，可将交易场所划分为有形市场和无形市场。

1.有形市场

有形市场又称为交易所市场或"场内市场"，指有固定场所的证券交易市场。有形市场的诞生是证券市场走向集中化的重要标志之一。场内是指证券交易所。交易所市场以证券交易场所作为流通市场的核心。

我国大陆地区目前有上海证券交易所、深圳证券交易所和北京证券交易所三家证券交易所。上海证券交易所于1990年11月26日成立，同年12月19日正式营业。深圳证券交易所于1990年12月1日成立并开始试运作。沪深两市是我国证券市场场内交易的主体部分。

2021年9月3日，北京证券交易所成立，是经国务院批准设立的我国第一家公司制证券交易所。北京证券交易所的功能定位是继续支持中小企业创新发展，深化新三板改革，打造服务创新型中小企业主阵地。北京证券交易所开市首日有81只股票交易，其中10只为新股，涵盖了25个国民经济大类行业，17家专精特新"小巨人"企业。

2.无形市场

无形市场又称为"场外市场"，指没有固定场所的证券交易市场。场外通常是指柜台市场（店头市场）以及第三市场、第四市场。柜台交易一般通过证券经营机构进行，采用协议价格成交，交易方式仅限于现货交易。在柜台交易市场上交易的证券主要是依照证券交易法公开发行但未在证券交易所上市的证券及一部分已上市但交易不活跃的证券,其目的是向这些证券提供流动性。

知 识 链 接 5-1

纳斯达克

"纳斯达克"全称为美国全国证券交易商协会自动报价表,是美国的一个电子证券交易机构,但目前已成为纳斯达克股票市场的代名词。信息和服务业的兴起催生了纳斯达克。纳斯达克始建于 1971 年,是一个完全采用电子交易、为新兴产业提供竞争舞台、自我监管、面向全球的股票市场。纳斯达克是全美也是世界最大的股票电子交易市场。

第四节　证券市场的参与者

在证券市场中,有许多不同类型的参与者扮演着重要的角色。这些参与者的各自职责和作用对市场的有效运作和投资者的利益保护至关重要。证券市场的主要参与者包括证券发行人、证券投资者、证券市场中介机构、自律性组织和证券监管机构。

一、证券发行人

发行人指的是公司或政府机构等发行证券的实体。发行人可以是上市公司,也可以是政府发行的债券。在证券市场中,发行人通过发行股票或债券获取资金,以支持企业的发展或政府的公共项目。发行人是证券市场中最重要的参与者之一,他们需要遵守相应的法律法规,定期披露相关信息,以便投资者作出明智的投资决策。

1.公司

公司的组织形式可分为独资制、合伙制和公司制。现代公司主要采取股份有限公司和有限责任公司两种形式,其中只有股份有限公司才能发行股票。公司发行股票所筹集的资本属于自有资本,而通过发行债券所筹集的资本属于借入资本。

2.政府和中央政府直属机构

随着国家干预理论的兴起,政府(中央政府和地方政府)以及中央政府直属机构已成为证券发行的重要主体之一,但政府发行证券的品种一般只限于债券。

中央政府发行债券所筹集的资金既可以用于协调财政资金短期周转、弥补财政赤字、兴建政府投资的大型基础性的建设项目,也可以用于实施某种特殊的政策,在战争期间还可用于弥补战争经费的开支。地方政府债券一般用于交通、通信、住宅、教育、医疗和污水处理系统等地方性公共设施的建设。

二、证券投资者

投资者是证券市场中的买方和卖方。他们可以是个人投资者,也可以是机构投资者,如养老基金、银行和保险公司等。投资者通过购买股票、债券和其他证券来获取资本增值和收益。投资者的存在促进了证券市场的流动性和价格发现机制。投资者应该具备充分的信息和风险意识,并根据自身的投资目标和风险承受能力作出投资决策。

(一)个人投资者

个人投资者为从事证券投资的社会自然人,他们是证券市场最广泛的投资者。其主要投资目的是追求盈利,谋求资本的保值和增值,所以十分重视本金的安全和资产的流动性。据中国证券登记结算公司统计,截至 2024 年 2 月 22 日,中国股民总数达到 2.5 亿,但有持仓的投资者不足 5 000 万。

(二)机构投资者

1.政府机构

政府机构参与证券投资的目的主要是为了调剂资金余缺和进行宏观调控。在各级政府及政府机构出现资金剩余时,可通过购买政府债、金融债券投资于证券市场。

中央银行以公开市场操作作为政策手段,通过买卖政府债券或金融债券影响货币供应量进行宏观调控。

我国国有资产管理部门或其授权部门持有国有股,履行国有资产的保值增值和通过国家控股、参股来支配更多社会资源的职责。

2.金融机构

参与证券投资的金融机构包括证券经营机构、银行业金融机构、保险经营机构、合格境内外机构投资者、主权财富基金以及其他金融机构等。

(1)证券经营机构。证券经营机构是证券市场上最活跃的投资者,以其自有资本、营运资金和受托投资资金进行证券投资。我国证券经营机构主要是证券公司。按照《中华人民共和国证券法》的规定,证券公司可以通过从事证券自营业务和证券资产管理业务,以自己的名义或其代理客户进行证券投资。

(2)银行业金融机构。银行业金融机构包括商业银行、农村合作银行、农村信用合作社等吸收公众存款的金融机构及政策性银行。

(3)保险经营机构。保险公司是全球最重要的机构投资者之一,一度超过投资基金成为投资规模最大的机构投资者,除大量投资于政府债券、高等级公司债券外,还广泛涉足基金和股票投资。

(4)合格境外机构投资者(QFII)和合格境内机构投资者(QDII)。QFII制度是一国(地区)在货币没有实现完全可自由兑换、资本项目尚未完全开放的情况下,有限度地引进外资、开放资本市场的一项过渡性制度。这种制度要求,若外国投资者要进入一国证券市场,必须符合一定条件,经该国有关部门审批通过后,汇入一定额度的外汇资金并转换为当地货币,通过受到严格监管的专门账户投资当地证券市场。QDII是指合格境内机构投资者,是在人民币资本项目不可兑换、资本市场未开放条件下,在一国境内设立,经该国有关部门批准,具有控制地允许境内机构投资境外资本市场的股票、债券等有价证券投资业务的一项制度安排。

拓展阅读 5-1
我国主权财富基金海外投资现状与展望

(5)主权财富基金。根据国际货币基金组织定义,主权财富基金是由政府控制的投资基金,基于中长期宏观和金融目标持有、管理及运作资产,并运用一系列投资策略投资于外国金融资产,资金一般来自官方外汇储备、财政盈余等。随着国际经济、金融形势的不断变化,目前不少国家尤其是发展中国家拥有了大量的官方外汇储备,为管理好这部分资金,成立了代表国家进行投资的主权财富基金。

(6)其他金融机构。其他金融机构包括信托投资公司、企业集团财务公司、金融租赁公司等。这些机构通常也在自身章程和监管机构许可的范围内进行证券投资。

3.企业和事业法人

企业可以用自己的积累资金或暂时不用的资金进行证券投资。企业既可以通过股票投资实现对其他企业的控股或参股,也可以将暂时闲置的资金通过自营或委托专业机构进行证券投资,以获取收益。

4.各类带有基金性质的机构

带有基金性质的机构投资者包括证券投资基金、社保基金、企业年金和社会公益基金。

三、证券市场中介机构

证券市场的中介机构是指为证券的发行与交易提供服务的各类机构,包括证券公司和证券服务机构。

1.证券公司

证券公司是指依照《中华人民共和国公司法》规定设立的并经国务院证券监督管理机构审查批准而成立的专门经营证券业务,具有独立法人地位的金融机构。

从证券公司的功能划分,可分为证券经纪商、证券自营商和证券承销商。①证券经纪商,即证券经纪公司,是指代理买卖证券的证券机构,其接受投资人委托、代为买卖证券,并收取一定手续费(即佣金),如江海证券经纪公司。②证券自营商,即综合型证券公司,是指除了拥有证券经纪公司的权限外,还可以自行买卖证券的证券机构,它们的资金雄厚,可直接进入交易所为自己买卖股票,如国泰君安证券。③证券承销商,是指以包销或代销形式帮助发行人发售证券的机构。实际上,许多证券公司都是兼营这三种业务的。

2.证券服务机构

证券服务机构指依法设立的从事证券服务业务的法人机构,主要包括财务顾问机构、证券投资咨询公司、会计师事务所、资产评估机构、律师事务所以及证券信用评级机构等。

四、自律性组织

证券市场的自律性组织主要包括证券交易所和行业协会。部分国家(地区)的证券登记结算机构也具有自律性质。在我国,按照《中华人民共和国证券法》的规定,证券自律管理机构是证券交易所和证券业协会。根据《证券登记结算管理办法》,我国的证券登记结算机构实行行业自律管理。

五、证券监管机构

监管机构是证券市场的守护者。他们负责监督和监管证券市场的运作,确保市场的公平和透明,维护投资者的权益。不同国家和地区的证券市场有各自的监管机构,例如美国的证券交易委员会(SEC)、中国的证券监督管理委员会(CSRC)等,他们制定和执行监管规则,对参与者的行为进行监管和处罚。

证券市场的主要参与者各自扮演着不同的角色,共同构成了一个健康、稳定和高效的市场生态系统。只有各方充分履行自身职责,相互配合,才能促进证券市场的发展,保护投资者的权益,并为经济的增长和企业的发展提供有力支持。

第五节　证券市场的发展历程

一、世界证券市场发展历程

从世界证券市场的发展历程来看,其大致经历了三个阶段。

(一)自由放任阶段(17世纪初至20世纪20年代末)

随着市场经济和股份制的发展,证券市场的规模和影响也在不断扩大。1891—1900年,世界证券发行金额为1 004亿法国法郎。20世纪初,资本主义由自由竞争阶段过渡到垄断阶段,证券市场适应了资本主义经济发展的需要,有效地促进了资本的积累,从而获得了巨大发展。由此,证券市场的结构也发生了很大变化,在证券市场中占主要地位的已不再是政府公债,而是股票和公司债券,占证券发行总额的60%。

当时的证券市场缺乏相关的法律法规,证券的发行和交易基本上处在自由放任的阶段。证券业呈现出无序竞争的局面,证券交易所纷纷成立,各种证券鱼龙混杂,证券价格远离其实际价值,证券欺诈和证券投机现象十分严重。1929年10月29日,证券市场出现了被称为"黑色星期一"的暴跌,而股票市场的暴跌对经济危机起到了推波助澜的作用。在危机过后的相当长时间内,证券市场仍然处在萧条之中。

(二)法治建设阶段(20世纪30年代初至60年代末)

在20世纪30年代大危机过后,各国政府意识到了加强对证券市场监管的重要性。因此,各国政府针对证券业的法律法规纷纷出台,并对证券的发行和交易活动进行了全面的规范及限制。这些证券法律法规的制定,为证券市场的健康发展奠定了坚实的基础,证券市场逐步走上了规范发展的道路。

美国在这一阶段对证券市场实行了统一立法,颁布了一系列联邦证券法,包括《证券法》(1933年)、《证券交易法》(1934年)、《公共事业控股公司法》(1935年)、《信托契约法》(1939年)、《投资公司法》(1940年)和《投资顾问法》(1940

年)等。英国也颁布了《反欺诈(投资)法》(1958 年)、《公司法》(1948 年和 1967年)等法律法规。这些法律法规的颁布,强有力地促进了证券市场公开、公平、公正目标的实现,从而最大限度地发挥了证券市场的功能,促进了证券市场的持续发展。

(三)迅速发展阶段(20 世纪 70 年代至今)

从 20 世纪 70 年代开始,世界证券市场进入了高速发展阶段。随着资产证券化趋势的不断发展,从西方发达国家到新兴的发展中国家,各国的证券市场都呈现出蓬勃繁荣的景象,证券市场在世界经济中的作用和地位愈加突出。比如美国、英国等国家,其股市市值与 GDP 之比都超过了 100%。除规模得到迅速发展外,证券市场的结构也不断得到优化,而金融衍生工具市场的发展更为迅速。

二、中国证券市场发展历程[1]

中国的证券市场[2]是伴随着改革开放而产生的,巨大的市场需求使得证券市场成为中国金融体系中发展最快的领域。中国的改革开放风起云涌,中国的证券市场发展也同样波澜壮阔。

(一)证券市场的起步阶段(1983—1992 年)

从 1981 年我国恢复了国库券发行工作,并采用行政分配的发行方式开始,证券市场拉开了发展的序幕。1990 年 11 月 26 日,上海证券交易所成立。1990年 12 月 1 日,深圳证券交易所成立。这两家交易所的成立是中国证券市场发展历程中的一个重要里程碑,它标志着证券交易由场外分散交易阶段进入场内集中交易阶段。1990 年 12 月 5 日,我国第一个全国性的证券交易自动报价系统投入运行,投资者可通过电脑同步交易网络参与沪深两地的交易,证券交易品种也由过去的以债券为主转为以股票为主。

在这一时期,我国证券市场规模较小,至 1992 年底,股票发行额仅为116.59亿元,交易也相对冷淡,但已呈现出良好的发展态势。

---

① 感兴趣的读者可以观看视频《三十年! 中国股市简史 1990—2020》,https://www.bilibili.com/video/BV1pZ4y137eT/? vd_source=6b47040bbf9d86c945e3484f8fe7013c。

② 中国证券市场包括大陆地区以及港澳台地区证券市场,本书主要阐述大陆地区证券市场的发展历程。

(二)证券市场的迅速发展阶段(1993—1998 年)

党的十四大明确指出建立社会主义市场经济体制,企业将被推向市场,参与竞争,这为股份制企业和证券市场的发展提供了政策支持,并奠定了必要的基础。以此为契机,中国证券市场进入了一个迅猛发展的阶段。

这一时期,股票的一级市场发行规模不断变化,总的趋势是稳中有升;发行方式从"申购抽签"到"存款预缴、比例配售""上网竞价""上网定价",发行方式不断改进;股票发行种类从 A 股、B 股到 H 股、N 股、红筹股和 ADR(美国股票存托凭证),逐渐丰富;发行市场走向国际化。二级市场也发展迅速,1992—1998年,深圳、上海股票交易所的上市公司市价总值从 1 648 亿元增加到 19 506 亿元,短短 7 年增加了近 12 倍。两市上市公司总数达 851 家,总股本达 2 345 亿股,筹资总额达 3 557.98 亿元。

(三)证券市场的规范发展阶段(1999 年至今)

拓展阅读 5-2
《中华人民共和国证券法(2019修订)》

1999 年 7 月 1 日,《中华人民共和国证券法》的出台是中国证券市场法治建设的一件大事,是证券市场发展过程中的又一个重要里程碑。1998 年,国务院正式明确,中国证监会为全国证券期货市场的主管部门。与此同时,债券市场也得到了发展,国债、企业债券、可转换债券等筹资工具在证券市场上的筹资作用得到发挥。一级市场股票发行由审批制改为核准制,建立了股票特别转让制度。为激活 B 股市场,管理层放宽了对投资人的限制,为吸引境外资金,中国证监会、人民银行颁布了《合格境外机构投资者境内证券投资管理暂行办法》,QFII 可以投资在交易所市场挂牌上市的国债、企业债券和可转换债券等。

自 2004 年 5 月起,深交所正式在主板市场内设立"中小企业板块",2004—2005 年期间,分别有 38 家和 12 家中小企业公司上市。2021 年 4 月,深交所主板和中小板合并。

2019 年 6 月 13 日,上海证券交易所新设科创板,是独立于现有主板市场的新设板块,在该板块内实行注册制试点,主要服务于符合国家战略、突破关键核心技术、市场认可度高的科技创新企业,推动互联网、云计算、人工智能和制造业深度融合。

2021 年 9 月,国务院批准设立北京证券交易所,以新三板精选层为基础,总体平移精选层各项基础制度,并同步试点证券发行注册制,与创新层、基础层一起组成"升级版"的"新三板"。

思考与练习

一、单项选择题

1.保险公司进行证券投资主要考虑(　　　)。

A.本金安全和收益率　　　　　　　B.提高流动性和分散风险

C.调剂资金余缺　　　　　　　　　D.筹集资金

2.(　　　)是证券市场最广泛的投资者。

A.机构投资者　　　B.个人投资者　　　C.企业　　　　　　D.金融机构

3.证券发行人是指为筹措资金而发行债券和股票的发行主体,主要包括(　　　)。

A.政府、政府机构、公司

B.中央政府、地方政府、公司

C.政府、中央银行、公司企业

D.政府、金融机构、财政部、公司

4.按证券品种划分,证券市场可以分为(　　　)。

A.场内市场和场外市场

B.发行市场和流通市场

C.国内市场和国际市场

D.股票市场、债券市场、基金市场、衍生品市场

5.证券市场的资本配置功能是指(　　　)。

A.通过证券价格引导价值的流动从而实现资本定价的功能

B.通过证券交易主体的变动从而实现资本的风险转移的功能

C.通过证券价格引导资本的流动从而实现资本的合理配置的功能

D.通过证券价值引导资本的流动从而实现资本的合理配置的功能

二、多项选择题

1.按照证券的品种不同,证券市场可以分为(　　　)。

A.股票市场　　　　B.债券市场　　　　C.拆借市场　　　　　D.基金市场

2.证券市场的结构可以有许多种,但较为重要的结构是(　　　)。

A.层次结构　　　　　　　　　　　B.多层次资本市场

C.品种结构　　　　　　　　　　　D.交易场所结构

3.除一、二级市场区分之外,证券市场的层次性还体现在(　　　)。

A.区域分布　　　　　　　　　　　B.覆盖公司类型

C.上市交易制度　　　　　　　　　D.监管要求的一致性

4.债券市场是债券发行和买卖交易的场所,下列说法不正确的有(　　　)。

A.债券的发行人有中央政府、地方政府、中央政府机构、金融机构、企业和个人

B.债券发行人通过发行债券筹集的资金一般都有期限,到期时,债务人必须还本付息

C.债券是所有权凭证,债券持有人有利息收入的要求权

D.相对于股票价格而言,债券市场价格比较稳定

5.证券市场的基本功能包括(　　　)。

A.资本配置功能　　　　　　　　　B.资本定价功能

C.投资功能　　　　　　　　　　　D.融资功能

三、判断题

1.证券市场就是证券交易的市场。(　　　)

2.一级市场和二级市场不存在互相制约的关系。(　　　)

3.一级市场是指证券发行市场。(　　　)

4.证券业从业人员执业资格考试由证监会负责组织。(　　　)

5.我国目前有三个证券交易所。(　　　)

四、简答题

1.简述证券市场的地位。

2.简述证券市场的参与者。

3.简述证券市场的基本功能。

4.简述我国大陆地区证券市场的发展历程。

五、案例分析

我国资本市场全面深化改革

党的二十届三中全会发布了《中共中央关于进一步全面深化改革、推进中国式现代化的决定》(以下简称《决定》),《决定》对进一步深化资本市场改革进行部

署,作出"健全投资和融资相协调的资本市场功能""促进资本市场健康稳定发展""建立增强资本市场内在稳定性长效机制"等安排。提出坚持以改革促进资本市场健康稳定发展,资本市场是改革的产物,也是在改革中不断发展壮大的。

《决定》直接提及资本市场内容的改革既涉及构建全国统一大市场、健全因地制宜发展新质生产力体制机制,也包括深化金融体制改革、稳步扩大制度型开放等方面,直接和间接涉及资本市场贯彻落实的改革任务有近30条,覆盖面更广。

党的十八大以来,资本市场监管制度不断完善,注册制改革稳步推进,多层次资本市场建设扎实开展,资本市场在促进资源优化配置、推动经济发展方面发挥了积极作用。同时也要看到,我国资本市场健康平稳发展的基础尚不牢固,必须坚持用改革的办法破解制约资本市场平稳健康发展的深层次矛盾和问题。

资料来源:新华解码·二十届三中全会决定|促进资本市场稳健发展 如何健全投融资相协调的资本市场功能?〔EB/OL〕.(2024-08-09)〔2024-10-03〕.https://www.163.com/dy/article/J95PNIO105346RC6.html? clickfrom=w_money.

案例思考:你了解近年来我国资本市场进行了哪些改革吗?

思政点拨:结合党的二十届三中全会报告,谈谈你对我国资本市场改革的看法。

六、实训课堂

1.实训目标:了解我国证券市场发展和改革的现状。

2.实训操作:查找我国证券市场数据,了解我国证券市场的发展状况,重点了解科创板、北京证券交易所,把握我国证券市场改革的方向。

第五章

思考与练习参考答案

第六章　证券发行市场

学习目标

知识目标

1.掌握证券发行市场的含义；

2.了解股票发行市场的类型；

3.了解债券发行市场的类型；

4.了解基金发行市场的类型。

能力目标

1.能掌握证券发行的基本程序；

2.能理解股票、债券的定价方式。

素养目标

1.深化对注册制等证券发行制度改革的理解，增
  强政策认同感；

2.培养学生的团队合作精神，使其能够与他人协
  作完成证券发行任务。

知识结构图

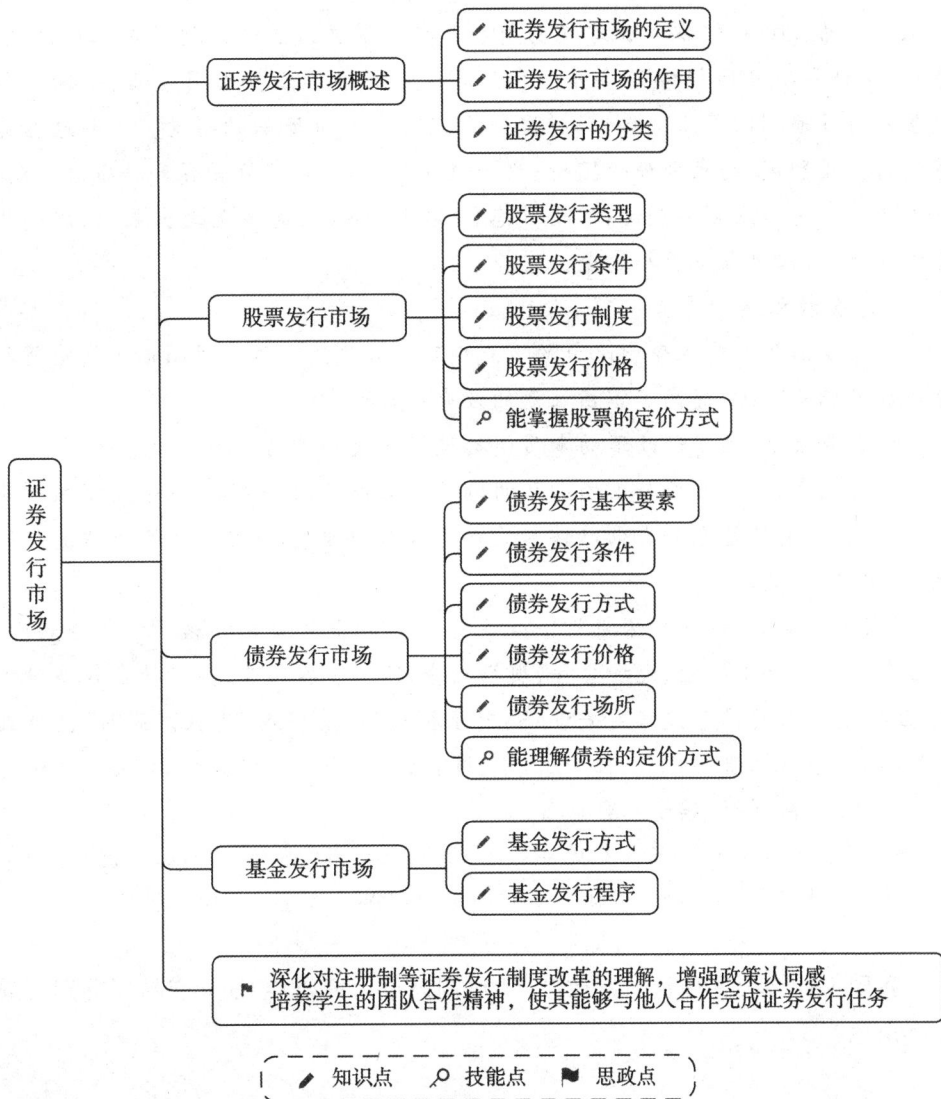

引导案例

全面实行股票发行注册制改革正式启动

　　2023 年 2 月 1 日,中国证监会就全面实行股票发行注册制涉及的《首次公开发行股票注册管理办法》等主要制度规则草案公开征求意见。这标志着,经过 4 年的试点后,股票发行注册制将正式在全市场推开,向着"打造一个规范、透明、开放、有活力、有韧性的资本市场"的总目标加速迈进。

1.沪深主板成为重点

2018 年,上海证券交易所设立科创板并试点注册制;2019 年,首批科创板公司上市交易;2020 年,深圳证券交易所创业板改革并试点注册制正式落地;2021 年,北京证券交易所揭牌开市并同步试点注册制。2023 年 2 月 1 日,全面实行股票发行注册制改革正式启动,将进一步完善资本市场基础制度。主要包括完善发行承销制度,约束非理性定价;改进交易制度,优化融资融券和转融通机制;完善上市公司独立董事制度;健全常态化退市机制,畅通多元退出渠道;加快投资端改革,引入更多中长期资金。

2.不会放松质量要求

审核注册机制是注册制改革的重点内容。此次改革进一步明晰了交易所和证监会的职责分工,提高了审核注册的效率和可预期性。

证监会表示,注册制改革的本质是把选择权交给市场,强化市场约束和法治约束。说到底,是对政府与市场关系的调整。与核准制相比,不仅涉及审核主体的变化,更重要的是充分贯彻以信息披露为核心的理念,发行上市全过程更加规范、透明、可预期。

"实行注册制,绝不意味着放松质量要求,审核把关更加严格。"证监会表示,将综合运用多要素校验、现场督导、现场检查、投诉举报核查、监管执法等多种方式,压实发行人的信息披露第一责任、中介机构的"看门人"责任。同时,坚持开门搞审核,审核注册的标准、程序、内容、过程、结果全部向社会公开,公权力运行全程透明、严格制衡,接受社会监督。

资料来源:2 月 1 日,全面实行股票发行注册制改革正式启动[EB/OL].(2023-02-03) [2024-07-03].https://cj.sina.com.cn/articles/view/3164957712/bca56c10020021uhn.

我国为什么要实施注册制改革,注册制改革后证监会、证券交易所分别扮演什么角色?

第一节　证券发行市场概述

一、证券发行市场的定义

发行市场也称为一级市场,它是指公司直接或通过中介机构向投资者出售新发行的股票的市场。所谓新发行的股票,包括初次股票发行和再发行的股票,前者是公司第一次向投资者出售的原始股,后者是在原始股的基础上增加新的份额。

二、证券发行市场的作用

1.为资金需求者提供筹措资金的渠道

在这个市场上,资金需求者(如政府、公司、金融机构等)通过发行证券来筹集资金,而资金供应者(即投资者)则通过购买这些证券提供了资金,从而实现了资金的筹集。这种市场机制不仅为资金需求者提供了一个筹措资金的场所,而且也为资金供应者提供了一个投资及争取获利的机会。

证券发行市场联结了资金需求者和资金供给者,通过销售证券向社会招募资金,将社会闲散资金转化为生产建设资金,实现了直接融资的目标。

2.为资金供应者提供投资机会

这个市场不仅为资金需求者提供了一个筹措资金的渠道,同时也为资金供应者提供了投资的机会。通过证券发行市场,社会上的闲散资金可以被转化为生产资本,促进了经济的增长和发展。这种转化是通过证券发行实现的,而证券发行市场是实现资本职能转化的场所,没有证券发行市场,也就没有证券交易和证券投资。

3.促进资源配置的不断优化

证券发行市场的运行还形成了资金流动的收益导向机制,促进了资源配置的不断优化。这种机制通过证券价格的影响,引导资金流动,实现资源的合理配置。证券市场的价格反映了资本的需求和供给情况,通过这种价格机制,资金可以流向最能产生高效益的地方,从而实现资源的优化配置。

三、证券发行的分类

根据发行对象进行分类,证券发行可分为公募发行和私募发行。

(1)公募发行。公募发行又被称为"公开发行",是发行人向不特定的社会公众投资者发售证券的发行。在公募发行方式下,任何合法的投资者都可以认购拟发行的证券。采用公募发行的有利之处在于以众多投资者为发行对象,证券发行的数量多,筹集资金的潜力大;投资者范围大,可避免发行的证券过于集中或被少数人操纵;公募发行可增强证券的流动性,有利于提高发行人的社会信誉。但是,公募发行的发行条件比较严格,发行程序比较复杂,登记核准的时间较长,发行费用较高。

公募发行是证券发行中最常见、最基本的发行方式,适合于证券发行数量多、筹资额大、准备申请证券上市的发行人。

(2)私募发行。私募发行又被称为"不公开发行"或"私下发行""内部发行",是指以特定投资者为投资对象的发行。私募发行的对象有两类,一类是公司的老股东或发行人的员工,另一类是投资基金、社会保险基金、保险公司、商业银行等金融机构以及与发行人有密切往来关系的企业等机构投资者。私募发行有确定的投资者,发行手续简单,可以节省发行时间和发行费用,但投资者数量有限,证券流通性较差,不利于提高发行人的社会信誉。

知识链接 6-1

机构投资者

机构投资者是指用自有资金或者从分散的公众手中筹集的资金专门进行有价证券投资活动的法人机构。其一般具有投资资金量大、收集和分析信息的能力强等特点。

与个人投资者相比,其又具有以下特点:管理专业化,机构投资者一般具有较为雄厚的资金实力,在投资决策运作、信息搜集分析、上市公司研究、投资理财方式等方面都配备有专门部门,由证券投资专家进行管理;结构组合化,证券市场是一个风险较高的市场,机构投资者入市资金越多,承受的风险就越大。为了降低风险,机构投资者在投资过程中会进行合理投资组合;行为规范化,机构投资者是一个具有独立法人地位的经济实体,投资行为会受到监管。

根据有无中介进行分类,证券发行可分为直接发行和间接发行。

(1)直接发行。直接发行即发行人直接向投资者推销、出售证券的发行。这种发行方式可以节省向发行中介机构缴纳的手续费,降低发行成本。但如果发行额较大,由于缺乏专业人才和发行网点,发行者自身要担负较大的发行风险。这种方式只适用于有既定发行对象或发行人知名度高、发行数量少、风险低的证券。

(2)间接发行。间接发行是由发行公司委托证券公司等证券中介机构代理出售证券的发行。对发行人来说,采用间接发行可在较短时期内筹集到所需资金,发行风险较小;但需支付一定的手续费,发行成本较高。一般情况下,间接发行是基本的、常见的方式,特别是公募发行,大多采用间接发行;而私募发行则以直接发行为主。

第二节 股票发行市场

拓展阅读 6-1
中国股市
发展历程

一、股票发行类型

(一)首次公开发行

首次公开发行股票(简称 IPO),是指公司首次在证券市场公开发行股票募集资金并上市的行为。通常,首次公开发行是发行人在满足必须具备的条件,并经证券监管机构审核、核准或注册后,通过证券承销机构面向社会公众公开发行股票并在证券交易所上市的过程。通过首次公开发行,发行人不仅可以募集到所需资金,还能完成股份有限公司的设立或转制,成为上市公众公司。

知 识 链 接 6-2

IPO 与上市的区别

IPO(首次公开发行)是指一家企业第一次将其股份向公众出售。通常,IPO由投资银行等金融机构组织,通过发行新股票的方式为企业筹集资金。这些资金可以用于企业的各种发展需求,如扩张、研发、市场营销等。

上市是指一家公司已存在的股票在证券交易所上市交易,供公众投资者买卖。上市公司的股票必须在证券交易所注册,并且必须遵守相关的监管和披露要求。

(二)增资发行

1.有偿增资发行

(1)配股发行。配股是上市公司根据公司发展需要,依照有关法律规定和相应的程序,向原股东进一步发行新股、筹集资金的行为。投资者在执行配股缴款前需清楚地了解上市公司发布的配股说明书。上市公司配股,应当向股权登记日登记在册的股东配售,且配售比例应当相同。

(2)公开招股。公开招股形式又称一般募集方式,是以不特定的多数投资者为发行对象,由应募者认购新发行的股票。采用这种方式,既能扩大资金的筹集量,增强股票的流通性,又可避免股票过分集中,一般以时价为基础确定发行价格。

（3）定向增发。定向增发是给股东以外的本公司的管理人员、一般职员和往来客户等与本公司有特殊关系的特定者以新股认购权的方式。这种发行方式是为了解决某些重要问题,诸如公司经营不善、资本筹措困难,或是有些公司破产后力图重建等。当不同公司进行业务合作时,也可能采用第三者分摊的形式。这时,新股的发行价格低于时价,第三者可获得价格上的优惠,但发行价格与时价不能相差过大,否则将会损害原来以时价购进股票的股东的利益。

2.无偿增资发行

这种方式是指股东无须缴付股款而取得新股的增资方法。通常而言,此种股票的发行一般是赠送给原来的老股东,其目的并非直接筹资,而是为调整资本结构或把积累资本化。无偿增资发行又可以分为无偿交付、股票分红、股份分割和债券股票化4种形式。无偿交付是股份公司将资本准备金并入资本金时,将准备金折成股票,无偿地分发给股东。股票分红是股份公司以股票形式代替现金对股东进行分配的方式。股份分割是为了便于股票流通,股份公司将大额股份分成小额股份以增加股份公司的股份数额,而资本数额并没有增加,是无偿发行的一种特殊形式。债券股票化是一种将股份公司已发行的债券转化为股票的形式。

此外,除上述有偿增资发行方式和无偿增资发行方式外,还有把二者结合起来的有偿无偿配合增资发行方式。

二、股票发行条件

上市公司公开发行新股应具备以下基本条件:①符合《中华人民共和国证券法》和中国证监会规定的发行条件。②发行后的股本总额不低于5 000万元。③公开发行的股份达到公司股份总数的25%以上;公司股本总额超过4亿元的,公开发行股份的比例为10%以上。④市值及财务指标符合本规则规定的标准。⑤上海证券交易所要求的其他条件。

公司上市的指标要求为:①最近3年净利润均为正,且最近3年净利润累计不低于2亿元,最近一年净利润不低于1亿元,最近3年经营活动产生的现金流量净额累计不低于2亿元或营业收入累计不低于15亿元。②预计市值不低于50亿元,且最近一年净利润为正,最近一年营业收入不低于6亿元,最近3年经营活动产生的现金流量净额累计不低于2.5亿元。③预计市值不低于100亿元,且最近一年净利润为正,最近一年营业收入不低于10亿元。

拓展阅读 6-2
北交所上市公司
股票发行条件

三、股票发行制度

(一)股票发行监管制度

股票发行监管制度主要有三种:审批制、核准制和注册制,每一种发行监管制度都对应一定的市场发展状况。在市场逐渐发育成熟的过程中,股票发行监管制度也应该逐渐地改变,以适应市场发展需求。其中,审批制是完全计划发行的模式,核准制是从审批制向注册制过渡的中间模式,注册制则是目前成熟股票市场普遍采用的模式。

1.审批制

审批制是一国在股票市场的发展初期,为了维护上市公司的稳定和平衡复杂的社会经济关系,采用行政计划的办法分配股票发行的指标和额度,由地方或行业主管部门根据指标推荐企业发行股票的一种发行制度。

在审批制下,公司发行股票的首要条件是取得指标和额度。因此,审批制下公司发行股票的竞争焦点主要是争夺股票发行指标和额度。

2.核准制

核准制是介于注册制和审批制之间的中间形式。一方面,它取消了指标和额度管理,并引进证券中介机构的责任,判断企业是否达到股票发行的条件;另一方面,证券监管机构会同时对股票发行的合规性和适销性条件进行实质性审查,并有权否决股票发行的申请。在核准制下,发行人在申请发行股票时,不仅要充分公开企业的真实情况,而且必须符合有关法律和证券监管机构规定的必要条件,证券监管机构有权否决不符合规定条件的股票发行申请。证券监管机构对申报文件的真实性、准确性、完整性和及时性进行审查,还对发行人的营业性质、财力、素质、发展前景、发行数量和发行价格等条件进行实质性审查,并据此作出发行人是否符合发行条件的价值判断和是否核准申请的决定。

3.注册制

注册制是在市场化程度较高的成熟股票市场所普遍采用的一种发行制度。证券监管部门公布股票发行的必要条件,只要达到所公布条件要求的企业即可发行股票。发行人申请发行股票时,必须依法将公开的各种资料完全准确地向证券监管机构申报。证券监管机构的职责是对申报文件的真实性、准确性、完整性和及时性作合规性的形式审查,而将发行人的质量留给证券中介机构来判断和决定。这种股票发行制度对发行人、证券中介机构和投资者的要求都比较高。表 6-1 为审批制、核准制和注册制的比较。

表 6-1　审批制、核准制和注册制的比较

	审批制	核准制	注册制
发行指标和额度	有	无	无
发行上市标准	有	有	有
主要推荐人	政府或行业主管部门	中介机构	中介机构
对发行作实质判断的主体	中国证监会	中介机构、中国证监会	中介机构
发行监管性质	中国证监会实质性审核	中介机构和中国证监会分担实质性审核	中介机构实质审核、中国证监会形式审核

资料来源：根据中国证券监督管理委员会公开资料整理而得

(二)股票发行其他制度

1.保荐制度

保荐制度是指有资格的保荐人推荐符合条件的公司公开发行股票和上市，并对所推荐的发行人的信息披露质量和所作承诺提供持续训示、督促、辅导、指导和信用担保的制度。保荐制度主要内容包括四个方面：建立保荐机构和保荐代表人的注册登记管理制度；明确保荐期限；分清保荐责任；引进持续信用监管和"冷淡对待"的监管措施。保荐制度的重点是明确保荐机构和保荐代表人的责任，并建立责任追究机制。

2.发行审核委员会制度

发行审核委员会由国务院证券监督管理机构的专业人员和所聘请的该机构外的有关专家组成，以投票方式对股票发行申请进行表决，并提出审核意见。

发行审核委员会是股票发行制度的重要组成部分，其职权行使与股票发行核准制密切相关。在核准制下，发行审核委员会需要对发行申请人进行实质审查，既行使行政权力，又要作出商业判断。发行审核委员会制度直接关系到证券市场的发展和投资者的保护。2019 年 12 月 28 日，第十三届全国人大常委会第十五次会议审议通过了修订后的《中华人民共和国证券法》，决定证券发行申请注册的基础上，取消发行审核委员会制度。

3.承销制度

股票发行的最终目的是将股票销售给投资者。发行人销售证券的方法有两种：一是自行销售，被称为"自销"；二是委托他人代为销售，被称为"承销"。一般情况下，公开发行以承销为主。承销是指发行人将股票销售业务委托给专门的证券经营机构(承销商)销售。承销方式有包销和代销两种。

(1)包销。包销是指承销商将发行人的股票按照协议全部购入，或者在承销期结束时将售后剩余股票全部自行购入的承销方式，又可分为全额包销和余额

包销两种：①全额包销是指由承销商先全额购买发行人该次发行的股票，再向投资者发售，由承销商承担全部风险的承销方式。②余额包销是指承销商按照规定的发行额和发行条件，在约定的期限内向投资者发售证券，到销售截止日，如投资者实际认购总额低于预定发行总额，未售出的股票由承销商负责认购，并按约定时间向发行人支付全部股票款项的承销方式。

（2）代销。代销是指承销商代发行人发售股票，在承销期结束时，将未售出的股票全部退还给发行人的承销方式。

四、股票发行价格

1.股票发行价格分类

股票发行的价格是指发行股票时的股票价格。一般而言，股票的发行价格有如下几种。

（1）平价发行。平价发行又称面值发行或等价发行，是指股票的发行价格与面额相等。

（2）溢价发行。股票以高于其票面金额的价格在发行市场上销售，称为溢价发行。溢价发行股票应考虑的主要因素有：当前股市总水平、本公司实际盈利能力、每股资产净值、类似公司股价水平、大众承受心理等。股本溢价发行与时价发行的主要区别在于：前者注重考虑资产增值；后者既考虑资产增值，又考虑该股票在流通市场上的价格。

（3）时价发行。时价发行是指发行价格以股票在流通市场上的价格基准来确定，股票的时价通常要高于股票的面额价格。时价发行在股票实行公开招股和配股给第三者时都予以采用，一般有两种情况：一是按超过面值的价格发行面额股票；二是按时价发行无面额股票。时价发行时的具体价格，一般会低于市场价格的5％～10％。

（4）折价发行。折价发行是以低于面值的价格发行。《中华人民共和国公司法》明确规定：股票的发行价格可以按票面金额，也可以超过票面金额，但是不能低于票面金额。

2.股票发行定价方式

（1）直接定价。部分企业采用该种定价方式。根据《证券发行与承销管理办法》，首次公开发行股票数量在2 000万股（含）以下且无老股转让计划的，可以通过直接定价的方式确定发行价格。

（2）初步询价后定价。网下投资者报价后，发行人和主承销商根据初步询价情况协商确定发行价格。

（3）累计投标询价。累计投标询价机制，即新股发行定价采用两段式询价。第一阶段由发行人和主承销商向网下投资者初步询价后确定价格区间。第二阶段由发行人和主承销商在初步询价确定的发行价格区间内向网下投资者通过累计投标询价确定价格。

第三节 债券发行市场

一、债券发行基本要素

发行公司债券，发行人应当依照《中华人民共和国公司法》或者公司章程相关规定对以下事项作出决议，包括发行债券的金额、发行方式、债券期限、募集资金的用途以及其他按照法律法规及公司章程规定需要明确的事项。发行公司债券时，如果有对增信机制、偿债保障措施作出安排的，也应当在决议事项中载明。

二、债券发行条件

公开发行公司债券，应当符合下列条件：①具备健全且运行良好的组织机构；②最近三年平均可分配利润足以支付公司债券一年的利息；③国务院规定的其他条件。

公开发行公司债券筹集的资金，必须按照公司债券募集办法所列资金用途使用；改变资金用途，必须经债券持有人会议作出决议。公开发行公司债券筹集的资金，不得用于弥补亏损和非生产性支出。

三、债券发行方式

债券发行者根据各自的不同需要采用不同方式发行债券。我们可以从不同的角度对这些发行方式加以分类比较。

（一）公募发行方式

1.招标发行

招标发行是市场化程度最高的一种发行方式。招标发行的基本原理是发行人将拟发行债券的信息公告投资者，然后让投资者发出标书，提出自己希望认购的数量和价格。最后按投标人出价的高低，决定所发行债券的价格和投标人中标与否、中标数量,明确债券的发行价格。目前,政府债券、金融债券、规模较大的公司信用类债券和政府支持机构债券多采用招标发行。

招标发行主要有数量招标和价格招标两种。数量招标是发行人确定价格后,投资人依其对这种价格的认可程度投下标书,提出认购的数量。价格招标是发行人只确定发行规模,不确定债券价格,由投资人提出某一价格下的认购数量,最后将达到发行规模时的报价作为发行价格的一种定价方法。

2.簿记建档发行

发行人和主承销商协商确定利率或价格区间后,由簿记管理人(一般由主承销商担任)与投资者进行一对一的沟通协商,投资者确定在不同利率档次下的申购订单,簿记管理人将订单汇集后按约定的定价和配售方式确定最终发行利率或价格,进行配售发行。

簿记建档发行和招标发行相比,簿记建档方式中的主承销商及发行人对发行利率和分配数量影响较大,因而适合短融、中票等发行量较小、发行难度相对较大的品种。票面区间可以由投资者、发行人、主承销商共同协商调整。目前,企业信用债券、金融债券、信贷资产支持证券、非金融企业债务融资工具等也较多选择此种发行方式。

知识链接 6-3

簿记建档的基本流程

预路演和路演:这是簿记建档的前期阶段,通过预路演和正式的路演,发行人与投资者进行深入的沟通,了解市场需求。

确定价格区间:根据市场反馈,发行人和主承销商共同确定一个价格区间。

申购订单:投资者提交申购订单,主承销商接收并核实这些订单。

价格需求曲线:主承销商在公证机关的监督下,将投资者的申购订单录入系统,形成价格需求曲线。

定价和配售:基于价格需求曲线,发行人和主承销商共同确定最终的发行价格,并进行配售。

(二)私募发行方式

私募发行主要通过协议定向的方式发行债券。发行人根据市场的需求,与债券认购人协商决定债券票面利率、价格、期限、付息方式、认购数量和缴款日期等发行条件、认购费用和认购人义务并签署债券认购协议。

(三)柜台发行方式

商业银行柜台债券发行通常与银行间市场同步进行,一般根据银行间债券市场招标定价结果确定发行价格,承销商成员进行承购和分销。其中,关键期限记账式国债在银行间市场与柜台同时分销,由承销商使用在银行间债券市场自营中标的额度进行柜台分销;政策性金融债券和地方政府债券由发行人确定柜台上市债券,并进行柜台额度追加招标,由承销商进行柜台分销;储蓄国债仅在柜台发行,由发行人单独确定发行价格。

四、债券发行价格

票面利率和市场利率的关系影响到债券的发行价格。当债券票面利率等于市场利率时,债券发行价格等于面值;当债券票面利率低于市场利率时,企业仍以面值发行就不能吸引投资者,故一般要折价发行;反之,当债券票面利率高于市场利率时,企业仍以面值发行就会增加发行成本,故一般要溢价发行。

五、债券发行场所

1.银行间债券市场

银行间债券市场是中国债券市场的主体,债券存量接近全市场的 90%。该市场属于大宗交易市场(批发市场),参与者是各类机构投资者,实行双边谈判成交,主要实行"实时、全额、逐笔"的结算方式。中央结算公司为投资者开立债券账户,实行一级托管,并提供交易结算服务。

银行间债券市场是一个相对于交易所债券市场的概念。中国外汇交易中心暨全国银行间同业拆借中心(简称同业中心),承担交易功能。中央国债登记结算公司(简称中央结算公司)和银行间市场清算所股份有限公司(上海清算所),承担托管功能。商业银行、农村信用联社、保险公司、证券公司等金融机构进行债券买卖和回购的市场。

银行间债券市场已成为我国债券市场的主体部分。记账式国债的大部分、政策性金融债券都在该市场发行并上市交易。

2.交易所债券市场

由各类社会投资者参与,属于集中撮合交易的零售市场,典型的结算方式是净额结算。交易所债券交易结算由中国证券登记结算有限责任公司负责。

3.商业银行柜台债券市场

柜台市场是银行间市场的延伸,也属于零售市场。中央结算公司为一级托管机构,负责为开办银行开立债券自营账户和代理总账户,开办银行为二级托管机构,负责为投资者开立二级托管账户,中央结算公司与柜台投资者没有直接的权责关系。与交易所不同的是,开办银行需及时将柜台投资者账户变动数据传给中央结算公司,同时中央结算公司为柜台投资人提供债券复核查询服务,成为保护投资者权益的重要途径。

第四节　基金发行市场

一、基金发行方式

按发行对象和发行范围的不同,基金发行可划分为私募发行和公募发行。①私募发行是指面向少数特定的投资者发行基金的方式,发行的对象一般是大的金融机构和个人。②公募发行又称公开发行,指向广大的社会公众发行基金,合法的社会投资者都可以认购基金单位。由于面向广大投资者,各国对公募发行的监管比较严格,要求发起人在募集基金时,必须公开招募说明书,对基金的基本情况、基金管理人、基金托管人、基金的投资目标和政策、基金的费用和收益分配、基金持有人的权利等作出真实的陈述,供投资者进行投资决策时使用。

按照基金销售渠道的不同,基金销售可划分为直接销售方式、承销方式和集团承销方式。①直接销售方式是基金公司通过自己的销售渠道直接向投资者发售基金单位。采用这种方式的费用较低,主要是用于开放式基金。②承销方式指通过承销商来发行基金。承销商一般由投资银行、证券公司或者信托投资公司来担任。承销商先按净资产价值购入基金凭证,然后再加上一定的销售费用,以公开的销售价格将基金凭证出售给投资者。③集团承销方式是当基金规模比较大、发行任务较重时,一个承销商独自销售基金可能会有困难,这时就会组织一个销售集团,由几个承销商组成,每个承销商承担部分基金销售任务。

在我国,证券投资基金的发行方式按发行媒介的不同,可划分为网上发行方式和网下发行方式两种。①网上发行方式是指将所要发行的基金通过证券交易所的交易系统向社会公众发售的发行方式。封闭式基金多采用这种发行方式。②网下发行方式是指将所要发行的基金通过分布在一定地区的银行或证券营业网点,向社会公众发售的发行方式。开放式基金多采用这种发行方式。投资者先到指定网点(基金管理公司、代销银行等)办理对应的开放式基金的账户卡,并将认购资金存入(或划入)指定销售网点,在规定的时间内办理认购手续并确认结果。

二、基金发行程序

以公募基金为例,介绍其发行程序。公募基金的募集一般要经过申请、注册、发售、基金合同生效四个步骤。

1.申请

注册公募基金,由拟任基金管理人向中国证监会提交相关申请文件。主要包括:募集基金的申请报告、基金合同草案、基金托管协议草案、招募说明书草案和律师事务所出具的法律意见书等。

2.注册

《中华人民共和国证券投资基金法》规定,中国证监会应当自受理公募基金的募集注册申请之日起 6 个月内依照法律、行政法规及中国证监会的规定进行审查,作出注册或者不予注册的决定,并通知申请人;不予注册的,应当说明理由。基金募集申请经中国证监会注册后方可发售基金份额。

3.发售

基金管理人应当自收到准予注册文件之日起 6 个月内进行基金募集。超过6 个月开始募集,原注册的事项未发生实质性变化的,应当报中国证监会备案;发生实质性变化的,应当向中国证监会重新提交注册申请。基金募集期限自基金份额发售之日起不得超过 3 个月。基金募集期限自基金份额发售之日起计算。

基金管理人应当在基金份额发售的 3 日前公布招募说明书、基金合同及其他有关文件。

基金募集期间募集的资金应当存入专门账户,在基金募集期结束前,任何人不得动用。

4.基金合同生效

基金募集期限届满,封闭式基金募集的基金份额总额达到准予注册规模的80%以上、基金份额持有人不少于 200 人的要求;开放式基金需满足募集份额总额不少于 2 亿份、基金募集金额不少于 2 亿元(人民币)、基金份额持有人不少于200 人的要求。基金管理人应当自募集期限届满之日起 10 日内聘请法定验资机构验资,自收到验资报告之日起 10 日内,向中国证监会提交验资报告,办理基金备案手续,并予以公告。

中国证监会自收到基金管理人验资报告和基金备案材料之日起 3 个工作日

内予以书面确认；自中国证监会书面确认之日起，基金备案手续办理完毕，基金合同生效。基金管理人应当在收到中国证监会确认文件的次日发布基金合同生效公告。

基金募集期限届满，不满足有关募集要求的基金募集失败，基金管理人应承担以下责任：①以固有财产承担因募集行动而产生的债务和费用。②在基金募集期限届满后30日内返还投资者已缴纳的款项，并加计银行同期存款利息。

思考与练习

一、单项选择题

1.证券发行人是指为筹措资金而发行债券和股票的发行主体，主要包括（　　）。

①政府　　　　　②政府机构　　　③公司　　　　　④金融机构

A.①　　　　　　B.①②　　　　　C.①②③　　　　D.①②③④

2.（　　）是发行人发行股票时，就发行中的有关事项向公众作出披露，并向非特定投资人提出购买或销售其股票的要约邀请性文件。

A.招股公告　　　B.招股说明书　　C.招股意向书　　D.招股发行书

3.证券发行时，一般是在（　　）的情况下，采用溢价发行的方式。

A.市场利率与债券票面利率一致　　　B.市场利率高于债券票面利率

C.市场利率低于债券票面利率　　　　D.债券信用等级很低

4.证券公司将发行人的证券按照协议全部购入或者在承销期满结束时将售后剩余证券全部自行购入的方式称为（　　）。

A.全额包销　　　B.余额包销　　　C.包销　　　　　D.代销

5.基金的募集一般要经过（　　）四个步骤。

A.申请、注册、发售、基金合同生效　　B.申请、审批、注册、基金验资

C.申请、审批、发售、基金合同生效　　D.申请、审批、发售、基金验资

二、多项选择题

1.有偿增资发行的形式有（　　）。

A.配股　　　　　B.定向增发　　　C.大股东招募　　D.公开招募

2.下列各项中，不属于债券的发行方式的有（　　）。

A.面值发行 　　　B.溢价发行 　　　C.折价发行 　　　D.联合发行

3.以下属于证券发行制度的有( )。

A.公司制 　　　B.注册制 　　　C.会员制 　　　D.核准制

4.证券市场按其职能划分,可分为( )。

A.股票市场 　　　B.债券市场 　　　C.发行市场 　　　D.流通市场

三、判断题

1.面向机构投资者发行称为私募发行。( )

2.在我国发行股票需要证监会发行审查委员会审批。( )

3.簿记建档方式适合发行量较大、发行难度相对较小的品种。( )

4.股票IPO就等于上市。( )

5.一般来说,企业债券的发行主体是股份公司,所以非股份公司不可发行企业债券。( )

四、简答题

1.证券发行市场的主要功能是什么?

2.证券发行市场的参与者有哪些?

3.简述股票IPO的具体流程。

4.简述基金的发行方式。

五、案例分析

科创板推动股市高质量发展

我国科创板集聚了一批集成电路、生物医药、高端装备制造等领域的科创企业,"硬科技"成色逐步显现。随着改革的深入推进,科创板的投资者结构、市场化定价等方面都出现了积极的变化趋势。从投资者结构看,机构投资者的交易占比正在逐步提升。公募基金等专业机构投资者持有科创板公司的流通市值占比近40%。境外机构投资者通过沪港通和境外知名指数机构,也广泛参与科创板市场的投资中来。正是因为机构投资者比重的提升,以及境外资金进入的数量较多,在科创板涨跌幅达到20%的情况下,也没有出现明显大起大落的现象,稳定性比主板市场等明显增强,短期炒作问题也得到了比较好的解决。如果能够进一步提升机构投资者的比重,让个人投资者能够与机构投资者合作,以基金等名义进入,那么,科创板的稳定性会更强,对整个资本市场的积极影响也会更大。

　　与此同时,以信息披露为核心的注册制理念日益深入人心,市场主体的归位尽责意识明显增强,优胜劣汰机制进一步健全,市场法治供给取得突破性进展,投资者保护渠道更加畅通,市场预期明显稳定,市场整体生态呈现积极向好变化。2021 年 6 月 11 日,上交所制定发布了《上海证券交易所科创板上市公司自律监管规则适用指引第 3 号——科创属性持续披露及相关事项》(以下简称《3号指引》),旨在明确科创板公司上市后科创属性信息披露事项和要求,督促公司坚守科创定位,推动公司高质量发展。具体包括:督促公司将募集资金投向科技创新领域,对募集资金使用和募投项目进展及变化及时予以披露;督促公司保持研发投入,保障研发项目有序推进,保持核心技术先进性,对研发投入金额、研发投入占营收比例等发生大幅变化的,要求充分说明原因及影响;督促公司维持科研团队稳定,提升研发能力与水平,要求定期披露研发团队变化情况,并根据实际情况持续进行核心技术人员的评估认定。

　　资料来源:黄诗立.资本市场生态巨变　注册制改革只有进行时[N].中国证券报,2021-06-11.

　　案例思考:结合所学理论和以上材料,谈谈你对科创板的了解。

　　思政点拨:思考科创板的推出对我国证券市场的意义,以及我国证券市场未来的发展方向。

六、实训课堂

　　1.实训目标:了解股票、债券、基金的发行过程。

　　2.实训操作:制作股票、债券、基金发行的流程图,通过角色扮演方式模拟股票发行过程。

第六章
思考与练习参考答案

第七章 证券交易市场

学习目标

知识目标

1.掌握证券交易市场的定义；

2.了解证券交易市场的组织结构、功能、分类；

3.掌握证券交易所的基本概念、作用和运行机制。

能力目标

1.熟悉开户、委托、竞价、清算交割等证券交易流程；

2.能熟练使用证券交易软件，进行证券买卖和资金管理。

素养目标

1.熟悉证券交易规则，培养证券投资职业技能；

2.遵守证券市场的法律法规和道德规范，维护市场秩序和公平竞争。

知识结构图

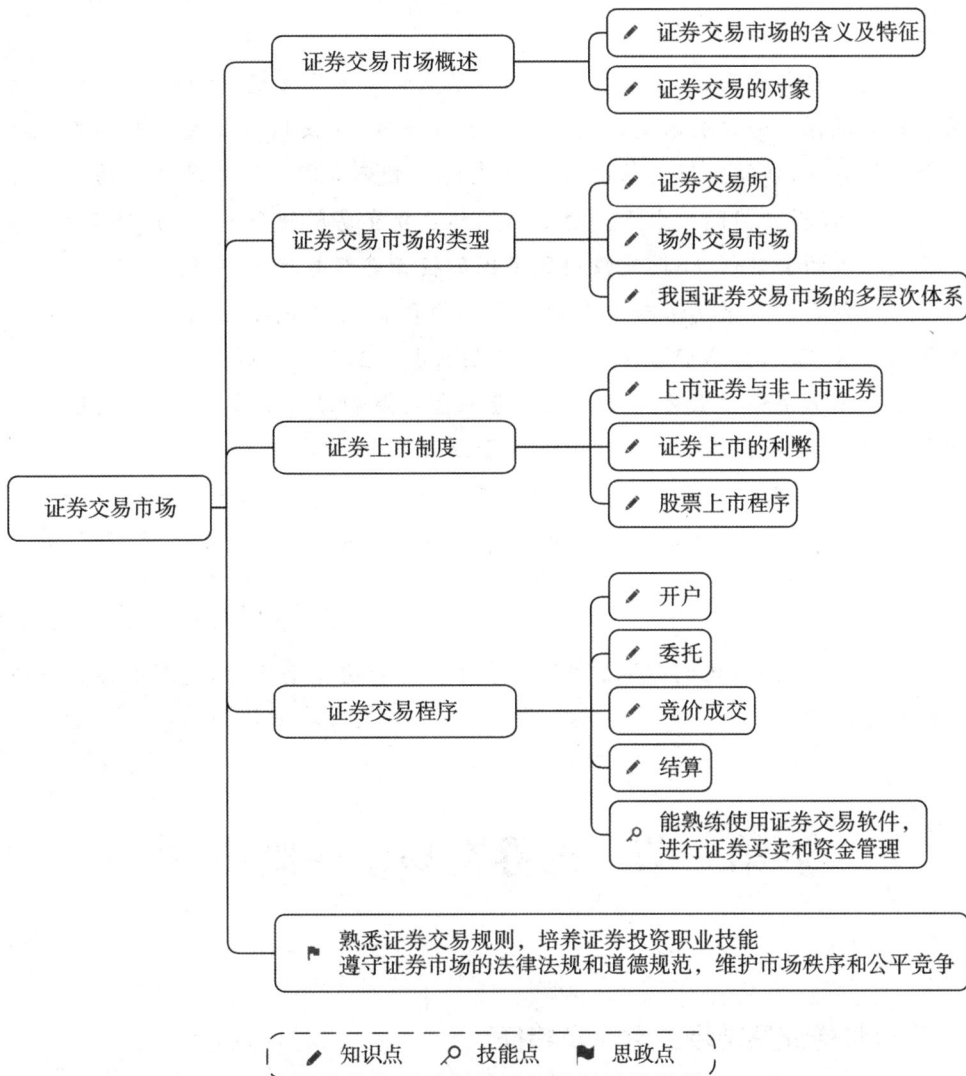

        ✎ 知识点   🔍 技能点   🚩 思政点

引导案例

我国最大的证券交易市场——上海证券交易所

上海证券交易所(以下简称上交所)是我国大陆最早成立的证券交易所,其发展历程可以追溯至20世纪90年代初。自成立以来,上交所在发展中取得了显著的成绩,目前已成为我国规模最大、实力最雄厚的证券交易市场。截至2022年底,上海证券交易所共有上市公司2 174家,股票总市值达到46.4万亿元。此外,上海证券交易所的股票市场累计成交金额为96.3万亿元,累计筹资总额为 8 477 亿元,其中首发募集资金总额为 3 589 亿元,占境内股票市场首发募资总额的 61%。上交所的市值规模位居全球前列,稳居全球证券市场的重要地位。

在交易体系方面,上交所继续加强市场监管和风险防范,全面提升市场的透明度和规范性。通过引入先进的科技和监管手段,上交所不断提升交易系统的安全性和效率,保障市场交易的公平和流畅。上交所还加强与其他交易所的合作与交流,以提升国际化水平。通过与国际主要交易所的合作,上交所不仅能够开展更深入的金融创新,还能吸引更多国际投资者参与我国市场。

金融创新是上交所不断发展的重要动力之一。近年来,上交所推出了科创板和创业板、新三板等市场板块,为科技创新型企业和中小微企业提供了更宽松的上市和融资条件。上交所还积极推进绿色金融和绿色债券的发展,鼓励企业加大环保、节能减排等方面的投资和融资,促进经济可持续发展。

资料来源:上交所.截至 2022 年底股票总市值、IPO 筹资额分别位居全球第 3 名、第 1 名[EB/OL].(2023-04-21)[2024-09-03].https://baijiahao.baidu.com/s? id=17637954335029 97285&wfr=spider&for=pc.

针对以上案例,我们可以思考:证券交易所的功能是什么,上海证券交易所的业务有何特色?

▌ 第一节 证券交易市场概述 ▌

一、证券交易市场的含义及特征

1.证券交易市场的含义

证券交易市场是一个专门用于买卖证券的场所或平台,为证券的发行和交易提供了基础设施和规则。在这个市场中,各种证券(如股票、债券、期权和期货等金融工具)被买卖,从而实现了资本的流通和风险的转移。

2.证券交易市场的特征

(1)流动性。证券交易市场提供了高度的流动性,这意味着证券可以容易地买卖,投资者可以迅速转换投资,这对于市场的健康和功能至关重要。

(2)公开性。证券交易市场通常要求所有的交易都要公开进行,价格和交易量等信息对所有市场参与者公开,确保了市场的透明度。

(3)公平性。市场规则旨在确保所有参与者都遵循同样的交易规则,避免内幕交易和市场操纵等不公平行为。

(4)效率性。证券交易市场的设计旨在高效地处理交易,减少交易成本和时间,提高市场的整体效率。

(5)安全性。证券交易市场采取多种措施来保护投资者的资金和交易安全,包括交易系统的安全性和交易的合法性。

二、证券交易的对象

按照交易对象的品种,可划分为股票交易、债券交易、基金交易和金融衍生工具交易。①股票交易是指在股票市场上,投资者通过证券经纪商购买或出售股票的行为。股票是公司所有权的一部分,代表了股东对公司的所有权和分红权益。②债券交易是指在债券市场上,投资者通过证券经纪商购买或出售债券的行为。债券是一种固定收益投资工具,代表了债务人(如政府、企业)向债权人(投资者)借款并承诺在未来支付本金和利息的债务证券。③基金交易是指在基金市场上,投资者通过证券经纪商或其他金融中介购买或出售基金份额的行为。基金是一种集合投资工具,它将众多投资者的资金汇集起来,由专业的基金管理人进行投资管理,投资于股票、债券、货币市场工具或其他资产类别。④金融衍生工具交易是指以金融衍生工具为对象的交易活动。金融衍生品是一种金融合约,其价值基于一个或多个基础资产(如股票、债券、商品、汇率等)的价值变动。

按照交易方式,可划分为现货交易、期货交易和信用交易。①现货交易是证券交易双方在成交后即时清算交割证券和价款的交易方式。②期货交易是证券交易双方在将来某一特定时间以事先协定的价格进行证券清算和交割的交易方式。③信用交易又称"保证金交易"和垫头交易,是指证券交易的当事人在买卖证券时,只向证券公司交付一定的保证金,或者只向证券公司交付一定的证券,而由证券公司向证券交易的当事人提供融资或者融券后再进行交易。其中,融资买入证券为"买空",融券卖出证券为"卖空"。

第二节　证券交易市场的类型

一、证券交易所

(一)证券交易所的定义

证券交易所是专门用于证券交易的市场,是一个有组织的、集中的、有形的交易场所,投资者在这里可以买卖股票、债券、期货、期权等金融工具,是二级市场的主体。证券交易所本身并不买卖证券,只为买卖双方提供证券集中交易的场所。证券交易所的主要功能包括提供交易平台、制定交易规则、确保市场公平公正,以及提供投资者服务。

(二)证券交易所的组织形式

证券交易所的组织形式分为会员制和公司制两种。

1.会员制

会员制的证券交易所是以会员协会形式成立的不以营利为目的的组织,主要由证券商组成。只有会员及享有特许权的经纪人,才有资格在交易所中进行交易。会员制证券交易所实行会员自治、自律、自我管理。目前,大多数国家的证券交易所均实行会员制。经国务院批准,我国于 1990 年 12 月成立的上海证券交易所和于 1991 年 7 月成立的深圳证券交易所都是采用会员制组织形式。

2.公司制

公司制的证券交易所是以营利为目的,为证券商提供证券交易所需的交易场地、交易设备和服务人员,以便利证券商独立进行证券买卖的证券交易所形式。它是由银行、证券公司、投资信托机构及各类公司等共同投资入股建立起来的公司法人。北京证券交易所于 2021 年 9 月 3 日注册成立,是我国大陆第一家经国务院批准设立的公司制证券交易所,受中国证监会监督管理。

二、场外交易市场

1.场外交易市场的定义

场外交易市场又称柜台交易市场、店头交易市场，是证券交易所以外的证券交易场所。柜台交易一般通过证券经营机构进行，采用协议价格成交，交易方式仅限于现货交易。

2.场外交易市场的分类

第三市场是在证券交易所场外专门买卖已在证券交易所上市的证券交易市场。其主要通过证券经纪商进行，目的是规避交易所相对较高的交易成本。第四市场是通过电子计算机网络相联系的证券投资者直接接洽成交的场所。

3.场外交易市场的特征

场外交易市场是一个分散的、无固定交易场所的无形市场，也没有统一的交易时间和交易章程，而是由许多各自独立经营的证券经营机构分别进行交易。

场外交易市场是一个投资者可直接参与证券交易过程的"开放性"市场，其组织方式采取做市商制。

场外交易市场是一个拥有众多证券种类和证券经营机构的市场，以未能在证券交易所批准上市的股票、债券和开放式基金的受益凭证为主。

场外交易市场是一个交易商报价驱动的市场。

场外交易市场管理比较宽松。

三、我国证券交易市场的多层次体系

1.主板市场

主板市场是一个国家或地区证券发行、上市及交易的主要场所，一般而言，各国主要的证券交易所代表着国内主板市场。主板市场对发行人的营业期限、股本大小、盈利水平、最低市值等方面的要求标准较高，上市企业多为大型成熟企业，具有较大资本规模和稳定的盈利能力。上海、深圳证券交易所是我国大陆证券市场的主板市场。

2.中小企业板块

2004年5月，经国务院批准，中国证监会批复同意，深圳证券交易所在主板市场内设立中小企业板块。中小企业板块运行所遵循的法律法规和部门规章与主板相同，中小企业板块的上市公司符合主板上市的发行条件和信息披露要求。

2021 年 3 月 31 日,深交所发布通知,经中国证监会批准,主板与中小板于 2021 年 4 月 6 日正式实施合并。

3.创业板市场

又称为二板市场,是为具有高成长性的中小企业和高科技企业融资服务的资本市场。与主板相比较,在创业板上市的企业规模较小、上市条件相对较低。经国务院同意,中国证监会批准,我国创业板于 2009 年 10 月 23 日在深圳证券交易所正式启动。

4."新三板"市场

"三板"市场的发展包括"老三板"市场(以下简称"老三板")和"新三板"市场(以下简称"新三板")两个阶段。"老三板"即 2001 年 7 月 16 日成立的"代办股份转让系统";"新三板"则是在"老三板"的基础上产生的"中关村科技园区非上市股份公司进入代办转让系统"。

5.四板市场

区域性股权交易市场是指为特定区域内的企业提供股权、债券的转让和融资服务的私募市场,一般以省级为单位,由省级人民政府监管。

知识链接 7-1

"新三板"和北京证券交易所的关系

不同交易所的服务对象各有侧重。北京证券交易所坚持服务创新型中小企业的市场定位,而沪深市场的主板将继续为成熟的大中型企业服务,科创板为硬科技产业板块的企业服务,创业板为高新技术企业、战略性新兴产业企业和成长型创新创业企业服务。

证监会明确,建设北京证券交易所的过程中,将重点处理好"两个关系"。一是北京证券交易所与沪深交易所、区域性股权市场坚持错位发展与互联互通,发挥好转板上市功能。二是北京证券交易所与新三板现有创新层、基础层坚持统筹协调与制度联动,维护市场结构的平衡。

第三节 证券上市制度

一、上市证券与非上市证券

上市证券是指在证券交易所内采用集中竞价方式挂牌买卖的证券。一般来说，一个公司的证券要想在某一证券交易所公开上市买卖，必须首先向证券交易所提出上市申请。各个证券交易所对证券的上市都有一些要求，只有符合条件的证券才能在交易所公开上市。

与上市证券相对应的是非上市证券。非上市证券是指那些不在证券交易所挂牌买卖的证券，它们的交易通常只能在场外进行。一般情况下，非上市证券总是比上市证券多，其中绝大多数是因为它们不符合证券上市条件，如那些较小公司的股票就往往只能在场外进行交易。

二、证券上市的利弊

1.证券上市的好处

(1)证券的公开上市有利于公司扩大资金来源，筹集巨额资金，满足生产经营发展之需。

(2)证券的公开上市有利于提高股票、债券的流动性，增加对投资者的吸引力，人们对它的关心将有利于上市公司继续向公众集资，当企业再次发行新的证券时使之能够选择有利的发售方式，降低发行成本。

(3)证券的公开上市有利于提高公司的信誉和知名度。企业证券的公开上市可以说是企业发展史上的一个里程碑，它标志着企业的进步和发展水平。

(4)企业证券的公开上市，增加了企业生产经营的透明度，而且社会上广大民众时刻都在注视着企业的生产与发展情况，并根据企业的生产与发展情况以及他们对企业前途的预测来决定证券的买入和抛出。

2.证券上市的弊端

(1)证券公开上市后，公司的约束与压力会加大。上市公司要接受证券交易所的监督和交易所规定的约束，还要直接接受股东的监督，从而加大了公司经营管理上的压力。

（2）证券公开上市后，不利于保守公司经营秘密。

（3）证券公开上市后，公司证券可能成为投机对象。市场价格的频繁波动会给企业的经营带来消极影响。

（4）证券公开上市后，企业控股权将会因此而更加分散，这样一来，一方面会因为股票经常易手、股东经常易人给企业的经营与发展带来不利影响，另一方面，股权的极度分散和股东的经常变化也给企业的经营决策带来诸多困难，影响企业决策的及时性与灵活性。

（5）上市公司每年要向证券交易所支付上市费用，加大了公司的成本开支。

三、股票上市程序

1.上市申请

根据《中华人民共和国证券法》第52条规定，申请股票上市交易，应当向证券交易所报送下列文件：①上市报告书；②申请股票上市的股东大会决议；③公司章程；④公司营业执照；⑤依法经会计师事务所审计的公司最近3年的财务会计报告；⑥法律意见书和上市保荐书；⑦最近一次的招股说明书；⑧证券交易所上市规则规定的其他文件。同时，各证券交易所均有自己的股票上市规则，申请股票上市尚需根据所选择的证券交易所的上市规则的要求，报送相关申请文件。

2.上市审核

除政府债券由证券交易所根据国务院授权的部门决定安排上市交易外，证券上市的审核机构为证券交易所。证券交易所在审核股票上市申请时，通常应考虑以下因素：①上市条件因素。股票上市申请必须符合《中华人民共和国证券法》等法律法规规定的上市条件以及本证券交易所制定的上市条件。②产业政策因素。根据《中华人民共和国证券法》第45条规定，国家鼓励符合产业政策同时又符合上市条件的公司股票上市交易。产业政策一般包括产业结构政策、产业组织政策、产业技术政策和产业布局政策，以及其他对产业发展有重大影响的政策和法规。在一国的不同时期、不同地区，产业政策各有不同，同时产业政策具有很强的变动性。因此在实践中，上市申请能否被核准往往具有很强的不确定性。或许正因为如此，证券交易所的上市规则中均明确规定，申请上市具备法律法规及证券交易所规定的必备条件时，证券交易所并不保证其上市申请一定能够获得同意。

3.上市协议

证券交易所审核同意上市申请后，公司与证券交易所签订上市协议。上市协议明确了证券交易所和上市公司的权利义务,是调整双方之间法律关系的基础性文件,也为证券交易所对上市公司进行监管提供了重要法律依据。上市协议在各国一般均为格式合同,我国上市协议应当包括如下内容:①上市费用的项目和数额;②双方的权利与义务;③公司证券事务负责人;④上市公司定期报告、临时报告的报告程序;⑤股票停牌事宜;⑥协议双方违反上市协议的处理;⑦仲裁条款;⑧证券交易所认为需要在上市协议中规定的其他内容。须特别注意的是,上市协议中均要求上市公司董事、监事、高级管理人员作出承诺,保证遵守证券交易所现有的和将来作出的有关规定,督促上市公司遵守证券交易所的上市规则。

4.上市公告

上市公告,是证券发行人向社会公众告知所发行证券获准上市交易的一系列行为的总和,也是证券上市交易的重要程序。根据《中华人民共和国证券法》第53条规定,股票上市交易申请经证券交易所审核同意后,签订上市协议的公司应当在规定的期限内公告股票上市的有关文件,并将该文件置备于指定场所供公众查阅。另依第54条规定,签订上市协议的公司还应当公告下列事项:①股票获准在证券交易所交易的日期;②持有公司股份最多的前十名股东的名单和持股数额;③公司的实际控制人;④董事、监事、高级管理人员的姓名及其持有本公司股票和债券的情况。

第四节　证券交易程序

证券的交易程序是指在证券交易市场买进或者卖出证券的具体步骤。与证券的发行程序相比,证券交易程序有一定的复杂性。不同的证券交易市场的交易程序也不同。我国证券交易所市场的交易程序一般包括开户、委托、竞价成交、结算等步骤。

一、开户

开户是指投资者在证券交易市场(如股票市场、债券市场等)中开设账户,以便进行证券交易和投资活动的过程。通过证券开户,投资者可以购买和持有各种金融工具,如股票、债券、基金、期权等,这是投资者进行证券交易的前提。各国的证券交易所都规定,客户一般不能直接进入证券交易所进行场内交易,需要委托证券公司代为进行。而证券公司为了确定投资者的信用水平,同时也为了方便日后证券资金的清算、交割、过户，就要求投资者按规定开立有关账户。

根据《中华人民共和国证券法》，证券开户分为证券账户和资金账户。

1.证券账户

所谓的证券账户，是指储存、管理投资者所持证券的特别账户。无论是买方还是卖方，其买卖的证券都存在此账户上。

知识链接 7-2

一个股民最多可开立三个"个人账户"

根据中国证券登记结算有限责任公司的规定，一个自然人投资者在同一市场最多可以申请开立3个A股账户（包括沪A和深A）。这意味着，投资者可以在不同的证券公司开设最多3个普通账户，用于交易人民币普通股票。

2.资金账户

投资者拥有证券账户后，必须先选择一家证券营业部和托管银行开立资金账户，然后才能进行证券交易。资金交易是投资者在银行处开设的资金结算账户，用于存放投资人买入股票所需的资金和卖出股票所取得的价款，开立资金账户必须由投资者本人办理。

二、委托

委托是指投资者办理委托买卖证券时，必须向证券经纪商下达委托指令。因此，委托指令是投资者要求证券经纪商代理买卖证券的指示。在委托指令中，需要反映投资者买卖证券的基本要求或具体内容，这些主要体现在委托指令的基本要素中。另外，委托指令可以有不同的形式，这些形式应符合证券市场的相关规定。委托指令一般由投资者自行下达。个人投资者如委托他人买卖证券，必须有书面委托书，并且出示委托人、受托人的身份证件。

(一)委托内容

委托指令的基本要素如下：①证券账号。②日期（即客户委托买卖的日期，填写年、月、日）。③品种，指客户委托买卖证券的名称，填写委托单的第一要点就是填写证券名称。④买卖方向，即买入或卖出。⑤数量。可分为整数委托和零数委托。整数委托是指买卖证券的数量为一个交易单位或交易单位的整数倍。一个交易单位俗称"一手"。零数委托是指委托证券经纪商买卖证券时,买进或卖出的证券不足证券交易所规定的 1 个交易单位。我国只在卖出证券时才有零数委托。⑥价格。涉及委托买卖证券价格的内容包括委托价格限制形式、证券交易的计价单位、申报价格最小变动单位、债券交易报价组成等方面。⑦时间。客户填写委托单的具体时点,也可由经纪商填写。这是检查证券经纪商是否执行时间优先原则的依据。⑧有效期。委托指令有效期一般分为当日有效与约定日有效两种。我国现行规定的委托期为当日有效。⑨签名。⑩其他内容(身份证号码、资金账号等)。

(二)委托方式

客户在办理委托买卖证券时,需要向证券经纪商下达委托指令。委托指令有不同的具体形式,可以分为柜台委托和非柜台委托两大类。柜台委托是指委托人亲自或由其代理人到证券营业部交易柜台,根据委托程序和必需的证件采用书面方式表达委托意向,由本人填写委托单并签章的形式,而非柜台委托主要有人工电话委托或传真委托、自助和电话自动委托、网上委托等形式。(客户在办理网上委托的同时,也应当开通柜台委托、电话委托等其他方式,当出现网络中断、高峰拥挤或网上委托被冻结等异常情况时,客户可以采用上述其他委托方式下达委托指令)

(三)上海、深圳证券交易所证券买卖申报价格的规定

1.委托价格限制形式

从委托价格的限制形式看,可以将委托分为市价委托和限价委托。

市价委托是指投资者向证券经纪商发出买卖某种证券的委托指令时,要求证券经纪商按证券交易所当时的市场价格买进或卖出证券。其优点是:没有价格上的限制,证券经纪商执行委托指令比较容易,成交迅速且成交率高。其缺点是:只有在委托执行后才知道实际的执行价格。尽管场内交易员有义务以最有利的价格为客户买进或卖出证券,但成交价格有时会不尽如人意,尤其是当市场价格变动较快时。

限价委托必须按限定的价格或比限定价格更有利的价格买卖证券,即必须以限价或低于限价买进证券,以限价或高于限价卖出证券。其优点是:证券可以以客户预期的价格或更有利的价格成交,有利于投资者实现预期投资计划,谋求最大利益。其缺点是:限价委托成交速度慢,有时甚至无法成交。

2.证券交易的计价单位

我国证券交易所还规定,不同证券的交易采用不同的计价单位。股票为"每

股价格",基金为"每份基金价格",权证为"每份权证价格",债券为"每百元面值债券的价格",债券质押式回购为"每百元资金到期年收益",债券买断式回购为"每百元面值债券的到期购回价格"。

3.申报价格最小变动单位

《上海证券交易所交易规则》规定:A 股、债券交易和债券买断式回购交易的申报价格最小变动单位为 0.01 元人民币,基金、权证交易为 0.001 元人民币,B 股交易为 0.001 美元,债券质押式回购交易为 0.005 元人民币。

《深圳证券交易所交易规则》规定:A 股、债券、债券质押式回购交易的申报价格最小变动单位为 0.01 元人民币,基金交易为 0.001 元人民币,B 股交易为 0.01 港元。另外,根据需要,证券交易所可对其进行调整。

(四)委托受理、执行与委托撤销

1.委托受理

经审查符合要求后,才能接受委托。

第一步是验证与审单。验证主要是对客户委托时递交的相关证件进行核实,审单主要是检查客户填写的委托单。证券经纪商要根据证券交易所的交易规则,对客户的证件和委托单在合法性和同一性方面进行审查。

第二步是查验资金及证券。投资者买入时要有足够资金,卖出时要有足够证券。如果客户采用自助委托方式,则当其输入相关账号和正确密码后,即视同确认了身份。证券经纪商的电脑系统还会自动检测客户的证券买卖申报数量和价格等是否符合证券交易所的交易规则。

2.委托执行

证券营业部在接受客户的委托后须将其传送至证券交易所撮合主机,这一过程称为申报或报盘。申报的原则是要保证时间优先、客户优先。其中需要注意的是,证券公司同时接受两个以上委托人买进委托与卖出委托且种类、数量、价格相同时,不得自行对冲完成交易,应该向交易所申报竞价。

申报的方式分为有形席位申报(需要场内交易员输入)、无形席位申报(无须场内交易员输入)

关于交易日:上海证券交易所、深圳证券交易所和北京证券交易所均为每周一至周五。国家法定节假日和证券交易所公告的休市日,证券交易所市场休市。

关于申报时间:上海证券交易所接受会员竞价交易申报的时间为每个交易日 9:15—9:25、9:30—11:30、13:00—15:00。每个交易日 9:20—9:25 开盘集合竞价,上海证券交易所交易主机不接受撤单申报。深圳证券交易所接受会员竞价交易申报的时间为每个交易日 9:15—11:30、13:00—15:00。每个交易日

9:20—9:25、14:57—15:00,深圳证券交易所交易主机不接受参与竞价交易的撤销申报。每个交易日 9:25～9:30,交易主机只接受申报,不对买卖申报或撤销申报作处理。另外,上海证券交易所和深圳证券交易所认为必要时,均可以调整接受申报时间。

3.委托撤销

在委托未成交之前,委托人有权变更和撤销委托。一旦成交后,买卖即告成立,成交部分不得撤销。对于委托人撤销的委托,证券营业部须及时将冻结的资金或证券解冻。

三、竞价成交

(一)竞价原则

竞价原则是价格优先、时间优先。价格优先是指较高价格买入申报要优先于较低价格买入申报,较低价格卖出申报要优先于较高价格卖出申报。时间优先是指买卖方向、价格相同的交易申报,先申报者优先于后申报者。先后顺序按交易主机接受申报的时间确定。

(二)竞价方式

竞价方式分为集合竞价和连续竞价。

上海证券交易所规定,采用竞价交易方式的,每个交易日的 9:15—9:25 为开盘集合竞价时间,9:30—11:30、13:00—15:00 为连续竞价时间。

深圳证券交易所规定,采用竞价交易方式的,每个交易日的 9:15—9:25 为开盘集合竞价时间,9:30—11:30、13:00—14:57 为连续竞价时间,14:57—15:00 为收盘集合竞价时间。

1.集合竞价

集合竞价是指对在规定的一段时间内接受的买卖申报一次性集中撮合的竞价方式。集合竞价确定成交价的原则包括:①可实现最大成交量的价格;②高于该价格的买入申报与低于该价格的卖出申报全部成交的价格;③与该价格相同的买方或卖方至少有一方全部成交的价格。如有两个以上申报价格符合上述条件的,深圳证券交易所取距前收盘价最近的价位为成交价。上海证券交易所则规定使未成交量最小的申报价格为成交价格,若仍有两个以上使未成交量最小的申报价格符合上述条件的,其中间价为成交价格。集合竞价的所有交易以同一价格成交。集合竞价中未能成交的委托,自动进入连续竞价。

2.连续竞价

连续竞价是指对买卖申报逐笔连续撮合的竞价方式。按照我国证券交易所的有关规定,在无撤单的情况下,委托当日有效。另外,开盘集合竞价期间未来成交的买卖申报,自动进入连续竞价。深圳证券交易所还规定,连续竞价期间未成交的买卖申报,自动进入收盘集合竞价。

连续竞价时,成交价格的确定原则为:①最高买入申报与最低卖出申报价位相同,以该价格为成交价;②买入申报价格高于即时揭示的最低卖出申报价格时,以即时揭示的最低卖出申报价格为成交价;③卖出申报价格低于即时揭示的最高买入申报价格时,以即时揭示的最高买入申报价格为成交价。

(三)竞价申报时的有效申报价格范围

1.实行涨跌幅限制的证券

股票(含 A、B 股)、基金类证券在 1 个交易日内的交易价格相对上一交易日收市价格的涨跌幅度不得超过 10%,其中 ST 股票和 * ST 股票价格涨跌幅比例都为 5%。

买卖有涨跌幅限制的证券,在价格涨跌幅限制内的申报为有效申报,超过涨跌幅限制的申报为无效申报。

2.不实行涨跌幅限制的证券

我国证券交易所规定,属于下列情形之一的,首个交易日不实行价格涨跌幅限制:①首次公开发行上市的股票(上海证券交易所还包括封闭式基金)。②增发上市的股票。③暂停上市后恢复上市的股票。④证券交易所或中国证监会认定的其他情形(此为兜底条款,主要是为了防止法律的不周严性,以及社会情势的变迁性)。

(四)竞价结果

竞价的结果有三种可能:全部成交、部分成交、不成交。

(五)交易费用

1.佣金

佣金是投资者在委托买卖证券成交后按成交金额一定比例支付的费用,是证券公司为客户提供证券代理买卖服务收取的费用。佣金由证券公司经纪佣金、证券交易所手续费及证券交易监管费等组成。A 股、B 股、证券投资基金的交易佣金实行最高上限向下浮动制度,不得高于证券交易金额的 3‰,也不得低于代收的证券交易监管费和证券交易所手续费等。A 股、基金每笔交易佣金不足 5 元的,按 5 元收取;B 股每笔交易佣金不足 1 美元或 5 港元的,按 1 美元或 5 港元收取。

2.过户费

过户费是委托买卖的股票、基金成交后,买卖双方为变更证券登记所支付的费用。过户费属于中国结算公司的收入,由证券经纪商在同投资者清算交割时代为扣收。上海证券交易所,A 股的过户费为成交面额的 1‰,起点为 1 元;在深圳证券交易所,免收 A 股的过户费。对于 B 股,这项费用称为结算费,在上海证券交易所为成交金额的 0.5‰;在深圳证券交易所亦为成交金额的 0.5‰,但最高不超过 500 港元。基金交易目前不收过户费。

3.印花税

印花税是根据国家税法规定,在 A 股和 B 股成交后对买卖双方投资者按照规定的税率分别征收的税金。印花税由证券经纪商在同投资者办理交割过程中代为扣收,然后在证券经纪商同中国结算公司的清算、交收中集中结算,最后由中国结算公司统一向征税机关缴纳。目前,证券交易印花税只对出让方(卖方)按 0.5‰税率征收,对受让方(买方)不再征收。

知识链接 7-3

竞价交易和做市商交易的区别

做市商制度是不同于竞价交易方式的一种证券交易制度,一般为柜台交易市场所采用。做市商是指在证券市场上,由具备一定实力和信誉的证券经营法人作为特许交易商,不断向公众投资者报出某些特定证券的买卖价格,双向报价,并在该价位上接受公众投资者的买卖要求,以其自有资金和证券与投资者进行证券交易。做市商通过这种不断买卖来维持市场的流动性,满足公众投资者的投资需求。做市商通过买卖报价的适当差额来补偿所提供服务的成本费用,并实现一定的利润。

四、结算

每日交易结束后,证券公司要为客户办理证券和资金的清算与交收。证券公司与其客户之间的资金清算交收由证券公司自行负责完成。证券公司作为结算参与人与客户之间的清算交收,是整个结算过程不可缺少的环节。

思考与练习

一、单项选择题

1.证券交易市场通常被称为（   ）。

A.一级市场　　　　B.二级市场　　　　C.三级市场　　　　D.初级市场

2.（   ）负责证券的发行和上市审核。

A.证券交易所　　　　　　　　B.证券登记结算公司

C.证监会　　　　　　　　　　D.证券公司

3.证券交易市场中最为常见的交易方式是（   ）。

A.集中竞价交易　　　　　　　B.协商定价交易

C.拍卖交易　　　　　　　　　D.私下交易

4.证券交易所的主要功能不包括（   ）。

A.提供交易场所和设施　　　　B.制定交易规则

C.发行和承销证券　　　　　　D.监督交易行为

5.证券交易所的会员通常是（   ）。

A.投资者个人　　　B.证券公司　　　C.基金公司　　　D.商业银行

6.关于股票涨停板制度，以下说法错误的是（   ）。

A.涨停板是限制股价上涨的一种制度

B.涨停板幅度由证券交易所规定

C.涨停板制度旨在保护投资者利益

D.涨停板后,股票交易立即停止

7.证券交易所的行情信息主要包括（   ）。

A.股票价格　　　B.成交量　　　C.涨跌幅　　　D.以上都是

8.证券交易市场中违法的行为是（   ）。

A.投资者通过证券交易所买卖股票

B.证券公司未经客户同意买卖客户证券

C.投资者在交易时间内提交买卖委托

D.证券交易所公布交易行情信息

二、多项选择题

1.证券交易所的特征表现为（　　　）。

A.交易场所的固定性　　　　　　　B.交易时间的确定性

C.交易完全公开　　　　　　　　　D.具有专门的规章制度

2.证券交易所组织制度包括（　　　）。

A.公司制　　　　　B.注册制　　　　　C.会员制　　　　　D.核准制

3.关于注册制和核准制关系叙述，错误的有（　　　）。

A.前者由证券交易所审核

B.前者证券发行的程序比后者更复杂

C.前者比后者更适用于成熟发达的证券市场

D.两者对发行人的发行权的法律规定是一致的

4.在证券委托买卖的过程中，按委托价格可分为（　　　）。

A.电话委托　　　　B.市价委托　　　　C.均价委托　　　　D.限价委托

三、判断题

1.股份有限公司申请其股票上市交易，必须报经中国证监会核准。（　　　）

2.东京证券交易所是全球最大的证券交易所。（　　　）

3.上海证券交易所是会员制交易所。（　　　）

4.我国证券交易的佣金是统一的。（　　　）

5.我国上海和深圳证券交易所实行 T＋0 交易。（　　　）

四、简答题

1.什么是证券交易？证券交易市场有哪几种？

2.简述证券账户和资金账户的开立过程。

3.什么是集合竞价和连续竞价？

五、案例分析

建设以投资者为本的资本市场

党中央、国务院高度重视资本市场平稳健康发展。习近平总书记明确要求，中国特色金融发展之路要坚持以人民为中心的价值取向。建设以投资者为本的资本市场,要在制度机制设计上更加体现投资者优先,让广大投资者有回报、有获得感。

一是大力提升上市公司质量。上市公司质量突出体现在给投资者的回报上。上市公司要牢固树立回报股东意识,没有合理的回报就不是合格的上市公司。投资者买股票是要回报的,股市的长期回报要能高于存款、债券的收益,才是更加可持续的。我们将进一步完善上市公司质量评价标准,突出回报要求,大力推进上市公司通过回购注销、加大分红等方式,更好回报投资者。支持上市公司注入优质资产、市场化并购重组,激发经营活力。巩固深化常态化退市机制,对重大违法和没有投资价值的公司"应退尽退",加速优胜劣汰。

二是回报投资者要发挥证券基金机构的作用。我们将健全保荐机构评价机制,突出对其保荐公司的质量考核特别是对投资者回报的考核,不能把没有长期回报的公司带到市场上来。我们将完善基金产品注册、投研能力评价等制度安排,引导投资机构转变"重销售轻服务"的观念,增强专业管理能力,加大产品和服务创新,更好满足投资者财富管理需求。

三是梳理完善基础制度安排。全面评估发行定价、询价等机制,支持更多投资者参与,增强投资者获得感。把公平性放在更加突出位置,健全适合国情市情的量化交易监管制度,优化完善减持、融券、转融通等制度规则。

资料来源:中央金融委员会办公室,中央金融工作委员会.奋力开拓中国特色金融发展之路[N].学习时报,2024-04-03.

案例思考:你认为怎样的资本市场才是以投资者为中心的资本市场?

思政点拨:建立以投资者为本的资本市场,如何体现党和国家"以人民为中心"的执政理念?

六、实训课堂

1.实训目标:熟悉证券交易流程。

2.实训操作:利用模拟操作软件,开展股票投资模拟交易。

第七章
思考与练习参考答案

第八章 股票价格指数

学习目标

知识目标

1.掌握股票价格指数的内涵；

2.理解股票价格指数的编制方法；

3.了解我国和国际主要的股票价格指数。

能力目标

1.能计算股票价格指数；

2.能通过股票价格指数的变化分析市场变动情况。

素养目标

1.理解股票价格指数的"经济晴雨表"功能；

2.了解股票价格指数在投资决策中的作用,树立风险管理意识。

📑 知识结构图

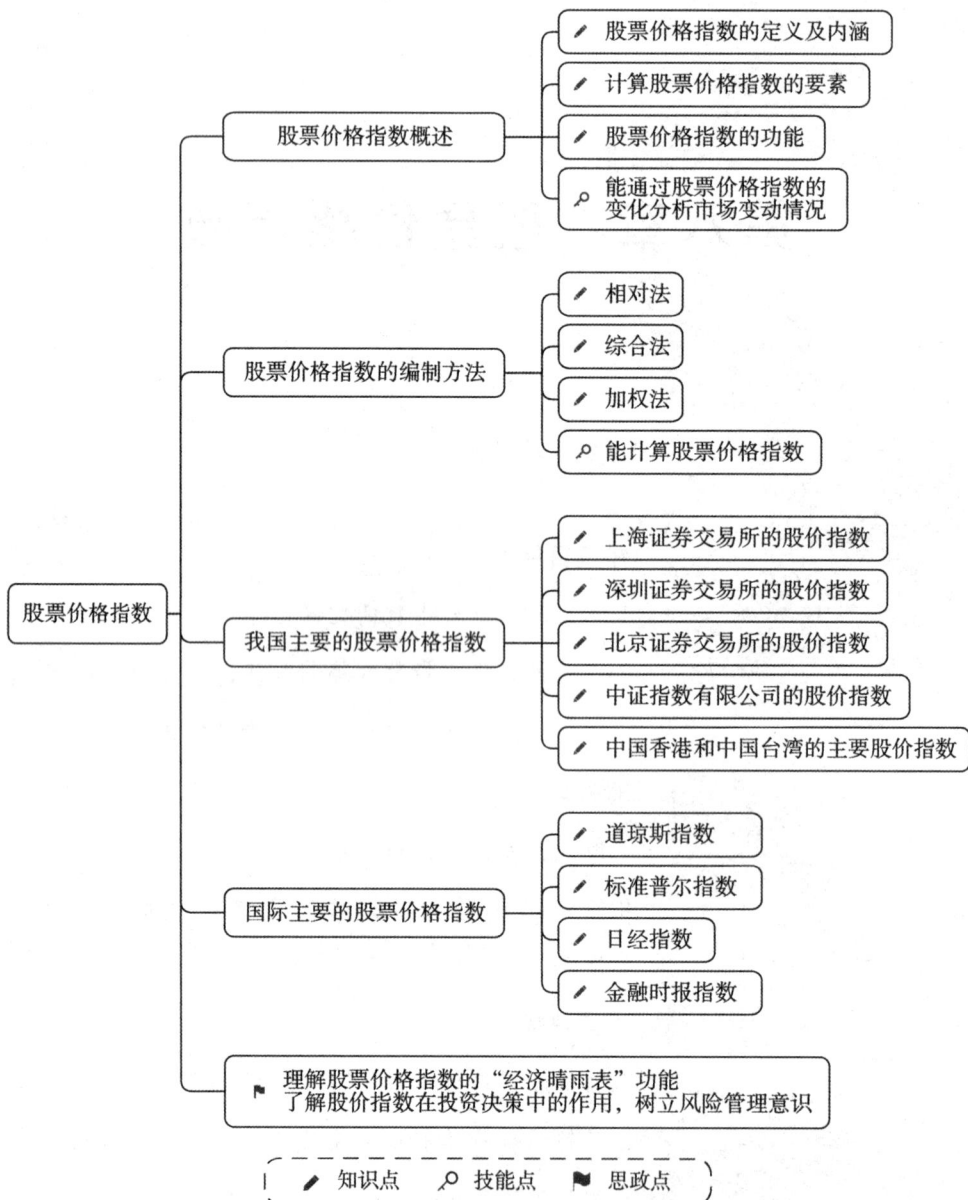

股票价格指数
- 股票价格指数概述
  - ✎ 股票价格指数的定义及内涵
  - ✎ 计算股票价格指数的要素
  - ✎ 股票价格指数的功能
  - 🔍 能通过股票价格指数的变化分析市场变动情况
- 股票价格指数的编制方法
  - ✎ 相对法
  - ✎ 综合法
  - ✎ 加权法
  - 🔍 能计算股票价格指数
- 我国主要的股票价格指数
  - ✎ 上海证券交易所的股价指数
  - ✎ 深圳证券交易所的股价指数
  - ✎ 北京证券交易所的股价指数
  - ✎ 中证指数有限公司的股价指数
  - ✎ 中国香港和中国台湾的主要股价指数
- 国际主要的股票价格指数
  - ✎ 道琼斯指数
  - ✎ 标准普尔指数
  - ✎ 日经指数
  - ✎ 金融时报指数
- 🚩 理解股票价格指数的"经济晴雨表"功能 了解股价指数在投资决策中的作用,树立风险管理意识

(✎ 知识点   🔍 技能点   🚩 思政点)

📚 引导案例

每日财经播报(2024 年 9 月 26 日)

2024 年 9 月 26 日,上证指数收盘上涨 104.64 点,涨幅为 3.61%,报收 3 000.95 点,成交额 5 246.69 亿元;深证成指收盘上涨 378.92 点,涨幅为 4.44%,报收

8 916.65点,成交额 6 377.66 亿元;创业板指收盘上涨 72.6 点,涨幅为 4.42%,报收 1 714.14 点,成交额 2 707.24 亿元;沪深 300 收盘上涨 143.79 点,涨幅为 4.23%,报收 3 545.32 点,成交额 3 739.84 亿元。涨幅前五的行业分别是酿酒行业 7.96%、房地产服务 7.27%、房地产开发 6.97%、装修建材 5.73%、食品饮料 5.69%。

资料来源:9 月 26 日上证指数收盘上涨 3.61%收复 3000 点关口[EB/OL].(2024-09-26) [2024-10-01].https://stock.hexun.com/2024-09-26/214730123.html.

媒体的新闻播报上每天都会播报类似的信息。你了解新闻中所提及的这些指数吗? 它们是如何计算出来的呢?

第一节　股票价格指数概述

一、股票价格指数的定义及内涵

1.股票价格指数的定义

股票价格指数就是用以反映整个股票市场上各种股票市场价格的总体水平及其变动情况的指标,简称为股价指数。它是由证券交易所或金融服务机构编制的表明股票行市变动的一种供参考的指示数字。

2.股票价格指数的内涵

由于股票价格起伏无常,投资者必然面临市场价格风险。为了适应这种情况,一些金融服务机构就利用自己的业务知识和熟悉的市场优势,编制出股票价格指数并公开发布,作为市场价格变动的指标,投资者据此就可以检验自己投资的效果,并用以预测股票市场的动向。同时,新闻界、投资者、研究者等也以此为参考指标,来观察、预测经济发展形势。

编制股价指数,通常以某年某月为基础,以这个基期的股票价格作为基准(100),并将以后各时期的股票价格和基期价格相比较,计算出升降的百分比,就是该时期的股价指数。投资者根据指数的升降,可以判断出股票价格的变动趋势。为了能实时地向投资者反映股市的动向,所有的股市几乎都是在股价变化的同时即时公布股票价格指数。

二、计算股票价格指数的要素

计算股价指数,要考虑以下三个要素:一是抽样,即在众多股票中抽取少数具有代表性的成分股。二是加权,按单价或总值加权平均,或不加权平均。三是计算程序,计算算术平均数、几何平均数,或兼顾价格与总值。

由于上市股票种类繁多,计算全部上市股票的价格平均数或指数的工作是艰巨而复杂的,因此人们常常从上市股票中选择若干种具有代表性的样本股票,来计算这些样本股票的价格平均数或股价指数,用以表示整个市场的股票价格总体趋势及涨跌幅度。

基于以上三个要素,即可计算股票价格指数。计算过程中,需要考虑以下四个因素:①样本股票必须具有典型性、普遍性,为此,选择样本应综合考虑其行业分布、市场影响力、股票等级、适当数量等因素。②计算方法应具有高度的适应性,能对不断变化的股市行情作出相应的调整或修正,使股价指数或平均数有较好的敏感性。③要有科学的计算依据和手段,计算依据的口径必须统一,一般以收盘价为计算依据,但随着计算频率的增加,有的以每小时价格甚至更短的时间价格计算。④基期价格应有较好的均衡性和代表性。

三、股票价格指数的功能

1.表征功能

对投资者来说,根据指数点位的上升或下降,可以判断出特定市场、板块的变动趋势。这也是最初股价指数诞生时的重要作用,称之为表征功能。指数具有表征功能,能够客观反映市场行情变动,是分析师、投资者等不同的参与者研判市场走势的工具。

2.业绩评价基准

投资业绩分为两部分,一部分是市场本身的贡献,另一部分是主动投资的收益,主动投资收益反映的是基金管理人的主动选股与择时的能力,也就是常说的需要区分贝塔收益和阿尔法收益。因此,考察证券投资基金时,如果只简单考虑绝对的回报,并不能全面反映基金管理人的资产管理水平,还应该结合股价指数所反映出来的市场整体状况。

知识链接 8-1

阿尔法收益和贝塔收益

阿尔法收益指的是投资组合或基金经理通过主动管理、择时、择股等手段获取的超额收益,即战胜市场平均水平获得的收益。这种收益通常来自基金经理的专业技能、投资策略和独到的见解等,因此也被称为"超额收益"或"主动收益"。

贝塔收益则是指投资组合或基金跟随整个市场波动获取的平均收益。这种收益通常来自市场的系统性风险,即市场整体涨跌对投资组合的影响。贝塔收益也被认为是市场平均收益,因为它是所有投资者都享有的基础收益。

由于指数反映了特定市场、板块或策略的平均表现,是最常见的业绩基准。投资者可以根据组合的投资类别、区域、行业或策略,选择相应细分基准指数。通过投资业绩和作为基准的指数对比,考察基金管理人的投资能力。

3.投资产品跟踪标的

普通投资者不能直接投资于一条指数,但是可以投资各类指数型产品,比如指数基金、ETF、联接基金等。指数型产品的目标在于复制指数的表现。指数化投资理念产生于 20 世纪 70 年代,经过 50 多年的发展,已经成为主要的投资策略和方法之一。

指数基金的兴起带动了指数衍生产品的发展。如今,股指期货、股指期权等指数相关衍生产品,已被各类机构投资者广泛使用。

第二节 股票价格指数的编制方法

股价指数是以计算期样本股市价总值除以基期市价总值再乘上基期指数而得到的。股价指数是反映不同时间点上股价变动情况的相对指标。通常是将报告期的股票价格与选定的基期价格相比,并将两者的比值乘以基期的指数值,即为该报告期的股价指数。股价指数的计算方法有三种:一是相对法,二是综合法,三是加权法。

一、相对法

相对法又称平均法,就是先计算各样本股价指数,再加总求总的算术平均数。其计算公式为:

$$P = \frac{1}{n} \sum_{i=1}^{n} \frac{P_{1i}}{P_{0i}} \times 100 \qquad 式(8-1)$$

式中:P—股价指数;$P_{0i}(i=1, 2, \cdots, n)$—基期第 i 种股票价格;$P_{1i}(i=1, 2, \cdots, n)$—报告期第 i 种股票价格;n—股票样本数。英国《经济学人》杂志说的普通股价指数就是使用的这种计算方法。

二、综合法

综合法是先将样本股票的基期和报告期价格分别加总,然后相比求出股价指数。即

$$P = \frac{\sum_{i=1}^{n} P_{1i}}{\sum_{i=1}^{n} P_{0i}} \times 100 \qquad 式(8-2)$$

从平均法和综合法计算股价指数来看,两者都未考虑到因为各种采样股票的发行量和交易量的不同,而对整个股市股价的影响也不同等因素,因此,计算出来的指数亦不够准确。为使股价指数计算精确,则需要加入权数。

三、加权法

加权股价指数是根据各期样本股票的相对重要性予以加权,其权数可以是成交股数、股票发行量等。按时间划分,权数可以是基期权数,也可以是报告期权数。

以基期成交股数(或发行量)为权数的指数称为拉斯拜尔指数(以下简称拉氏指数),其计算公式为:

$$P = \frac{\sum_{i=1}^{n} P_i Q_{0i}}{\sum_{i=1}^{n} P_0 Q_{0i}} \times 100 \qquad 式(8-3)$$

知识链接 8-2

拉氏指数

德国经济统计学家拉斯拜尔（Laspeyre）于 1864 年提出了把销售量固定在基期的价格指数，该方法后来被推广到其他各种综合指数的计算中。习惯上，把同度量因素固定在基期水平上所编制的综合指数统称为拉氏指数，又称为"基期加权综合指数"。

以报告期成交股数（或发行量）为权数的指数称为派许指数，其计算公式为：

$$P = \frac{\sum_{i=1}^{n} P_i Q_{1i}}{\sum_{i=1}^{n} P_0 Q_{1i}} \times 100 \qquad 式（8-4）$$

知识链接 8-3

派许指数

派许指数又称报告期加权综合指数，是 1874 年德国学者派许（Paasche）所提出的一种指数计算方法。该方法在计算一组项目的综合指数时，把作为权数的变量固定在报告期。

拉氏指数偏重基期成交股数（或发行量），而派许指数则偏重报告期的成交股数（或发行量）。当前，世界上大多数股价指数都是派许指数。

第三节　我国主要的股票价格指数

一、上海证券交易所的股价指数

（一）成分指数类

1.上证 180 成分指数

上证 180 成分指数是对原上证 30 指数进行调整和更名后产生的指数。新

编制的上证 180 指数的样本数量扩大到 180 家,入选的个股均是一些规模大、流动性好、行业代表性强的股票。该指数不仅在编制方法的科学性、成分选择的代表性和成分的公开性上有所突破,同时也恢复和提升了成分指数的市场代表性,从而能更全面地反映股价的走势。统计表明,上证 180 指数的流通市值占到沪市流通市值的 50％,成交金额占比也达到 47％。它的推出有利于推出指数化投资,引导投资者理性投资,并促进市场对蓝筹股的关注。

2.上证 50 指数

上证 50 指数是根据科学客观的方法,挑选上海证券市场规模大、流动性好的最具代表性的 50 只股票组成样本股,以便综合反映上海证券市场最具市场影响力的一批龙头企业的整体状况。上证 50 指数自 2004 年 1 月 2 日起正式发布。其目标是建立一个成交活跃、规模较大,主要作为金融衍生工具基础的投资指数。

(二)综合指数类

上证综合指数由在上海证券交易所上市的符合条件的股票与存托凭证组成样本,反映上海证券交易所上市公司的整体表现。上证综合指数选取所有样本空间内证券作为指数样本,以发行量为权数的加权综合股价指数。这一指数自 1991 年 7 月 15 日起开始实时发布,基日定为 1990 年 12 月 19 日,基日指数定为 100 点。

二、深圳证券交易所的股价指数

(一)成分指数类

1.深证成分指数

深证成分指数,简称深证成指,是深圳证券交易所的主要股指。深证成指选取深交所市场市值大、流动性好的 500 家公司为样本,用样本股的自由流通股数作为权数,采用派许加权法编制而成的股价指标。以 1994 年 7 月 20 日为基期,基点为 1 000 点。

深证成指历史悠久,代表性充分,刻画了深交所多层次市场特色,可反映深市整体运行情况,代表中国新兴成长性企业,已成为中国证券市场最重要的标尺指数。

2.深证 100 指数

深证 100 定位为深市旗舰产品指数,选取深交所市场市值大、流动性好的 100 家公司为样本,是深市优秀企业的代表。深证 100 表征中国创新型、成长型龙头企业,历史收益表现突出、流动性好、成长性高,为资产配置提供了良好的投资标的。

(二)综合指数类

1.深证综合指数

深证综合指数指的是深圳证券交易所编制的,以深圳证券交易所挂牌上市的全部股票为计算范围,以发行量为权数的加权综合股价指数。

深证综合指数由深圳证券交易所从 1991 年 4 月 3 日开始编制并公开发表,该指数规定 1991 年 4 月 3 日为基期,基期指数为 100 点。

2.深证 A 股指数

深证 A 股指数是由深圳证券交易所编制,以 1991 年 4 月 3 日为基日,1992 年 10 月 4 日开始发布。基日指数定为 100。

3.深证 B 股指数

深证 B 股指数是由深圳证券交易所编制,以 1992 年 2 月 28 日为基日,1992 年 10 月 6 日开始发布。基日指数定为 100。

4.创业板综合指数

创业板综合指数反映创业板市场整体走势的重要指标。它涵盖了创业板市场中所有上市公司的股票价格,以反映这些公司的整体表现。与主板市场指数相比,创业板指数更多地包含了新兴产业和高成长性公司的股票,因此具有更高的波动性和风险性。

三、北京证券交易所的股价指数

2022 年 9 月 2 日,为便利投资者了解北交所市场整体运行情况,满足指数化投资需求,北京证券交易所(以下简称北交所)编制北证 50 成分指数,由北交所规模大、流动性好的最具市场代表性的 50 只上市公司证券组成,以综合反映市场整体表现,指数编制计算与境内外主流指数基本保持一致。

四、中证指数有限公司的股价指数

中证指数有限公司成立于 2005 年 8 月,是由沪深证券交易所共同出资成立的金融市场指数提供商。截至 2023 年底,中证指数公司管理指数逾 7 000 条,覆盖股票、债券、商品、基金等多个资产类别,指数体系覆盖以沪深港市场为核心的全球 20 余个主要国家和地区,主要包括以下指数。

1.宽基指数

宽基指数,通常指的是成分股涉及较多行业,覆盖面广,成分股数量较多且个股占比较低的组合指数。这样的指数反映了股票的综合走势,不局限于某个特定的行业或市场,因此被视为"包罗万象"。宽基指数的优势在于其广泛的分散化、最低的组合调整成本和交易费用。主流常见的 A 股宽基指数有:①沪深 300 指数。它由沪深市场中规模大、流动性好的最具代表性的 300 只证券组成,于 2005 年 4 月 8 日正式发布,以反映沪深市场上市公司证券的整体表现。②中证 500 指数。它包含 A 股规模最大的第 301~800 只股票,是中盘股的代表指数。③中证 1 000 指数。它包含 A 股规模最大的第 801~1 800 只股票,是小盘股的代表指数。④中证 2 000 指数。它包含 A 股规模最大的第 1 801~3 800 只股票,是微盘股的代表指数。

拓展阅读 8-2
聚焦专精特新,
中证 1000 为
何频受关注?

2.行业指数

行业指数是用于反映某一特定行业在股票市场中的整体表现的一种指数。行业指数的变化可以反映该行业的整体趋势和表现,为投资者提供重要的参考信息。

3.策略指数

策略指数基于数量化的方法进行股票或多种资产的组合构建,反映特定选股策略的表现。从策略指数的特点来看,其与传统市值加权指数的重要区别在于,策略指数一般通过加权方式的改变或特定投资策略来构建组合,目标是获得超过市值加权指数的超额收益。常用策略有因子策略、组合资产、对冲策略等。在因子策略中,可进一步可以分为多因子、单因子类别,其中单因子包括红利、基本面、动量等不同角度。可以将因子理解为一种特征,以红利因子为例,目的是选择连续分红并且股息率高的股票来构建指数;红利低波动指数属于多因子指数,选择同时具有股息率高且波动率低等特点的股票作为指数样本。

4.主题指数

从投资角度而言,除了金融、消费、医药等行业外,还有一些板块受到共同的驱动因素,比如 5G 产业、新能源汽车产业。与规模指数相比,主题指数和行业指数都是投资范围更加聚焦的指数。

主题指数通过发现长期发展趋势以及促使这种发展趋势持续的驱动因素,将能够受益的相关产业的上市公司纳入指数样本范围。比如基于产业、区域主题投资视角,开发科技、5G、长三角等不同的主题指数①。

---

① 感兴趣的读者可以阅读《新能源"补贴时代"再来临!投资者如何掘金新能源汽车板块?》,https://baijiahao.baidu.com/s? id=1660286902034725401&wfr=spider&for=pc。

五、中国香港和中国台湾的主要股价指数

1.恒生指数

恒生指数是香港股票市场上历史最久、影响最大的股价指数,由香港恒生银行于 1969 年 11 月 24 日开始发表。恒生指数包括从香港 500 多家上市公司中挑选出来的 33 家有代表性且经济实力雄厚的大公司股票作为成分股,分为四大类——4 种金融业股票、6 种公用事业股票、9 种地产业股票和 14 种其他工商业(包括航空和酒店)股票。这些股票占香港股票市值的 63.8%,该股价指数涉及香港的各个行业,具有较强的代表性。

恒生指数的编制以 1964 年 7 月 31 日为基期,因为这一天香港股市运行正常,成交值均匀,可反映整个香港股市的基本情况,基点确定为 100 点。其计算方法是将 33 种股票按每天的收盘价乘以各自的发行股数为计算日的市值,再与基期的市值相比较,乘以 100,就得出当天的股价指数。

由于恒生指数所选择的基期适当,因此,不论股票市场狂升或猛跌,还是处于正常交易水平,恒生股价指数基本上能反映整个股市的活动情况。

2.台湾加权股价指数

台湾加权股价指数(简称台湾加权指数)是由中国台湾证券交易所编制的股价指数,是中国台湾最为人熟悉的股价指数,被视为呈现台湾经济走向的橱窗。除了该指数,台湾证券交易所还与英国金融时报共同合作,推出了“台湾指数系列”,这个系列包括多个细分指数,以满足投资者对不同市场板块的深入分析。这些指数包括:①台湾 50 指数,聚焦于中国台湾最大的 50 家上市公司的表现,提供大盘蓝筹股的投资方向。②台湾中型 100 指数,涵盖了中国台湾中等规模企业的股票,有助于投资者了解中坚力量的市场动态。③台湾资讯科技指数,专门追踪科技行业的股票,对于关注科技领域的投资者极具参考意义。④台湾发达指数,侧重成熟且业绩稳定的公司,反映了中国台湾发达企业的股票表现。⑤台湾高股息指数,顾名思义,这个指数汇集了那些分红丰厚的股票,对于追求稳定收益的投资者来说是一大亮点。

第四节　国际主要的股票价格指数

一、道琼斯指数

道琼斯指数是世界上历史最为悠久的股票价格指数,全称为股票价格平均指数,1884年由道琼斯公司的创始人查尔斯·亨利·道开始编制。最初的道琼斯指数根据11种具有代表性的铁路公司的股票,采用算术平均法进行计算编制而成,发表在查尔斯·道自己编辑出版的《每日通讯》上。其计算公式为:道琼斯指数=入选股票的价格之和÷入选股票的数量。自1897年起,道琼斯指数开始分成工业与运输业两大类,并且开始在《华尔街日报》上公布。1929年,道琼斯指数又增加了公用事业类股票,使其所包含的股票达到65种,并一直延续至今。

道琼斯指数以1928年10月1日为基期,因为这一天收盘时的道琼斯指数恰好约为100美元,所以就将其定为基准日。而以后股票价格同基期相比计算出的百分数,就成为各期的股价指数,所以股价指数普遍用点来做单位,而股价指数每一点的涨跌就是相对于基准日的涨跌百分数。

道琼斯指数最初的计算方法是用简单算术平均法求得的,当遇到股票的除权除息时,股价指数将发生不连续的现象。1928年后,道琼斯指数改用新的计算方法,即在计点的股票除权或除息时采用连接技术,以保证股价指数的连续,从而使股价指数得到了完善,并逐渐推广到全世界。

道琼斯指数共分四组:

第一组是工业价格平均指数。由30种有代表性的大工商业公司的股票组成,且随着经济发展而变大,大致可以反映美国整个工商业股票的价格水平,这也就是人们通常所引用的道琼斯工业股票价格平均数。

第二组是运输业价格平均指数。包括20种有代表性的运输业公司的股票,即8家铁路运输公司、8家航空公司和4家公路货运公司。

第三组是公用事业价格平均指数。由代表着美国公用事业的15家煤气公司和电力公司的股票所组成。

第四组是平均价格综合指数。是在综合前三组股票价格平均指数65种股票的基础上得出的综合指数,这组综合指数虽然为优等股票提供了直接的股票市场状况,但人们通常引用的是第一组——工业股票价格平均指数。

道琼斯指数是世界上影响最大、最有权威性的一种股价指数。

二、标准普尔指数

除了道琼斯指数外,标准普尔指数在美国也很有影响力,它是美国最大的证券研究机构标准普尔公司编制的股价指数。该公司于 1923 年开始编制并发表股价指数。其最初采选了 230 种股票,编制了两种股价指数。到 1957 年,这一股价指数的范围扩大到 500 种股票,分成 95 种组合。其中,最重要的四种组合是工业股票组、铁路股票组、公用事业股票组和 500 种股票混合组。从 1976 年 7 月 1 日开始,改为 400 种工业股票、20 种运输业股票、40 种公用事业股票和 40 种金融业股票。几十年来,虽然有股票更迭,但始终保持为 500 种。标准普尔指数以 1941 年至 1943 年抽样股票的平均市价为基期,以上市股票数为权数,按基期进行加权计算,其基点数为 10。以当前的股票市场价格乘以股票市场上发行的股票数量为分子,用基期的股票市场价格乘以基期股票数为分母,相除之数再乘以 10,就是标准普尔指数。

三、日经指数

日经指数是由日本经济新闻社编制并公布的反映日本股票市场价格变动的股价指数。该指数从 1950 年 9 月开始编制。最初,该指数根据东京证券交易所第一市场上市的 225 家公司的股票算出修正平均股价,当时称为东证修正平均股价。1975 年 5 月 1 日,日本经济新闻社向道琼斯公司买进商标,采用美国道琼斯公司的修正法计算,这种股价指数也就改称为日经道琼斯平均股价。1985 年 5 月 1 日,在日美双方合同期满 10 年时,经两家商议,将名称改为日经平均股价,简称"日经指数"。

四、金融时报指数

金融时报指数是伦敦《金融时报》工商业普通股票平均价格指数的简称,由英国《金融时报》从 1935 年 7 月 1 日起开始编制,是一种用以反映伦敦证券交易所行情变动的股票价格指数。该指数以该日期作为基期,令基期股价指数为 100,采用几何平均法进行计算。该指数最早选取在伦敦证券交易所挂牌上市的 30 家代表英国工业的大公司的股票为样本,是欧洲最早和最有影响的股价指数。目前的金融时报指数由 30 种、100 种和 500 种等各组股价指数构成,范围涵盖各主要行业。

思考与练习

一、单项选择题

1.( )是衡量中国上海证券交易所 A 股市场整体表现的主要指标。

A.上证 180 指数　　　　　　　　B.沪深 300 指数

C.上证综指　　　　　　　　　　D.标准普尔 500 指数

2.深证成分指数的基点为( )点。

A.50　　　　　　B.100　　　　　　C.500　　　　　　D.1 000

3.中国沪深两大证券交易所编制股价指数所采用的方法是( )。

A.算术平均法　　　　　　　　　B.综合平均法

C.加权综合法　　　　　　　　　D.加权几何平均法

4.( )代表了美国股市中市值最大、最具代表性的 500 家上市公司。

A.道琼斯工业指数　　　　　　　B.纳斯达克 100 指数

C.标准普尔 500 指数　　　　　　D.罗素 2 000 指数

5.( )主要反映了香港股市的整体表现。

A.上证综指　　　　B.恒生指数　　　　C.日经指数　　　　D.富时 100 指数

6.( )不是基于市值加权的股票市场指数。

A.标准普尔 500 指数　　　　　　B.上证综指

C.纳斯达克综合指数　　　　　　D.道琼斯指数

二、多项选择题

1.下列不是美国股票市场指数的有( )。

A.日经指数　　　　B.金融时报指数　　　C.标准普尔指数　　　D.道琼斯指数

2.计算指数的要素包括( )。

A.样本股票　　　　B.基期　　　　C.基点　　　　D.计算方法

3.关于道琼斯工业价格平均指数所涉及的股票,下列说法错误的有( )。

A.指数产生后从来没有发生过变化

B.包括大部分在纽约证券交易所交易的股票

C.当环境变化时会发生变化

D.由那些不会给投资者带来损失的股票组成

三、判断题

1.任何股价指数的基点都是 100 点。（　　　）

2.拉氏指数是以基期发行量或交易量加权。（　　　）

3.恒生指数成分股中市值最大的基本是香港本土上市公司。（　　　）

4.道琼斯指数采用加权综合法计算。（　　　）

5.如果指数上涨,广大投资者一定可以赚钱。（　　　）

四、计算题

根据下列 4 种股票信息,用加权综合法求股价指数(拉氏指数和派许指数)。

股票	基期股价 P_0	报告期股价 P_1	基期成交量 Q_0	报告期成交量 Q_1
A	4	8	1 000	1 600
B	8	10	500	1 000
C	16	8	1 500	1 000
D	10	12	1 200	800

注:股价单位:美元;成交量单位:百万股

五、简答题

1.简述股票价格指数的功能。

2.简述我国主要的股票价格指数。

3.简述国际上主要的股票价格指数。

六、案例分析

中证指数有限公司发布 5 条新指数

中证指数有限公司于 2024 年 9 月 9 日正式发布中证 7～20 年国债及政策性金融债指数等 5 条指数,为市场提供多样化业绩基准与投资标的。

中证 7～20 年国债及政策性金融债指数、中证 7～30 年国债及政策性金融债指数、中证 17～30 年国债及政策性金融债指数、中证 17～50 年国债及政策性金融债指数和中证 27～50 年国债及政策性金融债指数从交易所、银行间市场上市的国债和政策性金融债中,分别选取剩余期限为 7 至 20 年、7 至 30 年、17 至 30 年、17 至 50 年、27 至 50 年的债券作为指数样本,以反映相应期限国债及政策性金融债的市场表现。

资料来源:中证 7~20 年国债及政策性金融债指数等 5 条指数将于 9 月 9 日正式发布 [EB/OL].(2024-09-06)[2024-10-03].https://stock.hexun.com/2024-09-06/214407508.html.

案例思考:中证指数公司是一家怎样的公司,发布各种指数的意义是什么?

思政点拨:思考这些指数与经济的关联性,体会经济发展脉搏。

七、实训课堂

1.实训目标:理解披露股价指数的意义。

2.实训操作:整理我国上海证券交易所和深圳证券交易所主要股价指数的编制方法,体会股价指数波动的含义。

第八章
思考与练习参考答案

第 三 篇
证券投资分析

第九章　证券投资基本分析

知识目标

1.理解宏观经济运行及宏观经济政策对证券市场波动的影响；

2.明确行业生命周期各阶段的特征，掌握行业兴衰的影响因素；

3.理解上市公司财务报表。

能力目标

1.能够运用宏观经济指标对未来证券市场的发展情况进行分析；

2.能够阐述各行业所处生命周期并分析其投资价值；

3.能够利用财务报表筛选优质上市公司。

素养目标

1.深化对宏观经济的理解，增强与国家经济同呼吸共命运的民族使命感；

2.关注科技兴国战略，增强对国家产业发展的认同感。

📄 知识结构图

```
                              ┌─────────────────────────────────────────┐
                         ┌────┤ ✎ 宏观经济运行与证券市场波动的关系       │
                         │    ├─────────────────────────────────────────┤
                 宏观经济分析 ┤ ✎ 宏观经济政策分析                       │
                         │    ├─────────────────────────────────────────┤
                         │    │ ✎ 国际环境对证券市场的影响               │
                         │    ├─────────────────────────────────────────┤
                         │    │ 🔍 会分析货币政策、财政政策对证券市场的影响│
                         │    └─────────────────────────────────────────┘
```

- 宏观经济分析
  - ✎ 宏观经济运行与证券市场波动的关系
  - ✎ 宏观经济政策分析
  - ✎ 国际环境对证券市场的影响
  - 🔍 会分析货币政策、财政政策对证券市场的影响

- 行业分析
  - ✎ 行业分析的价值及行业划分
  - ✎ 行业的特征分析
  - ✎ 行业生命周期
  - ✎ 行业投资选择
  - 🔍 能够阐述各行业所处生命周期并分析投资价值

- 公司分析
  - ✎ 公司的基本面分析
  - ✎ 公司财务分析
  - ✎ 资产负债表分析
  - ✎ 利润表分析
  - ✎ 现金流量表
  - 🔍 会用财务报表筛选有投资价值的公司

证券投资基本分析

- ★ 策划一份完整的投资方案

- 🚩 深化对宏观经济的理解，增强与国家经济同呼吸共命运的民族使命感 关注科技兴国战略，增强对国家产业发展的认同感

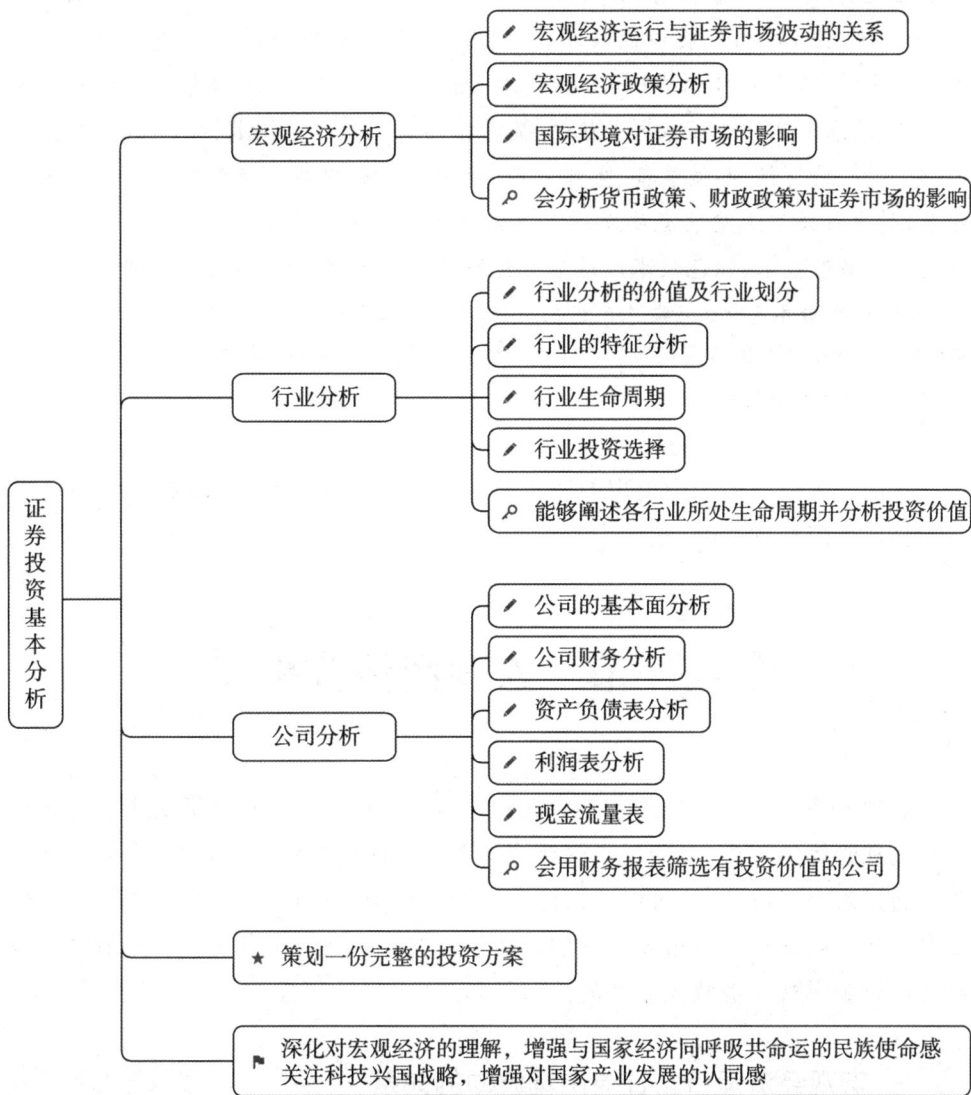

(✎ 知识点　🔍 技能点　🚩 思政点　★ 学习成果)

📚 引导案例

党的二十届三中全会与产业政策

2024 年 7 月 15—18 日,党的二十届三中全会在北京召开,审议通过了《中共中央关于进一步全面深化改革、推进中国式现代化的决定》,提出健全因地制

宜发展新质生产力体制机制,推动技术革命性突破、生产要素创新性配置、产业深度转型升级,推动劳动者、劳动资料、劳动对象优化组合和更新跃升,催生新产业、新模式、新动能,发展以高技术、高效能、高质量为特征的生产力。加强关键共性技术、前沿引领技术、现代工程技术、颠覆性技术创新,加强新领域新赛道制度供给,建立未来产业投入增长机制,完善推动新一代信息技术、人工智能、航空航天、新能源、新材料、高端装备、生物医药、量子科技等战略性产业发展政策和治理体系,引导新兴产业健康有序发展。以国家标准提升引领传统产业优化升级,支持企业用数智技术、绿色技术改造提升传统产业。强化环保、安全等制度约束。

资料来源:技术革命性突破 生产要素创新性配置 产业深度转型升级 把握新质生产力的丰富内涵和实践要求[EB/OL].(2024-09-06)[2024-11-03].https://www.qstheory.cn/qshyjx/2024-09-06/c_1130199349.htm.

党的二十届三中全会提出的政策措施会如何影响我国产业的发展,对证券市场会产生怎样的影响?

第一节　宏观经济分析

宏观经济分析是一个复杂而全面的过程,它涉及对一个国家或地区整体经济状况和趋势的评估,有助于了解经济体系的整体运行状况,预测未来的经济走势。通过宏观经济分析,可以评估证券市场的平均投资价值,掌握宏观经济运行和宏观经济政策对证券市场的影响力度与方向。宏观经济分析主要是围绕宏观经济运行和宏观经济政策展开的。

一、宏观经济运行与证券市场波动的关系

宏观经济的走向决定证券市场的发展方向。宏观经济是影响证券市场表现和出现波动的重要因素,具体表现为通过影响企业的经营状况、投资者的信心和预期以及政策环境等方面来影响证券市场的表现。尽管一些非经济因素可以暂时改变证券市场短期的走势,但改变不了证券市场的长期走势,唯有宏观经济是影响证券市场长期走势的因素。

宏观经济运行是指一个国家或地区经济总体活动的动态过程,它反映了国民经济的整体发展趋势和状态。能够反映宏观经济运行的指标主要有 GDP(国内生产总值)、经济周期、通货变动等。

（一）GDP 变动对证券市场波动的影响

GDP 即国内生产总值，是一个国家（或地区）所有常住单位在一定时期内生产活动的最终成果。它涵盖了该国或地区内所有居民和企业在一定时期内的生产和创造的价值，包括货物和服务的产出。GDP 是国民经济核算的核心指标，也是衡量一个国家或地区经济状况和发展水平的重要数据。

GDP 变动对证券市场波动的影响是显著的，这种影响主要体现在以下几个方面。

1.GDP 变动对证券市场的影响

一方面，当 GDP 增长时，表明国家整体经济状况良好，企业盈利能力增强，这有助于提升投资者的信心，促使更多的资金流入证券市场，推动股价上涨，另一方面 GDP 增长通常伴随着企业盈利状况的改善，而这将直接反映在股价上，能推动证券市场整体上涨。另外，GDP 增长还将带动投资和消费的增加，这将进一步促进企业的生产和销售活动，提高盈利能力。这种良性循环将有利于证券市场的稳定发展。

GDP 下降对证券市场产生消极影响。GDP 变动的不同阶段，对证券市场的影响也有不同，具体如表 9-1。

表 9-1　GDP 变动对证券市场价格的影响

GDP 变动	证券市场相应变动	GDP 变动对证券市场的影响机制
持续、稳定、高速的 GDP 增长	证券价格上涨	公司经营效益上升；投资者信心上升；居民收入上升
高速通货膨胀下的 GDP 增长	证券价格下跌	企业经营困难，居民收入降低
宏观调控下的 GDP 减速增长	证券价格平稳渐升	经济矛盾得到缓解，为进一步增长创造有利条件
GDP 转折性地由负增长向正增长转变	证券价格由下跌转为上涨	恶化的经济环境逐步得到改善
恶化的经济环境逐步得到改善，GDP 向高增长变动	证券价格快速上涨	新一轮经济高速增长已经来临

2.GDP 变动与证券市场波动的关联性分析

GDP 变动与证券市场波动两者相互影响。GDP 增长将推动证券市场上涨，而证券市场上涨也将进一步促进 GDP 增长。相反，GDP 下降将导致证券市场下跌，而证券市场下跌也将进一步加剧 GDP 下降。

GDP 变动通过影响投资者信心、企业盈利状况以及投资和消费等方面来传导到证券市场波动。同时，证券市场波动也将通过影响企业融资、投资者收益以及市场情绪等方面的传导，引起 GDP 的变动。

(二)经济周期对证券市场波动的影响

经济周期,也称为商业周期或景气循环,是指经济运行中周期性出现的经济扩张与经济紧缩交替更迭、循环往复的一种现象。它是指国民总产出、总收入和总就业的波动,是国民经济在总体和总量上所呈现出的有规律的扩张与收缩。经济周期的时间长度通常在一年以上,持续数年甚至几十年不等。

1.经济周期的四个阶段

经济周期分为四个阶段:繁荣、衰退、萧条和复苏,在每个阶段,证券市场的表现不同,如图 9-1 所示。

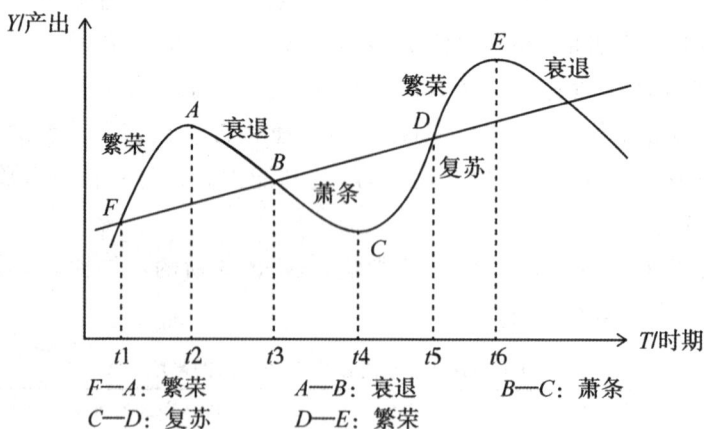

| F—A:繁荣 | A—B:衰退 | B—C:萧条 |
| C—D:复苏 | D—E:繁荣 | |

图 9-1 经济周期的四个阶段

(1)经济繁荣阶段。随着经济的日益活跃,公司经营业绩也在不断提高,公司不断增资,扩大生产规模,占有市场。由于经济的好转和证券市场上升趋势的形成,得到了大多数投资者的认可,投资回报也在不断增加,因此投资热情高涨,推动价格大幅上升,并创新高,整个经济和证券市场均呈现一派欣欣向荣的景象。而事实是,一些有眼界的投资者在充分分析宏观经济形势的基础上认为,经济高速增长的繁荣阶段即将过去,经济将无法再创新高,他们正悄悄地卖出,虽然证券价格仍在不断上涨,但多空双方的力量在逐渐发生变化,因此价格上涨成为强弩之末。

(2)经济衰退阶段。由于繁荣阶段的过度扩张,证券总供给开始超过总需求,经济增长减速,存货增加,同时经济过热,造成工资、利率等大幅上升,使公司运营成本上升,公司业绩开始出现停滞甚至下降之势,繁荣之后的衰退即将来临。随着投资者对衰退到来形成共同认知而逐渐加入抛出证券的行列,从而使整个市场有了长期向下的趋势。

(3)经济萧条阶段。经济下滑至谷底,百业不振,公司业绩欠佳,证券价格在低位徘徊。由于预期未来经济状况不佳,公司业绩得不到改善,大部分投资者都已离场观望,只有那些富有远见的投资者,不断地收集信息,分析有关经济形势,并合理判断经济形势,不断在低位吸纳股票筹码。

(4)经济复苏阶段。公司经营业绩开始好转,业绩上升,信誉提升,此时由于先知先觉的投资者的不断吸纳股票筹码,证券价格已经回升到一定的水平,初步形成底部反转之势,随着各种媒介开始传播萧条已经过去、经济日渐复苏的消息,投资者对经济复苏的认同感不断增强,投资自身的境遇也在不断地改善,从而推动证券价格不断走高。

证券市场价格的变动周期虽然大致上与经济周期相一致,但在时间上并不与经济周期相同。从实践经验看,证券市场走势比经济周期的提前量约为几个月到半年,也就说,证券市场走势对宏观经济运行具有预警作用,这就是通常所说的"证券市场是经济的晴雨表"的原因,也是在经济指标分析中将证券价格指标作为先行指标的理由。

知识链接 9-1

库兹涅茨周期

1930年美国经济学家西蒙·库兹涅茨在《生产和价格的长期运动》一书中提出了一种为期15～25年,平均长度为20年的经济周期。

库兹涅茨认为,现代经济体系是不断变化的,这种变化存在一种持续、不可逆转的变动,即"长期运动"。他根据对美、英、法、德、比利时等国19世纪初到20世纪初期60种工农业主要产品的生产量和35种工农业主要产品的价格变动的时间数列资料,剔除其间短周期和中周期的变动,着重分析了有关数列的长期消长过程,提出在主要资本主义国家存在着长度从15到20年不等、平均长度为20年的"长波"或"长期消长"的论点。

库兹涅茨周期说明的又是什么现象呢?在他这个周期长度为20年的观点发表后不久,一位名叫霍默·霍伊特的绅士提供了一些有趣的数据,这些数据显示,房产价格波动的周期平均为18年。因此,库兹涅茨周期又被称为房地产周期,所以应用范围不及基钦周期、朱格拉周期那么广泛。库兹涅茨周期主要通过房地产、建筑间接影响经济。

2.判断经济周期所处阶段的指标

经济周期是宏观经济运行波动的一种表现,证券市场是宏观经济运行的晴雨表,运用经济周期分析证券市场的投资时机,关键在于正确识别所处经济周期的位置。一般通过分析先行指标、同步指标、滞后指标,来判断经济周期所处的阶段。

(1)先行指标。先行指标是在经济全面增长或衰退尚未来临之前就率先发生变动的指标,它们可以预示经济周期中的转折点和估计经济活动升降的幅度,推测经济波动的趋向。通常,先行指标连续几个月下降时,就有理由预测整个经济也可能出现下滑。例如,货币供给量就是一个先行指标,如果货币供应量增加,首先预示货币当局将采取宽松的货币政策,刺激经济发展;其次,供给量的增加会造成利率的下降,资金成本降低会给企业带来成本的下降,利润的提高会刺激企业加大投资力度;最后,从消费者角度来说,持有现金的成本降低会刺激消费,同时也会让更多的资金流入证券市场。

(2)同步指标。同步指标是指其达到高峰或低谷的时间与总体经济出现高峰或低谷的时间大致相同的指标。这类指标与经济周期的变动保持同步,能够综合反映经济总体所处的状态,是分析现实经济运行态势的重要指标。例如,国内生产总值增加,意味着社会总需求与总供给协调增长,经济结构逐步合理并趋于平衡。首先企业通过扩大生产提高利润,增大投资力度,增加社会总供给;其次,消费者收入会随着企业利润的增加而增加,增加了对消费的需求;最后,企业利润及消费者收入的增加也会提高人们对证券市场的信心,同时,流动性资金的增加也会使资金流入证券市场,从而推动证券价格的上涨。

(3)滞后指标。滞后指标是在经济波动发生以后才显示作用的指标,是对总体经济运行中已经出现的峰和谷的一种确认,可以对先行指标显示的信号进行验证。失业率通常是滞后于经济周期变化的,因为它反映了劳动力市场的调整过程。例如,在一段经济衰退期间,失业率逐渐上升。如果一段时间后,失业率开始下降并趋于稳定,这意味着经济已经开始复苏,从而确认经济周期的低谷已经过去。

表 9-2 为先行指标、同步指标、滞后指标一览表。

表 9-2　先行指标、同步指标、滞后指标一览表

指标	举例
先行指标	股价指数、货币供给量、投资品价格指数、消费品价格指数
同步指标	商品销售额滞后指标
滞后指标	城乡居民储蓄额、商品库存、职工工资总额、失业率

知识链接 9-2

重新定义货币供给量

为了使货币供给量指标能够体现银行体系外的准货币的变化,应重新定义货币供给量。

保留原来的 M_1 概念,重新定义 M_2,增加 M_3 和 M_4,以反映各种类型的准货币即执行价值储藏职能的货币的变化。各种货币供给量的定义如下:

M_2 是指不包括 M_1 的银行存款类金融资产,之所以不包括 M_1,是为了单独反映银行体系内准货币的变化。

M_3 是指不包括 M_1、M_2 的债务类金融资产,即体现债权债务关系的金融资产,如中国的短期融资券、回购协议、银行承兑汇票等短期债务类金融资产,以及公司债券和政府债券等长期债务类金融资产。M_3 之所以不包括 M_1、M_2,是因为要单独反映债务类金融资产的变化。

M_4 是指不包括 M_2、M_3、M_4 的权益类金融资产,即体现所有权关系的金融资产,也就是股票。人们购买基金份额是通过基金投资各种债务类和权益类金融资产,如果再统计基金份额,会造成重复计算。而保险、养老金等金融资产流动性很弱,不宜把它们看作准货币。

现行的货币供给量指标不包括债务类和权益类金融资产,但是从货币的角度看,这些金融资产在性质上与定期和储蓄存款没有本质区别,它们都属于准货币,都可以转换为活期存款。在中国,债务类和权益类金融资产与定期和储蓄存款的流动性没有什么差异。在美国,人们可以随时卖出债务类和权益类金融资产,但不可以随时把定期或储蓄存款转换为活期存款,因此债务类和权益类金融资产流动性还强于定期存款和储蓄存款。

这样,中央银行通过观察 $M_1 \sim M_4$ 指标数量和结构的变化,可以更好地判断投放货币的程度是否合适。

资料来源:李珃.论重新定义货币供给量的必要性[J].福建论坛(人文社会科学版),2024(4):45-57.

(三)通货变动对证券市场波动的影响

通货变动包括通货膨胀与通货紧缩。

1.通货膨胀对证券市场波动的影响

(1)初期影响。温和的、稳定的通货膨胀对股价的影响较小。在这个阶段,企业订单不断,购销两旺,就业状况也令人满意,收入呈上涨趋势,所以证券市场

的交易势头十分旺盛,各种证券的价格开始上涨。

(2)中期影响。当通货膨胀发展到中期,随着供需比例的严重失调,各种价格已经明显超过均衡价格水平,大部分企业库存商品明显增加,其中相当一部分的销售受阻而大幅下降,企业效益减少收入降低。这类公司证券将会立即呈下跌态势。投资者将不再对市场寄予厚望,而是将资金逐步撤回,导致证券市场价格下降。

(3)晚期影响。通货膨胀晚期,市场的经济恢复需要一个较长时期的调整,投资者对前景持悲观态度,证券市场十分低迷。

2.通货紧缩对证券市场波动的影响

通货紧缩通常代表整体物价水平持续下跌的现象,这通常与供给过剩、需求不足或经济衰退等因素相关。因此,此阶段企业的销售额和利润可能会受到冲击,大部分个股价格可能会出现下滑的现象。

(1)对企业盈利的影响。通货紧缩环境下,企业的销售额减少、利润空间压缩,给那些负债较高的公司带来更大的资产负债表压力。投资者会担忧这些公司的偿债能力和盈利能力,导致股价下降。同时,由于企业利润受到压缩,公司可能会减少对股东的回报,如股票回购和股息支付,进一步影响股价表现。

(2)投资者情绪。通货紧缩往往引发投资者对市场的担忧和谨慎情绪,导致投资者信心降低,购买股票的意愿下降,给股市带来下跌压力。

(3)消费和投资需求。通货紧缩可能导致消费者和企业的支出及投资需求下降。消费者的购买力减弱,公司的投资计划可能推迟或缩减,这对上市公司的经营业绩和盈利能力产生不利影响,进而影响股价。

(4)货币政策的影响。在通货紧缩的环境下,中央银行通常采取宽松的货币政策来刺激经济增长和提振通胀,这可能会降低利率,对股票市场产生一定的积极影响。然而,如果通货紧缩严重且伴随经济衰退,利率可能下降到零或负数,会对金融机构和股票市场带来负面影响。

(5)行业影响差异。通货紧缩对不同行业的影响并不相同。例如,公共事业板块的股票可能因其产品或服务的需求相对稳定而受到投资者青睐。但总体来说,投资者需要有一定的个股挑选技巧,才能在通货紧缩环境下成功投资。

(6)市场风险。通货紧缩可能增加市场的不确定性和风险,导致市场波动加剧。投资者在此时需要更加谨慎,密切关注宏观经济数据及市场动态,进行深入的研究与分析,以作出明智的投资决策。

总结来说,通货紧缩可能通过影响企业盈利、投资者情绪、消费、投资需求、货币政策以及行业差异等多种途径来影响股市表现。因此,在通货紧缩环境下,投资者需要更加谨慎地评估市场风险和机会,作出理性的投资决策。

二、宏观经济政策分析

宏观经济政策对证券市场的影响是显著且多面的。

(一)财政政策

1.财政政策的种类

财政政策是指国家为实现宏观经济目标而制定的关于财政收支、税收和债务等方面的基本准则和措施,对国民经济和证券市场都有着深远的影响。

(1)税收政策。税收政策是财政政策的重要工具之一,通过调整税率、税基、税收优惠等方式,影响企业和个人的经济行为,进而影响国民收入分配和资源配置。

(2)公债政策。公债政策是指政府通过发行国债来筹集资金,以弥补财政赤字或进行经济建设,其可以影响社会资金的供求关系和利率水平,进而影响经济增长和物价稳定。

(3)财政补贴政策。财政补贴政策是指政府为了特定目的而向企业或个人提供的资金支持,可以影响市场价格、鼓励某些产业的发展或支持低收入群体。

2.财政政策对证券市场的影响[①]

按照财政政策对经济发展的影响,可以划分为扩张性财政政策、紧缩性财政政策和中性财政政策。扩张性财政政策刺激经济发展,推动证券市场走强;紧缩性财政政策抑制经济发展,使得证券市场走弱。

(1)增加财政补贴。扩张性财政政策通常包括增加财政补贴,这种补贴可以扩大社会总需求和刺激供给增加,从而使整个证券市场的总体水平趋于上涨。财政补贴的增加将直接提升上市公司的盈利预期,吸引更多的投资者进入证券市场,推动证券市场价格上扬。

(2)减少税收。减少税收是扩张性财政政策的另一重要手段。减税可以降低企业和个人的税负,增加他们的可支配收入,进而增加证券市场的投资需求。减税还可以降低企业的融资成本,提高盈利能力,进一步增强证券市场的吸引力。此外,减税还可以降低还本付息风险,使得债券价格上扬。

(3)扩大财政支出。扩大财政支出是扩张性财政政策的核心内容。政府支出的增加将直接转化为社会总需求的增长,从而刺激经济增长。在财政支出扩

---

① 感兴趣的读者可以阅读《一图看懂历次印花税调整对 A 股影响》,https://baijiahao. baidu.com/s? id=1774278161471908064&wfr=spider&for=pc。

大的过程中,政府往往会加大对基础设施、公共事业等领域的投入,这将带动相关产业的发展,提高上市公司的盈利水平,对证券市场产生积极影响。

虽然扩张性财政政策通常会对证券市场产生正面影响,但这种影响并不是绝对的。在某些情况下,如财政支出过度扩张导致通货膨胀加剧、税收减少导致政府债务负担加重等,都可能对证券市场产生负面影响。紧缩性财政政策的经济效应及其对证券市场的影响与扩张性财政政策对证券市场的影响正好相反。

(二)货币政策

1.货币政策及其工具

货币政策是金融政策的一种,其实质是国家对货币的供应根据不同时期的经济发展情况而采取"紧""松"或"适度"等不同的政策取向。通过运用各种工具调节货币供应量来调节市场利率,影响民间的资本投资,从而影响总需求,最终影响宏观经济运行。

货币工具是中央银行为达到货币政策目标而采取的手段,主要分为一般性工具和选择性工具。一般性货币政策工具包括公开市场操作、存款准备金和再贴现,而选择性货币政策工具则包括贷款规模控制、特种存款、对金融企业窗口指导等。

2.货币政策对证券市场波动的影响

(1)存款准备金对证券市场的影响。存款准备金对证券市场的影响主要体现在资金流动和市场预期两个方面。

存款准备金上调是紧缩货币政策的一种表现。当银行吸收相同数额的存款时,需要上缴给中央银行的准备金增多,这导致银行可用于放贷的资金减少。市场上流动的资金因此变少,股票市场的增量资金也相应减少,对股票市场形成利空影响。相反,存款准备金下调是扩张性货币政策的一种体现。银行需要上缴给中央银行的准备金减少,可用于放贷的资金增多,市场上流通的资金也相应增加,股票市场的增量资金增多,对股票市场形成利好影响。

(2)再贴现对证券市场的影响。再贴现是中央银行向商业银行提供融资支持的一种行为,通过买进商业银行持有的已贴现但尚未到期的商业票据来实现。当中央银行增加再贴现额度时,商业银行的可用资金增加,从而增加了市场上的货币供应量。货币供应量的增加可以刺激经济增长和投资活动,进而对证券市场产生正面影响。更多的资金进入证券市场,可能会推动股票和债券等金融资产的价格上涨。

再贴现率的变动会直接影响市场利率水平。当中央银行提高再贴现率时,商业银行的融资成本上升,可能会导致市场利率整体上升。较高的市场利率可能增加企业的借贷成本,降低投资意愿,从而对证券市场产生负面影响。

(3)公开市场操作对证券市场的影响。中央银行购买证券(如政府债券、金融机构票据等)的行为,实际上是向市场注入流动性,增加市场上的资金供应量。这种操作会提高证券市场的流动性,使得市场参与者更容易进行交易。

公开市场购买证券的行为会向市场提供资金,增加市场上的资金供应量,这通常会导致市场利率的下降。利率的下降会降低借贷成本,对证券价格产生积极影响,因为较低的借贷成本可能刺激投资和消费,进而推动经济增长和证券价格上涨。

公开市场操作有助于中央银行根据市场情况及时调整货币政策,保持市场稳定。通过买卖证券,中央银行可以有效地控制商业银行的准备金数量,稳定货币供给或市场利率,从而有助于维护证券市场的稳定。

(三)收入政策

收入政策是政府为了影响货币收入或物价水平而采取的措施,其目的在于影响或控制价格、货币工资和其他收入的增长率,以及调整收入结构。与财政政策、货币政策相比,收入政策具有更高层次的调节功能,它制约着财政政策和货币政策的作用方向和作用力度。

收入政策对证券市场的影响主要集中在以下两个方面。

(1)收入总量目标的影响。当实施紧分配政策时,社会可分配收入减少,除消费及实业投资外,可用于证券投资的资金比例降低,导致流入股市的资金减少。这种情况下,企业居民收入增长率降低,使得人们对未来经济预期不乐观,从而可能导致股价下跌;当实施超分配政策时,正好相反。

(2)收入结构目标的影响。收入结构政策侧重对积累、消费、公共消费与个人消费以及各种收入的比例进行调节。例如,当财政收入、公共消费比例减少,企业居民可支配收入增加时,会有更多的资金流入股市,推动股价上涨。反之,若财政收入、公共消费比例增加,企业居民可支配收入减少,则可能导致股市资金流出,股价下跌。

收入政策的结构目标着眼于中长期的产业结构优化和经济与社会协调发展。这些长期目标的实现将有助于为证券市场提供稳定的发展环境,推动股市持续健康发展。

知识链接 9-3

收入差距与股市波动率

由于存在借贷约束,在一国国民收入既定的情况下,收入分配越不平等,就会有更多的人口被限制进入股市;当股市参与人数较少时,内生的或外生的扰动将导致股市较大波动。

实证分析的结果表明,收入分配状况的确会对股市波动率产生影响:在不同国家之间,收入分配越不平等,该国股市的波动率越大。进一步对国家类型进行区分(发达国家和发展中国家),通过交互项的实证分析发现,收入分配不平等程度对发展中国家的影响较大。之所以存在这样的差异,与国家本身的收入水平有关:发达国家收入水平较高,能够支付固定参与成本参与股市的人数较多;当收入分配不平等程度加重时,发达国家和发展中国家的股市参与人数都减少,但发达国家的市场参与者仍较多。因此,发达国家股市波动率受收入分配状况的影响较小。总之,收入分配不平等程度与股市波动率之间的正向关系仍存在。

资料来源:张学勇,陶醉.收入差距与股市波动率[J].经济研究,2014(10):152-164.

三、国际环境对证券市场的影响

国际环境对证券市场的影响是复杂且多面的,涉及政治、经济、金融等多个方面。

1.政治环境

(1)国际关系。国际关系的紧张或缓和将直接影响证券市场的情绪。例如,当两国关系紧张时,投资者可能会担忧贸易战、地缘政治风险等因素,导致市场波动加剧。相反,当国际关系缓和时,市场信心将得到提升,有利于股市的稳定和发展。

(2)政治事件。政治事件(如选举、公投等)可能改变政府的政策方向,影响经济和市场。例如,选举结果可能导致税收政策、贸易政策等的改变,从而影响企业的盈利预期和股市的走势。政治不稳定可能导致市场波动。例如,政变、内战等政治事件可能导致投资者信心丧失,资金撤离市场,导致股市暴跌。

2.经济环境

(1)全球经济形势。全球经济形势的繁荣或衰退将直接影响证券市场的走势。当全球经济形势良好时,企业盈利预期提升,投资者信心增强,股市将呈现上涨趋势。相反,当全球经济形势不佳时,企业盈利预期下降,投资者信心减弱,股市将呈现下跌趋势。

(2)贸易政策。贸易政策的变化将影响企业的盈利预期和股市的走势。例如,贸易战可能导致关税上升、出口受阻等,影响企业的盈利和股价。

3.国际金融市场对证券市场的影响

国际金融市场对证券市场的影响是广泛而深远的,其影响主要体现在以下几个方面。

(1)汇率波动的影响。一是直接影响上市公司盈利水平。对于那些有大量海外收入或支出的上市公司,汇率的波动会直接影响其盈利水平。例如,人民币升值可能会使得出口企业的收入减少,从而影响其股价表现。二是影响投资者资金流动。汇率的波动也会影响投资者的资金流动。当本币升值时,外资可能会流入本国市场,增加证券市场的资金供给,推动股价上涨;反之,当本币贬值时,资金可能会流出,导致市场资金供给减少,股价下跌。

(2)国际金融市场动荡的影响。一是引发传导效应。国际金融市场的动荡往往会通过传导效应影响本国证券市场。例如,当国际金融市场出现大幅波动时,投资者可能会感到恐慌,导致本国证券市场出现抛售压力,股价下跌。二是对宏观经济产生影响。国际金融市场的动荡还可能对宏观经济产生影响,如影响国际贸易、资本流动等,进而对证券市场产生影响。例如,国际金融动荡可能导致我国出口贸易增长减缓,利用外资数量下降,从而影响经济增长率,进一步影响证券市场的表现。

(3)国际货币政策的影响。一是利率政策。主要经济体的利率政策变化会影响全球资本流动和资产价格。例如,美联储的加息政策可能导致全球资本回流美国,对新兴市场国家的证券市场产生压力。二是货币政策。主要经济体的货币政策将影响全球资本流动和资产价格。例如,美联储的加息或降息政策将影响全球股市的走势。加息可能导致资本回流美国,导致全球股市资金流出;降息则可能吸引外资流入新兴市场,推动股市上涨;在某些时期,主要经济体可能会采取量化宽松政策来刺激经济。这些政策可能导致全球流动性过剩,推动资产价格上涨,包括证券市场。

(4)国际投资者情绪的影响。国际金融市场的情绪变化会影响投资者的信心。当国际金融市场表现良好时,投资者信心增强,可能会促进国际资金的流入,有利于本国证券市场的上涨;反之,当国际金融市场表现不佳时,投资者信心受挫,可能导致本国证券市场下跌。

第二节 行业分析

一、行业分析的价值及行业划分

行业是指从事国民经济中同性质的生产、服务或其他经济社会的经营单位或个体的组织结构体系,又称为产业。但严格意义上,产业概念的范畴比行业要大,一个产业可以跨越几个行业。

(一)行业分析的价值

行业分析是基本分析中的重要方面,它是连接宏观经济分析和上市公司分析的桥梁。行业的兴衰往往昭示着这个行业在整个经济体系中地位的变迁。通常来说,每个行业都会经历幼稚期、成长期、成熟期和夕阳期的过程,这也是新技术产生、应用、推广、转移和落后的过程。投资在不同阶段的行业,其收益和风险也是不一样的。所以在证券市场上,选对公司的前提是选对行业。

在证券市场上,每一家上市公司都可以划分为某一行业,该公司股价的运行方向与该行业未来的发展状况以及该公司在该行业所处的位置密切相关。所以,投资者在选择股票时,不仅要考虑股票的发行公司本身的状况及前景,也要分析该公司所处行业的前景。

行业分析的价值在于:①了解行业在经济发展中的地位。行业分析可以更好地了解行业本身所处的发展阶段,以及在国民经济中的地位,国家政策对该行业的支持力度等,同时对不同的行业进行横向比较,为最终选择投资对象提供准确的行业背景。②挖掘潜力公司。善于挖掘最具投资潜力的行业,才能进而在该行业中选择最具投资价值的上市公司。只有进行行业分析,我们才能更明确地知道某个行业的发展状况、该行业的市场结构,以及它所处的生命周期阶段,并据此作出正确的投资决策。

(二)行业的划分

1.道琼斯分类法

该分类法是 19 世纪末为选取在纽约证券交易所上市的有代表性的股票而对各公司进行分类的方法,它是证券指数统计中最常用的分类法之一。这种方法将大多数股票分为三类:工业、运输业和公用事业,然后选取有代表性的股票。

虽然入选的股票并不涵盖这类行业中的全部股票,但所选择的这些股票足以表明行业的一种趋势。

道琼斯分类法的提出,为投资者提供了一个简单而有效的行业分类工具,帮助他们在复杂的金融市场中更好地理解和分析不同行业的发展趋势和潜力。随着市场的变化和发展,尽管道琼斯分类法需要进行适当的调整和更新,以适应新的市场条件和行业变化,但它仍然是投资者进行行业分析和投资决策的重要参考依据之一。

2.国际标准行业分类法①

全面的、精确的、统一的经济活动统计,不管是对经济理论的探讨和还是对整个国民经济问题的研究,都对政府制定经济政策和进行国民经济的宏观管理十分重要。为了便于汇总各国的统计资料,统一国民经济统计口径,便于对比,联合国经济和社会事务统计局制定了《全部经济活动国际标准行业分类》,简称《国际标准行业分类》,建议各国采用。它把国民经济划分为 10 个门类,对每个门类再划分大类、中类、小类。这种分类方法与三次产业分类法联系密切,从而有利于对产业结构进行分层次深入研究,便于调整和修订,也为各国各自制定标准产业分类以及进行各国产业结构的比较研究提供了十分便利的条件。

3.三次产业分类法

三次产业分类法是一种经济学上的分类方法,由新西兰经济学家费歇尔首先创立,并在其 1935 年的著作《安全与进步的冲突》中提出。这一分类方法随后得到了英国经济学家、统计学家克拉克的进一步发展和应用。通过对三次产业结构的变化与经济发展的关系进行大量的实证分析,他总结出了三次产业结构的变化规律及其对经济发展的作用。

三次产业分类法将产业划分为三个主要阶段或类别。

第一产业:主要包括农业、林业、牧业、渔业和农林牧渔服务业。这一产业主要涉及直接从自然界获取产品的生产活动。

第二产业:包括采矿业(不含开采辅助活动)、制造业(不含金属制品、机械和设备修理业)、电力、热力、燃气及水生产和供应业以及建筑业。这一产业主要涉及对初级产品进行加工或再加工的生产活动。

第三产业:服务业,包括除第一产业、第二产业以外的其他行业。这一产业主要提供各种服务,如批发和零售业、交通运输、装卸搬运和仓储业、住宿和餐饮业、信息传输、软件和信息技术服务业、金融业、房地产业、租赁和商务服务业、科

---

① 感兴趣的读者可以阅读《联合国国际标准行业分类(SIC)Rev 4.0》,https://www.cmc.cn/classification.html。

学研究和技术服务业等。

这种分类方法不仅有助于更好地理解经济发展的不同阶段和特点,也为国民经济核算、服务业统计及其他统计调查提供了基础。随着经济的发展和技术的进步,第三产业的范围和内容也在不断扩展和深化,包括了许多新兴的服务行业和技术领域。

4.我国行业划分法

我国的行业划分主要有两种,一种是国民经济行业的分类,一种是证监会的行业分类。

现行《国民经济行业分类》(GB/T 4754—2017)于 2017 年 6 月 30 日由原国家质检总局和国家标准委联合发布,并于 2017 年 10 月 1 日起实施。考虑到 2018 年《中华人民共和国宪法修正案》在"国家机构"中增设了监察委员会,为满足标准的时效性,国家标准委于 2019 年 3 月发布并实施了国民经济行业分类第 1 号修改单。新版《国民经济行业分类》新增了体现新经济发展特征的新行业活动,为及时、准确地反映我国经济新常态和产业结构转型升级涌现出来的新产业、新业态、新商业模式,监测经济增长动能转换进程,反映"中国制造 2025"战略和国家"互联网＋"行动计划实施情况等奠定了标准基础,并为派生性产业分类提供了可操作的基础行业分类。

按照证监会的行业分类方法,我国上市公司的行业分类所采用的财务数据为经过会计师事务所审计,并已公开披露的合并报表数据。上市公司可分为十九大类:农、林、牧、渔业;采矿业;制造业;电力、热力、燃气及水生产和供应业;建筑业;批发和零售业;交通运输、仓储和邮政业;住宿和餐饮业;信息传送、软件和信息技术服务业;金融业;房地产业;租赁和商业服务业;科学研究和技术服务业;水利、环境和公共设施管理业;居民服务、修理和其他服务业;教育;卫生和社会工作;文化、体育和娱乐业;综合。

二、行业的特征分析

行业的特征分析通常包括行业市场结构分析、经济周期与行业分析、行业生命周期。

(一)行业市场结构分析

根据该行业企业的数量、进入退出的限制及产品的差别(可替代性),行业的市场结构分为:完全竞争市场、垄断竞争市场、寡头垄断市场和完全垄断市场。

1.完全竞争市场

完全竞争市场又称纯粹竞争市场或自由竞争市场,是指一个行业中有非常多的生产销售企业,它们都以同样的方式向市场提供同类的、标准化的产品(如粮食、棉花等农产品)的市场。卖者和买者对商品或劳务的价格均不能控制。在这种竞争环境中,由于买卖双方对价格都无影响力,只能是价格的接受者,企业的任何提价或降价行为都会导致对本企业产品需求的骤减或利润的不必要流失。因此,产品价格只能随供求关系而定。

完全竞争市场存在的条件是:①市场上存在着该类产品大量的买者和卖者;②生产的产品是完全同质的;③该行业所有的资源具有完全的流动性;④信息也完全流动。完全竞争的特点决定了该行业的所有企业都无法控制市场的价格,使产品形成差异化。在现实经济中,完全竞争的市场类型很少,只有初级产品的市场类型比较接近完全竞争市场。

2.垄断竞争市场

垄断竞争市场是指许多厂商生产相近,但不同质量的商品市场,是介于完全竞争和完全垄断的两个极端市场结构的中间状态。

从总体上说,垄断竞争市场的特点包括:①厂商众多;②互不依赖;③产品有差别,可以相互替代;④进出该行业较容易;⑤形成产品集团。垄断竞争市场竞争程度较大,垄断程度较小,比较接近完全竞争。这在现实中的大城市的零售业、手工业、印刷业中普遍存在。

3.寡头垄断市场

寡头垄断市场是指一个市场中每个公司的产品都无独特性,并且竞争者的数量有限。其特点是:①基本上是同质产品,如基本的化学制品或汽油;②相对少的销售者,如一些大的公司和许多跟随大公司的小公司;③明显无弹性的行业需求曲线。

在寡头垄断市场中,各个竞争公司都会仔细地相互监视市场价格。每个公司必须预估到,提高自己的价格超过市场价格,不会带来利润的增加,因为如果可能,竞争者也会跟随提高价格。

4.完全垄断市场

完全垄断市场指在市场上只存在一个供给者和众多需求者的市场结构。该厂商生产的商品没有任何接近的替代品;其他厂商进入该行业都极为困难或不可能,所以垄断厂商可以控制和操纵市场价格。

完全垄断市场存在的条件是:①厂商数目唯一,一家厂商控制了某种产品的全部供给;②完全垄断企业是市场价格的制定者;③完全垄断企业的产品不存在任何相近的替代品;④其他任何厂商进入该行业都极为困难或不可能,要素资源难以流动。鉴于完全垄断的特征,公共事业如电力、煤气、自来水、邮电通信、银行,资本、技术高度密集型和采矿业等行业属于完全垄断的市场类型。

各类市场的对比如表 9-3 所示。

表 9-3　行业市场结构分析表

比较项目	完全竞争市场	垄断竞争市场	寡头垄断市场	完全垄断市场
生产者特点	众多	众多	相对少量	独家企业
生产资料特点	完全流动	可以流动	很少流动	不流动
产品特点	同质、无差别	存在差别	有差别或无差别	单一产品且无相近替代品
价格特点	企业接受价格而不能控制价格	对价格有一定的控制能力	对价格具有垄断能力	垄断定价,但受到法律管制
典型行业	初级产品	制成品	资本密集型、技术密集型产品	公用事业和资本、技术高度密集型行业或稀有金属矿藏开采

(二)经济周期与行业分析

经济周期一般是指经济活动沿着经济发展的总体趋势所经历的有规律的扩张和收缩。由于各行业产品不同,面临的市场及需求弹性不同,不同行业与经济周期的关联度也不尽相同,根据行业与经济周期的关联度,可以把行业分为增长型行业、周期型行业和防御型行业三类。

1.增长型行业

增长型行业的运动形态与经济活动总水平的周期及其振幅无关。这些行业收入增长的速度相对于经济周期的变动来说,并未出现同步影响,因为它们主要依靠技术的进步、新产品的推出及更优质的服务,从而使其经常呈现出增长形态。

在经济发展较快时,这些行业的增长速度要高于经济的发展速度;在经济低迷时,这些行业的增长速度受到的影响却很少。比如某些科技类行业,在某个时间段内就属于增长型行业,体现在证券市场上就是股价的整体走势要强于大盘指数。

2.周期型行业

周期型产业的运动状态直接与经济周期相关。当经济处于上升时期,这些产业会紧随其扩张;当经济衰退时,这些产业也相应跌落。产生这种现象的原因是,当经济上升时,对这些产业相关产品的购买被延迟到经济改善之后,如珠宝业、耐用品制造业及其他依赖于需求的具有收入弹性的产业,就属于典型的周期型产业。

3.防御型行业

防御型行业主要包括交通运输、餐饮旅游、商业贸易、食品饮料、医药、食品、公用事业等。这些行业的特点是波动性较小,发展稳定,其经营和业绩波动基本不受宏观经济涨落的影响,不会随经济周期大起大落。防御型行业的产品需求相对稳定,能提供稳定回报,其走势明显与宏观经济的起落不同步。在经济周期走软时,这些行业通常是理想的避风港,被视为安全或保守的投资领域。特别是在经济环境不好或外部环境充满不确定性时,适当增加投资组合中防御型行业的占比,可以降低风险。

防御型行业的稳定性使得它们在阶段性行情中相对于其他行业板块,对追求高回报的资金缺乏更大的吸引力。这类行业的公司股票通常波动平缓,估值水平会在经济和股市低迷阶段上升,成为投资者扎堆避险的地方。然而,当经济开始复苏,股市走牛时,防御型股票的表现可能会落后于大市。表 9-4 为经济周期与行业分析一览表。

表 9-4　经济周期与行业分析一览表

行业分类	与经济周期的关系	生产原因	典型行业
增长型行业	与周期无关	依靠技术进步、新产品推出,提供更优质的服务	计算机、手机
周期型行业	直接与周期有关	需求收入弹性较高	消费品、耐用品制造
防御型行业	不受经济周期所处衰退阶段的影响	产品需求相对稳定	食品业、公用事业

三、行业生命周期

(一)行业生命周期及阶段特征

行业生命周期是指一个行业从产生到成长再到衰落的发展演变过程。这个过程一般分为四个阶段:初创期(也称为幼稚期)、成长期、成熟期和衰退期。每个阶段都有其特定的特征和表现,投资者应该根据各阶段的特征,作出正确的投资选择。行业生命周期各阶段的特征如图 9-2 所示。

(1)初创期:在初创期,行业刚刚诞生或初建不久,只有为数不多的创业公司投资于这个新兴的产业。由于初创期产业的创立投资和产品的研究、开发费用较高,而产品市场需求狭小(因为大众对其尚缺乏了解),销售收入较低,这些创业公司财务上可能不但没有盈利,反而会有亏损的可能。同时,较高的产品成本和价格与较小的市场需求还使这些创业公司面临很大的投资风险。对于投资者

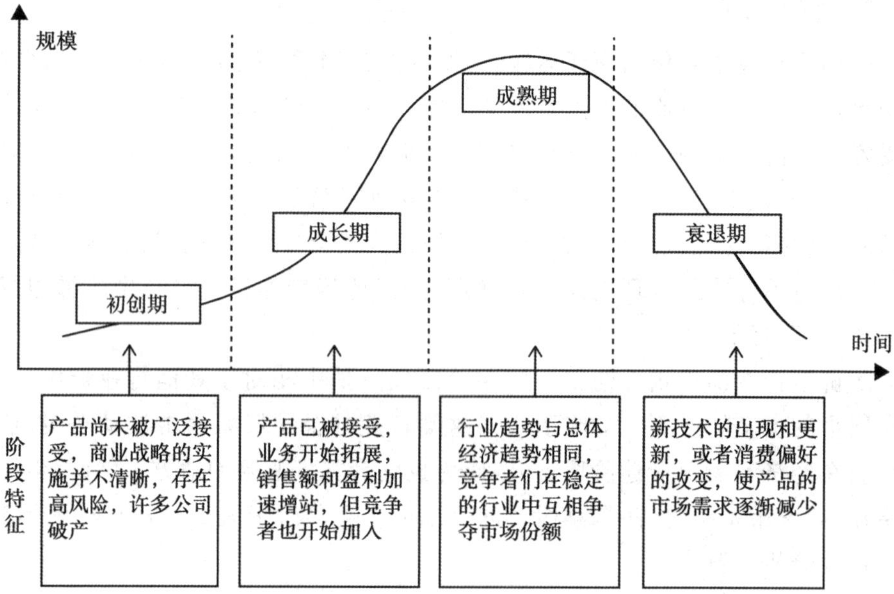

图 9-2　行业生命周期各阶段的特征

来说,在该阶段应该以观望为主,等待投资时机。

(2)成长期:处于成长期的行业,产品经过广告宣传、消费者的试用等,逐渐获得大众的认可,市场需求扩大,销售增加。同时,随着技术的成熟,生产成本开始下降,利润增加,整个行业已经从亏损转为盈利,并且盈利在逐年增加。但是,由于该行业获得了较高的利润,也会吸引其他厂商进入该行业,竞争开始加剧,利润压缩,产品价格下降,产品逐步从单一、低质、高价向多样、高质、低价发展。

在成长期的后期,大公司开始主导整个行业,它们凭借雄厚的实力和庞大的资本运作,在竞争中占有优势,公司利润显著高于其他公司,股息丰厚,投资者投资的损益比大大降低。

(3)成熟期:行业处于成熟期时,产品销售额继续增加,但增加的速度放缓,甚至持平,为了抢占市场份额,各公司开始降价,当价格降到一个低水平,利润也随之下降,产量开始萎缩。成熟期市场份额向少数大公司集中,实力不足的公司纷纷退出该行业,结果是少数几家大公司垄断了整个行业,各自占领一部分市场份额。厂商、产品之间的竞争不再局限于价格的竞争,而是在质量、产品性能和后期服务上竞争。由于资本的撤离,使得该行业的增长速度低于国民经济的增长速度,投资回报降低。

(4)衰退期:衰退期是生命周期的最后阶段。由于新产品、替代品的大量出现,行业的市场需求逐渐减少,整个行业的销售额下降,利润变少,在成熟期的某些公司也难以保持利润或利润严重低于预期,开始转向更加有利可图的行业,厂商的数目减少,市场萧条。至此,整个行业便进入了生命周期的最后阶段,当前的利润已无法维持经营;整个行业逐渐消失。

以上是对行业生命周期的整体描述,每个行业的特点各不相同,其实际生命周期会受到行业性质、国家产业政策、技术创新、市场需求等多因素影响而各有不同。在实际操作中,投资者要根据具体情况分析各行业的生命周期。

知识链接 9-4

经济周期与企业研发效率

企业的创新效率受制于经济周期,现以2007—2021年我国A股上市公司为样本,考察经济周期对企业研发效率的影响。

研究结果表明,相比于经济扩张期,企业的研发效率在经济紧缩期更高,即在经济紧缩期,单位研发投入能够产出更多的专利;企业在经济紧缩期实施更多的开发式创新是导致研发效率上升的重要原因;研发效率的逆周期现象在低市场竞争程度行业、低机构投资者持股比例公司和国有企业中更明显。

资料来源:阳丹.经济周期与企业研发效率[J].产业经济研究,2023(6):87-99.

(二)影响行业生命周期的因素

行业的兴衰是经济发展的必然规律,是行业从产生到衰退的必然阶段,有其自身的发展规律,不同行业的发展周期不尽相同,但一个行业的兴衰除了受自身行业特点的影响之外,还有很多其他外在因素,如技术进步、社会习惯的改变、产业政策、政府干预等。

1.技术进步

技术进步对行业的影响巨大,特别是近年来,随着人类社会的进步,技术的革新不断涌现,理论科学转化为生产力的时间大幅缩短,不断更新着现有的技术,也创造出了新的行业,同时也加速淘汰旧的行业。比如,AI(人工智能)的出现及其在智能家居、无人驾驶、医疗健康、金融服务等领域的应用,不仅改变了这些行业原有的运行规律,影响了原有的生命周期,同时也淘汰了一些跟不上技术更新的行业。所以,投资者要充分了解各个行业技术的发展变化及未来趋势,以便选择正确的行业进行投资。

2.社会习惯的改变

当社会习惯发生显著变化时,某些不再适应社会需要的行业可能会逐渐衰退,但同时也会激发新兴行业的发展。这是因为社会习惯的改变往往意味着人们的需求和行为模式也在发生变化,这为新兴行业提供了发展的机会。例如,随着健康意识的提升,健康食品、健身器材等相关行业得到了快速发展。

与新兴行业的兴起相对应,一些旧有行业可能会因为无法适应新的社会习惯而加速衰退,尤其是由于无法满足新的需求或无法适应新的市场趋势,逐渐失去市场份额。例如,随着数字化和互联网的普及,传统零售业面临巨大的挑战,许多实体店铺因为无法适应新的消费习惯而关闭。

社会习惯的改变还可能影响行业的生命周期。在行业发展过程中,如果社会习惯的变化与行业发展方向相契合,那么行业可能会更快地进入成熟期和衰退期;反之,如果社会习惯的变化与行业发展方向相悖,那么行业可能会经历更长的成长期或更短的衰退期。

3.产业政策

拓展阅读 9-2
产业结构调整
指导目录
(2024 年本)

产业政策对行业周期的影响是显著的,它可以对行业的诞生、成长、成熟、衰退及复苏施加影响。在行业诞生阶段,产业政策可以通过资金扶持、税收优惠等手段,鼓励新技术和新产品的研发和应用,从而推动新行业的诞生,促进新技术和新产品出现。在行业成长阶段,产业政策可以提供财政投融资、贷款优惠等支持,降低企业融资成本,加快企业扩张速度,进而推动行业快速成长。在行业成熟阶段,产业政策可以通过调整产业结构,优化资源配置,提高行业整体的效率和质量。在行业衰退阶段,通过政策扶持,为衰退行业提供转型升级的机会,减缓行业的衰退速度。在行业复苏阶段,产业政策可以通过资金扶持、税收优惠等手段,为复苏行业提供新的发展机遇和动力,促进新技术和新产品的应用,鼓励企业在复苏阶段积极应用新技术和新产品,提高行业的技术水平和竞争力。

4.政府干预

政府通过制定政策、发展规划,改善服务环境等方式,对产业所处的周期阶段和发展方向产生直接或间接作用。这些政策可以明确产业发展的重点领域、支持方向,从而引导社会资本和资源向这些领域流动。例如,在初创期,政府可以通过提供财政支持、税收优惠等措施,鼓励企业进入新兴产业,推动产业的初创和成长。另外,政府干预可以加速或放缓产业周期的发展速度,改变企业的发展偏好,间接引导产业周期发展的速度和方向,优化产业结构。

四、行业投资选择

投资者投资的目的是以最小的风险获得最大的收益,因此在投资决策中,应选择增长型行业和在行业生命周期中处于成熟期和成长性的行业,这就要求投资者仔细研究公司所处的行业以及行业的生命周期。

1.具有增长潜力的行业

行业增长潜力反映了一个行业未来的发展趋势和可能的市场扩张空间。行业增长潜力大,未来的销售额、营业收入等会出现逐年上升的趋势,而股票的价格主要体现投资者对未来的预期。所以,投资者应关注具有高增长潜力的行业,如人工智能、6G通信、电动汽车等,这些行业在未来几年内预计将迎来广泛应用。同时,考虑行业的市场规模,具有庞大市场潜力的行业往往具有更多的投资机会和盈利潜力。

2.进行技术创新和产业升级的行业

技术创新是以创造新技术为目的的创新或以科学技术知识及其创造的资源为基础的创新,是企业竞争优势的重要来源,是企业可持续发展的重要保障。因此应重点投资于正在进行技术创新和产业升级的行业,这些行业将受益于新技术和新工艺的应用,从而提高生产效率,降低成本。例如,合成生物学、低空经济、氢能等新兴产业在政策推动下有望蓬勃发展,为投资者提供新的增长点。

3.有政策支持,趋势向好的行业

了解国家政策和行业趋势对投资选择至关重要。国家政策支持的行业通常具有更好的发展环境和更多的投资机会。例如,医疗保健、云计算、物联网等行业随着人口老龄化和互联网技术的不断发展,将迎来更广泛的应用和增长。

4.行业竞争结构及市场集中度

分析行业的竞争结构,包括市场集中度、竞争对手数量和市场份额分布。高竞争性的行业往往具有更多的机会和风险,而低竞争性的行业则可能具有更稳定的盈利潜力。在选择投资时,投资者应评估自身的风险承受能力和投资目标,选择适合自己的行业。

综上所述,选择行业进行投资时,投资者应综合考虑行业增长潜力、市场规模、技术创新、政策支持、竞争结构、风险评估以及投资回报和盈利模式等多个方面。通过全面分析和研究,投资者可以作出明智的投资决策,实现资产的增值和收益。同时,投资者应保持谨慎和理性的态度,避免盲目跟风和投机行为。

第三节　公司分析

对公司的分析主要从两方面进行,一是基本面分析,二是财务分析。财务分析主要围绕资产负债表、利润表和现金流量表展开。

一、公司的基本面分析

公司的基本面是指影响一个公司发展状况的基本要素。这些基本要素包括公司基本概况、公司所处行业及行业地位、公司成长性等。公司基本面分析即分析公司在上述要素方面的能力,以及它们对公司未来发展的影响。

（一）公司基本概况

公司基本概况是对一家公司的整体描述,通常包括公司的业务范围、市场地位以及重要里程碑等。

公司的业务范围即公司所提供的产品和服务,也就是公司赚钱的方式或商业模式。投资者对此的分析,重点主要包括：①业务范围和领域。公司业务是专业化还是多元化的? 公司业务经营范围是区域性、全国性还是全球性的? ②业务的创新性。面对日益激烈的市场竞争和商业模式往往被快速复制的现象,公司只有不断地创新业务,才能在持续的竞争中占有优势。③具体产品的市场状况,包括产品所处的生命周期、目标消费群、消费需求、规模产品的分销渠道等。④产品的生产组织状况,包括生产的技术水平、产品的成本结构、原材料供给渠道等。

（二）公司所处行业及其行业地位分析

1. 公司行业分析

公司的发展往往与行业命运共进共退。随着经济的发展,各个行业在经济发展的不同阶段,所处的地位和作用不同。行业种类繁多,大行业中还有细分行业。投资者要根据公司的主要业务活动来判断公司所处行业及行业属性,行业性质不同、发展前景不同,获利差异较大。如果公司处于相对饱和的行业,则很难有高的获利水平;如果公司所处的行业是新兴行业,自然发展前景可观;如果公司所处的行业属于升级换代的行业,则意味着公司有新的发展机遇。

2. 公司的行业地位分析

即使选对了行业,但没有选对公司,对投资者来说仍不能获得收益。公司获利能力的大小与公司在行业中的地位具有密切关系。公司的行业地位,一般是通过历史积累形成的行业地位,公司一旦获得某种行业地位,是不会轻易被超越的,但也并非一成不变。随着公司内部环境的改变,特别是创新能力的改变,公司的行业地位也会发生改变。

(三)公司成长性分析

公司成长性分析是评估企业未来发展潜力和价值增长的关键过程。

(1)财务指标。财务指标是指企业总结、评价财务状况和经营成果的相对指标。中国《企业财务通则》中为企业规定的三种财务指标为：偿债能力指标、营运能力指标、盈利能力指标等。财务指标可以反映公司的盈利能力、资产利用效率和财务风险，从而间接体现公司在行业中的地位。通过比较公司的财务指标与同行业其他公司的数据，可以评估公司在行业中的相对财务实力。

(2)创新能力。创新能力是技术和各种实践活动领域中不断提供具有经济价值、社会价值、生态价值的新思想、新理论、新方法和新发明的能力。对于公司来说，创新能力体现在产品研发、技术应用、营销模式等方面。创新是一个企业保持先进生产力，获得高于市场利润的途径。一个具有领先创新能力的公司，可以推动行业的发展和变革，并在市场中占据先机。分析公司的创新能力时，可以关注其研发投入、产品创新和市场创新等方面的指标。如华为公司是中国科技企业的代表，2023年，华为研发费用支出为1 647亿元，占全年收入的23.4%，其近10年累计投入的研发费用超过11 100亿元。2023年，华为新公开的专利数达到3.6万件，是华为历史上新公开专利数最多的一年。

(3)企业文化。企业文化是指企业内部形成的共同价值、行为准则和道德规范，是企业团队共同遵守的核心理念和行为准则。良好的企业文化有助于提高企业的凝聚力、归属感和工作效率。积极向上的企业文化会激发员工的积极性和创造力，也是影响公司成长性的重要因素，同时也会提高公司的管理团队的能力，能够更有效地应对市场变化和挑战。这对公司的长期发展至关重要。

二、公司财务分析

财务分析是以会计核算和报表资料及其他相关资料为依据，采用一系列专门的分析技术和方法，对企业等经济组织过去和现在的有关筹资活动、投资活动、经营活动、分配活动的盈利能力、营运能力、偿债能力和增长能力状况等进行分析与评价的经济管理活动。它是为企业的投资者、债权人、经营者及其他关心企业的组织或个人了解企业过去、评价企业现状、预测企业未来作出正确决策提供准确的信息或依据的重要工作。

目前，我国上市公司的财务会计报表是以资产负债、利润表和现金流量表为核心和纽带，并联结财务报表副表和附注的一个财务报表构成一个系统。其中，对于资产负债表、利润表和现金流量表，本节将单独重点介绍。

在进行公司财务分析时，会遇到两种情况。一是辨别虚假的会计数据，如各种通过操纵财务报表来粉饰或者故意低估上市公司业绩的行为,这类数据直接影响会计数据的客观性和真实性,属于虚假信息披露的行为。辨别并纠正这些会计数据是对上市公司进行价值和财务分析的基础,没有准确的会计数据,所做上市公司价值分析的工作,也就失去了立足点。这一类的调整多见于损益表,所以做损益表分析时,尤其值得注意。二是虽然会计数据是客观真实的,但由于会计数据是按照会计原则进行整理的,在诸多方面不能真实反映金融意义上的财务情况,这就需要投资者根据会计学和金融学对公司行为的不同理解,将会计数据调整成金融数据,并进行基于金融数据的公司分析。

在我们阅读公司财务报表时,可能会发现有些数据出现了偏差,其原因有以下三点。

一是会计政策选择及准则缺陷。企业在编制财务报表时,需要选择合适的会计政策,如资产计价方法、收入确认时点等。不同的政策选择会导致同一经济事项在会计数据中呈现不同的数值。例如,固定资产的折旧方法可以选择直线法或加速折旧法,这将直接影响每年的折旧费用和利润数据,从而产生与实际经济现象的偏差。

会计准则不可避免地会减少会计数据所代表的信息量。如上市公司的研究开发费计入当期管理费用,但研发的结果可能是许多项目没有产生有价值的成果,而有些项目却很有价值,但现行的会计准则不允许对这两种结果进行不同的会计处理。

二是估计和判断偏差。在权责发生制下,公司的收入和费用的确认含有主观成分,一笔交易发生之后,由于不能准确无误地对交易结果进行估计和判断,就会造成会计数据和经营实际结果的偏差,如坏账准备、存货跌价准备等。这些估计和判断的结果往往受到会计人员主观因素的影响,可能偏离实际经济情况。例如,坏账准备的计提比例可能根据会计人员的经验和判断而有所不同,这可能导致应收账款的账面价值与实际可回收金额之间存在差异。

三是操作失误和欺诈行为。会计操作失误可能在多个环节发生,这些失误通常由于疏忽、对会计准则理解不足或技能欠缺等原因造成。如记账错误、漏报或误报等,都可能导致会计数据失真。另外,公司可能会为了特定目的而篡改、伪造或隐瞒真实的财务数据。这种行为会导致财务报表失真,从而误导投资者、债权人和其他利益相关者,损害他们的利益。

为帮助读者快速阅读上市公司报表,本节主要以贵州茅台为例学习财务分析。因为贵州茅台股份有限公司的主营业务单一,公司组成相对简单,几乎不存在死账和坏账。

财务报表中,最先看到的是"重要提示",其中最重要的是第三条:"三、天职国际会计师事务所(特殊普通合伙)为本公司出具了标准无保留意见的审计报告。"这句话表述简单，却很重要，所以投资者一定要先找到这句话。凡是会计师不愿意出具标准无保留意见的审计报告的，都可以理解为会计师认为账目有问题，收钱有风险。图 9-3 显示的是贵州茅台财务报表目录，这份财务报表分十节，其中最重要的内容是第六节重要事项和第十节财务报告，本节将着重介绍。

目录

第一节	释义	4
第二节	公司简介和主要财务指标	4
第三节	管理层讨论与分析	7
第四节	公司治理	21
第五节	环境与社会责任	35
第六节	重要事项	39
第七节	股份变动及股东情况	50
第八节	优先股相关情况	54
第九节	债券相关情况	55
第十节	财务报告	55

图 9-3　贵州茅台财务报表目录

三、资产负债表分析

资产负债表是反映企业在某一特定日期(月末、季末、年末)财务状况的会计报表，是企业对外编报的主要报表之一。通过资产负债表，我们可以得到某一确定日期资产的总额与其结构、企业拥有或控制的资产及其分布情况。

该表根据"资产＝负债＋所有者权益"的会计等式编制而成，由资金的来源方和资金运用方两部分组成，分列在资产负债表的左右两个部分，因此又称"T型账户"。资金来源方包括长期负债和股东权益两个部分，资金运用方包括流动资产、固定资产等部分。

(一)负债情况分析

负债表示公司所应支付的所有债务。能够反映公司负债情况的指标有：资产负债率、流动比率、速动比率、周转率及周转天数等。

1.资产负债率

资产负债率，也称举债经营比率，是通过将企业的负债总额与资产总额相比较得出的一个比例,用以反映在企业全部资产中属于负债的比率,也是反映企业信用风险的参照指标。

企业资本来源通常有两种:债务资本融资和权益资本融资。债务资本占总资本的比例与行业特点、企业融资渠道等有关。同一行业内的不同企业,由于在二级市场再融资的难度、发行企业债券的难度以及银行信用额度的不同,负债率通常有较大的差异。一个普遍的结论是:债务融资有利于享受利息税后部分的企业增值,但同时也会增加企业的破产成本;金融体系的不同,也会导致企业对融资来源的依赖度不同。

资产负债率公式为:

$$资产负债率 = (负债总额 / 资产总额) \times 100\% \qquad 式(9-1)$$

其中,负债总额指公司承担的各项负债的总和,包括流动负债和长期负债;资产总额指公司拥有的各项资产的总和,包括流动资产和长期资产。

本节选取上证50指数部分股票的资产负债率进行比较分析(详见表9-5)。在所选取的股票中,恒瑞制药的资产负债率是最低的,为8.42%,而金融行业股票的资产负债率较高,其中农业银行最高,为92.89%。在传统行业中,煤炭开采行业股票的资产负债率较低。

表9-5 上证50指数样本股票2023年资产负债率(%)

股票	资产负债率/%	行业	股票	资产负债率/%	行业
片仔癀	18.52	制药	中国石化	52.65	石油开采
恒瑞制药	8.42	制药	中国石油	38.97	石油开采
贵州茅台	12.95	白酒	华友钴业	64.58	金属
山西汾酒	31.51	白酒	紫金矿业	58.30	金属
陕西煤业	34.01	煤炭开采	天合光能	71.73	电气设备
中国神华	23.57	煤炭开采	国电南瑞	38.76	电气设备
韦尔股份	43.11	半导体	农业银行	92.89	金融
兆易创新	10.13	半导体	中国太保	88.68	金融

数据来源:根据同花顺数据整理。

通过对表9-5进行分析,可以得到以下结论:①制药、白酒、煤炭等行业企业的资产负债率较低,而金融(保险、证券、银行)等行业企业的资产负债率较高。②即使处于同一行业,不同的上市公司的资产负债率差异也很大,比如同为半导体行业的韦尔股份、兆易创新,其资产负债率分别为43.11%和10.13%,相差约3倍,其原因可能是公司的融资能力及融资偏好不同。

尽管本节只选取了一部分股票来分析,但也足以看出因为行业的不同,资产负债率差异很大,所以在进行投资分析时,不能单纯地进行资产负债率的比较,要分析公司所处的行业及该行业的整体资产负债率状况。在同行业中,要注意选择优质的公司。

2.流动比率

流动比率是一个重要的财务指标,用于衡量企业短期偿债能力。根据这一指标,可以认为对企业债务进行偿付保障的是企业的流动资产,如现金存货、应收账款等。

流动比率的计算公式为:

$$流动比率＝流动资产/流动负债 \qquad 式(9-2)$$

企业能否偿还短期债务,要看有多少债务以及有多少可变现偿债的资产。流动资产越多,短期债务越少,则偿债能力就越强。如果用流动资产偿还全部债务,则企业剩余的是营运资金(营运资金＝流动资产－流动负债),营运资金越多,说明不能偿还的风险越小,因此营运资金的多少可以反映偿还短期债务的能力。

营运资金是个绝对数,如果企业之间规模相差很大,那么绝对数相比的意义就有很大局限,而流动比率是流动资产与流动负债的比,是个相对数,它排除了企业规模不同的影响,更适合对企业间以及本企业不同历史时期的数据进行比较。所以,流动比率是衡量企业偿债能力最合适的指标。

流动比率越高,说明企业资产的变现能力越强,短期偿债能力亦越强;反之则弱。但是,过高的流动比率也可能是企业滞留在流动资产上的资金过多,未能有效利用,可能会影响企业的获利能力。因此,流动比率应维持在一个合理的范围内。通常认为,企业合理的最低流动比率是2,这是因为流动资产中变现能力最差的存货金额约占流动资产总额的一半,剩下的流动性较大的流动资产至少要等于流动负债,企业的短期偿债能力才会有保证。

从表9-6可以看出,不同行业的流动比率相差很大,通常而言,对固定资本投入需求较小的行业和企业,流动比率较高,反之较低。贵州茅台的流动比率远大于2,而紫金矿业、陕西煤业等金属类、煤炭类行业则需要大规模的资本投资,其流动比率较低。所以,计算出来的流动比率,只有和同行业的平均流动比率、本企业的历史流动比率进行比较,才具有可比性。而流动比率高低的原因,需要通过在营业周期、流动资产中的应收账款数额和存货周转速度中寻找。

表 9-6　上证 50 指数样本股票 2023 年流动比率

股票	流动比率	行业	股票	流动比率	行业
片仔癀	5.24	制药	中国石化	0.83	石油开采
恒瑞制药	12.25	制药	中国石油	0.96	石油开采
贵州茅台	4.62	白酒	华友钴业	1.01	金属
山西汾酒	2.28	白酒	紫金矿业	0.92	金属
陕西煤业	1.22	煤炭开采	天合光能	1.25	电气设备
中国神华	2.17	煤炭开采	国电南瑞	1.91	电气设备
韦尔股份	2.23	半导体	农业银行	—	金融
兆易创新	11.77	半导体	中国太保	—	金融

数据来源：根据同花顺数据整理

3.速动比率

速动比率是企业财务分析中常用的一个指标，用于衡量企业流动资产中可以立即变现用于偿还流动负债的能力。相对于流动比率而言，速动比率是一个更为严格的流动性衡量标准，因为它从流动资产中剔除了存货和预付费用等流动性相对较差的资产。

速动比率的计算公式为：

$$速动比率＝（流动资产－存货－预付费用）÷流动负债 \qquad 式(9-3)$$

其中，流动资产主要包括现金及现金等价物、应收账款、短期投资等能够迅速转化为现金的资产；流动负债则包括应付账款、短期借款等需要短期内偿还的债务。

一般来说，速动比率越高，说明企业的短期偿债能力越强，流动风险越小。但过高的速动比率也可能意味着企业持有过多的现金和应收账款，从而降低了资产的利用效率。因此，在评估企业的速动比率时，需要综合考虑企业的行业特点、经营环境以及管理策略等因素。通常认为，正常的速动比率为 1，低于 1 的速动比率被认为是短期偿债能力偏低。但因为行业不同，速动比率会有很大差异，没有一个统一的标准，例如采用大量现金销售的商店，几乎没有应收账款，因而出现远低于 1 的速动比率是很正常的；相反，一些应收款较多的企业，其速动比率可能要大于 1。影响速动比率可信性的主要因素是应收账款的变现能力，因为账面上的流动现金不一定都能变成现金，实际坏账可能比计提的准备要多；季节的变化也可能使报表的应收账款数额不能反映平均水平。

由表 9-7 可以看出，同为制药行业，片仔癀和恒瑞制药的速动比率差距很大；同为半导体行业，韦尔股份、兆易创新差距也在 5 倍左右。这主要跟企业的销售模式及应收账款的变现能力有关。

表 9-7　上证 50 指数样本股票 2023 年速动比率

股票	速动比率	行业	股票	速动比率	行业
片仔癀	0.78	制药	中国石化	0.39	石油开采
恒瑞制药	10.74	制药	中国石油	0.59	石油开采
贵州茅台	3.67	白酒	华友钴业	0.57	金属
山西汾酒	0.36	白酒	紫金矿业	0.46	金属
陕西煤业	1.02	煤炭开采	天合光能	0.78	电气设备
中国神华	1.89	煤炭开采	国电南瑞	1.52	电气设备
韦尔股份	1.49	半导体	农业银行	—	金融
兆易创新	9.34	半导体	中国太保	—	金融

数据来源:根据同花顺数据整理

4.周转率及周转天数

周转率及周转天数是反映企业经营效率的指标,用于衡量企业资产或负债的周转速度,以及从投入到回收的时间长度。主要包括存货、应收账款、固定资产周转率和周转天数。

(1)存货周转率和存货周转天数

存货周转率是企业在一定时期内(通常为一年)的销售成本与平均存货余额的比率。它衡量了企业存货的周转速度,即存货的流动性及存货资金占用量是否合理,促使企业在保证生产经营连续性的同时提高资金的使用效率,增强企业的短期偿债能力。计算公式为:

$$存货周转率=销售成本÷平均存货余额 \qquad 式(9-4)$$

其中,平均存货余额=(期初存货+期末存货)÷2。

存货周转天数是指企业从取得存货开始,至消耗、销售为止所经历的天数。周转天数越少,说明存货变现的速度越快。计算公式为:

$$存货周转天数=365/存货周转率 \qquad 式(9-5)$$

由于一年有 365 天(闰年有 366 天),所以可以用一年的天数除以存货周转率来得到存货周转天数。

存货周转率越高,存货周转天数越少,说明企业存货的周转速度越快,存货的占用水平越低,流动性越强,存货转换为现金或应收账款的速度越快。

例如,ABC 公司的主营业务成本为 3 200 547 万元,年初存货为 1 308 737 万元,年末存货为 95 871 万元。则其存货周转率为

平均存货=(1 308 737+95 871)÷2=702 304(万元)

存货周转率(次)=3 200 547÷702 304=4.557(次)

存货周转天数＝365÷4.557＝80.097（天）

总之,存货周转率和存货周转天数都是衡量企业存货管理效率的重要指标。它不仅影响着企业的短期偿债能力,也是整个企业管理的重要内容。企业可以通过提高存货周转率、缩短存货周转天数来优化存货管理,提高资金的使用效率,增强企业的竞争力。

（2）应收账款周转率和周转天数

这一指标反映了企业应收账款的回收速度,即企业从销售商品或提供服务到收回现金或应收账款所需的时间。应收账款周转率和存货一样,在流动资产中有着重要的地位,及时收回应收账款,不仅能够增强企业的短期偿债能力,也能反映出企业管理应收账款方面的效率。计算公式为:

$$应收账款周转率＝赊销收入净额÷平均应收账款余额 \qquad 式（9-6）$$

其中,赊销收入净额＝销售收入－销售退回－现销收入

平均应收账款余额＝（期初应收账款余额＋期末应收账款余额）÷2

应收账款周转天数,也称应收账款的收现期,表示企业从销售商品或提供服务开始到收回现金或应收账款所需的平均天数。计算公式为:

$$应收账款周转天数＝365÷应收账款周转率$$

或 $\qquad\qquad$ 式（9-7）

$$应收账款周转天数＝平均应收账款余额×365÷赊销收入净额$$

一般来说,应收账款周转率越高,说明企业应收账款的回收速度越快,资金利用效率越高。否则,企业的运营资金过多地呆滞在应收账款上,影响正常的资金周转。但是,该指标的应用具有一定的局限性:①季节性经营的企业使用这个指标时,不能反映实际情况;②大量使用分期付款结算方式;③大量的销售使用现金结算;④年末大量销售或年末销售大幅度下降。这些因素都会对该指标的计算结果产生较大的影响。

（3）固定资产周转率

固定资产周转率是衡量企业固定资产使用效率的重要指标,表示一个会计年度内企业固定资产周转的次数,或者可以理解为每1元固定资产支持的销售收入。这个比率反映了企业固定资产的利用效率和管理水平。计算公式为:

$$固定资产周转率＝营业收入÷平均固定资产净值 \qquad 式（9-8）$$

其中,平均固定资产净值＝（期初固定资产净值＋期末固定资产净值）÷2

固定资产周转率越高,表明固定资产运用效率越高,利用固定资产的效果越好。

（二）资产收益情况分析

资产收益情况可以使用杜邦分析法来表示,其主要是将净资产收益率(ROE)分解为三个财务比率的乘积,以便深入了解企业盈利能力的来源,以及企业的资产利用效率和财务风险。

知识链接 9-5

杜邦分析法是一种财务分析方法,它将净资产收益率(ROE)分解为三个关键财务比率的乘积,这三个比率分别是:

净利润率:反映了企业的盈利能力,计算公式为净利润/销售收入。它衡量的是企业每销售1元钱能够赚取的净利润。

总资产周转率:反映了企业资产的利用效率,计算公式为销售收入/总资产。它衡量的是企业每1元总资产能够带来的销售收入。

资产负债率(或权益乘数):反映了企业的财务风险和资本结构,计算公式为总资产÷净资产(或股东权益)。它表示的是企业资产与净资产的比例关系,即企业使用负债来放大权益的能力。

使用杜邦分析法表示资产收益情况,计算公式为:

$$净资产收益率(ROE)＝总资产收益率×资产负债率 \qquad 式(9-9)$$

其中,总资产收益率＝净利润率×总资产周转率。

从图9-4可以看出,企业的获利能力取决于三个因素:销售利润率、总资产周转率和权益乘数。销售利润率取决于公司的经营管理,总资产周转率反映了企业的投资管理,权益乘数取决于企业的融资政策。因此,可以通过对这三个比率的分析,来了解企业贯彻公司各项战略的情况。

净利润率越高,说明企业盈利能力越强;总资产周转率越高,说明企业资产利用效率越高;资产负债率(或权益乘数)越高,说明企业使用债务融资的程度越大,财务风险也相应增加。下面以贵州茅台2022年和2023年净资产利润率的杜邦分析为例进行说明,如图9-5、图9-6。

2023年贵州茅台的净资产收益率为35.89％,高于2022年的31.82％,说明贵州茅台的整体盈利能力在提升,其中总资产收益率的贡献为正,权益乘数的贡献为负。2023年贵州茅台净资产收益率的提高主要来源于总资产收益率的提高,而销售净利率几乎与2022年持平,为52.49％,说明该公司具有良好的经营管理能力;总资产周转率相对2022年有明显提升,充分说明企业的资产利用效率有显著进步。

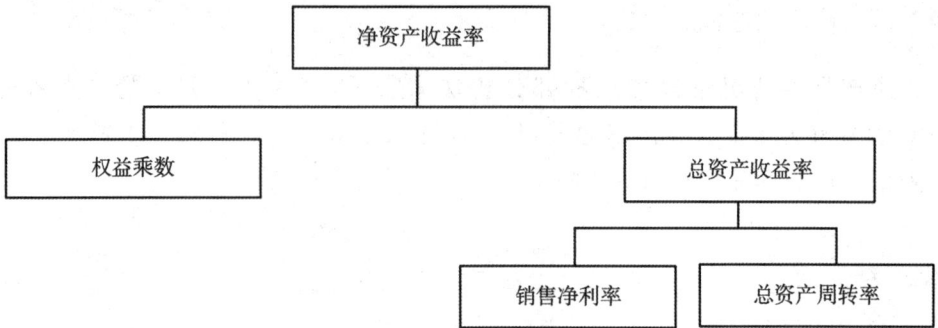

图 9-4 杜邦分析法

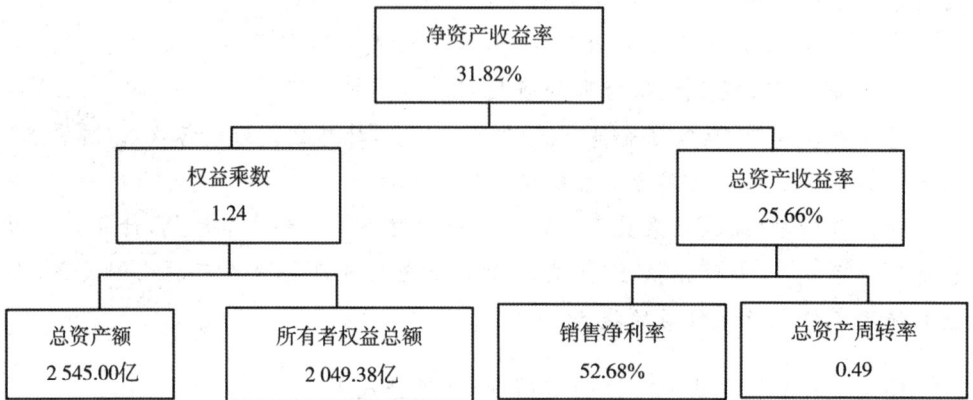

图 9-5 2022 年贵州茅台净资产收益率

数据来源:根据 2022 年贵州茅台年报整理。

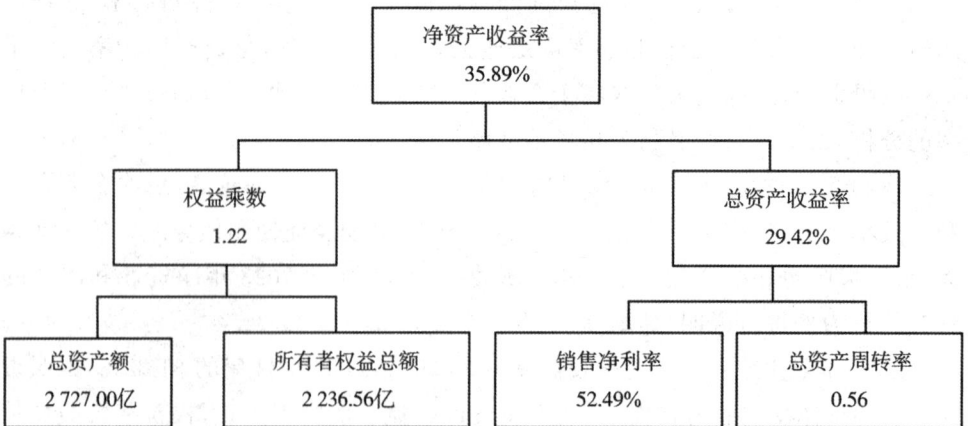

图 9-6 2023 年贵州茅台净资产收益率

数据来源:根据 2023 年贵州茅台年报整理。

四、利润表分析

利润表(也称损益表)是财务报表中的一个关键组成部分,反映了公司在一定会计期间(如季度、半年或一年)内的经营成果。利润表主要记录公司在该会计期间内的收入、费用和利润(或亏损)情况。

上市公司在发布年度财务报告时,会单独发布一份"年报摘要",其中展示的大部分数据都来自利润表。年度财务报告里面会单独列一节内容叫"会计数据及财务指标摘要",其中大部分数据同样来自利润表。对于投资者来说,需要重点关注四个指标:营业收入、毛利率、费用率和营业利润率。

(一)营业收入

营业收入展示企业经营状况和发展趋势。作为投资者,首选的是那些营业收入增长、预计在可见的未来将继续保持增长的企业。如果不考虑收购兼并式的增长,企业收入的增长通常有三种途径,即潜在需求增长、市场份额扩大和价格提升。

不同增长途径的可靠性不同。潜在需求的增长,在行业内不会产生受损者(仅受益程度不同),不会遭遇反击,增长的可靠性最高;份额的扩大,是以竞争对手受损为代价的,势必遭受竞争对手的反击,因而要评估竞争对手的反击力度及反击下增长的可持续性;价格的提升,是以客户付出更多为代价,可能迫使客户减少消费或寻找替代品,需要评估的是消费的替代性强弱。

正因为营业收入的增长可能是因为需求的增长,所以投资者不仅要看企业营业收入绝对数的增长,还要看增速是否高于行业平均水平。只有营业收入增长高于行业平均增长速度,才能证明企业的市场份额在扩大,才能证明企业仍然是行业中的强者。反之,营业收入的萎缩、持平或低于行业平均水平的增幅,都在提示:企业的市场份额在缩小。这可能意味着行业内出现了更强硬的对手,或者企业某方面的竞争优势正在"融化"。

(二)毛利率

毛利率是用于衡量企业销售产品或提供服务后,其毛利(即营业收入减去营业成本)与营业收入之间的比例。毛利率反映了企业产品或服务的盈利能力以及成本控制的效果。

高毛利率表示企业产品或服务的盈利能力较强,成本控制较好,具有很强的市场竞争优势,其替代品较少或替代的代价很高。低毛利率表示企业产品或服务的盈利能力较弱,存在大量的替代品且替代品的代价很低。产品价格上的微小变动,都可能使客户放弃购买,此时,企业的利润空间,不仅取决于自己做得是否好,还取决于对手是否做得更好。

选择低毛利率的企业进行投资,意味着要依赖管理层的运营能力或者冒高倍杠杆的风险。

(三)费用率

费用率是为了获取营业收入而需要支付的各项费用所占营业收入的比例。这些费用通常包括销售费用、管理费用和财务费用等。费用率的高低直接反映了企业运营的效率和管理水平。

任何一家企业在运营过程中,必然要产生费用。投资者关注费用率,是要警惕费用率高的公司和费用率剧烈变化的公司。

销售费用高的企业,在企业扩张过程中,不仅需要扩大产品或服务的生产能力,同时还需要不断配套新的团队、资金和促销方案。这对企业的管理能力边界要求极高,稍有不慎,企业就可能会在规模最大的时候暴露出系统性问题,导致严重后果。

管理费用通常应该保持增长比例等于或小于营业收入增长。如果出现大于营业收入增幅的变化,投资者就需要查出明细,挖掘究竟发生了什么变化。

一般来说,如果费用率控制在毛利润的 30% 以内,就算是优秀的企业了,在 30%～70% 的区域仍然具有一定竞争优势。把费用率和毛利率结合起来对比,就会发现一些高利润率的企业。例如,有一家毛利率为 40% 的企业,如果其费用占毛利率的 80%,意味着 100 元的销售会产生 40 元毛利润,其中有 3.2 元的费用,8 元的营业利润,扣除 25% 的所得税后,净利润占营业收入的比例只有 6%。因此,该企业不具有竞争优势。

高费用率通常表示企业为了获取营业收入需要支付较高的费用,这可能是由于市场竞争激烈、产品推广成本高昂、管理效率低下等原因造成的。高费用率可能会降低企业的盈利能力,影响企业的长期发展。但是,不同行业、不同企业之间的费用率水平可能存在较大差异。因此,在分析费用率时,需要将企业与同行业平均水平或类似规模的企业进行比较。

(四)营业利润率

营业利润率是企业利润与营业额之间的比率,反映了在考虑营业成本的情况下,企业管理者通过经营获取利润的能力。营业利润率是衡量企业经营效率的指标之一,是财务报表的核心数据。

营业利润率的分析,不仅要看数字大小,更要对比历史的变化。营业利润上升了,要看主要原因是售价提升、成本下降还是费用控制,同时针对每一种情况进行具体分析。

总之,高营业利润率表示企业的每单位营业收入能带来更多的营业利润,说明企业具有较强的盈利能力,运营效率较高。这可能是企业成本控制得当、产品质量好、定价策略合理等因素导致的。至于低营业利润率,则刚好相反。

知识链接 9-6

戴维斯双击

戴维斯双击是美国戴维斯家族的投资哲学。戴维斯于 1947 年以 5 万美元开始投资,至 1994 年去世时,拥有 9 亿美元财富,47 年增值 1.8 万倍,跻身世界级投资大师行列。别怕,1.8 万倍看着很恐怖,其实每年"只"赚 23%,持续了 47 年。

戴维斯双击的思路很简单,就是寻找 10 倍以下市盈率、经营业绩年增长能达到 10%～15% 的企业,享受其业绩增长和市盈率增长对股价的倍增效应。如某企业今年每股收益 1 元,预期年增长能达到 15%,当前市盈率 8 倍(眼下 A 股里的这类企业并不罕见),股价为 8×1＝8(元)。假如 5 年后市场情绪回归正常,给该公司 15 倍市盈率(A 股经常在牛市中给出 30～50 倍市盈率),那么 5 年后的收益为 2 元,股价为 15×2＝30(元)。投资者 5 年获利 3.75 倍,折合年复合收益超过 30%。

与戴维斯双击相反,如果股价承受了估值和收益双下降的打击,就会被投资界称为"戴维斯双杀"。如果只是市盈率或收益的上升或下降带来的股价变化,投资界则称之为"戴维斯单击"或"戴维斯单杀"。

五、现金流量表

现金流量表是财务报表的三个基本报告之一,所表达的是在一固定期间(通常是每月或每季)内,企业的现金(包含银行存款)的增减变动情形。通过现金流量表的分析,可以进一步剖析企业的经营、投资和筹资活动的效率。

(一)现金流量表的作用

现金流量表能够清晰地显示企业在一定会计期间内现金及现金等价物的流入和流出情况,帮助投资者了解企业的现金流动状况,如经营活动、投资活动和筹资活动的现金流量,从而全面评估企业的资金流动状况。现金流量表能够揭示企业现金净流量的变化趋势,从而预测企业未来的现金收支情况。现金流量表还可以反映企业的偿债能力和支付能力,帮助企业评估自身的财务风险。现金流量表与利润表相互补充,能够揭示企业净利润与现金流量之间的差异。

当现金流量表结合其他财务报表一起使用时,所提供的信息能帮助使用者评价企业净资产的变动、财务结构以及企业为适应环境和时机的变化而影响现金流量的金额和时间的能力。现金流量的信息有助于评价企业形成现金和现金等价物的能力,并使使用者能够建立评价和比较不同企业未来现金流量现值的模式。除此之外,还提高了不同企业经营业绩报告的可比性,因为该表消除了对相同交易和事件采用不同会计处理的影响。

(二)现金流量表的构成

现金流量表中的一定会计期间内流入或流出企业的现金及现金等价物,不仅包括"现金"账户核算的库存现金,还包括"银行存款"账户核算的银行活期存款和可提前支取的定期存款,以及"其他货币资金"账户核算的外埠存款银行汇款存款、银行汇票存款、银行本票存款和在途货币资金等其他货币资金。现金等价物是指企业持有的期限短、流动性强、易于转换为已知金额现金的投资,比如短期国债和信誉良好的短期企业债。

我国将现金流量划分为三类:经营活动所产生的现金流量、投资活动所产生的现金流量和筹资活动所产生的现金流量,如表 9-8 所示。

表 9-8　现金流量表的项目

	经营活动所产生的现金流量	投资活动所产生的现金流量	筹资活动所产生的现金流量
现金流入	• 销售商品、提供劳务收到的现金 • 收到的租金 • 收到的增值税销项税额和退回的租金 • 收到的除增值税以外的其他税收返还 • 收到的其他与经营活动有关的现金	• 收回投资所收到的现金分得股利或利润所收到的现金 • 取得债券利息收入所收到的现金 • 处置固定资产、无形资产和其他长期资产所收到的现金净额 • 收到的其他与投资活动有关的现金	• 吸收权益性投资所收到的现金 • 发行债券所收到的现金 • 借款所收到的现金 • 收到的其他与筹资活动有关的现金
现金流出	• 购买商品、接受劳务支付的现金 • 经营租赁所支付的现金 • 支付给职工及为职工支付的现金 • 支付的增值税款 • 支付的所得税款 • 支付的其他税费 • 支付的其他与经营活动有关的现金	• 购买固定资产、无形资产和其他长期资产所支付的现金 • 权益性投资所支付的现金 • 债权性投资所支付的现金 • 支付的其他与投资活动有关的现金	• 偿还债务所支付的现金 • 发生筹资费用所支付的现金 • 分配股利或利润所支付的现金 • 偿付利息所支付的现金 • 融资租赁所支付的现金 • 减少注册资本所支付的现金 • 支付的其他与筹资活动有关的现金

经营业务是指能够创造收益的主要业务,以及不属于投资业务或融资业务的其他业务。经营活动形成的现金流量的金额是一个重要的指标,通常可以判断在不依靠外部资金来源的情况下,企业经营形成的现金流量是否足以偿还贷款,维持企业的经营能力、派发股利以及进行新的投资。

投资业务是指取得和处理长期资产业绩,不包括现金等价物在内的其他投资。这种现金流代表有多少支出可以用于为了产生未来收益和现金流量的投资业务。

融资业务是指导致企业的权益、资本以及借款的规模和结构产生变化的业务。单独揭示融资业务形成的现金流量是必要的,因为这有助于资本提供者预计企业对未来现金流量的需求。

(三)现金流量表分析要点

相比资产负债表,现金流量表科目少且简单;相比利润表,现金流量表被现金期初余额和期末余额所限制,造假成本比较高,因而造假情况较少。所以在打开一张现金流量表时,需要关注现金流量表传达的异常信息,主要包括三个方面的异常:一是经营现金活动现金流量中的异常,二是投资现金活动现金流量中的异常,三是筹资现金活动现金流量中的异常。

(1)经营现金活动现金流量中的异常现象:①持续的经营活动现金流净额为负。②虽然经营活动现金流量表净额为正,但主要是因为应付账款和应付票据的增加。应付账款和应付票据的大量增加,可能意味着企业拖欠供应商货款,是企业资金链断裂前的一种异常征兆。③经营活动现金流净额远低于净利润,这一迹象在提示投资者需要注意企业利润造假的可能。

(2)投资现金活动现金流量中的异常现象:①购买固定资产、无形资产等的支出持续高于经营活动现金流量净额,说明企业持续借钱维持投资行为。出现这种情况,要么是某项目给了管理层无敌的信心,要么就是某种特殊原因造成企业必须流出现金。若投资者找不到无敌信心的来源,可能就要选择后者的假设,这通常是营业收入造假和利润造假的资金源头。②投资活动现金流入里面,有大量现金是因出售固定资产或其他长期资产而获得的。这可能是企业经营能力衰败的标志,是企业经营业绩进入下滑跑道的信号灯。

(3)筹资现金活动现金流量中的异常现象:①企业取得借款收到的现金,远小于归还借款支付的现金。这可能透露银行降低了对该企业的贷款意愿,使用了"骗"回贷款的手段。②企业为筹资支付了显然高于正常水平的利息或中间费用——这体现在"分配股利、利润或偿付利息支付的现金"和"支付其他与筹资活动有关的现金"两个科目的明细里。当然,这也可能意味着企业遇到了生存危机。

思考与练习

一、单项选择题

1.可以用来衡量企业社会投资规模的指标是（　　）。
A.社会消费总额　　　　　　　　B.固定资产投资
C.财政总支出　　　　　　　　　D.社会经济发展速度

2.在对经济周期进行分析时,属于先导性指标的是（　　）。
A.货币政策指标　　B.个人收入　　　C.失业率　　　　D.商品库存

3.关于行业分析的作用,下列说法中正确的是（　　）。
A.行业分析为证券投资提供了背景条件
B.行业分析为证券投资者提供了投资对象的行业信息
C.行业分析为证券投资者提供了投资对象的内部信息
D.行业分析为证券投资者提供了投资对象的公司信息

4.以下属于增长型行业的是（　　）。
A.建筑材料业　　B.金融业　　　C.食品业　　　D.电子通信业

5.对于受经济周期影响较大的行业,投资者在投资时应该注意的是（　　）。
A.避免在经济复苏阶段投资　　　　B.避免在经济稳定阶段投资
C.避免在经济繁荣阶段投资　　　　D.避免在经济衰退阶段投资

6.公司营业利润与销售收入的比率是（　　）。
A.投资收益率　　B.销售净利率　　C.毛利率　　　D.营业收益率

7.反映企业在某一特定时点财务状况的报表是（　　）。
A.资产负债表　　B.损益表　　　C.成本明细表　　D.现金流量表

8.财务指标中的流动比率是指（　　）。
A.全部流动资产与全部负债的比率
B.全部资产与全部负债的比率
C.全部流动资产与全部流动负债的比率
D.全部资产与全部流动负债的比率

二、多项选择题

1.以下用于分析经济周期的指标中,属于先导性指标的是（　　）。

A.货币政策指标　　B.证券价格指数　　C.国民生产总值　　　D.个人收入

2.对财政收支状况,主要是分析(　　　)。

A.财政收入　　　　B.财政支出　　　　C.收支差额　　　　　D.财政政策

3.根据经济周期与行业发展的相互关系,可以将行业分为(　　　)。

A.增长型行业　　　B.周期型行业　　　C.防守型行业　　　D.开放型行业

4.影响行业兴衰的主要因素有(　　　)。

A.技术进步、产品更新换代　　　　　B.政府政策扶持

C.社会习惯的改变　　　　　　　　　D.行业的周期更替

5.对公司的分析应该包括(　　　)。

A.该公司竞争地位的分析　　　　　　B.该公司盈利能力的分析

C.该公司经营能力的分析　　　　　　D.该公司管理能力的分析

6.以下属于财务分析对象的是(　　　)。

A.资产负债表　　　B.损益表　　　　C.现金流量表　　　D.成本明细表

7.现金流量表可以用来反映一个公司的(　　　)。

A.偿债能力　　　　　　　　　　　　B.支付股利的能力

C.产生未来现金流的能力　　　　　　D.生产经营效率

8.对公司的毛利率产生影响的因素是(　　　)。

A.公司的主营业务收入　　　　　　　B.公司的主营业务成本

C.公司的投资收益　　　　　　　　　D.公司的其他业务收入

三、判断题

1.一国国民经济的发展速度越快越好。(　　　)。

2.先导性指标指的是先于经济活动达到高峰和低谷的指标,这些指标提示了未来经济活动发展的方向。国民生产总值就属于这类指标。(　　　)。

3.我国国家统计局的行业分类标准与证券监管机构行业分类的标准是一样的,所以最后分类的结果也是一样的。(　　　)。

4.行业的生命周期一般为早期增长率很高,到中期阶段增长率开始逐渐放缓,在经过一段时间的成熟期后会出现停滞和衰败的现象。(　　　)。

5.对于处于生命周期不同阶段的行业,投资者应该选择处于扩展阶段和稳定阶段的行业,而避免选择处于拓展阶段和衰退阶段的行业。(　　　)。

6.对公司的盈利水平有直接影响的是公司的销售收入、销售成本以及其支付给股东的股息数量。(　　　)。

7.资产负债表反映的是一个企业在某一时点上所持有的资产、所负的债务和资本的存量。(　　　)。

8.损益表反映了企业在某一时期内的生产成果和经营业绩,反映的是流量变化。(　　)。

9.现金流量表中的现金流量净额等于该企业资产负债表中现金的年末数与年初数之间的差额。(　　)。

10.每股收益越高,意味着股东可以从公司分得的股利越高。(　　)。

四、简答题

1.简述宏观经济运行对证券市场的影响。

2.简述财政政策对证券市场的影响。

3.简述货币政策对证券市场的影响。

4.经济周期如何影响证券市场?

五、案例分析

成长股理论

在日本有一位炒股高手,凡他青睐的股票,一段时间内价格就会涨一倍,甚至三四倍。他就是被日本证券界称为"股票之神"的邱永汉。

邱永汉先生在1959年初入股市时,对股票一无所知,但他意识到日本经济在不久的将来会有非凡的发展。购买股票,一则事关自己的切身利益,二则可为研究日本经济寻找到一条捷径。

有一次,一位股市专家指出他所购买的几种股票皆是冷门股,不易涨升,不如换为家用电器之类的热门股。邱永汉没有听从,而是决定亲自去那几家"冷门股"公司调查。调查结果显示,这些公司虽小,但生产蒸蒸日上,产品供不应求。他决定持股不放,静待其变。果然,过不多久,这几只"冷门股"的股价涨升一倍,而专家推荐的电器股却在原地踏步。实践使邱永汉认识到,虽然影响股价的因素不少,但最基本的因素乃是公司的业绩。投资人应紧紧盯住公司的业绩发展不放。

当时,日本正处于经济高度发展的初期,股市上优绩股很多。投资人到底应该选择购买哪种股最好呢?那时,社会上都重视有实力有资产的公司或历史较久、业绩稳定的公司。股评界也迎合公众的看法,大肆渲染战前就已有名气,被认为是一流企业的公司。而邱永汉却反其道而行之,偏选择那些很不起眼,不属于多数投资人所热衷的冷门成长股,即销售额与利润增长大大高于整个行业平均水平的公司。当时,邱永汉用200万日元的贷款买进成长股,一年后,时价已达5 000万日元,利润达25倍。他偿还了贷款后,剩下的资金在当时能盖一幢大楼。

经过多次进行上市公司调查和买卖实践,邱永汉逐步形成了自己的"成长股理论"。20世纪60年代,邱永汉首次打出"不要买日立、东芝等一流股票,要买千代田化工或佐藤工业等无名股票"的口号。邱永汉的选股定律是:不轻信社会常识,与其重视一流大企业,不如选择将成为明日之星的成长股。他认为那些热门股已是公众箭靶,股价高昂,而其发展速度已经趋稳趋缓或受限;而那些名不见经传的成长股,每年的销售额加倍增加,为求进一步发展,年复一年地反复办理送股、配股,而且当时增资都是以面额分配股东的。这些反复增资的成长股公司,在增资后,收益也随之上升。持有这种成长股的股东只要持股不放,随着增资,持股数会以几何级数迅速增加。一旦卖出,就会获得二三倍的利润。

邱永汉并不重视技术分析,他认为社会环境或经济现象总是在变化。因此,"凭经验原则对景气或经济预测帮助不大"。他认为,当进入大众化投资的时代后,投资股票"与其以行情来赚钱,不如以持股来赚钱"。他的主张是在大暴跌中途买进成长股,无论股价上涨下降都抱股不放,每年照旧参加增资,从而增加持股数目,持股2~3年,待价而沽,就能致富。这种古朴的长期投资方法与当时流行的"对准行情进出股市"的操作方法大相径庭。

正是凭借这种以"成长股理论"择股,以"长抱不放"法操作买卖,邱永汉在股市中屡战屡胜。

资料来源:韦夏怡.揭秘"股票神仙"邱永汉[N].经济参考报,2010-11-19.

案例思考:结合本章所学证券投资学理论知识,谈谈你对邱永汉的"成长股理论"的理解。

思政点拨:在个人成长方面,你是否认同成长股理论并说明原因。

六、实训课堂

1.实训目标:梳理证券投资基本分析的步骤,锻炼资料收集能力,将所学知识综合起来,学以致用。

2.实训操作:选择一家上市公司,应用基本分析方法进行综合分析。

第九章
思考与练习参考答案

第十章 证券投资技术分析

学习目标

知识目标

1. 能够阐述技术分析的三大假设；
2. 掌握几种重要的技术分析方法。

能力目标

1. 能够识别市场的长期、中期和短期趋势,从而制定相应的投资策略；
2. 能运用技术指标和图表形态,预测证券价格的未来走势；
3. 能够把握技术指标中的买卖信号,提高交易成功率。

素养目标

1. 加强对技术分析的理解,领悟自然规律和人生哲理；
2. 在模拟炒股等实践活动中,培养学生的团队协作和实践能力。

📑 知识结构图

证券投资技术分析

- 证券投资技术分析概述
  - ✏ 证券投资技术分析的定义与作用
  - ✏ 证券投资技术分析的理论基础
  - ✏ 三大假设的合理性
  - ✏ 证券投资技术分析的要素
  - ✏ 证券投资的技术分析法与基本面分析法的比较

- K线理论
  - ✏ K线的含义及其画法
  - ✏ K线的主要形状
  - ✏ 单根K线的含义
  - ✏ K线组合的含义

- 趋势分析
  - ✏ 趋势的含义
  - ✏ 支撑线与压力线
  - ✏ 趋势线与轨道线
  - ✏ X线
  - ✏ 黄金分割线与百分比线
  - 🔍 能够识别市场的长期、中期、短期趋势

- 形态理论
  - ✏ 形态理论概述
  - ✏ 主要的反转突破形态
  - ✏ 主要的持续整理形态
  - 🔍 能够应用图表形态预测市场未来价格走势

- 波浪理论
  - ✏ 波浪理论的形成过程及核心思想
  - ✏ 波浪理论的数学基础
  - ✏ 波浪理论的基本形态——波浪结构图
  - ✏ 波浪理论的应用

- 技术指标理论
  - ✏ 技术指标概述
  - ✏ 移动平均线(MA)
  - ✏ 平滑异同移动平均线(MACD)
  - ✏ 随机指标(KDJ)
  - ✏ 相对强弱指标(RSI)
  - 🔍 能够把握技术指标中的买卖信号

- ★ 运用所学的技术分析方法分析股票,并绘制图形

- 🚩 加强对技术分析的理解,领悟自然规律和人生哲理
  在模拟炒股等实践活动中,培养学生的团队协作和实践能力

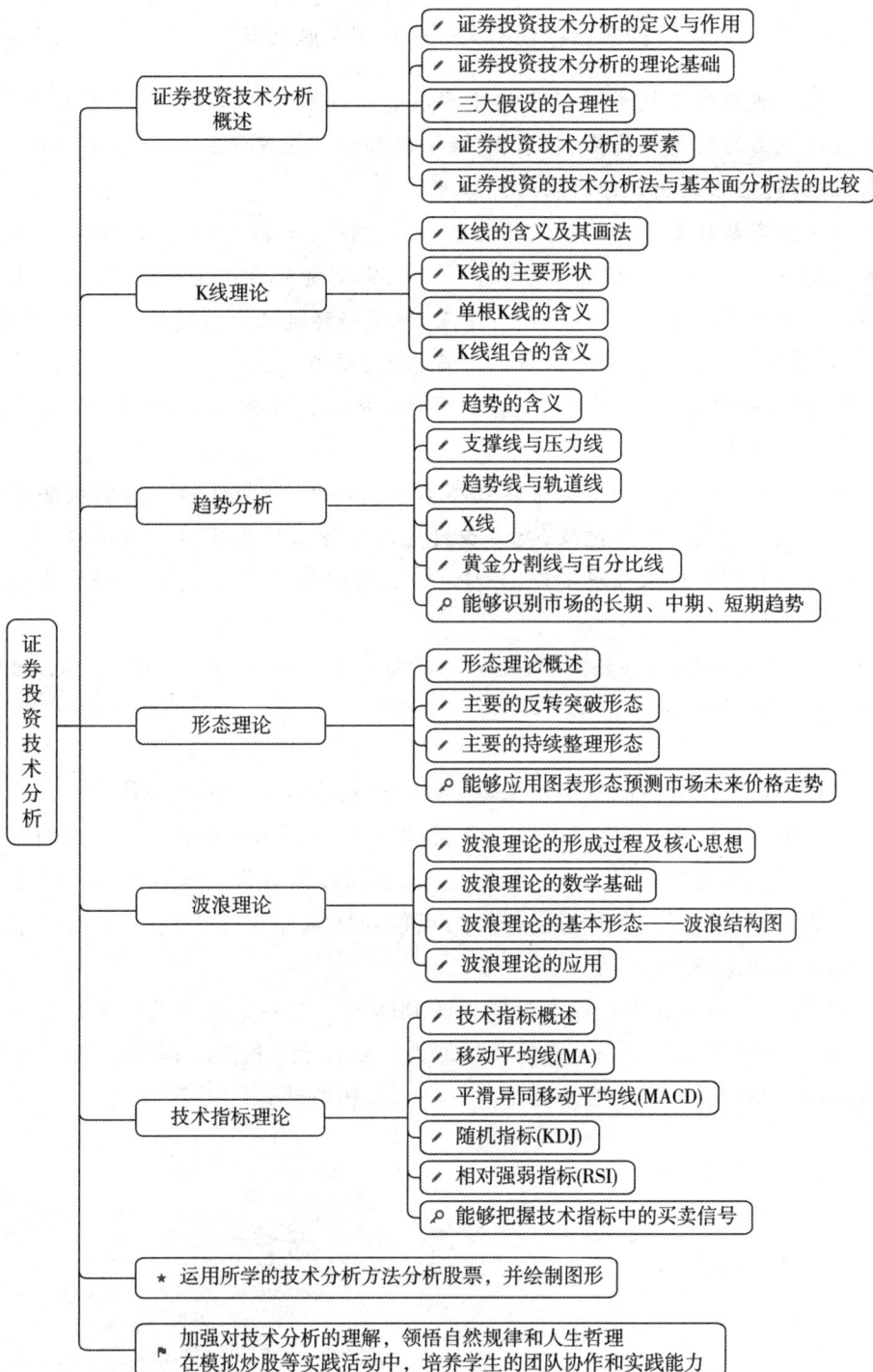

> ✏ 知识点　🔍 技能点　🚩 思政点　★ 学习成果

📚 引导案例

威廉指标创始人——拉瑞·威廉斯

拉瑞·威廉斯是技术分析中的重要指标——威廉指标（W&R）的创始人，当今美国著名的期货交易员、作家、专栏编辑和资产管理经纪人，有着近50年的从业经验，是全球最受敬仰的短线交易者之一。

他是罗宾斯杯期货交易冠军赛的总冠军。他在不到12个月的时间里，使1万美元变成了110万美元。他就职于美国国家期货协会理事会，并曾在蒙大拿州两次竞选国会议员。在过去的25年里，他是始终被公众追随的优秀投资顾问之一，曾多次被《巴伦斯》杂志、《华尔街日报》、《福布斯》杂志和《财富》杂志专访过。他著有《短线交易秘诀》一书，其发明的威廉指标至今还在财经报刊、金融投资网站上每天出现。

威廉斯至今仍然是全美交易界毁誉参半的人物，因为他创下的高报酬率似乎已成为无法突破的交易纪录，大多数投资人可能永远也达不到这个成绩。寻求一些适合自己的技术分析手段，并持之以恒地坚持下去，对你的投资一定是会有帮助的。

案例来源：期货投资大师拉瑞·威廉斯的那些事儿[EB/OL]．(2022-07-18)[2024-09-13]．https://baijiahao.baidu.com/s? id=17386777163894648280&wfr=spider&for=pc.

谈谈你对技术分析的初步认识，思考一下：技术分析的本质是什么？

多年的股市研究，催生出了两个学派：基本面分析和技术分析。基本面分析是通过查阅公司的报表、损益表、分红记录、公司政策等作出投资判断。技术分析则认为图表上出现的各种形态、样式、点位和区域都有自己的意义，可以依此来推测未来的走势。

实践证明，技术分析对提高投资人的判断能力有一定的帮助。了解这一工具，有利于增强对证券市场未来的预见能力。对技术分析的掌握和运用，关系着投资者的切身利益。本章系统介绍这一技术分析方法。

第一节 证券投资技术分析概述

一、证券投资技术分析的定义与作用

"技术"一词用于股市时具有特殊的含义,与平常字典中给出的定义完全不同。在股市语境下,证券投资技术分析指的是对市场运行的研究,而不是对市场中交易标的的研究。证券投资技术分析是一门科学,用以推测未来可能出现的趋势。

市场是永远往前看的,证券价格是反映投资者基于不同角度和理解水平所形成的不同预期,而不是反映过去,甚至当下所发生的事。另外,证券价格是沿趋势变动的,直到供需平衡被打破,这种打破供需平衡的变化往往可以从市场运行状况中推测出来。

二、证券投资技术分析的理论基础

证券投资技术分析产生以来,经过不断充实、完善和发展,本身逐渐形成一套复杂的体系,但支撑该体系的理论基础则是以下三大假设:

(1)市场行为涵盖一切信息。该假设是证券投资技术分析的基础。该假设认为影响证券价格的任何因素,包括政治的、经济的、社会的、心理的,甚至内幕信息,都已经在价格中得到了体现,价格是所有信息综合的体现。这一假设的重要性在于,投资者关心的目标是市场中的价格是否会发生变化,而不是关心是什么因素引起的变化,因为价格的变动才真正涉及投资者的收益。即使是人们认为影响力非常大的消息,在公布这些消息之后,如果价格没有大的变动,就说明这个消息对市场不产生影响。

如果不承认这一假设,证券投资技术分析所作出的任何结论都是无效的。

(2)价格沿着趋势移动,并保持趋势。该假设是证券投资技术分析最基本、最核心的因素。该假设认为股票的价格符合牛顿第一定律,即价格的运动是按一定规律进行的,如果没有外力的影响,价格将保持原来的运动方向(上升或下降),没有理由改变已经存在的运动方向。顺势而为,说的就是这个道理,投资者没有必要逆势而为。

(3)历史会重演。该假设是从统计学和心理学两方面考虑的。

从统计学的角度看,第三个假设是认为市场中存在某种重复出现的规律,在实际生活中,一旦遇到与过去相同或相似的情况,人们最迅速且最容易想到的方法就是依据经验来作出判断。过去的结果是已知,这些已知的结果,应能作为对未来进行预测的参考。我们对那些重复出现的现象的结果进行统计,可以得到某种交易策略或方法,以及成功和失败的数量及概率。这些统计数据为投资者提供了宝贵的参考,对具体的投资行为具有重要的指导作用。

从心理学的角度看,某个投资方法,可能本身并没有坚实的理论基础,但只要多数人相信这样做是正确的,那么这个方法就会在某种程度上被接受为有效的。比如"黑色星期四",虽然它本身并没有什么科学依据,但是很多投资者相信这个说法,并在周四陆续卖出股票,从而导致价格下跌。价格的下跌又进一步强化了其他投资者对"黑色星期四"的信念,如此循环往复,就逐渐形成了所谓的"黑色星期四"现象。

知识链接 10-1

黑色星期四

美国历史上著名的"黑色星期四"指的是 1929 年 10 月 24 日(星期四)发生的华尔街股市崩盘事件。这一天,纽约股票市场经历了一场空前的灾难,标志着资本主义世界经济大危机的开端。

三、三大假设的合理性

三大假设是证券投资技术分析的理论基础,但它并不完美,存在不合理的地方。对于第一个假设来说,虽然市场行为可以反映影响价格波动的信息,但是同原始的信息相比,肯定是有差异的,消息损失是必然的。所以,投资者在进行证券投资技术分析时,还应该进行一些基本面的分析,以实现分析的完整性。对于第二个假设来说,证券价格在没有外力的作用下,会沿原来的趋势运动,在股票市场上,这种外力是随时存在的,特别是在不成熟的证券市场,"保持趋势"很不容易。对于第三个假设来说,股票的价格变化具有历史重复性。在证券市场上,由于变化和影响因素非常复杂,不可能有完全相同的情况重复出现,差异或多或少都会存在,这就会让预测结果产生偏差。

知识链接 10-2

在股市中，历史一定会重演吗？

相信"历史会重演"论者认为：如果某些因素在过去某个时候通过投资者的理性行为产生了某种结果，那么当这些因素再度发生作用时，同样会通过投资者的理性行为产生类似结果。反对派认为，如果投资者都相信历史会重演，那么当某些因素再发生作用时，上一次的失败者就会吸取教训，采取相反的行为；而成功者则会坚持上一次的选择，结果是这一次只有买者没有卖者，或者只有卖者没有买者，历史也就不可能重演了。的确如此，如果所有投资者都相信历史会重演，历史确实就不可能重演，这条悖论通常被人们称为"魔鬼定律"。反过来讲，如果所有的投资者都相信"魔鬼定律"，那么这条定律必然就会失败。实际情况是，不是所有的投资者都相信历史会重演，也不是所有的投资者都相信"魔鬼定律"。正是因为如此，历史会重演的假设有其合理性。

四、证券投资技术分析的要素

在证券市场中，价格、成交量、时间和空间是进行证券投资技术分析的要素，这四个要素及要素间的关系构成了技术分析的对象。

1.成交价和成交量是市场行为最基本的表现

某个时间的成交价和成交量，反映的是买卖双方在这个时间点上，在共同市场行为的作用下双方达成的暂时均衡点。随着时间的变化，均衡点也会不断发生变化，这就是价与量关系的变化。

一般来说，买卖双方对价格的认同度通过成交量的大小来确认，认同程度大，成交量就大；认同程度小，成交量就小。双方这种市场行为反映在价量上往往呈现出这样一种规律：价升量增、价跌量缩。根据这一规律，当价格上涨时，成交量不再增加，意味着价格得不到买方的认可，价格上升的趋势将会改变；反之，当价格下跌时，成交量萎缩到一定程度不再萎缩，意味着卖方不再认同价格继续下跌，价格下跌趋势就会改变。成交价与成交量的这种互动关系，构成了证券投资技术分析的合理性基础。

2.成交量与价格趋势的关系

成交量是股价的动量。股价随着成交量的上升而上升，这是正常的价量关系，表示价格将继续上升；反之，如果价格出现了新高，而成交量没有创出新高，这次上升趋势是令人怀疑的。

在上涨初期,价格随着缓慢增加的成交量而逐渐上升,经过一段时间平缓的走势,突然变为直线上升,成交量剧烈增加,价格暴涨;之后,成交量萎缩,价格大幅回调,这表明股价已接近顶部。经过一段时间的回调,价格继续上涨,而成交量不再增加,这预示着顶部来临。

股价下跌的初期,尽管成交量很大,但成交量并没有随着股价的下跌而增加,而是不断地萎缩。经过长期的下跌,成交量萎缩到一定的程度,又开始缓慢增加,这时预示着底部临近。

成交量是价格的先行指标,价格可以是虚的(受市场情绪、消息面等因素影响),但成交量是实的,它反映了买卖双方的真实交易情况。

3.时间、空间与价格趋势的关系

时间是指完成一个波段或一个升降周期所经历的时间。对于一个大周期来说,一个已经形成的趋势,在短期内不会发生根本性的改变,中途出现反方向的波动,不会影响原来的趋势。空间是价格的另一方面,是价格波动的范围。一般来说,时间长、波动空间大的,对今后价格趋势的影响和预测作用也大,反之亦然。

五、证券投资的技术分析法与基本面分析法的比较

(1)两者的分析依据不同。基本面分析法根据价格变动的原因和各种宏观经济因素、各种宏微观因素预测证券的未来行情,其方法具有某种主观性,即在搜集全面而客观资料的基础上,依据分析家的经济金融知识和经验得出某种倾向性的看法。但是,不同的分析家面对同样的资料,有时竟会得出截然不同的判断。技术分析法依据市场价格变化的历史规律,采用过去及现在的资料数据,得出将来的行情,其依据是"历史会重复"。通过市场连续完整的经验数据,采用统计分析归纳出典型的模式,其方法更为客观,也更加直观,甚至可直接得出买卖证券的最佳时机,这是技术分析法的优势。

(2)两者的思维方式不同。基本面分析法是理论性思维,列举所有影响行情的因素,再一一研究它们对价格的影响,属于定性与定量相结合的分析,具有一定前瞻性。技术分析法是一种经验性的思维,通过所有因素变动,最终反映在价格和交易量的动态指标上。它忽略产生这些因素的原因,利用已知资料数据,给出可能出现的价格范围和区间。该分析法侧重历史数据,是定量分析,具有一定的滞后性。

(3)两者的投资策略不同。基本面分析法侧重证券的内在投资价值,研究价格的长期走势,而不计较短期的价格波动。这促使人们从中投资那些质地优良、

具有发展潜力的证券品种,以避开那些投机严重或企业连续亏损的证券商品。技术分析法侧重对市场趋势的预测,它告诉人们:获利并不在于买什么证券品种(哪怕是亏损公司的股票),也不在于买多少数量,而在于在什么价位区间买入,在什么价位区间卖出,具有直观性和可操作性。

(4)两者的投资操作技能不同。基本面分析法着重研究各种因素与价格的内在联系和逻辑,涉及面广,要求分析人员具有较强的专业理论知识,对国家宏观、微观经济、方针政策都要有所涉及,要有政治上的敏感性和敏锐的洞察力,还须具备搜集各类信息和从中筛选出有用内容以及准确判断和推理的能力。技术分析法着重图表分析,使用证券的价量资料,用统计方法得出某种结论。分析人员应掌握一定的数理统计知识,注意数据的连贯性,在一定的模式下,操作相对容易。表 10-1 为基本面分析法和技术分析法的对比。

表 10-1　基本面分析法和技术分析法的对比

项目	类别	
	基本面分析法	技术分析法
分析依据不同	影响价格变化的因素	价格变化的规律
思维方式不同	理论性思维	经验性思维
投资策略不同	长线投资	短线投资
投资操作技能不同	具备专业理论知识	具备数理统计知识

涉及技术分析的理论很多,本章主要介绍几种常用的技术分析理论,主要包括 K 线理论、支撑理论、形态理论、波浪理论、技术指标理论。

第二节　K 线理论

K 线理论又称作阴阳线理论、坂田战法、酒田战法,源自 200 多年前日本稻米市场所引用的买卖法则,据说由日本人本间宗久创建。从时间上算,它比西方的形态分析或道氏理论更早出现,是最古老的图形分析技巧。经过长时间的运用和变化,K 线理论在内容上有所变化,本节主要介绍其中较为常用的内容。

一、K 线的含义及其画法

所谓 K 线,是将每一交易周期(时、日、周、月、季等)的开盘价、最高价、最低价和收盘价的变化记录下来,表示单位时间内价位变动方向的图形。K 线是一根柱状的线条,由影线和实体两部分组成。影线在实体上方的部分称为上影线,表示在该交易周期内价格曾达到但未能维持的高点;在实体下方的部分称为下影线,表示价格曾跌至但随后回升的低点。实体部分则分为阳线(通常用空心或红色表示,代表收盘价高于开盘价)和阴线(通常用实心或绿色表示,代表收盘价低于开盘价)。图 10-1、图 10-2 所示即为 K 线图。

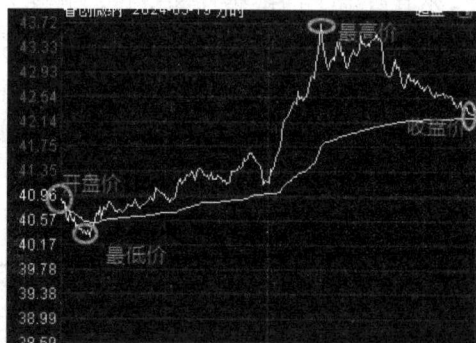

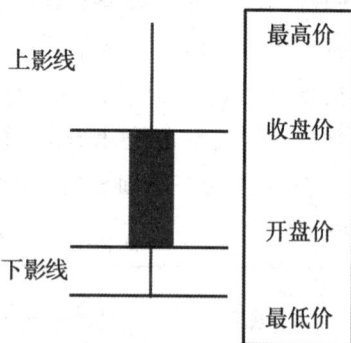

图 10-1 阳 K 线的画法

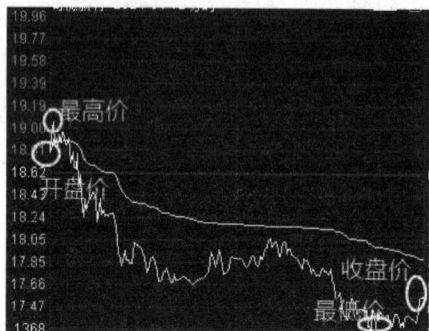

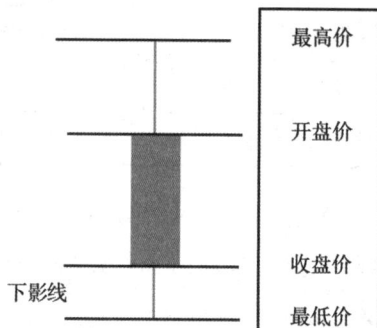

图 10-2 阴 K 线的画法

一根 K 线记录着一只股票一天的价格变化情况,将每天的 K 线按时间顺序排列在一起,就组成了这只股票上市以来每天的价格变化情况图,叫日 K 线图。同理,也可以得出周 K 线图、月 K 线图等。

每根 K 线图体现着四个重要的价格,即开盘价、收盘价、最高价、最低价,在这四个价格中,收盘价是最重要的,是多空双方经过一天的斗争,最终达成的共识,是双方最后暂时的均衡点,具有表示目前价格位置的重要功能。最高价和最低价反映该周期股票价格上下波动幅度的大小,两个价格如果相差悬殊,说明股票市场交易活跃,多空双方争夺激烈,但是最高价和最低价也容易被故意坐市而脱离实际。

二、K 线的主要形状

K 线主要由实体和影线部分组成,每根 K 线,由于其实体部分的大小不同,上下影线的长短以及影线与实体部分的比例不同,而衍生出多种不同形状的 K 线,如图 10-3 所示。

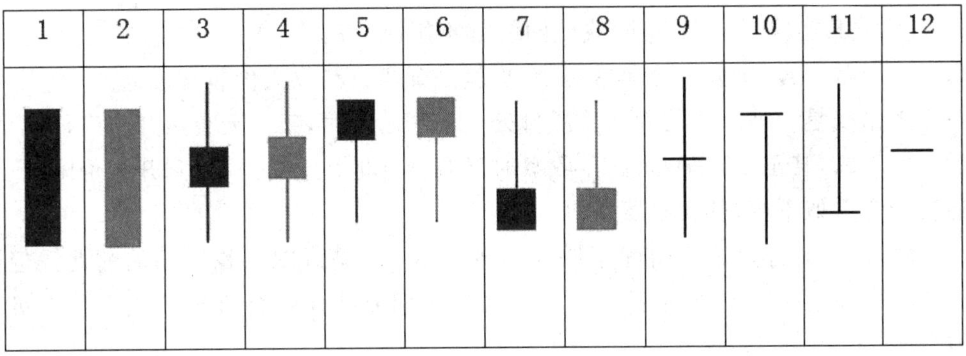

1	2	3	4	5	6	7	8	9	10	11	12

图 10-3　主要的 K 线形状

三、单根 K 线的含义

单一的 K 线大概有几十种,但都是由主要的六种演变而来的。

1.长红线(大阳线)

长红线是指开盘价是当天的最低价,收盘价是当天的最高价,没有上下影线。如果影线太短,也可以忽略上下影线的存在,只有长的红实体 K 线,如图 10-4 所示。

长红线是一种很常见的 K 线,通常被认为是涨势信号的一种,但是在实际操作中,根据其所处的位置,对股市的操作具有不同的指导意义。

图 10-4　长红线

2.长黑线(大阴线)

长黑线是指开盘价是最高价,收盘价是最低价,实体部分很长,上下影线可以被忽略的 K 线,如图 10-5 所示。

长黑线往往预示着空头部队的来临,特别是在波段多头上攻过程中,或在波段空头跌深反弹之后。一旦出现长黑线,往往预示着狂风暴雨即将来临,使多头陷入麻烦的状况。

图 10-5　长黑线

3.上吊线（铁锤线）

该 K 线出现在不同的位置,名称不同。在上涨一段时间后,出现一根这样的 K 线,叫上吊线;如果在下跌一段时间后,出现一根这样的线,叫铁锤线,如图 10-6 所示。

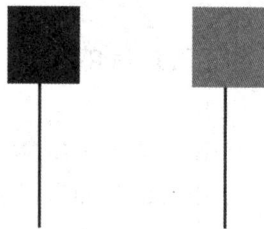

图 10-6　上吊线

该线的重点在于下影线的长度是实体长度的 2~3 倍,而就其实体部分来说,阳线或阴线都不影响它的意义。通常而言,实体部分非常短小,也就是开盘价与收盘价非常接近。

上吊线是一种主力的圈套。股价处于上涨阶段时,某一天突然开出高价,而后一路下跌,甚至跌到平盘以下,收盘时又戏剧性地往上急拉,拉到开盘价附近。这种走势看似不错,其实暗藏杀机。

铁锤线,是经过一段时间下跌才出现的 K 线,是试图寻找底部的前兆。但能否立即往上拉抬上攻,必须衡量整个形态构架或结合后面的 K 线组合形态进行分析。

4.流星（倒状铁锤线）

如图 10-7 所示,该 K 线出现在不同的位置,名称也不同。经过一段上涨之后出现的叫流星;下跌之后出现的叫倒状铁锤线。

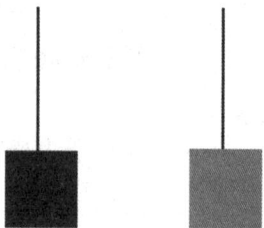

图 10-7　流星

其特点是:开盘开在昨天收盘价的附近,接着以强有力的气势强劲上冲,突然攻击力道越来越弱,卖压越来越重,往下一路急杀,临收盘前又压回到开盘价的上下附近。

该 K 线的重点是上影线相对实体很长,实体则较短,实体的阴阳不影响它的意义。

流星具有"昙花一现"的意思。在经过大涨之后,突然出现一根流星,预示着抛压很重,这根长长的上影线就是当天套牢盘的写照。

倒状铁锤,通常是在经过一段时间下跌之后出现的,是在试探卖压,测试正在下杀的力道还剩多少,还有多强,正是因为卖压减弱,所以盘中才有强力上攻,试图扳回一局,但功败垂成。

5.纺锤线

纺锤线是留有较长上下影线,实体较小的 K 线,如图 10-8 所示。

其特点是:开盘之后,盘势往上强攻,然后又被卖压打下来,在卖方深深打下之后,买方又进场,抢夺便宜筹码。因此,盘势又被拉上来。收盘时,正好在开盘价附近。

纺锤线集合了前面所描述的单一 K 线的特色于一身,是最复杂的 K 线,不但有实体,同时还具有上下影线,所以它代表的多空意义也很强烈。经过一段上涨之后或下跌之后,特别是与其他 K 线搭配,形成组合多空的组合形态,将会发生根本性的变化。

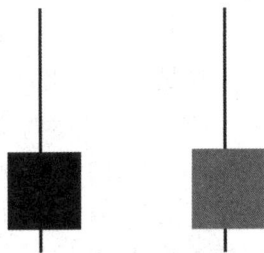

图 10-8　纺锤线

6.十字线

十字线很像一个十字架,也犹如行情走到了十字路口,不知路在何方,如图 10-9 所示。在股市中,说明盘势在犹豫,在思考,在彷徨。

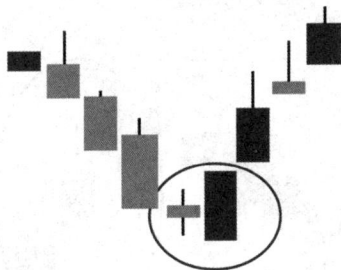

图 10-9　十字线

四、K 线组合的含义

前面介绍了比较重要的几种单一 K 线。在实际应用中,更重要的是把 K 线组合在一起,如两根、三根、四根等,才能发挥更大的作用。这里主要介绍四种看多形态组合和四种看空形态组合。

1.吞噬形态

吞噬形态属于主要反转形态,由两根颜色(即阴阳)相反的 K 线所组成。

图 10-10 展示的是看涨吞噬形态,取名阳线吞噬。在该图中,市场本来处于下降趋势中,但最后出现一根坚挺的阳线实体,将前面的阴线实体完全"环抱",或者说把它吞没了。这说明市场上买进的力量已经超过了卖出的力量,预示后市看涨。

图 10-11 展示的是看跌吞噬形态,取名阴线吞噬。在该图中,市场处于上涨趋势中,原本向着更高的价位前进,但是,当前一个阳线实体被后面一个阴线实体吞没后,就构成了重要的反转形态,说明空头已经从多方手中夺走了统治权,后市看空。

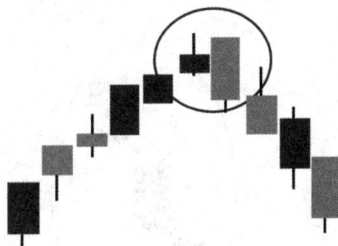

图 10-10　阳线吞噬　　　　图 10-11　阴线吞噬

2.岛状反转

岛状反转是比吞噬形态更强的一种反转形态,由三根K线组成。

图10-12展示的是多头岛状反转,出现在下跌的趋势中。第一天的K线是阴线;第二天的K线是一个小实体,且与第一天之间有个缺口,此时小实体的阴阳并不重要;第三天的阳线与第二天的K线之间也有一个向上跳空的缺口,且实体越长,代表多方力量越强,反转力道越大。

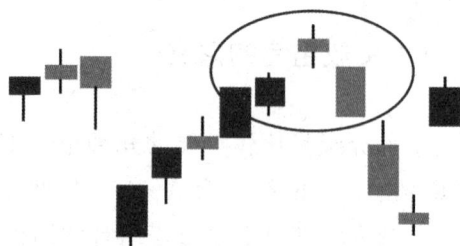

图10-13展示的是空头岛状反转,其情况跟多头岛状反转形态相似,但方向相反。此时,两个窗口之间,呈现断层现象,如同一个孤岛,是典型且强有力的空头反转形态。

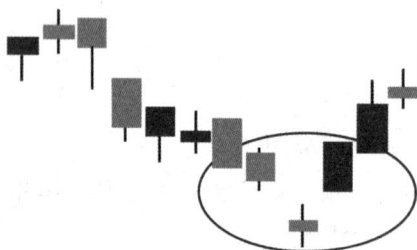

图10-12 多头岛状反转   图10-13 空头岛状反转

3.强攻红三兵、三乌鸦

该形态是一种极强或极弱的组合。

图10-14展示的是强攻红三兵形态,由接连出现的三根阳线组成,它们的收市价依次上升,每一根阳线的开盘价都处于前一天的阳线实体之内或附近,每一个阳线的收盘价都位于当天最高点附近。当市场在某个低价位稳定一段时间后,如果出现这种形态,意味着市场即将转强。

图10-15展示的是三乌鸦形态,是指连续出现三根阴线,像一群乌鸦一样落在一棵枯朽的大树上,具有看跌的意味。从外形上说,这三根阴线的收市价都应当处于其最低点或附近,每根K线的开盘价都应该处于前一个实体的范围之内。

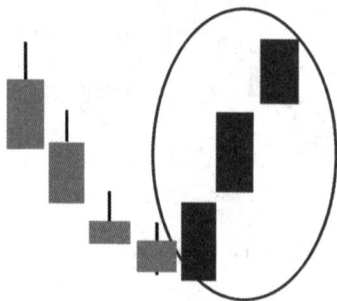

图10-14 强攻红三兵   图10-15 三乌鸦

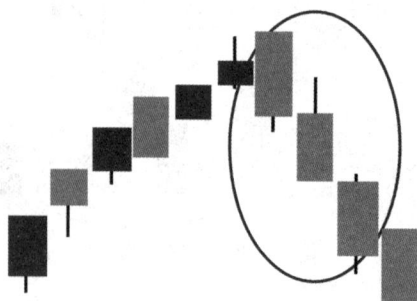

4.三法形态

三法形态,包括看涨的上升三法和看跌的下降三法,这两种形态均属于持续形态。

图 10-16 展示的是上升三法,指在上升的趋势中,首先出现一根长长的阳线,在这根 K 线之后,紧跟着一群依次下降的小实体 K 线。这群 K 线的理想数目是 3 到 5 根,这群小实体 K 线基本局限在前一根长阳线的价格范围之内;最后一天应当是一根具有坚挺的实体阳线,并且它的收盘价高于第一天的收盘价,开盘价高于前一天 K 线的收盘价,从而确认了上升趋势的延续。

图 10-17 是下降三法,其形态与上升三法在图形上确实是对称的,只不过方向相反。

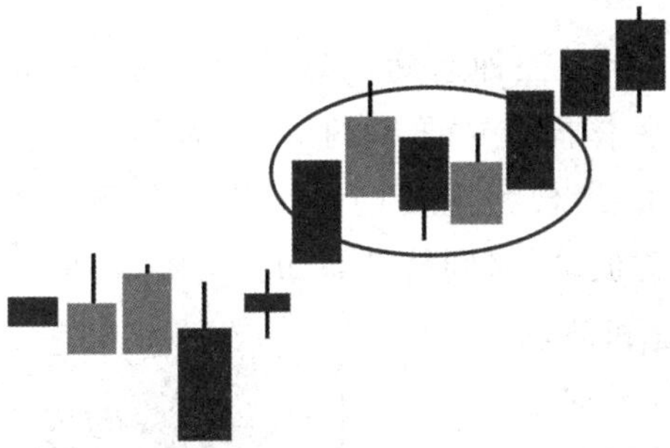

图 10-16　上升三法 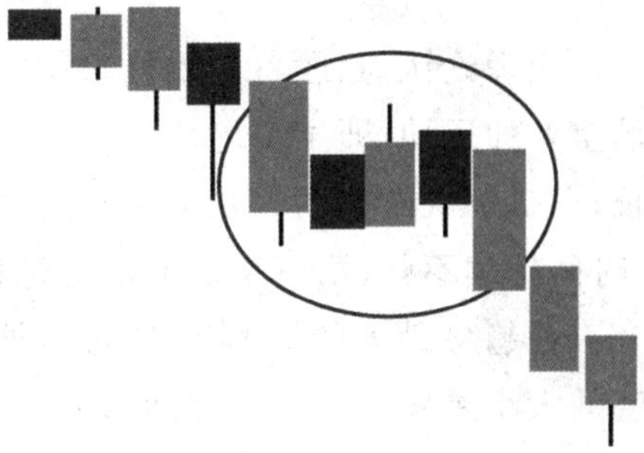　　　　　　**图 10-17　下降三法**

第三节　趋势分析

本部分将介绍趋势分析的相关方法。

一、趋势的含义

趋势就是股价的波动方向,即市场价格运动的方向。

股票价格的波动不是一直朝一个方向运动的,中间肯定会有波动。例如在上升的趋势里,股价肯定会有回落的过程,但回落不是主流,不影响整体趋势的上涨。这种回落与上涨的交替,构成了趋势中的波动。我们把波动的高点叫作峰,波动的低点叫作谷。

根据峰与谷的变化,可以把股价的趋势分为三种:上升、下降和盘整。在图形中,如果每个后面的峰和谷都高于前面的峰和谷,则该股价的趋势方向是上升的；如果每个后面的峰和谷都低于前面的峰和谷，则该股价的趋势方向是下降的；如果后面的峰和谷与前面的峰和谷比较，没有高低之分，忽上忽下，在一个区间横向运动，则该股价的趋势为盘整。如图 10-18 所示。

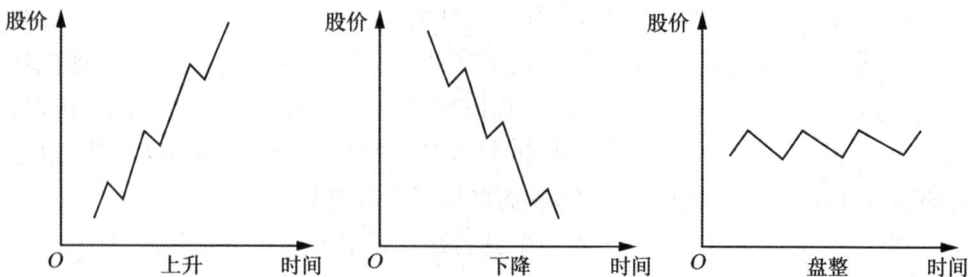

图 10-18　三种趋势图

道氏理论认为，股价的平均价格指数存在三种运动。第一层次的是最基本且最重要的运动，即主要趋势运动：股价整体向上或向下的运动，时间上会持续较长；第二层次的运动是次要的修正运动，表现为主要趋势下的重要回调或反弹，时间持续不长；第三层次的运动是日常波动，时间持续最短。

三种趋势最大的区别是时间的长短和波动幅度的大小差异。观察的时间区间不同，方向也会不同，比如在一个小周期里，股价处于下跌趋势，但放在更大周期，它可能只是上升趋势中的一个回调。如图 10-19 所示，在小周期里，2 处为三浪下跌，但放在大的周期里，它只是上升趋势中的一个回调，并不影响上涨趋势。

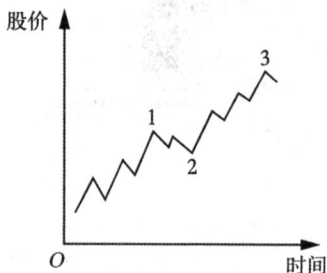

图 10-19　趋势中回调

拓展阅读 10-1
道氏理论的缺陷及应对方法

二、支撑线与压力线

支撑、压力这两个术语在金融圈被普遍使用，我们把支撑定义为能够阻止股价进一步下跌的价位或区域，包括实际的买盘和潜在的买盘，只要成交量足够令股价跌势停滞相当一段时间。压力则是支撑的相反概念，即能够阻止股价进一步上涨的价位或区域，包括实际的卖盘和潜在的卖盘，只要成交量足够令股价涨势停滞相当一段时间。所以，支撑和压力与需求和供给的含义相近，但又不完全一样。

在股票的实际操作中，投资者往往希望买在低点，卖在高点。技术分析研究的是市场行为，是对量价关系的研究。支撑线与压力线其实就是价格成交的密集区间，它不是某一个固定的价格。在给我们实际操作中，它能提供给我们一定的帮助。

1.支撑线

在这个区域,一直下跌的股价开始稳定,接下来开始反弹并上涨。它就像一个地板,当价格下降了,这个区域使价格停止下跌,甚至有可能回升,这个起到阻止价格继续下跌或暂时阻止价格继续下跌的价位,就是支撑线所在的位置。如图 10-20 所示,在交易区间 A 处,20 元附近是支撑线。向下突破支撑区域的下限,对股价是非常负面的,一个给定的支撑区域受到冲击的次数越多,冲击持续的时间越长,一旦股价最终跌破支撑区域的下限,就是强烈的下跌信号,如图 10-21 所示。

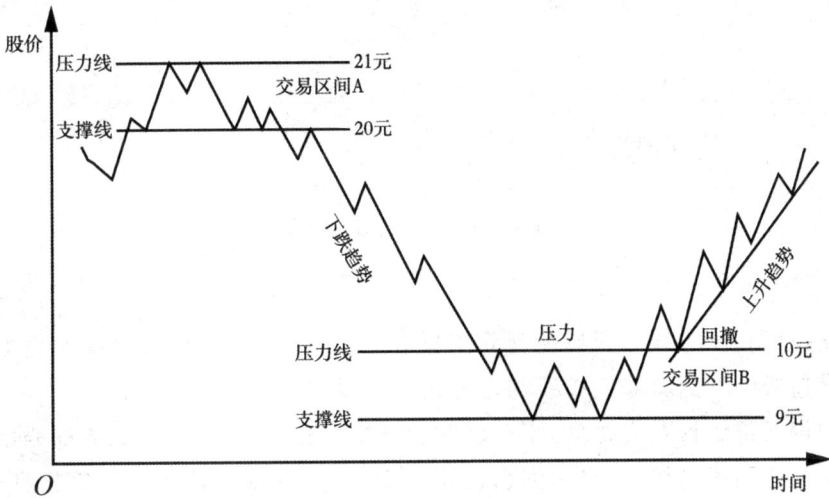

图 10-20　支撑线与压力线示意图

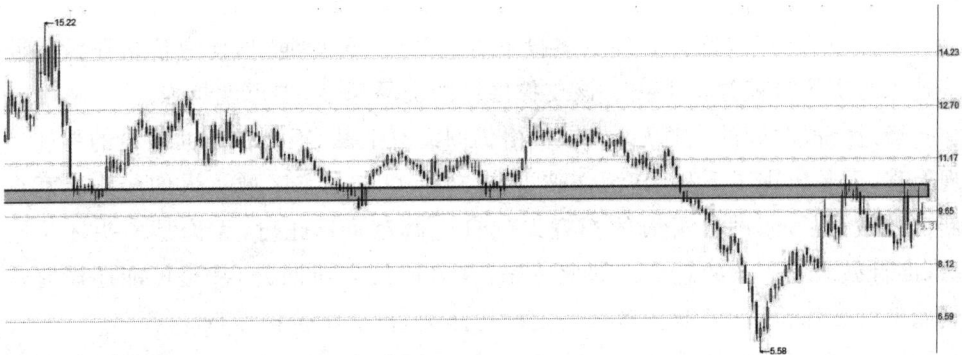

图 10-21　支撑跌破示意图

2.压力线

在这个区域,上涨的股价受到阻力,从而有下跌的可能,接着又发生反弹,但未能突破该区域。压力线起到的作用是限制价格继续上升,当价格上升到某一价位附近,价格会停止上升,甚至回落。这个起着阻力或暂时阻止价格继续上升的价位,就是压力线所在的位置。如图 10-20 所示,在交易区间 B 处,10 元附近具有较强的压力。

同样一个给定的压力区域,受到冲击的次数越多,冲击持续的时间越长。一旦股价最终向上,突破压力区的上限,就是强烈的上涨信号。压力和支撑的根据是股价在某些特定价位会频繁、密集地进行买卖交易(即换手)。如果某只股票在某个价位出现了巨额交易,这个价位往往是一个趋势的反转点,股价每次走到该价位,就会出现支撑或者压力。如图 10-22 所示,当突破压力线后,股价出现一波上涨。

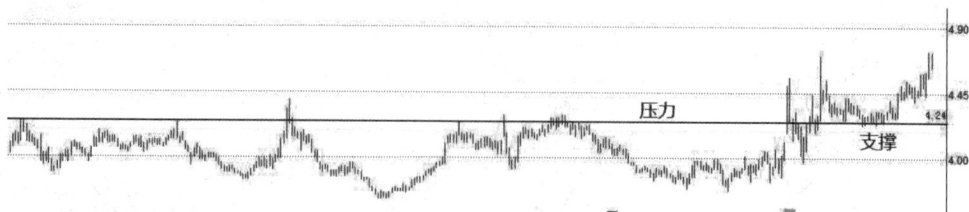

图 10-22　压力突破示意图

3.支撑线和压力线的相互转化

支撑线和压力线之所以能起到支撑和压力的作用,在很大程度上是由于心理因素造成的。这就是支撑线与压力线的主要理论依据。

假设股价维持在支撑区,不久后股价开始上涨,在此支撑区买入的股票多头肯定认为抓住了时机,并且后悔自己买入太少;空头则会认为自己错失良机,希望股价能再降低至可接受范围,此时再买入;而旁观者此时也产生想成为多头的想法。

一旦股价回落,就会受到更多投资者的关注,买盘涌出,使得价格还没有回落到原来支撑位就被推上去。该支撑区域的交易越多,支撑就越强。

经过一段时间的支撑后,如果价格仍旧没有上涨,不是像前面假设的那样出现上移,而是出现了下移,甚至跌破了该支撑,在该支撑区域买入的多头会意识到自己做错了,而没有买入的都意识到自己做对了。此时,无论是多头还是空头,都有抛售该股票的想法。如此一来,一旦股价有所回升,甚至可能还没有达到原来的支撑位,就可能会遭遇一批抛售压力,再次将价格压低。

这时,原来的支撑线就转换成压力线,而压力线转换成支撑线的分析过程与之类似。如图 10-23 所示。

我们也可以通过一般的趋势发展来举例说明。如图 10-24 所示,假设在上升趋势中,一只股票从 12 元涨到 24 元,然后在 24 元处涌现大量卖盘,这些卖盘可能会引发一次中线回调,使股价回落至 18 元附近,也可能引起一系列短线波动,形成一个整固形态,令股价在 24 元至 21 元区间震荡。这次回调或整固之

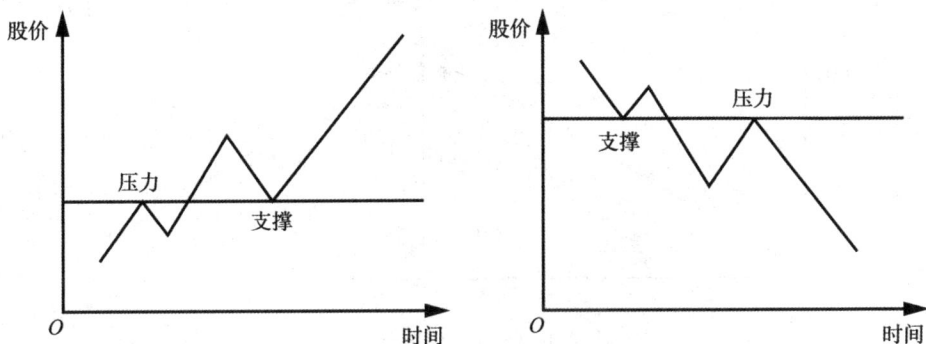

图 10-23　支撑与压力的相互转化

后,一段新的涨势开始形成,股价达到 30 元,再次遭受密集的卖盘,导致上攻受压再次回调。这次回调依然有可能是震荡整固或中线回调。如果是中线回调的话,那么调整的力度将会如何?换言之,新的支撑位可能在哪里?答案是 24 元,即前一个高点,也就是前期交易非常活跃的价位。这个支撑位有可能会使股价在此止跌回升,甚至可能触发短线的反弹修复。此时,24 元附近由原来的压力位转换成支撑位。

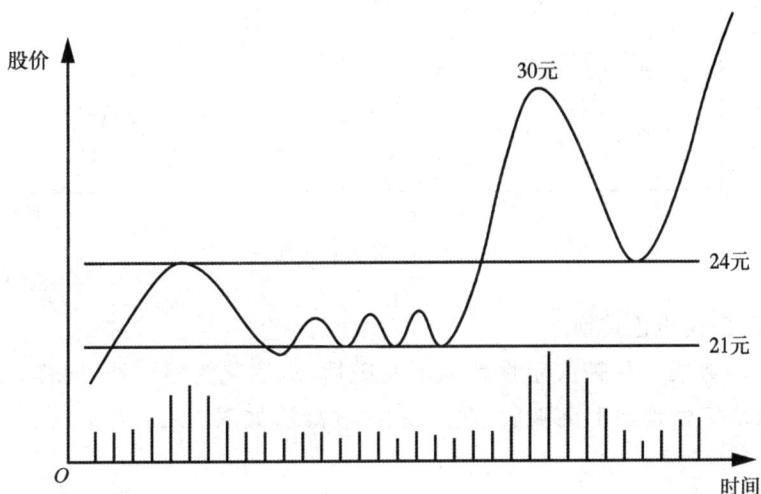

图 10-24　压力转换支撑举例

三、趋势线与轨道线

1.趋势线

趋势线是表现证券价格波动趋势的直线。从趋势线的方向中,可以明确地看出价格波动的趋势。在上升趋势中,将上升的低点连成一条直线,得到上升趋势线;

在下降趋势中,将下降的高点连成一条直线,得到下降趋势线,如图 10-25 所示。

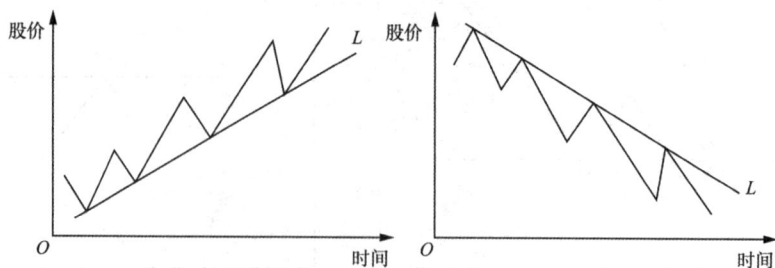

图 10-25　趋势线

所以,趋势线的确认有两个条件:一是必须有趋势存在;二是所画出的直线至少需要得到三个点的有效确认。

(1)运用原则

以三点确认趋势线,顺势而为;与成交量配合,上升时,离开趋势线时增量,回到趋势线时缩量,则为上升趋势线。下降时也如此;若股价穿过趋势线,拉回后,又打下来,可视为趋势的改变,如图 10-26 所示。

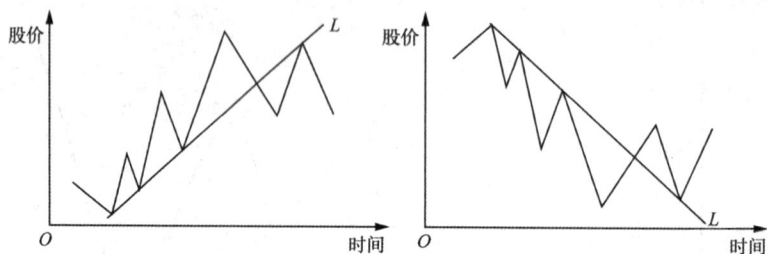

图 10-26　趋势线拉回

(2)趋势线角色转换

上升趋势线一旦被决定性地向下突破后,就演化为阻力线;同样,下降趋势线一旦被决定性地向上突破后,就演变为支撑线,如图 10-27 所示。

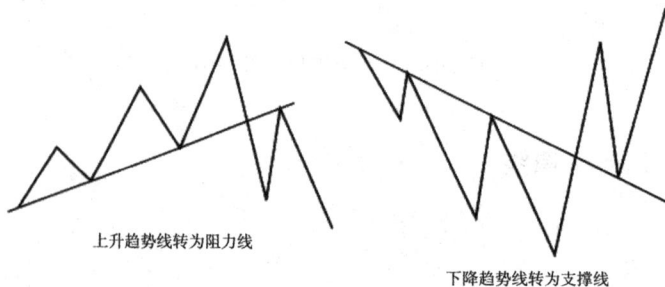

上升趋势线转为阻力线

下降趋势线转为支撑线

图 10-27　趋势线角色转换

2.轨道线

轨道线是趋势线方法的延伸。在得到趋势线后,通过第一个峰或谷的高点或低点,可以作出这条趋势线的平行线。这条平行线就是轨道线。如图 10-28所示。

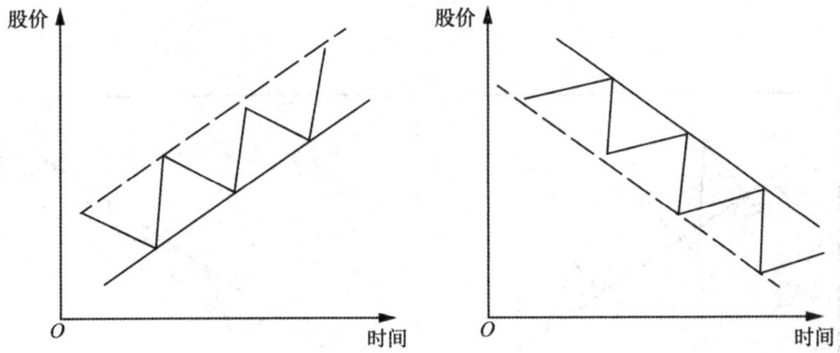

图 10-28　轨道线

两条平行线组成一个轨道,就是常说的上升轨道和下线轨道。轨道的作用是限制价格的变动范围,使价格在这个通道里变化,如果通道的上轨或下轨被突破,就意味着价格将有一个大的变化,但这种变化不一定是趋势方向的改变,而有可能是原来趋势加速的开始,即趋势线的方向变得更加陡峭。如图 10-29所示。

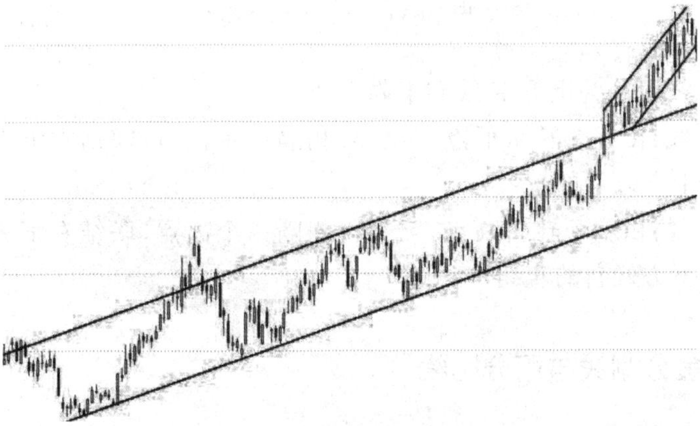

图 10-29　轨道线被突破

轨道线还有一个重要的作用,就是趋势转向的警报。如果在一次波动中未触及轨道线,离得很远就开始掉头,这往往是原有趋势线要改变的信号,说明市场已经没有力量继续维持原来的趋势了。

四、X 线

X 线不同于趋势线、轨道线是高点与高点连接,低点与低点连接,而是以顶和底或底和顶相连,和股价趋势交叉画出,类似英文字母 X,故叫 X 线。如图 10-30所示。

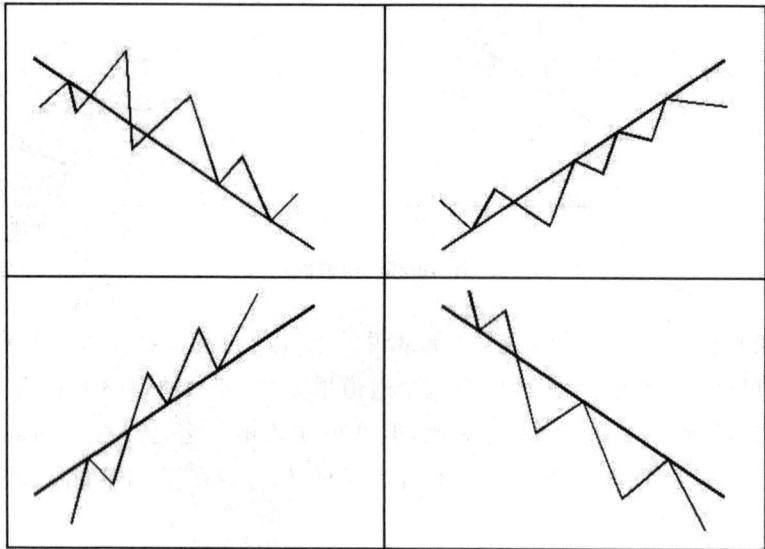

图 10-30　交叉线示意图

股票 X 线可分为上升 X 线和下降 X 线:

上升 X 线:由一个转折低点,至少再相隔一个低点,联结右上方的高点,画出一条朝右上方倾斜的直线。

下降 X 线:由一个转折高点,至少再相隔一个高点,联结右下方低点的,画出一条朝右下方倾斜的直线。

五、黄金分割线与百分比线

趋势线的方向大多是倾斜的,黄金分割线和百分比线是水平的支撑或压力,在实际中往往发挥意想不到的作用。

1.黄金分割线

在技术分析中,有两种黄金分割线,一种是单点的黄金分割线;另一种是两点的黄金分割线。其中,基于两点的黄金分割线实际上是百分比线的一种特例。黄金分割线提供了支撑和压力所在的位置,而并不关注价格何时会达到这些价位。

画出黄金分割线,需要三个步骤。

第一步,记住以下这些特殊的数字:

0.382　　0.500　　0.618　　1.618　　2.000　　2.618　　4.236

这几个数字就是比较有名的"黄金分割数",是使用黄金分割所要用到的最为重要的数据。价格极易在这几个数字产生的黄金分割线处产生压力和支撑。此外,还有如下数字:

0.191　　0.809　　1.191　　1.382　　1.809　　2.191　　2.382　　6.854

第二步,找一个相对的高/低点(极点)。这个点是上升行情结束掉头向下的最高点,或者是下降行情结束掉头向上的最低点。当然,这里的高点和低点都是指一定范围内的极点,是局部的。只要我们能够确认一个趋势(无论是上升还是下降),已经结束或暂时结束的这个趋势的转折点,就可以作为进行黄金分割的点。

第三步,利用极点的价格分别乘以上述的黄金分割比率,就能得到一系列的价格点,进而在图表上画出水平线,这些水平线就是黄金分割线。证券价格容易在黄金分割线处得到支撑或压力。

假如这次上涨的最顶点是 10 元,并开始向下,投资者关心下落将在什么价位获得支撑,黄金分割线就提供了几个支撑价位,即

8.09＝10×0.809　　6.18＝10×0.618　　5＝10×0.500

3.82＝10×0.382　　1.91＝10×0.191

这几个价位极有可能成为支撑,其中 6.18 元和 3.82 元的可能性最大,如图 10-31 所示。

同理,在下降行情开始掉头向上时,我们关心上涨到什么位置会遇到压力。黄金分割线提示的位置是这次下跌的低点价位乘以大于 1 的黄金分割数字。假设这次下落的价位为 10 元,即

13.82＝10×1.382　　16.18＝10×1.618　　18.09＝10×1.809

20.00＝10×2.000　　21.91＝10×2.191　　23.82＝10×2.382

26.18＝10×2.618　　42.36＝10×4.236　　68.54＝10×6.854

这些价位将可能成为未来的上涨压力,其中 13.82、16.18、42.36 成为压力的可能性最大,如图 10-32 所示。

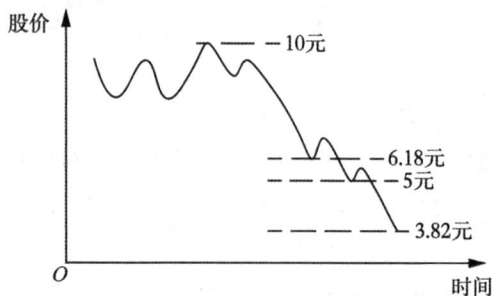

图 10-31　上涨黄金分割线

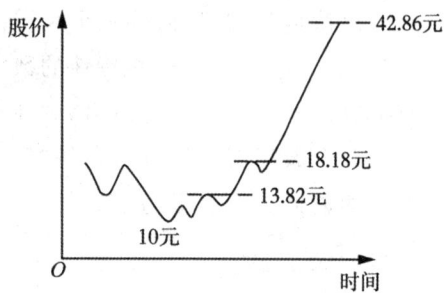

图 10-32　下降黄金分割线

还有另一种使用黄金分割线的方法,即选择最高点和最低点作为区间,以这个区间作为全长,然后在此基础上做黄金分割线,计算出反弹高度和回档的深度,这种方法叫百分比线。

2.百分比线

百分比线考虑问题的出发点是人们的心理因素和一些整数的分界点,当股价持续向上涨到一定程度肯定会遇到压力,遇到压力后就要向下回落,而回落的位置很重要。此时,百分比线提供了几个价位。

以这次上涨开始的最低点和开始下跌回撤的最高点两者之间的差,分别乘上一个特别的百分比数,就可以得到未来支撑可能出现的位置。这些百分比一共有九个,它们分别是:

1/8　1/4　3/8　1/2　5/8　3/4　7/8　1/3　2/3

按照上面的方法,可以得到 9 个价位,如图 10-33。

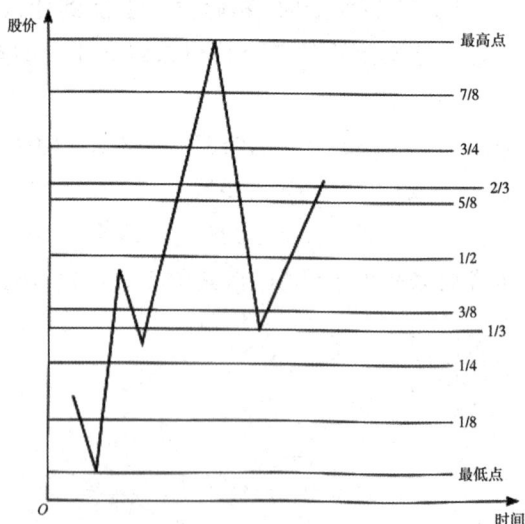

图 10-33　百分比线

其中,1/2、1/3、2/3 这三条最为重要。在很大概率上,回撤到这三条线,是人们的一种心理倾向。

黄金分割线与百分比线的分析原理相似,不同之处在于所引用的比率不同,它们在对同一行情或个股进行分析时,所提示的关键点位基本一致,所以在实际应用中,两者可以相互替代,掌握其中一个即可。

第四节 形态理论

股价变化各有趋势。有的趋势顺畅,有的曲折;有的短暂,有的持久;有的不规则或难以定义,有的则很有规则,呈现出高度一致的上升与下跌形态。这些趋势迟早要改变,可能是反转,也可能是震荡,然后沿新的方向前进。形态理论正是通过研究价格曲线的各种形态,挖掘出价格曲线所隐含的多空双方力量的对比结果,发现价格的运动方向。

一、形态理论概述

价格移动方向由多空双方力量对比决定,是不断寻找平衡和打破平衡的过程。归纳起来,主要分为两种形态类型:反转突破形态和持续整理形态。

1.反转突破形态

反转突破形态是原有形态所处的平衡被打破后,价格波动的方向与平衡之前的方向相反。形成条件为:①股价原来按某种趋势运动。②存在一条重要的支撑线或压力线,该支撑线或压力线被突破。③该形态持续的时间越长,规模越大,则突破发展后带来的波动就越大。④如果是向上突破,必须伴随交易量的放大;向下突破时,虽然对交易量的要求不是绝对的,但成交量的放大往往能增强突破的可靠性。

2.持续整理形态

持续整理形态是原有形态所处的平衡被打破后,价格波动的方向与平衡之前的方向相同,形成条件为:①股价在某个形态内来回运动,形成一个价格区间。②存在一条支撑线和一条压力线,股价在支撑线和压力线之间来回拉锯。③该形态持续时间越长,突破形态后,延续原来运动方向的波动就越大。④打破平衡通常需要伴随较大的成交量,如果成交量不足,往往是假突破的信号。

二、主要的反转突破形态

大多数情况下,当股价趋势反转时,不论是多转空还是空转多,图表上都会出现一个可辨识的反转形态。有些形态迅速成形,有些则需要数周才能确认趋势反转。

1.头肩形态:头肩顶和头肩底

头肩形态在实际价格形态中出现的较多,是最著名、最可靠的反转形态。

最典型,或者说最理想的头肩形态,如图 10-34 所示。从图中可以看出,这种形态一共出现三个顶或三个底,也就是三个局部的高点或低点。中间的高点(或低点)比另外两个高点(或低点)都高(或低),这个高点(或低点)称为头,另外两个称为肩,这就是头肩形态的来历。

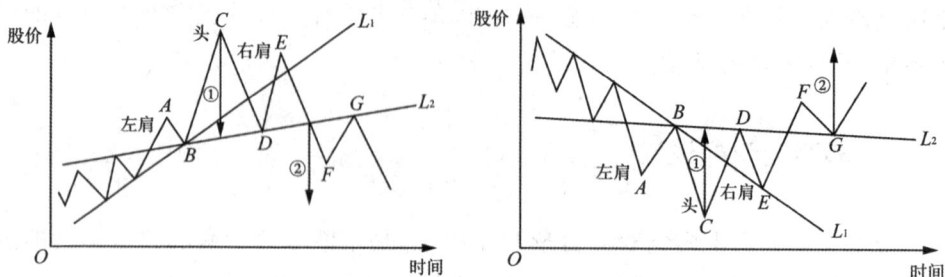

图 10-34 头肩顶和头肩底

头肩顶形态主要由以下几个阶段构成:

A:第一波强劲的上涨过程,股价大幅升高,成交量显著扩大,形成局部高点 A,之后进入短线回调,成交量缩小,远小于股价上升及达到顶部时的水平,这个阶段称为"左肩"。

B:第一波伴随着高成交量的股价上涨,并达到高于左肩顶部的水平,形成一个局部高点 C,之后的回调,伴随着成交量的萎缩,将股价带到之前一波短线回调的底部附近,可能稍高于或低于这个底部,但无论如何都低于左肩的顶部,这个阶段称为"头部"。

C:第三波股价上涨,但成交量显著低于之前左肩和头部的成交量,且股价在达到头部的定点 C 之前就开始回落,形成局部高点 E,这个阶段称为"右肩"。

D:最后,第三波跌势出现,股价跌破颈线 L_2,并通常继续下跌一定幅度,这个阶段称为"确认",即对头肩顶的确认。对于一个有效的头肩顶形态来说,A、B、C、D 四个阶段是必备的,任意一个阶段的缺失都会影响该形态的价值。

一旦头肩顶或头肩底形成,则可以测量涨跌幅满足,即至少涨跌的幅度满足图形中的：①＝②。

2.双顶与双底

双顶与双底又称双重顶和双重底，也就是 M 头和 W 底，是在实际操作中较为常见的两种突破形态，如图 10-35 所示。A、C 为两个顶（底），过 L_1 为颈线，A、C 两顶之间持续的时间越长，高度越高，反转的力度就越大。

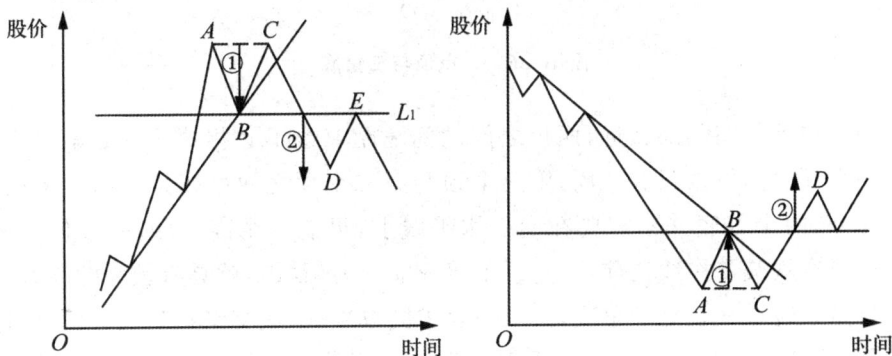

图 10-35　双顶与双底

形成条件：股价先涨至某一水平，通常在整个上涨过程和高位时都伴随着高成交量，然后开始回落，成交量萎缩，之后再次上扬，到达几乎相同的高位，此时成交量略有扩大，但小于第一波涨势的水平，最后再次下跌，形成长线或中线跌势。

双顶的应用如下：

第一，两个顶之间的时间较长。如果两个顶之间的高度相同，但间隔时间较短，当中只有一波短线调整，那么这个双顶更有可能是整固形态的一部分；相反，如果第一个顶出现之后，股价明显下跌，持续低迷，出现长时间圆底形态，且股价回升至第一个顶附近时成交量小，大概率就是双顶反转形态了。

第二，涨跌幅测距。如果两顶之间持续时间较长，过颈线的支撑一旦支撑不住，双顶形态就宣告成立。此信号通常具有长线效力，股价的跌幅至少等于顶部到颈线的距离，如图 10-35 所示：②≥①。

双顶形态的所有规则也适用于双底，只是把方向颠倒一下即可。

3.三重顶与三重底

如果有双重顶、双重底存在的话，按照逻辑，就可以推断三重顶和三重底也存在，并和双重顶、双重底有相似的发展过程。事实上，三重顶和三重底形态确实存在，只是极为罕见。这里以三重顶为例简单介绍，如图 10-36 所示。

真正的三重顶形态具有与双重顶十分相似的特征。三个顶部间隔较大，且顶部之间的谷底较深、较圆。第二波股价上涨的成交量明显小于第一波，第三波的成交量则比第二波更小，常常在上涨过程中并无明显起色。三重顶不需要像

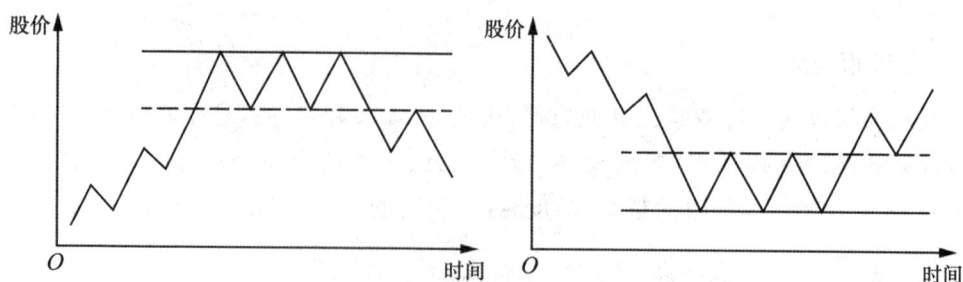

图 10-36　三重顶与三重底

双重顶一样顶部间隔那么远,两顶之间的间隔距离也不必相等。例如第二个顶与第一个顶之间可以只有 3 周,第三个顶与第二个顶之间可能是 6 周以上的时间。此外,两个谷底并不需要在同一水平线上,可能一个高一些,一个低一些。在股价没有跌破支撑线之前,三重顶不算成立,一旦跌破,就具有较大的跌幅。

三重顶转过来就是三重底,其形态要求同双重底,成交量在第三个低点时必须萎缩,从第三个低点上涨时必须放大;第三次反弹的前提是股价必须有效突破前两次反弹的高点。

4.圆弧顶与圆弧底

圆弧顶和圆弧底在实际操作中很少出现,但一旦出现,则是绝好的机会,它的反转深度和高度是不可测的。

以圆弧底为例,在分析圆弧顶时要考虑成交量,成交量是两头多,中间少,特别是在股价涨至前期压力位附近时,会达到天量,其形态如图 10-37 所示。

出现圆弧底的股票一般都是流通盘较大的股票,在股价长期低迷后出现交投活跃、波幅狭窄的现象,那么这只股票通常会以圆弧底的形态开启长线涨势,涨幅从圆弧底构筑结束时算起,净涨幅会在 10%～15%,持续时间则通常会在 5～7 周,一般不会短于 3 周。

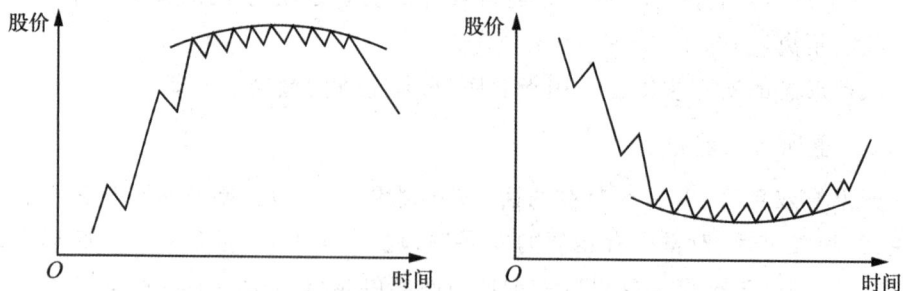

图 10-37　圆弧顶与圆弧底

三、主要的持续整理形态

持续整理形态是指当一只股票暴涨或暴跌达到一定程度之后,动能衰竭,此后,该股票在支撑位附近整理,形成多个短线波动构成的震荡,直到打破平衡,延续原来的方向运动。

持续整理形态种类较多,本节介绍几种常见的持续整理形态。

1.三角形

三角形属于持续整理形态,但也可能是反转突破形态,关键要看它出现的位置。三角形包括对称三角形、上升三角形和下降三角形。

(1)对称三角形

对称三角形大多出现在一个暴涨或暴跌的途中,表示它原有的趋势动能衰竭,处于休整阶段,所以这里持续的时间不宜过长,否则容易出现反转。如图10-38,原有趋势处于上升阶段,在完成三角形整理后,继续原来的趋势不变。

根据经验,三角形突破应该在三角形横向宽度的 $1/2\sim1/4$ 之间,横向宽度即下图中的虚线。同时,在对称三角形突破之后,可以对上升量度进行简单测算,如图10-38中从 C 点突破后,量度升幅应该等于整理时的横向宽度。

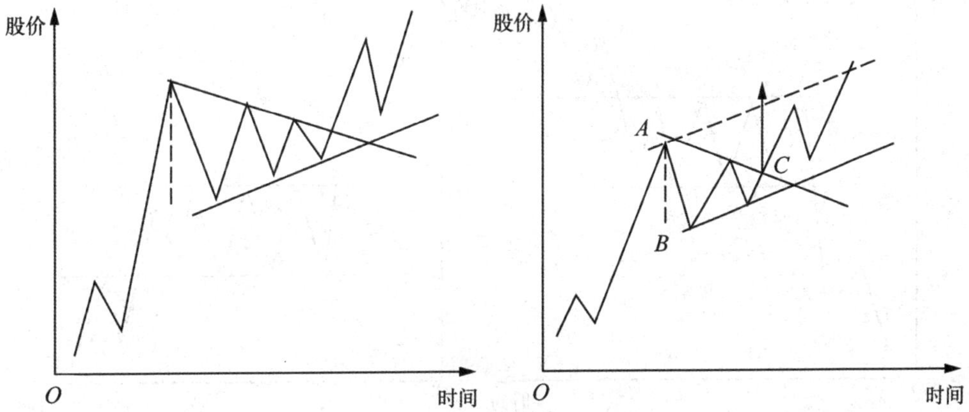

图 10-38 对称三角形示意图

(2)上升三角形与下降三角形

上升三角形是对称三角形的变体。压力线是水平的,而支撑线越来越高。因而,与对称三角形相比,其有更强的上升意识,多方比空方更积极。若股价原有的趋势是向下的,则较难判断。下降三角形的含义与上升三角形的含义正好相反。如图10-39所示。

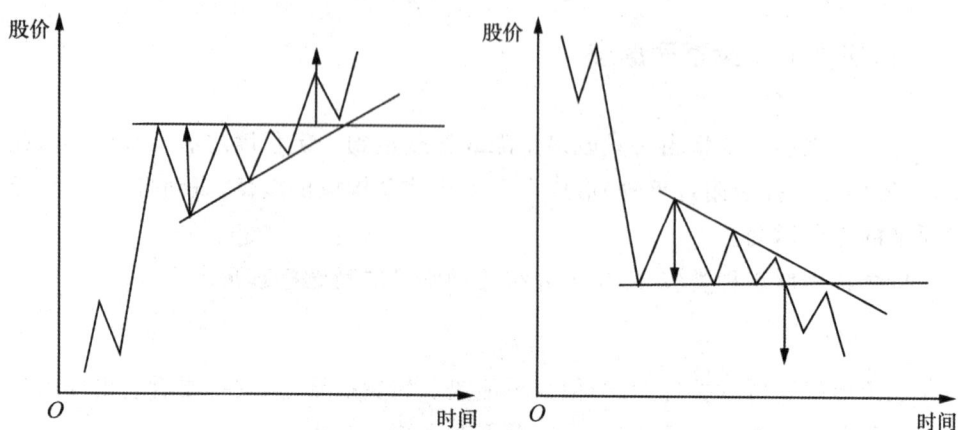

图 10-39　上升三角形与下降三角形示意图

2.矩形

矩形又叫箱形,是一种较为典型的持续整理形态。价格在两条水平线间运动,消化不坚定筹码,一旦出现突破,延续原有趋势的概率比较大。矩形整理的交易机会主要在触碰到矩形上下沿以及带量突破矩形的时候。如图 10-40 所示。

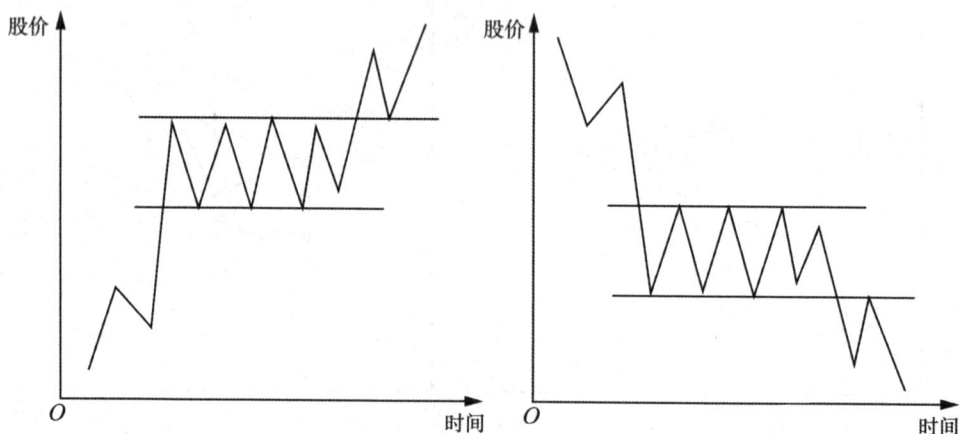

图 10-40　矩形示意图

3.旗形与楔形

旗形和楔形出现的频率最高,在一段上升行情或下跌行情的中途,可能出现好几次这样的图形。两者都是一个趋势的中途休整过程,休整之后,还要保持原来的趋势方向。

（1）旗形

旗形似乎更应该叫平行四边形，它的形状是一个向上倾斜或向下倾斜的平行四边形，如图 10-41 所示。

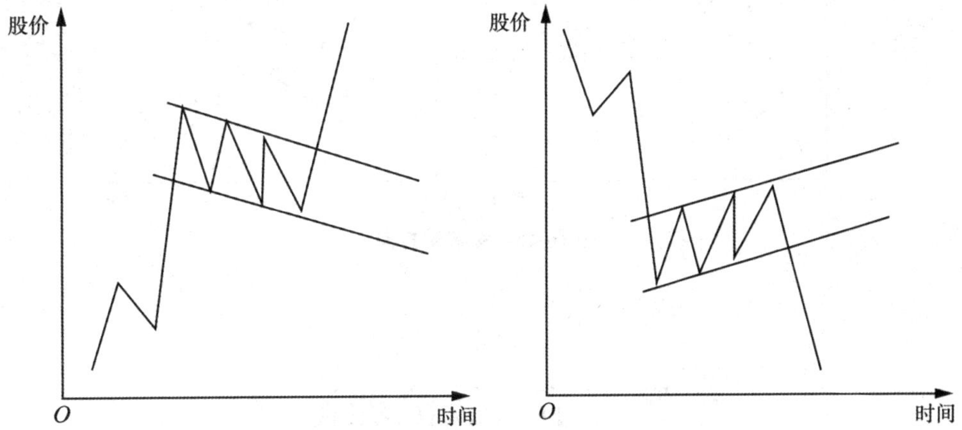

图 10-41　旗形示意图

旗形大多发生在市场极度活跃、价格运动剧烈、近乎直线上升或下降的情况之后，这种剧烈波动的结果是产生旗形的条件。由于上升（下降）过于迅速，市场必然会有所休整，旗形就是完成这一休整过程的主要形式之一。

旗形的上下两条平行线起支撑和压力作用，这一点与轨道线有些相似。这两条平行线中的任意一条被突破，都标志着旗形的完成。

旗形也有测算功能，旗形的形态高度等于平行四边形左右两条边的长度。旗形被突破后，价格至少要走过形态高度的距离，有些理论认为要达到旗杆高度的距离。

识别旗形时，需要注意三点：第一，旗形出现之前，一般应有一个旗杆，这是由价格做直线运动形成的。第二，旗形持续的时间不能太长，如果时间过长，就不能认为是中途的休整。第三，旗形形成之前和被突破之后，成交量都很大。在旗形的形成过程中，成交量从左向右逐渐减少。

（2）楔形

如果将旗形中上倾或下倾的平行四边形变成上倾或下倾的三角形，就得到了楔形，如图 10-42 所示。对于楔形的应用，可以参照旗形的结论。

由于对楔形的要求没有旗形那么严格，因而实际中楔形出现得要多一些。另外，从图 10-42 可见，楔形的上下两条边都是朝着同一个方向倾斜的，这与三角形不同。

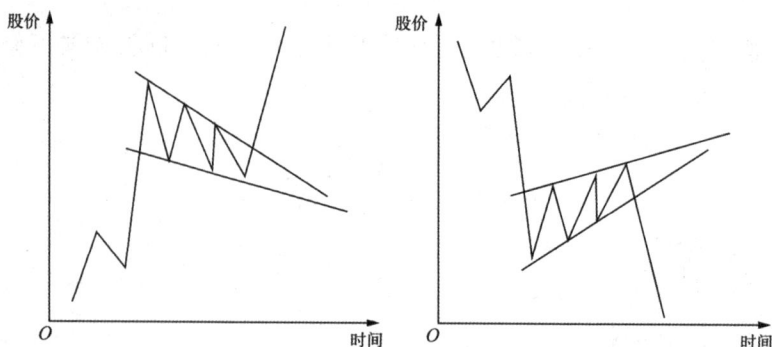

图 10-42　楔形示意图

第五节　波浪理论

　　波浪理论在技术分析中占很重要的位置,是最为神奇的理论。运用波浪理论得出的结论和预测,开始时被一些人怀疑,却能够不可思议地被证实。本节主要介绍波浪理论的相关理论及结构。

一、波浪理论的形成过程及核心思想

　　艾略特通过分析华尔街股市过去 80 年来价格的变化与波动,试图推论出可以合理演绎股价波动的预测模式。在经历了多次失败的尝试后,他终于发现了可以经由统计累计的模式,制定出一套关于价格波动合理推测的理论。1938年,他首次发表了这份研究报告,题目为《波浪理论》,当时的市场反应并不热烈。艾略特又经过 8 年的深入研究,结合埃及金字塔中蕴含的黄金分割律,于 1946年又发表了更完美的理论,并称之为"自然法则"。经过后人的不断补充和完善,才使得波浪理论内容更加充实,进而成为当今技术分析的主要工具。

　　艾略特最初的波浪理论是以周期为基础,根据时间长短,把周期分成长短不同的各种周期,指出在一个大周期之中可能存在很多小的周期,而小的周期又可以细分成更小的周期,每个周期,不论时间的长短,都是以同一种模式进行的,这个模式就是本节要介绍的 8 浪。这 8 个浪完成以后,才能说一个周期结束,将要进入新的周期,而新的周期仍然遵循上述的模式。这就是艾略特波浪理论最基本的思想基础。

二、波浪理论的数学基础

斐波那契数列在波浪理论中有着不可忽视的作用。斐波那契数列的提出者,是意大利数学家列昂纳多·斐波那契。斐波那契数列指的是这样一种数列:0,1,1,2,3,5,8,13,21,34,55,89,144,233,377,610,987,1 597,2 584,4 181,6 765,10 946,17 711,28 657,46 368,…这个数列从第 3 项开始,每一项都等于前两项之和。从图 10-43 可以看出,第一大浪由 5 浪组成,同时又由更小的 21 浪组成,第 2 大浪,由 3 浪组成,同时又由更小的 13 浪组成。第一大浪、第二大浪分为 2 浪,分别由 8 个浪组成,同时又由 34 个更小的浪组成,如此延续下去。

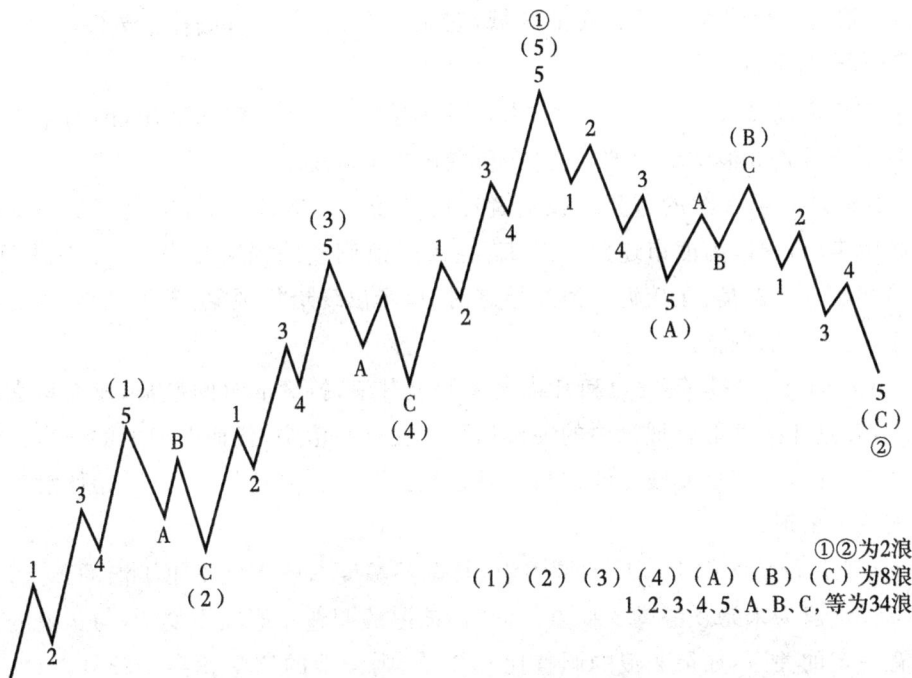

图 10-43　波浪的 34 浪基本形态

三、波浪理论的基本形态——波浪结构图

图 10-43 是一个上升过程中的完整周期的 8 浪结构图。无论趋势是何种模式,8 浪的基本结构是不会改变的,即由 5 个上升浪(也称为推动浪)和 3 个下降浪(调整浪)组成。这个完整周期的 8 浪又分为主浪和调整浪,主浪是主要趋势方向,是波动的主体,调整浪是对主要趋势方向的回调,是对主浪的补充。需要注意的是,主浪和调整浪的地位是相对的,需要结合所观察的范围来定。

如果某个浪的趋势方向与比它高一层
次的浪的趋势方向相同,那么这一浪就称为
主浪,起着推动趋势发展的作用,也称为推
动浪,如图 10-44 中,1 浪、3 浪、5 浪就是主
浪;调整浪的运行方向同它的上一层次的波
浪方向不同,是对主浪的调整和补充,图中
的 2 浪、4 浪是调整浪,由 a、b、c 三浪组成的
大浪是对 1 浪到 5 浪组成的大浪的调整浪。

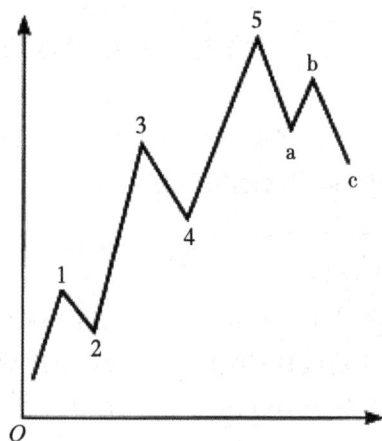

图 10-44　8 浪结构

1.主浪的特征

主浪由 5 个大浪构成,各浪的特性如下:

1 浪通常出现在市场的底部区域,它是
8 浪循环的开始。由于这段行情的上升出
现在空头市场跌势的反转中,买方力量并不坚定,存在一定的卖压,因而第 1 浪
的升幅通常是 5 浪中最短的,它是在质疑声中上涨的。

2 浪是对第 1 浪的调整。投资者经历了漫长的熊市,还没能完全从下跌的
阴影中走出,误以为熊市还没有结束,导致 2 浪调整的幅度相当大,几乎跌回 1
浪的起始点。但是,在接近 1 浪起始点时,市场出现惜售现象,卖压衰竭,成交量
萎缩,完成 2 浪调整。

3 浪通常是最具爆发力和升幅最大的上升浪,持续的时间最长,成交量大幅
扩张,并且伴随着形态理论中的突破信号。在这一浪中,任何图形上的压力都会
被轻易突破,尤其是突破 1 浪的高点时是最强烈的买入信号。另外,延伸浪也多
在该浪中出现。

4 浪是行情大幅上升后的调整浪,其调整幅度一般不低于第 1 浪的顶点,其
低点经常成为未来跌势的支撑点。同时,该浪的调整一般较为复杂,与 2 浪的调
整有一定的关系:如果 2 浪的调整比较简单,则 4 浪的调整就会比较复杂;如果
2 浪的调整比较复杂,则 4 浪的调整相对比较简单。

5 浪属于最后一波上涨浪,一般比 3 浪短,涨势也小于 3 浪。当然,延伸浪
也会在 5 浪中出现,那就是牛市中最后的疯狂。如果 5 浪的高点无法超过 3 浪
的高点,就会形成双重顶,未来成为很大的压力。

2.调整浪的特征

在 a 浪中,大多数投资者认为牛市行情并没有结束,其下跌仅是上涨过后的
调整,后续还有高点。事实上,a 浪的下跌,在第 5 浪中已经出现了警告信号,一
般可以从成交量和指标背离中可以看出。但由于此时市场上投资者的心态比较
乐观,忘记了熊市的悲惨,而没有意识到 a 浪调整的到来。a 浪的调整幅度根据

市场的强弱而不同,主要分为平台式调整和"之"字形调整。

b浪是对a浪调整的反弹,通常成交量不大,涨幅超过不了a浪的起始点。一般而言,b浪是多头的逃命线。但是,由于投资者还没有从上涨行情的涨势中走出来,所以很多投资者误认为这是另一波的上涨,从而形成"多头陷阱",在此套牢。

c浪是对涨势结束的再次确认,往往是一段跌势较强的下跌段,跌幅较大,跌势较强,持续时间较长,涉及面较广。在c浪中,又会形成5浪的下跌,可见跌势之凶猛。

四、波浪理论的应用

我们知道了一个波浪周期的运行过程以及各个浪之间的关系,就可以很好地对未来的走势进行预测。首先,明确目前所处的位置,然后,就可以按照波浪理论的浪形结构及各个浪的特征,确定下一步所应采取的措施。

先确定目前的位置,最重要的是认真准确地识别3浪结构和5浪结构。这两种结构具有不同的预测作用:如果是5浪结构,通常可能是更高层次浪的一浪,好戏还在后头;中途若遇调整,我们就知道这一调整肯定不是以5浪的结构进行,而只会以3浪的结构进行。一旦3浪调整结束,我们就可以买入。

如果我们发现一个5浪结构,而现在正处于5浪结构的顶端,就应该清楚,后面的3浪调整在等着我们,此时应该准备卖出。

上升5浪和下跌3浪的原理同样可以用到熊市中,变成下跌5浪和上涨3浪。由于世界的股市指数都是不断上升的,所以习惯上把股市看作处于牛市主流中,而把熊市看成股市的调整。因此,上升5浪和下跌3浪就成为波浪理论最核心的内容。

第六节　技术指标理论

技术指标是技术分析的重要分支,全世界各种各样的技术指标有上千种。本节主要介绍几种常用的技术指标。

一、技术指标概述

1.技术指标的本质
技术指标是按一定的数学方法对相关数据进行处理,经过处理之后得到的数值就是技术指标。采用不同的数学处理方法会产生不同的技术指标,每个技术指标都是以一个特定的方式对市场进行观察,通过相应的数学公式来计算出技术指标数值。技术指标反映市场某一方面的深层内涵,而这些内涵仅凭通过原始数据是很难看出的。技术指标将某些对市场的特定认识转化为定量分析,可以使得具体操作的精度提高。

2.技术指标的应用法则

应用技术指标应该注意以下六个方面:①指标的背离;②指标的交叉;③指标的极端值;④指标的形态;⑤指标的转折;⑥指标的趋势。

指标的背离是指标的走向与价格走向不一致,这是技术指标相对于价格提前反应的信号;指标的交叉是指标曲线中的两条线发生的相交现象,金叉和死叉就属于这类情况,它们的作用是加强技术指标的信号;指标的极端值是指标的数值达到了一个极其少见的高度或低度,是判断超买、超卖的信号;指标的形态是指标呈现某些反转形态,这同样是加强技术指标信号的体现;指标的转折是指标的曲线发生了掉头,这种掉头往往预示着价格趋势即将结束;指标的趋势是指标本身波动的方向,也是加强技术指标信号的重要依据。

3.应用技术指标应注意的问题

说到底,技术指标是预测工具,而每种工具都有自己的适用范围和特定的环境。使用技术指标常犯的错误是机械地按照结论操作,而不管这些结论成立的条件。在出现错误后,就否定技术指标,认为技术指标没有一点作用。

投资者另一个常见的错误是频繁地使用技术指标。任何一种技术指标都有它的时间性,周期越短,技术指标变化得越快,不稳定性越强。从长期来看,技术指标发出真正有意义的信号是很少的,短期的频繁操作只会带来错误的判断。

如果能够了解每一种技术指标当然很好,每个技术指标都有各自的特长,预测的侧重点是不一样的。但是,我们的精力毕竟有限,只要能够熟练掌握、运用4~5种技术指标,就可能取得不错的效果。至于选择哪几种技术指标,则因人而异。

二、移动平均线(MA)

1.MA 的原理

MA 是将一定时间内的股票价格加以平均,然后连接成的一条曲线,以便观察股价变动的趋势。天数即为 MA 的参数。例如,10 天 MA 就是把包括今天在内的最近 10 天的收盘价相加,然后除以 10,所得到的值。如果选择其他的时间周期作为交易单位,可以得到其他周期的 MA,如周线、季线等。

2.MA 的特征和作用

MA 是对收盘价进行平均之后的数值,平均的目的是消除偶然因素的影响,具有均值回归的意义,具有以下特性:

第一,趋势特性。MA 能够表示价格的趋势方向不受小的反向波动的影响,并追随这个趋势不轻易放弃。

第二,稳定和滞后的特性。MA 一旦横向、向上或向下,就不会轻易改变,必须等股价趋势真正明朗了,才会出现明显的改变。这是因为 MA 不是由一天的股价形成的,而是由几天股价的均值构成的。因此,一天股价的涨跌会被几天的平均值所平滑,使得变动变得较小甚至难以察觉。这个特性的优点是稳定性,不会被短暂的波动所迷惑;缺点是滞后性,只有在价格出现真正的上涨或下跌之后,指标才能够体现出来。

第三,助涨助跌和支撑压力性。当股价突破 MA 时,无论是向上还是向下突破,价格都有继续沿突破方向发展的愿望,这就是 MA 的助涨和助跌性。股价突破 MA,实际上就是突破了原有的压力线或支撑线,否则,支撑线即转换为压力线。

3.MA 的应用

选择不同周期的 MA 指标,作用不同,周期越大,上述特性表现得越明显。比如突破 5 日、10 日、20 日 MA 的助涨和助跌力度是不同的。在实际运用中,MA 通常同时使用几个不同的参数,比如 5 日、10 日、20 日、30 日、60 日等。至于选择哪些参数去辅助投资,取决于投资者的习惯以及投资期限的长短。

(1)多条均线共用

在实际应用中,用一条 MA,如果是短期的,比如 5 日或 10 日,这条均线的变化十分灵敏、活跃,时时出现穿越现象,非常贴近收市价格的轨迹,这时的均线穿越信号可能有效,也可能无效。如果跟随这些信号进行买卖操作,往往成功率较低。如果选用长期的 MA,如 250 均线,则可以反映出长期股市趋势的变化,再加上 MA 具有滞后性(只有当股价涨了一段时间,甚至出现短期回调时,才发出买入信号;当股价跌了一段时间,甚至出现短期的反弹,才出现 MA 均线的拐头向下,发出卖出信号),因此,对于投资者来说,如果单用长期均线,就会错过很多短线的买卖机会。所以,为了更好地把握市场的买卖点,应该同时选择长短期均线。

(2)葛南维均线八大法则

均线最典型的运用就是葛南维买卖法则,如图 10-45 所示,该法则具体如下:

第一,MA 从下降逐渐走平且略向上方抬头,而股价从 MA 下方向上方突破,为买进信号。

第二,股价位于 MA 之上运行,回档时未跌破 MA 后再度上升时为买进时机。

第三,股价位于 MA 之上运行,回档时跌破 MA,但长期来看,MA 继续呈上升趋势,此时为买进时机。

第四,股价位于 MA 以下运行,突然暴跌,距离 MA 太远,极有可能向 MA 靠近(物极必反,下跌反弹),此时为买进时机。

第五,股价位于 MA 之上运行,连续数日大涨,离 MA 愈来愈远,说明近期内购买股票者获利丰厚,随时都会产生获利回吐的卖压,应暂时卖出持股。

第六,MA 从上升逐渐走平,而股价从 MA 上方向下跌破 MA 时说明卖压渐重,应卖出所持股票。

第七,股价位于 MA 下方运行,反弹时未突破 MA,且 MA 跌势减缓,趋于水平后又出现下跌趋势,此时为卖出时机。

第八,股价反弹后在 MA 上方徘徊,而 MA 却继续下跌,宜卖出所持股票。

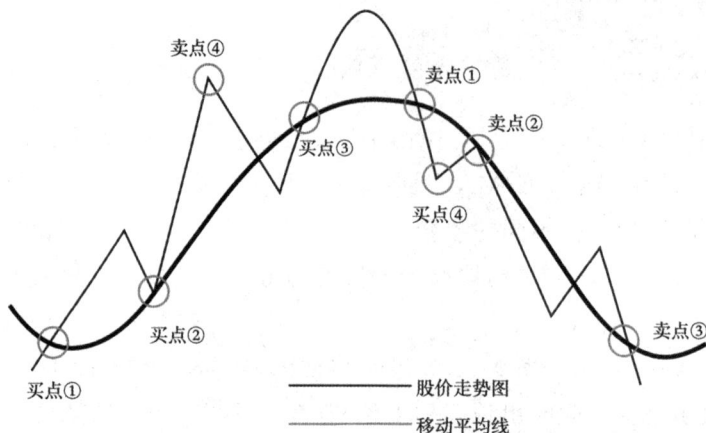

图 10-45　葛南维买卖法则

三、平滑异同移动平均线(MACD)

1.MACD 的原理

MACD 是运用快速和慢速两条 MA 的差离情况,来分析和判断买进与卖出时机及信号的技术分析方法。两条 MA 的参数一般选择 12 天和 26 天。它的原理是运用快速和慢速 MA 聚合和分离的征兆,加以双重平滑处理,用以研判买卖时机。在股市中这一指标具有较大的实践意义,是最常用的指标之一。

MACD 由 DIF(差离值)和 DEA(差离平均值)两部分组成,DIF 是核心,

DEA 是辅助。DIF 是快速指数平滑线 EMA(12) 与慢速指数平滑线 EMA(26) 之差。快速和慢速的区别在于进行指数平滑时所采用的参数大小,参数小的是快速指数平滑线,参数大的是慢速指数平滑线。

EMA 的计算采用递推的方法,具体计算方法如下。

(1)DIF 的计算

所谓差离值,是快速(短期,一般选 12 日)MA 和慢速(长期,一般选 26 日) MA 的差值,在计算上,可先计算出快速 MA 数值和慢速 MA 数值。再用快速 MA 数值 12 天 EMA 减去慢速 MA 数值 26 天 EMA。

快速 EMA 的计算公式为:

$$今日 EMA(12)=11÷(12+1)×昨日 EMA+2÷(12+1)×今日收盘价$$

慢速 EMA 的计算公式为:

$$今日 EMA(26)=25÷(26+1)×昨日 EMA+2÷(26+1)×今日收盘价$$

$$DIF=EMA(12)-EMA(26) \qquad 式(10\text{-}1)$$

在持续的涨势中,12 日 EMA 在 26 日 EMA 之上,其间的正差离值(+DIF) 会越来越大;反之,在跌势中,差离值可能变为负数(-DIF),且绝对值也越来越大。

(2)DEA(差离平均值)的计算

DEA 是 DIF 的移动平均,计算 DEA 的目的主要是消除偶然因素,使结论更可靠。习惯上用 9 天来移动平均,计算公式为:

$$DEA=前一日 DEA×8÷10 + 今日 DIF×2÷10 \qquad 式(10\text{-}2)$$

2.MACD 的应用

计算得出的 DIF 和 DEA 可以是正数,也可以为负数,因而会形成在 0 轴线上下移动的两条快速和慢速线。在实际应用中,需要用 DIF 减去 DEA,绘出柱状图。柱状图不断往正值方向扩大,说明上涨持续;往负值方向不断扩大,说明下跌持续。0 轴是多空双方的分界线,在 0 轴以上,说明股价处于多方市场,否则处于空方市场。

MACD 的应用主要考虑以下几个方面:

(1)DIF 向上突破 DEA,即产生金叉,为买进信号,如果此时两差离值在 0 轴之下,则仅是弱势反弹,不适合大举买进。

(2)DIF 向下跌破 DEA,即产生死叉,为卖出信号,如果此时两差离值在 0 轴之上,则仅是短线回调,不适合全部卖出。

(3)DIF 与 DEA 在 0 轴之上,市场趋向于多头市场,出现金叉为大胆买入信号,出现死叉则可认为短线回调,回调后仍可继续买入;DIF 与 DEA 在 0 轴之下,市场趋向于空头市场,以卖出为主,出现死叉可以大胆卖出,出现金叉则可视为短线反弹,随时准备卖出。

(4)股价处于上升的多头趋势,当 DIF 远离 DEA,造成两线之间乖离率过大时,多头应分批了结。

(5)股价或指数在横盘时,经常会出现 DIF 与 DEA 交错,一会出现金叉,一会出现死叉,这时可不予理会,等突破盘局时,再作出决定。

(6)MACD 的背离信号具有重要的参考价值。所谓背离,就是从 K 线上看,价格不断创出新高(或新低),而 MACD 指标却没有创出新高(新低),即股价与指标没有同步运动的现象。在上涨过程中出现背离,是顶部的信号,需要卖出;在下跌过程中出现背离,是底部信号,提示投资者买入,如图 10-46所示。

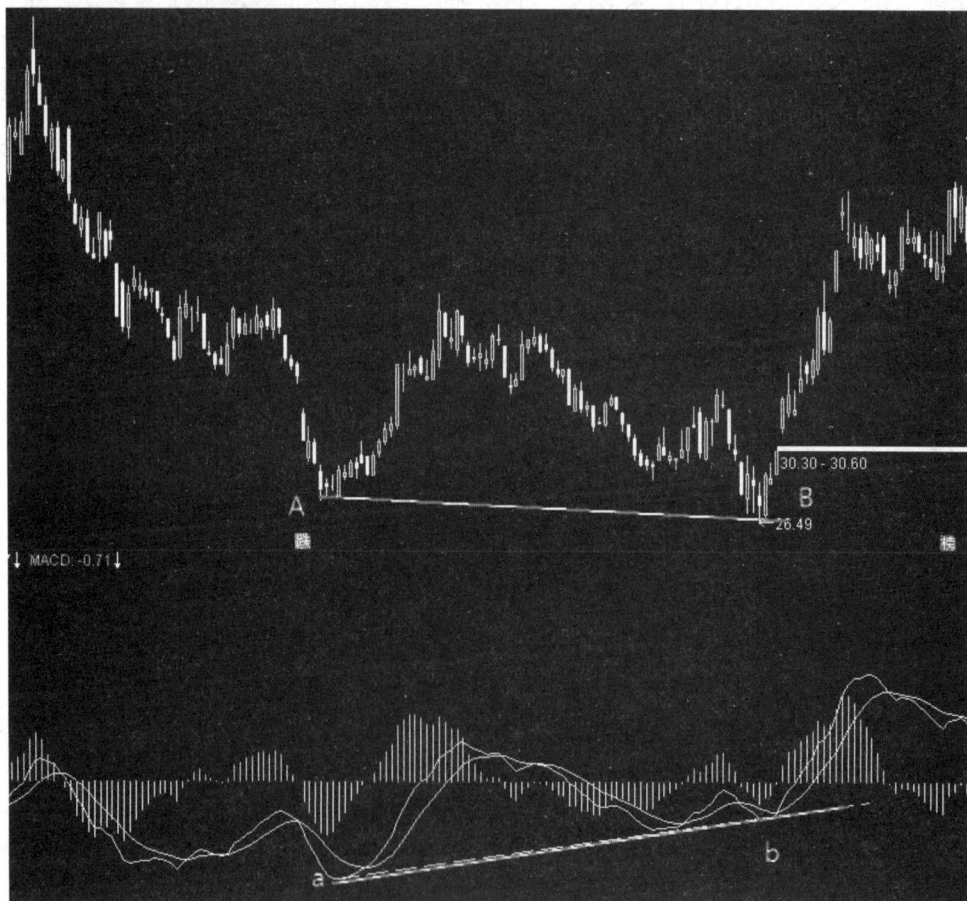

图 10-46　MACD 指标背离

MACD指标能够帮助投资者把握一些短期、中期、长期行情,如果用在长周期中,如周线、月线、季线中,出现底部背离,往往是长期底部的形成。

四、随机指标(KDJ)

1.KDJ 的原理

KDJ 指标即随机指标,是一个比 MACD 还要灵敏的指标,用于反映当前市场上的人气强弱。其最初应用于期货市场的分析,后被广泛用于股市的中短期趋势分析,是期货和股票市场上最常用的技术分析工具之一。

KDJ 是根据统计学原理,通过一个特定的周期(常为 9 日、9 周等)内出现过的最高价、最低价及最后一个计算周期的收盘价及这三者之间的比例关系,来计算最后一个计算周期的未成熟随机值(RSV),然后根据 MACD 来计算 K 值、D 值与 J 值,并绘成曲线图,以研判股票走势。

计算随机指标数值时一般以 9 天为时间周期。首先计算出 RSV,然后再根据 MACD 计算出 K 值和 D 值。其中 K 为快速平均值,D 为慢速平均值。

$$RSV = \frac{C_9 - L_9}{H_9 - L_9} \times 100 \qquad 式(10-3)$$

其中,C_9 为最后一日收盘价,L_9 为最近 9 日最低价,H_9 最近 9 日最高价。

$$K_i = \frac{2}{3}K_{i-1} + \frac{1}{3}RSV_i$$

$$D_i = \frac{2}{3}D_{i-1} + \frac{1}{3}K_i$$

$$J_i = 3K_i - 2D_i$$

计算出来的数值区间在 0~100 之间,可简单地求得当日收盘价在过去 9 日内的全部价格范围中的相对位置。如果数值超过 70,说明当日收盘价接近该价格区间的上端;如果数值低于 30,说明当日收盘价接近该价格区间的下端。

2.KDJ 的应用法则

(1)K 值在 80 以上,D 值在 70 以上,为超买状态;K 值在 20 以下,D 值在 30 以下,为超卖状态。

(2)KDJ 指标与 MACD 指标类似,也存在背离现象。当股价走势一浪高过一浪,而 KDJ 指标却没有跟随上涨,反而走弱或走平,称为"背离"现象,应引起高度注意。背离现象的出现往往预示着转折点的来临,表明走势可能见顶或见底,这是重要的底部或顶部区域。如图 10-47 所示。

　　(3)当 K 线从下方穿越 D 线时,特别是经历一段长时间的下跌,K 线能够从下往上突破 D 线,是买进信号;反之,K 线大于 D 线,经历一段长时间上涨,K 线从上往下跌破 D 线,则是很强的卖出信号。

　　(4)钝化。钝化分为高档钝化和低档钝化。当 D 线在 80 以上时为高档钝化,此时即使出现 K 值从上往下跌破 D 值,也不是卖出信号,而是高位整理。如果 K 线跌到 80 以下则说明高档钝化结束,建议卖出股票。低档钝化与此相反。

　　(5)在使用中,K 线和 D 线常配合 J 线使用,其目的是求出 K 值和 D 值的最大乖离程度,以提前找出 K、D 值的头部或底部。当 J 值大于 100 时,为超买现象,应防止股价快速下跌;当 J 值小于 10 时,为超卖现象。

　　(6)当 K 值接近 0 时,股价处于极度低迷状态,通常会有一波反弹。但由于前期下跌幅度过大、时间过长,上方套牢盘较多,所以在反弹至 K 值为 20~25 时,股价往往会再次下跌,使 K 值再次接近 0。此时,股价才可能开始一轮像样的反弹。相反,如果 K 线升至 100 附近,通常会伴随股价下跌。K 线回到 70~50 附近时,能否重新反弹至 70 以上,取决于盘势的强弱。

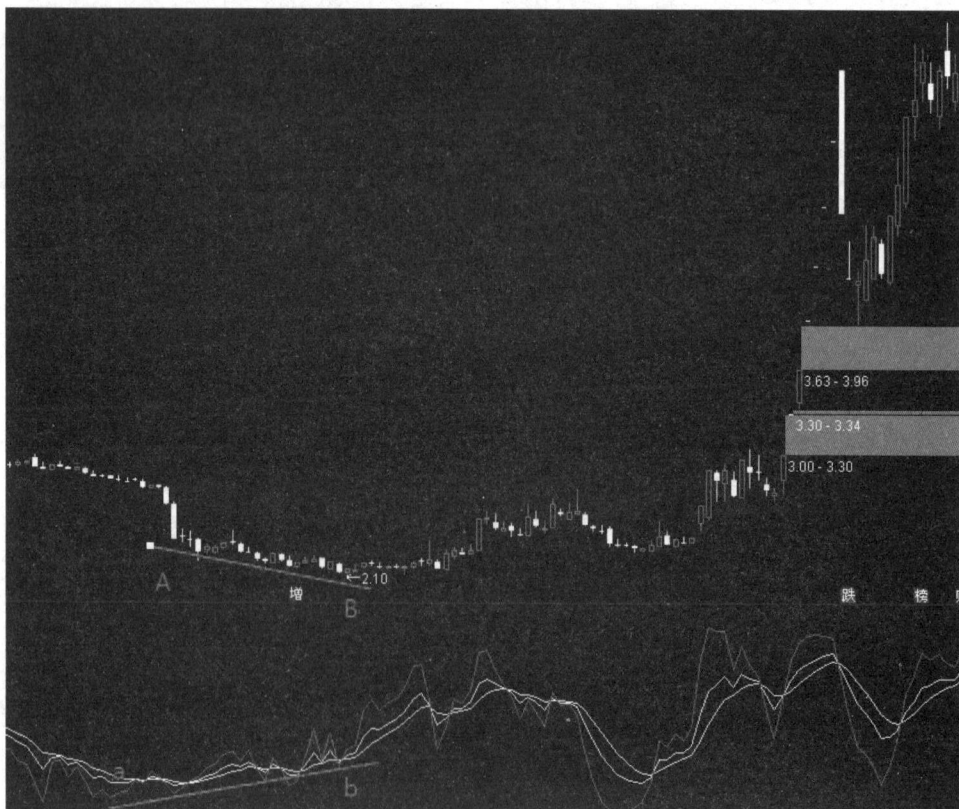

图 10-47　KDJ 指标示意图

五、相对强弱指标(RSI)

1.RSI 的原理

RSI 最早于 1978 年由怀特提出并介绍了其应用方法,随后这一方法在外汇、期货市场中得到了广泛应用。到 20 世纪 80 年代初期,RSI 逐步为众多股民所接受,目前已成为投资者常用的工具之一。

RSI 是通过某个时期内股价升跌的统计结果,来推断买卖双方力量的对比,依此对大市及其走势作出研判。

计算 RSI 时,需要收盘价和参数。参数是时间区间的长度,一般使用交易日的天数。以 14 天为例。首先,找出包括 14 天在内的连续 14 天的收盘价,用每一天的收盘价减去前一天的收盘价,就会得到 14 个数字,这 14 个数字中有正数(比前一天高),也有负数(比前一天低)。

$$RSI(14) = A/(A+B) \times 100 \qquad\qquad 式(10\text{-}4)$$

A 表示 14 天内价格向上波动的累积幅度,一般是正数之和;B 表示 14 天内价格向下波动的累积幅度,一般是负数之和的绝对值,或是负数之和乘以 -1,但通常直接取绝对值更为直观。RSI 的取值范围在 $0 \sim 100$ 之间,它反映了向上波动在总波动中的比重。比重越大,表示市场越强;反之,则越弱。

根据公式可知,RSI 数值出现在 $40 \sim 60$ 之间的机会最多,其次是 $60 \sim 70$ 及 $30 \sim 40$ 之间,再次是 $70 \sim 80$ 及 $20 \sim 30$ 之间,而出现在 $90 \sim 100$ 及 $0 \sim 10$ 之间的机会最少。股票市场的行情具有周期性的变化规律,呈现"低迷—好转—上涨—见顶—下跌—低迷"的循环,每个大循环又包含着小循环。RSI 指数随着行情的变化在 $0 \sim 100$ 之间来回运动,而其变化会先于行情的变化,这是因为它提前揭示了买卖双方力量的对比。但是,由于惯性的存在,当买卖双方均衡的力量没有打破前,行情的发展不会发生变化,反映在 RSI 上,就会出现在超买或超卖状态维持较长一段时间的情况。所以,它在某种程度上又有一定的滞后性。

2.RSI 的应用

(1)考虑两条不同参数的 RSI 曲线的结合。参数小的 RSI 为短期,参数大的 RSI 为长期,如果短期 RSI 大于长期 RSI 属于多头市场,否则为空头市场。

(2)RSI 取值的大小。根据 RSI 的大小,将其取值范围 $0 \sim 100$ 分成 4 个区间,但同时也要结合当时的大盘环境及个股所处的阶段具体分析。

(3)RSI 背离现象。随着股价或指数的上涨,如果 RSI 的值并未随之上涨,反而出现一峰比一峰低的情况(即 RSI 值下降),则形成了顶背离现象,这是强烈的卖出信号；相反，在下跌趋势中，如果 RSI 的值并未随之下跌，反而上升，则形成了底背离现象，这是强烈的买入信号。如图 10-48 所示。

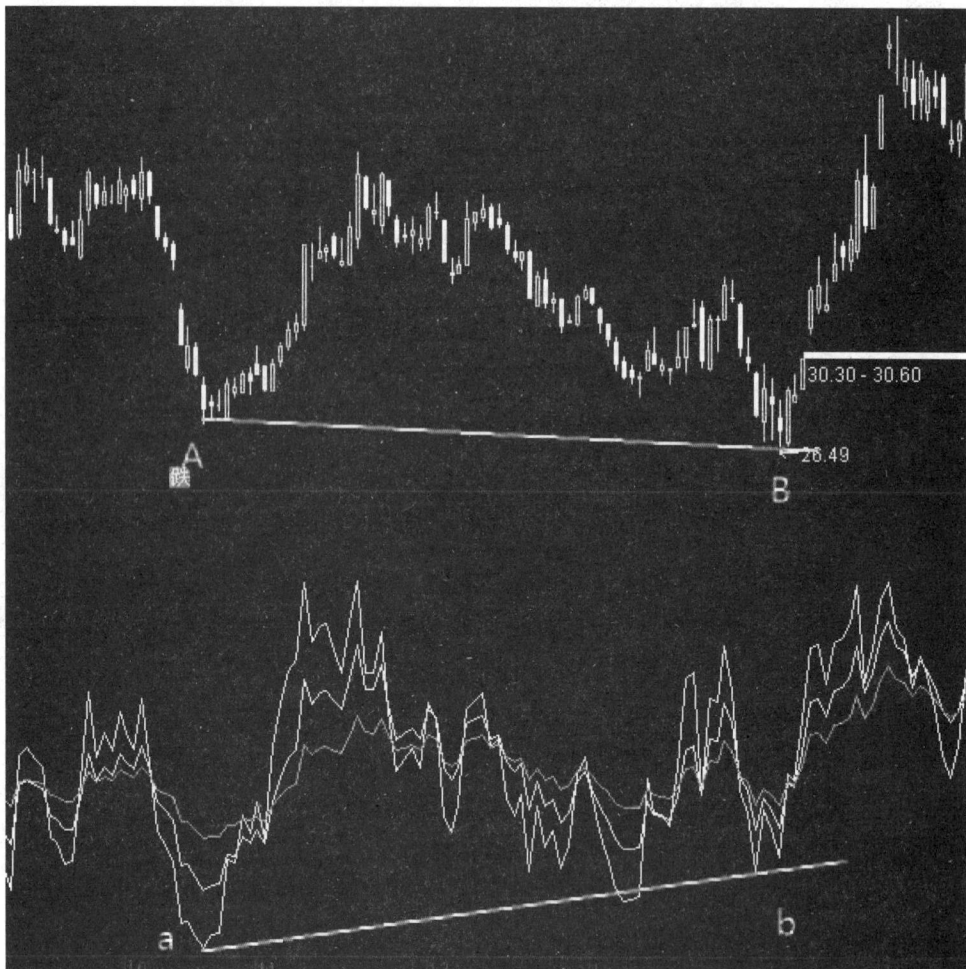

图 10-48 RSI 的背离现象

思考与练习

一、单项选择题

1.技术分析作为一种分析工具，其假设前提是(　　)。

A.市场行为涵盖了一些信息

B.证券价格是随机运动的

C.证券价格以往的历史波动不允许在将来重复

D.证券价格沿趋势移动

2.在头肩顶形态中,当股票收盘价突破颈线幅度超过股票市价(　　)时为有效突破。

A.30％　　　　　　B.10％　　　　　　C.3％　　　　　　D.50％

3.当计算周期天数少的移动平均线从下向上突破天数较多的移动平均线时,为(　　)。

A.持有信号　　　B.等待信号　　　C.买入信号　　　D.卖出信号

4.波浪理论认为,一种完整价格循环周期由(　　)个上升波浪和(　　)个下降波浪构成。

A.4　4　　　　　B.3　5　　　　　C.5　3　　　　　D.6　2

5.量价基本关系是成交量与股价趋势(　　)。

A.同步同向　　　B.同步反向　　　C.异步同向　　　D.异步反向

二、多项选择题

1.证券价格的变动趋势一般分成(　　)。

A.上升趋势　　　B.下降趋势　　　C.突破趋势　　　D.盘整趋势

2.经典的道氏理论将股价运行的趋势分成(　　)。

A.上升趋势　　　B.长期趋势　　　C.中期趋势　　　D.日常波动

3.整理形态的类型很多,除了三角形外,还有(　　)等形态。

A.矩形　　　　　B.旗形　　　　　C.菱形　　　　　D.楔形

4.短期移动平均线有(　　)。

A.5 日线　　　　B.10 日线　　　　C.20 日线　　　　D.30 日线

5.波浪理论的重要内容有(　　)。

A.波浪的形态　　B.波幅比率　　　C.波浪数量　　　D.持续时间

三、判断题

1.技术分析是以证券市场的过去轨迹为基础,预测证券价格未来变动趋势的一种分析方法。(　　)

2.在技术分析中,市场行为涵盖一切信息的假设与有效市场假说不一致。(　　)

3.道氏理论认为,股市在任何时候都存在着三种运动,即长期趋势运动、中期趋势运动、短期趋势运动。(　　)

4.技术分析中的支撑,就是指股价下跌到某个价位附近时所出现的买卖双方同时增加的情况。(　　)

5.技术分析中的整理形态与反转形态相似,都是股价的原有趋势将要发生变动时的信号形态。(　　)

6.波浪理论中的波浪形态可无穷伸展和压缩,但它的基本形态不变。(　　)

7.股价移动平均线(MA)对股价的预期与计算周期所取的天数有关,天数越少,移动平均线(MA)对股价的变动越敏感。(　　)

8.无论在上升行情还是在下跌行情中,平均成交量没有明显变化,表明行情即将突破。(　　)

四、简答题

1.简述基本的 K 线形状并阐述其测市意义。

2.支撑线和压力线相互转化的条件是什么?

3.反转形态和持续整理形态各包含哪几种类型?

4.简述移动平均线(MA)的测市法则。

5.简述 KDJ 指标的测市法则。

五、案例分析

空中楼阁理论与技术分析

空中楼阁理论是美国经济学家凯恩斯提出的,也是技术分析的理论基础。该理论完全抛开股票的内在价值,而强调其是人们心中构造出来的空中楼阁。投资者之所以要以一定的价格购买某种股票,是因为他期望能以更高的价格将它卖给别人。至于股价的高低,这并不重要,重要的是存在更大的"笨蛋"愿以更高的价格向你购买。精明的投资者无须去计算股票的内在价值,他所需做的只是抢在最大"笨蛋"之前成交,即在股价达到最高点之前买进股票,而在股价达到最高点之后将其卖出。

技术分析的基本观点是:所有股票的实际供需量及其背后起引导作用的种种因素,包括股票市场上每个人对未来的希望、担心、恐惧等,都集中反映在股票的价格和交易量上,换句话就是:市场反映了一切信息。技术分析的理论基础之一是空中楼阁理论,是透过图表或技术指标的记录,研究市场过去及现在的行为反应,以推测未来价格的变动趋势。其依据的技术指标的主要内容是由股价、成交量或涨跌指数等数据计算而得的,我们也由此可知——技术分析只关心证券市场本身的变化,而不考虑会对其产生某种影响的经济方面、政治方面等各种外部的因素。人们所想的是"只要自己不是唯一的笨蛋"而且不是"最大的笨蛋"，那么他就有理由加入投机者的行列中来。

盯住市场消息的变化，时刻分析广大投资者对各种因素的反应，以及判断他们采取何种行动的可能，以尽早掌握市场行情运动的先机。运用这种方法，既有人成功，也有人破财。提出空中楼阁理论的凯恩斯是运用心理方法获胜的高手。对购买者来说，一项投资值一定的价格，因为他认为能以更高的价格出售给别人，新的购买者同样认为别人会给他的这项投资以更高的价格。其中没有什么道理可言，这是大众心理在作怪而已。所有精明的投资者必须抢先成交，抢在最早的交易时机，这也便是"博傻"。

资料来源：搜狐网.投资有策略，选择不迷茫——技术分析[EB/OL].(2021-01-04)[2024-07-22].https://www.sohu.com/a/442342426_100239887.

案例思考：你同意上述观点吗，你认为技术分析是否有效？

思政点拨：投资股票时应该保持怎样的心态？是否可以完全抛开股票的内在价值？

六、实训课堂

1.实训目标：明确技术分析的基本假设及常用的几种技术分析方法，尝试将技术分析方法学以致用、融会贯通。

2.实训操作：选择一只股票，追踪其最近两年的走势，利用所学的各种技术分析方法画图并分析整理，并给出投资建议。

第十章
思考与练习参考答案

第 四 篇
证券投资管理

第十一章　证券投资组合管理

学习目标

知识目标

1.了解证券投资组合的基本概念、分类、意义和证券投资组合管理的步骤；

2.理解马科维茨模型和资本资产定价模型的基本原理、公式及其在投资组合管理中的应用。

能力目标

1.培养严谨的分析能力和数据处理能力，能够准确解读和应用金融模型；

2.具备设计和优化投资组合的能力，能够使用马科维茨模型和CAPM模型进行投资组合管理。

素养目标

1.强调证券投资中的风险管理，建立科学的风险防范意识；

2.结合国家经济政策和金融市场改革，探讨政策对证券组合管理的影响。

知识结构图

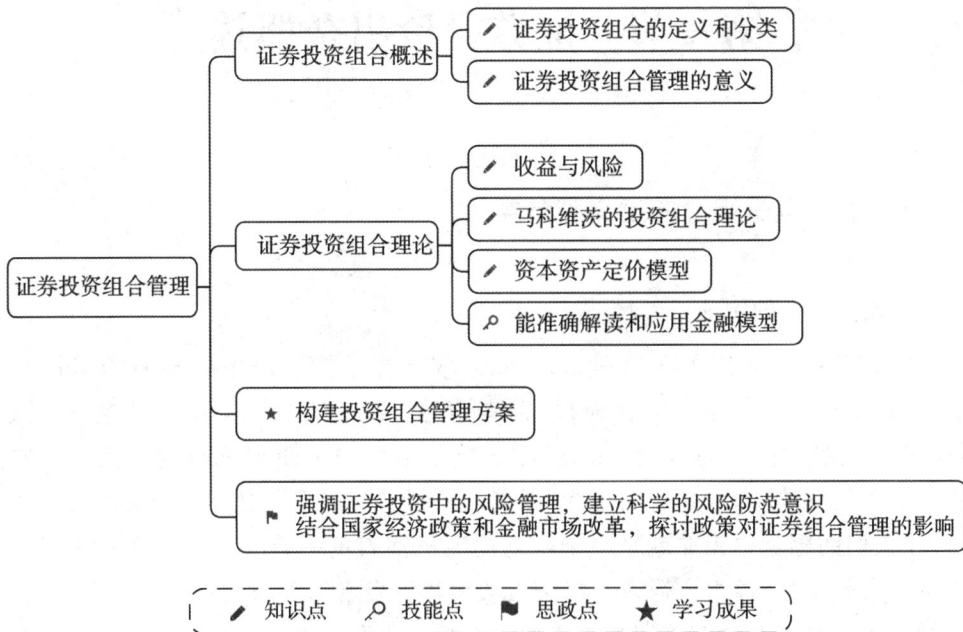

引导案例

美林投资组合管理公司

美林投资组合管理公司(Merrill Lynch Investment Managers, MLIM)是全球知名的资产管理公司之一,隶属于美林公司(Merrill Lynch)。美林公司成立于1914年,总部位于美国纽约市,以其在投资银行、财富管理和资产管理领域的卓越表现而著称。美林投资组合管理公司以客户需求为核心,通过科学的资产配置和分散化投资策略,致力于为客户提供定制化的投资组合方案,降低投资风险,并提高长期收益率。公司依托强大的研究团队和市场分析能力,通过前瞻性的市场预测和专业的资产评估,发掘潜在的投资机会。多年来,美林投资组合管理公司凭借其卓越的经营业绩,赢得了全球客户的信任与认可,成为行业内的领导者。

资料来源:美林集团[EB/OL].(2008-03-04)[2024-07-03].https://www.guandian.cn/article/20080304/71446.html.

什么是证券投资组合?美林投资组合管理公司在制订投资组合方案过程中如何降低投资风险并提高投资收益?

第一节　证券投资组合概述

一、证券投资组合的定义和分类

1.证券组合的定义

"组合"一词对应的英文是 portfolio，该词源于拉丁语中的 portafoglio，由 portare 和 foglio 两部分组合而成，前者意为 carry，即携带，后者意为 leaf 或 sheet，即纸张。古罗马时期，portafoglio 就是指装国家重要文件的公文包。在现在的英语词典中，它的首义也为"纸夹，公文包"。如果从其词典释义出发，"组合"在人们的感觉中无非就是一个时髦皮夹里摆着的一沓文件。但在金融投资理论与实践中，证券组合通常是指个人或机构投资者所拥有的由股票、债券以及金融衍生工具等多种有价证券构成的一个投资集合。

2.证券投资组合的定义

证券组合与证券投资组合，虽然名称相近，实则有着不同的内涵。证券组合主要侧重投资者根据自身的需求和风险承受能力，简单地将不同的证券聚集在一起。证券的选择可能基于多种因素，如个别证券的业绩、行业趋势或市场热点，但并未经过系统性和策略性的优化。相比之下，证券投资组合则是一个更为复杂和精细的概念。证券投资组合是指投资者通过运用现代投资理论和方法，根据其风险承受能力、收益预期和投资目标，将不同的证券（如股票、债券、期货、期权等）按照一定比例和策略进行组合，以期在控制风险的同时实现资产的保值增值。可以说，证券投资组合是证券组合概念的一种高级形式，它更注重投资的策略性和科学性，旨在通过合理的配置和管理，实现投资者在风险与收益之间的最佳平衡。在复杂的金融市场中，证券投资组合为投资者提供了更为精准和有效的投资工具，帮助他们实现长期的财富增值。

3.证券投资组合的分类

证券投资组合按不同的投资目标可以划分为：

（1）收入型证券组合。收入型证券组合主要追求基本收益（如利息、股息等）的最大化。这种组合通常包含附息债券、优先股以及一些避税债券等能够带来稳定收益的证券品种。收入型证券组合适合风险承受能力较低，且希望获得稳定收益的投资者。

（2）增长型证券组合。增长型证券组合以资本升值为主要目标，即追求未来价格上升带来的价差收益。这种组合往往选择那些相对于市场而言具有低风险高收益或收益与风险成正比的证券。增长型证券组合适合那些愿意承担一定风险，追求资本长期增值的投资者。

（3）收入和增长混合型证券组合。收入和增长混合型证券组合试图在基本收入与资本增长之间达到某种均衡。这种组合既追求稳定的利息、股息收益，又期望通过资本升值获得更高的收益。这种均衡策略有助于投资者在保持一定收益稳定性的同时，追求资本的增值。

（4）避税型证券组合。避税型证券组合主要投资于那些能够享受税收优惠的证券，如市政债券等。这种组合有助于降低投资者的税收负担，提高整体投资收益。然而，需要注意的是，避税型证券组合的投资选择可能受到一定限制，且税收优惠政策可能随时间和政策环境的变化而变化。

（5）货币市场型证券组合。货币市场型证券组合主要由各种货币市场工具构成，如国库券、高信用等级的商业票据等。这种组合具有高流动性和安全性的特点，适合短期资金管理和风险承受能力较低的投资者。

（6）国际型证券组合。国际型证券组合主要投资于海外不同国家的证券。这种组合有助于分散单一市场的风险，并可能获得更广泛的投资机会。随着全球化的推进，国际型证券组合在投资组合管理中的地位日益重要。

（7）指数化证券组合。指数化证券组合模拟某种市场指数，以获取与市场平均收益水平相近的投资回报。这种组合通常采用被动投资策略，通过复制指数的成分股和权重来实现与市场表现同步的目标。

二、证券投资组合管理的意义

证券投资管理的提出与证券市场的发展紧密相连，两者相互促进、共同发展。证券市场作为金融市场的重要组成部分，历经多年的演变和拓展，已经形成了一个庞大而复杂的体系。这个体系不仅为投资者提供了多样化的投资渠道和工具，还推动了资本的有效配置和经济的持续发展。

自20世纪90年代初开始，国际证券市场体系逐渐建立并迅速发展，为证券投资提供了更广阔的平台。在这一背景下，证券投资管理应运而生，并逐渐发展成为一门专业的学科和实践领域。证券投资组合作为证券投资管理的重要手段之一，在以下四个方面具有重要的意义：

（1）有效分散投资风险。在投资过程中，单一证券的价格受到众多因素的影响，如公司业绩、行业动态、宏观经济环境等。这些因素的变化可能导致单一证券价格的大幅波动，从而增加投资风险。通过将不同风险特性的证券进行组合，投资者可以降低单一证券的风险,实现风险的分散和降低。

(2)提高投资收益的稳定性。通过将不同行业和领域的证券纳入投资组合,投资者可以确保在不同市场环境下,总有部分证券表现良好,从而维持投资组合的整体收益。这种多元化的投资策略有助于减少单一证券带来的收益波动,提高投资收益的稳定性。

(3)实现投资目标。每个投资者都有自己的投资目标和风险承受能力。通过构建合理的证券投资组合,投资者可以根据自身情况调整各类证券的配置比例,以实现特定的投资目标。例如,对于追求稳健收益的投资者,可以选择风险较低的证券进行配置;而对于追求高收益的投资者,则可以适当增加高风险证券的比例。

(4)提高投资决策的科学性。构建证券投资组合需要运用现代投资理论和方法,对市场走势、经济周期、公司基本面等因素进行深入分析。通过科学的方法和技术手段,投资者可以更加精准地把握市场趋势,提高投资决策的有效性和准确性。

(5)培养投资者的长期投资理念。构建证券投资组合需要投资者具备长期投资视野,关注长期收益和风险控制。这种投资理念有助于投资者避免盲目追涨杀跌,保持冷静和理性,从而实现长期稳定的投资收益。

第二节　证券投资组合理论

一、收益与风险

(一)资产的收益与收益率

1.资产收益的含义与计算

资产收益是指资产的价值在一定时期的增值。一般情况下,有两种表述资产收益的方式:第一种方式是以金额表示的,称为资产的收益额,通常以资产价值在一定期限内的增值量来表示。该增值量来源于两部分:一是期限内资产的现金净收入,二是期末资产的价值相对于期初价值的升值。前者多为利息、红利或股息收益,后者称为资本利得。第二种方式是以百分比表示的,称为资产的收益率或报酬率,是资产增值量与期初资产价值的比值。该收益率也包括两部分:一是利息(股息)的收益率,二是资本利得的收益率。显然,以金额表示的收益与期初资产的价值相关,不利于不同规模资产之间收益的比较,而以百分数表示的收益则是一个相对指标,便于不同规模下资产收益的比较与分析。所以,在通常情况下,我们都是用收益率的方式来表示资产的收益。另外,由于收益率是相对于特定期限的,它的大小要受计算期限的影响,但是计算期限常常不一定是一年。为了便于比较和分析,对于计算期限短于或长于一年的资产,在计算收益率时,一般要将不同期限的收益率转化成年收益率。因此,如果不作特殊说明的话,资产收益指的是资产的年收益率,又称资产的报酬率。

2.资产收益率的类型

(1)实际收益率。实际收益率表示已经实现或确定可以实现的资产收益率,表述为已实现或确定可以实现的利息(股息)率与资本利得收益率之和。当然,当存在通货膨胀时,还应当扣除通货膨胀率的影响,剩余的才是真实的收益率。

(2)预期收益率。预期收益率也称为期望收益率,是指在不确定的条件下,预测的某资产未来可能实现的收益率。一般按照加权平均法计算预期收益率,计算公式为:

$$预期收益率 = \sum_{i=1}^{n}(R_i \times P_i) \qquad 式(11-1)$$

其中,R_i 表示情况 i 出现时的收益率;P_i 表示情况 i 可能出现的概率。

例 11-1:某投资者投资 A、B 两项资产,两项资产的收益率及其概率分布情况如表 11-1 所示,试计算两个项目的期望收益率。

表 11-1　资产 A 和资产 B 投资收益率的概率分布

市场行情	投资收益率/%		该种情况出现的概率	
	资产 A	资产 B	资产 A	资产 B
好	15	20	0.2	0.3
一般	10	15	0.6	0.4
差	0	−10	0.2	0.3

根据式(11-1),计算资产 A 和资产 B 的期望收益率分别为:

资产 A 的期望收益率=15%×0.2+10%×0.6+0×0.2=9%
资产 B 的期望收益率=20%×0.3+15%×0.4+(−10%)×0.3=9%

(3)必要收益率。必要收益率也称最低报酬率或最低要求的收益率,表示投资者对某资产合理要求的最低收益率。必要收益率由无风险收益率和风险收益率两个部分组成:无风险收益率也称无风险理论,它是指无风险资产的收益率,其大小由纯利率(资金的时间价值)和通货膨胀补偿率两部分组成。由于国债的风险很小,尤其是短期国债的风险更小,因此,为了方便起见,通常用短期国债的利率近似地代替无风险收益率。风险收益率则是指某资产持有者因承担该资产的风险而要求的超过无风险收益率的额外收益。风险收益能够衡量投资者将资金从无风险资产转移到风险资产而得到的"额外补偿"。它的大小取决于两个因素:一是风险的大小,二是投资者对风险的偏好。

(二)资产的风险及其衡量

1.风险的概念

"风险"一词的英文是 risk,来源于古意大利语 riscare,意为 to dare(敢),其实指的就是冒险,是利益相关者的主动行为,有某些正面的含义。从不同的角度出发,风险有不同的意义。一方面,其与机会、概率以及随机性相结合,另一方面,又与危险、损失等相结合。从投资者的角度来看,风险是指在各种投资活动过程中,由于难以预料或无法控制的因素作用,使资产的实际收益与预计收益发生背离,从而蒙受经济损失的可能性。

2.风险衡量

衡量风险的指标主要有方差、标准差和标准差率等。在介绍方差之前,需先了解概率分布和期望值。

在经济活动中,某一事件在相同的条件下可能发生也可能不发生,这类事件称为随机事件。概率是用来表示随机事件发生可能性大小的数值。通常,把必然发生的事件的概率定为1,把不可能发生的事件的概率定为0,而一般随机事件的概率是介于0与1之间的一个数。概率越大,就表示该事件发生的可能性越大。随机事件所有可能的结果出现的概率之和等于1。

期望值是一个概率分布中的所有可能结果,以各自相应的概率为权数计算的加权平均值。期望值通常用符号 $\overline{E}$ 表示。计算公式如下:

$$\overline{E} = \sum_{i=1}^{n} R_i \times P_i \qquad \text{式(11-2)}$$

其中,R_i 表示第 i 种情况可能出现的结果;P_i 表示第 i 种情况可能出现的概率。

(1)方差。在概率已知的情况下,方差的计算公式为:

$$\sigma^2 = \sum_{i=1}^{n} (R_i - \overline{E})^2 \times P_i \qquad \text{式(11-3)}$$

其中,$(R_i - \overline{E})$ 为第 i 种情况可能出现的结果与期望值的离差;P_i 为第 i 种情况可能出现的概率。

方差的计算公式可以表述为离差平方的加权平均数。

（2）标准差。标准差也叫标准离差，是方差的平方根。在概率已知的情况下，其计算公式为：

$$\sigma = \sqrt{\sum_{i=1}^{n} (R_i - \overline{E})^2 \times P_i} \qquad 式（11-4）$$

标准差以绝对数衡量投资方案的风险，在期望值相同的情况下，标准差越大，风险越大；反之，标准差越小，则风险越小。由于无风险资产没有风险，所以，无风险资产的标准差等于零。

例 11-2：以例 11-1 中的数据为例，分别计算 A、B 两项资产投资收益率的方差和标准差，并比较 A、B 两项资产投资的风险大小。

$$\begin{aligned}资产 A 投资收益率的方差 &= (15\% - 9\%)^2 \times 0.2 + (10\% - 9\%)^2 \times 0.6 + \\ &\quad (0 - 9\%)^2 \times 0.2 \\ &= 0.002\ 4\end{aligned}$$

$$资产 A 投资收益率的标准差 = \sqrt{0.002\ 4} = 0.049$$

$$\begin{aligned}资产 B 投资收益率的方差 &= (20\% - 9\%)^2 \times 0.3 + (15\% - 9\%)^2 \times 0.4 + \\ &\quad (-10\% - 9\%)^2 \times 0.3 \\ &= 0.015\ 9\end{aligned}$$

$$资产 B 投资收益率的标准差 = \sqrt{0.015\ 9} = 0.126\ 1$$

由于资产 A 和资产 B 投资收益率的期望值相同（均为 9%），因此，标准差大的风险大，计算结果表明，资产 B 的风险高于资产 A。

（3）标准差率。标准差率是标准差同期望值之比，通常用符号 V 表示，其计算公式为：

$$V = \frac{\sigma}{\overline{E}} \times 100\% \qquad 式（11-5）$$

标准差率是一个相对指标，它以相对数反映投资方案的风险程度。方差和标准差作为绝对数，只适用于期望值相同的投资方案风险程度的比较。对于期望值不同的投资方案，评价和比较其各自的风险程度只能借助于标准差率这一相对数值。在期望值不同的情况下，标准差率越大，风险越大；反之，标准差率越小，风险越小。

例 11-3：假设资产 A 和资产 B 的期望投资收益率分别为 10% 和 12%，投资收益率的标准差分别为 6% 和 9%，比较资产 A 和资产 B 风险的大小。

由于资产 A 和资产 B 的投资收益率的期望值不同，因此，不能根据标准差比较风险大小，应该计算各自的标准差率，然后得出结论。

资产 A 投资收益率的标准差率＝6％/10％×100％＝60％

资产 B 投资收益率的标准差率＝9％/12％×100％＝75％

计算结果表明,资产 A 的风险低于资产 B。

通过上述方法,将投资风险加以量化,投资者即可据此作出决策。对于多方案择优,投资者的行动准则应是选择低风险、高收益的方案,即选择标准差率最低、期望收益率最高的方案。然而,高收益往往伴有高风险,低收益方案的风险程度往往也比较低,究竟选择何种方案,不仅要权衡期望收益与风险,还要考虑投资者对风险的态度,综合作出决定。

二、马科维茨的投资组合理论

现代证券投资组合理论的产生可以追溯到哈里·马科维茨(Harry Markowitz)于 1952 年在《金融》杂志上发表的论文《资产组合选择》。在这篇论文中,马科维茨提出了一个全新的投资理念,即通过选择多种证券组成一个投资组合,可以在一定风险水平下将预期收益最大化。这一思想打破了传统投资中孤立地看待单一资产的做法,强调了资产之间的协同效应和分散化的重要性。马科维茨的核心观点是投资者应关注投资组合的整体风险与收益特征,而不是单个证券的风险与收益。他通过引入方差作为衡量风险的指标,提出了投资组合的期望收益和方差之间的权衡关系,并推导出了"有效边界"的概念。在有效边界上,每一个投资组合在给定的风险水平下都有最大的期望收益。

(一)基本假设

马科维茨的投资组合理论包括以下假设条件:①投资者是风险的规避者。投资者希望通过选择适当的投资组合来最大化预期收益,同时最小化风险。②投资回报服从正态分布。投资组合中各资产的回报率服从正态分布,这意味着投资收益是对称的,极端事件的概率较低。③单一投资期。该理论通常假设一个单一的投资期,这个时期的长度是固定的,在期末对投资组合进行评估。④证券市场是有效的。即投资者对于证券市场上每一种证券风险和收益的变动及其产生的因素等信息都是知道的,或者是可以得知的。⑤没有交易成本和税收。理论假设没有交易成本、税收等因素的影响,这使得投资者可以自由调整他们的投资组合,而不受到额外费用的约束。⑥资产的无限可分性。资产可以无限分割,这意味着投资者可以持有任意数量的资产份额,而不受最小交易单位的限制。⑦无风险资产的存在。该理论通常假设存在一种无风险资产,投资者可以借入或贷出任意数量的资金,而不受信用风险的影响。⑧投资者仅通过均值和方差来衡量组合。投资者通过期望收益(均值)和风险(标准差或方差)来评估和选择投资组合,而不考虑其他因素。

知识链接 11-1

现代资产组合理论

1952 年,美国经济学家马科维茨在他的学术论文《资产组合选择》中,首次应用资产组合报酬的均值和方差这两个数学概念,从数学上明确地定义了投资者偏好,并以数学化的方式解释了投资分散化原理,系统地阐述了资产组合和选择问题,标志着现代资产组合理论(Modern Portfolio Theory,简称 MPT)的开端。该理论认为,投资组合能降低非系统性风险,一个投资组合由组成的各证券及其权重所确定,选择不相关的证券应是构建投资组合的目标。它在传统投资回报的基础上第一次提出了风险的概念,认为风险而不是回报才是整个投资过程的重心,并提出了投资组合的优化方法。马科维茨因此而获得了 1990 年诺贝尔经济学奖。

(二)证券投资组合的收益与风险

马科维茨首先在单一证券的基础上分析了由多种风险资产构成的投资组合情形。

1.证券投资组合的期望收益率

证券投资组合的期望收益率是指投资组合在未来某一时间段内的预期平均收益率。它是所有可能收益率的加权平均值,权重是每种收益率出现的概率。

对于一个包含 n 只证券的投资组合,其期望收益率 $\overline{R}_p$ 表示为:

$$\overline{R}_p = \sum_{i=1}^{n} R_i \omega_i \qquad 式(11-6)$$

其中,$\overline{R}_p$ 是投资组合的期望收益率;ω_i 是第 i 只证券在投资组合中的权重;R_i 是第 i 只证券的期望收益率。

例 11-4:某投资公司的一种投资组合中包含 A、B、C 三种股票,权重分别为 20%、40%、40%,三种股票的预期收益率分别为 10%、12%、15%,要求计算该投资组合的预期收益率。

$$该投资组合的期望收益率 = 20\% \times 10\% + 40\% \times 12\% + 40\% \times 15\%$$
$$= 12.8\%$$

2.证券投资组合风险的衡量

由于每种证券在一定时期后的实际收益率与期望收益率可能不一致,因此证券组合的实际收益率与期望收益率也会不同,从而要对证券组合的风险加以考虑。证券投资组合风险最终都会通过对投资者收益稳定性的影响得到体现,可以说证券投资组合收益率的波动实际上与证券投资组合风险具有同等内涵。因此,可以通过证券投资组合收益率波动的分析来衡量证券投资组合的风险程度。

证券投资组合的期望收益率由各个证券期望收益率加权平均而得。但是,证券投资组合的风险(σ_p)并不是各个证券标准差的加权平均数,即 $\sigma_p \neq \sum \sigma_i P_i$。证券投资组合的标准差通常表示为组合中各个资产的权重、资产收益的标准差以及资产间的协方差的函数。协方差是衡量两个随机变量证券 i 的收益率和证券 j 的收益率之间的互动性的统计量。即

$$\mathrm{COV}(i,j) = E\{[R_i - E(R_{(i)})] \times [R_j - E(R_{(j)})]\} \qquad 式(11\text{-}7)$$

$\mathrm{COV}(i,j)$ 是证券 i 和证券 j 的协方差,测度的是两个风险资产收益相互影响的方向和程度。因此,由两个证券组成的投资组合的方差的计算公式如下:

$$\sigma_p^2 = \omega_i^2 \sigma_i^2 + \omega_j^2 \sigma_j^2 + 2\omega_i \omega_j \mathrm{COV}(i,j)\sigma_i \sigma_j \qquad 式(11\text{-}8)$$

其中,ω_i 和 ω_j 分别是第 i 种和第 j 种资产在组合中的权重;σ_i 和 σ_j 分别是第 i 种和第 j 种资产的收益标准差;$\mathrm{COV}_{(i,j)}$ 是第 i 种和第 j 种资产收益之间的协方差。

如果两种证券之间的协方差为正值,则表明两种证券的收益率倾向于往相同方向变动,即一种证券收益率的上升可能伴随着另一种证券收益率的上升。如果两种证券之间的方差为负值,则表明两种证券之间存在着一种反向变动的关系,即一种证券收益率的上升可能伴随着另一种证券收益率的下降。协方差接近于零则表明两种证券的收益率之间只有很小的互动关系或者没有任何互动关系,即相互独立。证券之间的协方差越大,那么由它们构成的证券组合的风险也就越大,反之则相反。两种证券之间的收益互动性还可以用另外一个统计量来表示,即两者之间的相关系数 $\rho_{i,j}$,计算公式为:

$$\rho_{i,j} = \frac{\mathrm{COV}_{(i,j)}}{\sigma_i \sigma_j} \qquad 式(11\text{-}9)$$

相关系数 $\rho_{i,j}$ 的值在 -1 和 $+1$ 之间,-1 的值表示两种证券收益结果的变化方向完全相反,称为完全负相关;$+1$ 的值表示两种证券收益结果的变化方向完全相同,称为完全正相关;相关系数为 0,表示两种证券收益结果的变动之间不存在任何关系;相关系数在 $(-1, 0)$ 区间内,表示两种证券收益结果的变化方向相反,但不是 100% 完全相反,而是只存在一般性的负相关关系;相关系数在

(0,1)区间内,表示两种证券收益结果的变化方向相同,但不是100％完全相同,而是只存在一般性的正相关关系。一般来讲,如果两种证券之间的相关系数是负值,则可能会降低组合后的投资风险,而如它们之间的相关系数是正值,则可能会加大组合后的投资风险。

例 11-5:某投资公司的一种投资组合中包含 A、B 两种股票,权重分别为 40％、60％,已知两种股票的预期收益率分别为 10％、15％,标准差分别是 20％、25％,其相关系数为−0.3,要求计算该投资组合的方差。

$$该投资组合的方差 = 10\%^2 \times 40\%^2 + 15\%^2 \times 60\%^2 +$$
$$2 \times 10\% \times 40\% \times 15\% \times 60\% \times (-0.3)$$
$$= 0.862\%$$

(三)证券组合与风险分散原理

在有 n 种证券的组合中,如果每种证券的投资权重用 $\omega_i(i=1,2,\cdots,n)$ 表示,$\mathrm{COV}(i,j)(i,j=1,2,\cdots,n)$ 为证券 i 和 j 之间的协方差,那么证券组合方差的计算公式为:

$$\sigma_p^2 = \sum_{i=1}^{n}\sum_{j=1}^{n}\omega_i\omega_j\sigma_{i,j} \qquad 式(11\text{-}10)$$

证券组合的总风险一般用标准差来衡量,为了方便使用,我们用方差来进行讨论。证券组合的方差公式经过变形可以得到:

$$\sigma_p^2 = \sum_{i=1}^{n}\omega_i^2\sigma_i^2 + \sum_{i=1}^{n}\sum_{j=1}^{n}\mathrm{COV}_{(i,j)}$$
$$= \sum_{i=1}^{n}\omega_i^2\sigma_i^2 + 2\sum_{i=1}^{n}\sum_{j=1}^{n}\omega_i\omega_j\rho_{i,j}\sigma_i\sigma_j(i\neq j) \qquad 式(11\text{-}11)$$

从式(11-11)中可以看出,证券组合的总风险是由两部分组成的:右边第一项仅与各单个证券的风险及投资比例有关,称为非系统风险,即可避免的风险;右边第二项不仅与单个证券的风险及投资比例有关,还取决于各证券之间的相关系数 $\rho_{i,j}$,称为系统风险,即不可避免的风险。如图 11-1 所示,任何证券组合的总风险都是由系统风险和非系统风险两部分构成的。

非系统风险是指某些因素对个别证券来讲,由于其本身原因造成经济损失的可能性。这种风险的大小只与发行证券的公司有关,如公司员工罢工、开发新产品失败、竞争对手的突然出现等。在同时对多种证券进行有效组合时,可避免这种风险,或者减少其风险程度,而不同证券之间可避免风险的分散程度,要视不同证券之间的相关程度而定。以两种证券为例,如果它们之间收益率的变化是完全负相关的,即一种证券的收益率上升时,另一种证券的收益率下降,则它

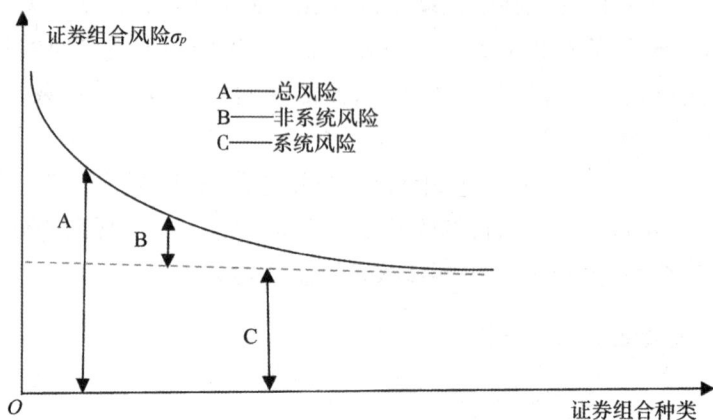

图 11-1　系统风险与非系统风险

们的非系统风险相互抵消,证券组合的风险降低;如果两种证券之间收益率的变化是完全正相关的,由于其收益率同涨同落,则不可能分散非系统风险,甚至这种组合比个别证券投资的风险还大;如果两种证券之间的收益率介于上述两种极端情况之间,则它们形成的组合可以抵消部分可避免风险,但是不能完全抵消。从理论上讲,如果证券组合中证券的种类达到足够多的程度,则能分散掉绝大部分非系统风险,甚至可以使这种风险趋近于零。同时,证券组合中各种证券的相关程度越小,证券组合对非系统风险的抵消能力就越强。

系统风险不是由证券发行企业本身的原因引起的,而是由某些特定因素对整个证券投资行业带来的风险,也就是说,凡是从事证券投资活动,都不可避免地要面临这类行业性风险。证券投资者一般没有办法通过投资组合这一方式来分散这种风险,例如世界性或地区性经济形势的兴衰、政治形势的变化、国家财政状况的好坏、国家税收和金融制度的变革、资本市场供求关系的张弛和突发性经济灾害等。因为系统风险无法通过证券组合被分散,所以它是投资者高度重视的风险。

通过简单的数学推导,可以证明以上结论。为了简化推导过程,作出如下假设:证券组合中有 n 种证券;每种证券的方差 σ_i^2 均相等,设为 σ^2;每种证券的投资比例 ω_i 均相等,为 $\dfrac{1}{n}$;σ_{ij} 表示组合中证券之间协方差的均值。将证券组合的方差公式展开可得:

$$\sigma_p^2 = \omega_1^2 \sigma_1^2 + \omega_2^2 \sigma_2^2 + \cdots + \omega_n^2 \sigma_n^2 + 2\omega_1 \omega_2 \, \text{COV}_{(1,2)} +$$
$$2\omega_1 \omega_3 \, \text{COV}_{(1,3)} + \cdots + 2\omega_n \omega_{n-1} \, \text{COV}_{(n,n-1)}$$

式中,方差项的数目为 n 项,协方差项的数目为 $n(n-1)$ 项,将有关假设条件代入上述展开式中得:

$$\sigma_p^2 = \frac{1}{n}\sigma^2 + (1-\frac{1}{n})\overline{\text{COV}}_{(i,j)} \qquad \text{式(11-12)}$$

根据极限原理,当证券组合中证券的种类 n 趋于无穷大时,$\frac{1}{n}$ 趋于 0,所以 $\frac{1}{n}\sigma^2$ 趋于零,从而 $(1-\frac{1}{n})\overline{\text{COV}}_{(i,j)}$ 趋向于 $\overline{\text{COV}}_{(i,j)}$,证券组合的风险 σ_p^2 收敛于一个有限数,即组合中证券之间协方差的均值 $\overline{\text{COV}}_{(i,j)}$。上述推导过程说明,随着投资组合中包括资产数目的增加,单个资产的方差对投资组合总体的方差形成的影响程度越来越小;而各种资产之间协方差形成的影响程度越来越大。当投资组合中包括资产的数目趋向于无穷大时,单个资产的方差对投资组合总体的方差形成的影响程度趋向于零。单个证券的方差衡量的是非系统风险,它可通过合理的组合被分散,使总风险的水平降低;证券之间的协方差衡量的是系统风险,无法通过证券组合加以分散。

(四)可行集与有效集

投资者面临 n 种证券,随着投资者在每种证券上的投资比例的变动,可以得到无限多的证券组合形式,每种组合形式都有相应的期望收益率和风险(用标准差表示)。可行集就是 n 种证券可能形成的所有组合的集合。在以标准差为横轴、期望收益率为纵轴组成的期望收益率-标准差平面上,可行集一般呈伞状,所有可能的证券组合均位于可行集的边界上或内部,如图 11-2 中阴影部分所示。

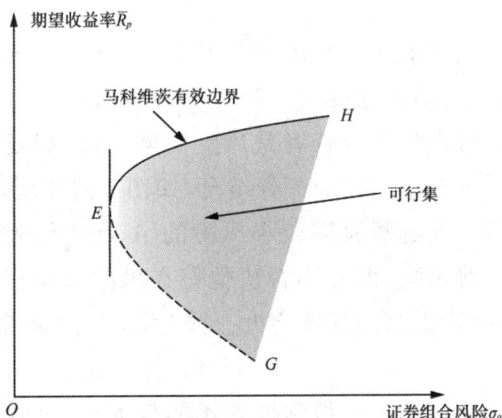

图 11-2　可行集与有效集

如上所述,可行集中包含无数种证券组合形式,但是投资者并不需要对所有的组合进行分析和评价,只需要考虑可行集的一个子集——有效集就可以了。有效集是指同时满足以下条件的证券组合:①对于每一风险水平,提供最大的期望收益率。②在每一期望收益率水平下,提供最小的风险。

要在可行集中确定有效组合,首先应确定满足第一个条件的组合。如图11-2所示,在所有的证券组合中,E 点的风险是最小的,因为过 E 点作横轴的垂线,可行集中没有哪一点在这条线的左边;H 点是风险最大的,因为过 H 点作横轴的垂线,可行集中没有哪一点在这条线的右边。所以,E 点到 H 点界定了各种证券组合所能提供的风险水平的范围。在这个范围内,任做一条横轴的垂线,在给定的风险水平上,期望收益率最大的组合总是位于从 E 点到 H 点的曲线段上。因此,满足第一个条件的组合位于可行集中从 E 点到 H 点的左上方边界上。同理,我们可以确定满足第二个条件的组合。在所有的证券组合中,G 点的期望收益率是最小的,因为过 G 点作纵轴的垂线,可行集中没有哪一点在这条线的下方;H 点的期望收益率是最大的,因为过 H 点作纵轴的垂线,可行集中没有哪一点在这条线的上方。所以,G 点到 H 点界定了各种证券组合所能提供的期望收益率的范围。在这个范围内,任做一条纵轴的垂线,在给定的期望收益率水平下,风险最小的组合总是位于从 G 点到 H 点的左边界上。

由于有效集必须同时满足上述两个条件,所以只有 EH 曲线段和 GH 曲线段的交集,即 EH 曲线段才能同时满足两个条件,即可行集中从 E 点到 H 点的证券组合才构成有效组合。由全部有效组合组成的曲线段 EH 称为有效边界,又称马科维茨边界。

(五)效用函数与无差异曲线

投资者都在有效边界上选择最优证券组合的。至于投资者选择有效边界上的哪一点进行投资,这在很大程度上取决于其对风险和收益的偏好。马科维茨证券投资组合理论的假设认为投资者是风险回避的,即假设投资者是厌恶风险的。如果有两个期望收益率相同的证券组合,如图11-3所示的 A 点和 B 点,投资者将比较两点的风险而选择具有较小风险的 A 点所代表的证券组合。假设所有的投资者都是厌恶风险,但并不否认他们在风险厌恶程度上的差异。也就是说,有的投资者对风险厌恶的程度会大一些,而有的投资者对风险厌恶的程度会小一些。

投资者进行投资的目的是获得预期效用的最大化,这种预期效用是投资者在投资过程中所获得的满足程度,满足程度越高,获得的效用越大。在确定性的条件下,投资者预期效用最大化等价于期望收益率最大化;在不确定性条件下,投资者必须在风险和收益之间进行权衡,此时预期效用可以表示为风险和收益的函数,即效用函数,表示如下:

$$E(U_p)=f[E(R_p),\sigma_p]$$ 式(11-13)

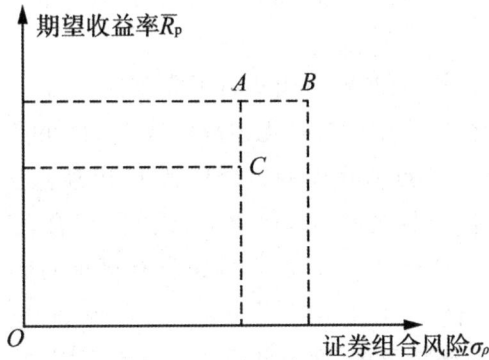

图 11-3 不同风险情况下的证券组合

式中，$E(U_p)$ 为证券组合的预期效用；f 为函数符号。一般来说，在风险给定的情况下，效用函数的值随着期望收益率 $E(U_p)$ 的增加而增加；在期望收益率给定的情况下，效用函数的值随着标准差 σ_p 的增加而减少。

无差异曲线是指使投资者得到相同预期效用的各证券组合点的轨迹，它反映了投资者对风险和收益的偏好，可以在预期收益率-证券组合风险（标准差）平面上表示出来，如图 11-4 所示。

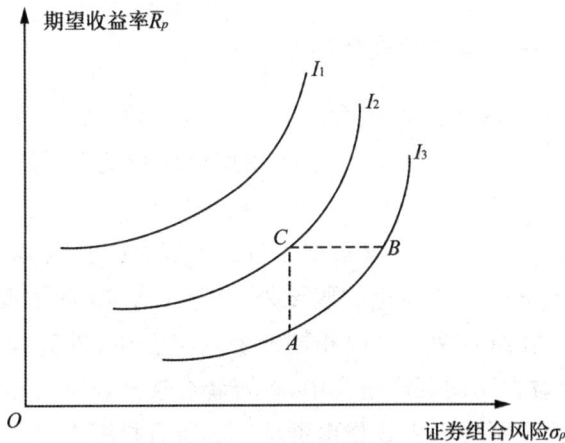

图 11-4 无差异曲线

与经济学消费理论的无差异曲线类似，投资组合理论的无差异曲线具有以下几个重要性质：

(1)无差异曲线的斜率为正值，并且一般凸向右下方。

(2)在同一个期望收益率-方差平面上，有无数条无差异曲线，在同一条无差异曲线上的所有证券组合给投资者带来的预期效用相同。例如，图 11-4 中 I_3 曲线上的 A 点和 B 点所代表的组合，它们虽然具有不同的期望收益率和方差，但是因为它们处在同一条无差异曲线上,因而它们对投资者来说预期效用是相同的。

(3)在平面坐标系中,无差异曲线从右下方到左上方,代表投资者的预期效用越来越大。例如,图 11-4 中的三条无差异曲线 I_1、I_2 和 I_3 所代表的证券组合的预期效用逐渐增大。C 点所代表的组合比 A 点和 B 点所代表的组合的预期效用要大,因为 C 点位于曲线 I_2 上,相对于 A 点的组合,C 点的组合有更大的期望收益率,而相对于 B 点的组合,C 点的组合有更小的标准差,因此投资者更偏好于 C 点的证券组合。

(4)在同一个平面坐标系中,两条使投资者具有不同预期效用的无差异曲线不能相交。关于这一点的证明过程,可以参阅《微观经济学》部分关于"两条无差异曲线不能相交"的论证过程。

在前面的讨论中,我们曾指出,有的投资者对风险厌恶的程度较大,反映在期望收益率-标准差平面图中,对应的无差异曲线比较陡峭,而风险厌恶程度较低的投资者,其无差异曲线就相对平缓一些。

三、资本资产定价模型

(一)资本资产定价模型的假设

在马科维茨建立现代资产组合选择与管理理论 12 年后,威廉·夏普、约翰·林特纳、杰克·特雷诺和简·莫森将其发展成为资本资产定价模型,即 CAPM(Capital Asset Pricing Model)。该模型完整地回答了在资本市场均衡时,证券收益的决定机制问题。该模型为目前投资业的实践提供了理论基础。

除了马科维茨资产组合理论的假设外,基于 CAPM 的主要假定有:①投资者为风险规避型。在给定两个风险相同的资产组合中,投资者会选择收益较高的;在给定两个收益相同的资产组合中,投资者会选择风险较小的。②投资者可以以无风险利率无限制地借入或贷出资金。③所有投资者对预期收益率概率分布的看法一致,因此市场上只有一条有效边界。④所有投资者具有相同的投资期限,而且只有一期。⑤单一资产可以无限制地细分。⑥不考虑税负、交易成本,不存在通货膨胀,所有投资者可以及时免费获得充分的市场信息。⑦投资者具有相同预期,即他们对预期收益率、标准差和证券之间的协方差具有相同的预期值。

通过上述 CAPM 假设的阐述可以看到,资本资产定价模型将情况简化为一个极端的情形。每一个人都拥有同样的信息,并且对证券的前景具有一致的看法,这意味着投资者都会以同一种方式来分析和处理信息。证券市场是完全市场,这意味着没有任何摩擦阻碍投资,这使人们将注意力从单一的投资者如何投资转移到如果每个人都采取同样的投资态度,证券的价格将会怎样变化。通过考察市场上所有投资者的集体行为,可以获得每一种证券的风险和收益之间均衡关系的特征。

(二)资本市场线

在以上的假设条件下,我们把投资者获得的收益分为两部分,一部分是从风险资产的组合中得到的,另一部分是由无风险资产带来的。投资者总收益的大小取决于投资者投资于风险资产组合和无风险资产的比例。根据假设条件可知,市场上所有的投资人都面临同样的无风险利率,我们可以用 R_f 表示无风险资产的利率,ω_i 表示无风险资产在所有投资中占有的比例,由于无风险资产是没有风险的,因此无风险资产的标准差为零。另一方面,由于市场上所有投资者的行为都是理性的,预期相同,而且都会按照最优化原则选择风险资产组合,因此所有投资人面临的马科维茨有效边界都是相同的。如果风险资产组合的收益率用 R_m 表示,组合风险用 σ_m 表示,风险资产组合占总投资的比率是 ω_m,而且由于无风险资产的风险为零,因此无风险资产与风险资产组合的协方差为零。所以,可以得到新的无风险资产和风险资产的组合的收益率 R_p。如式(11-14)所示,组合的风险大小相当于风险资产的比率与其标准差的乘积,可以用式(11-15)表示。

$$R_p = \omega_f R_f + \omega_m R_m \qquad\qquad 式(11-14)$$

$$\sigma_p = \omega_m \sigma_m \qquad\qquad 式(11-15)$$

我们可以用图形表示无风险资产和风险资产组合的收益率和标准差。如图11-5所示,纵坐标轴表示收益率水平,横坐标轴表示风险高低,曲线 AC 代表马科维茨有效边界,R_f 是无风险资产的收益率。因此,由于无风险资产和风险资产的组合必须通过点 $(0, R_f)$,最终组合收益率曲线应该是通过该点向上倾斜的一条直线。从图11-5中可以看出,这条直线应该与马科维茨有效边界相切,因为如果这条直线不与有效边界相切,位置偏高的话显然没有风险资产组合可以满足条件,位置偏低的话必然有一部分直线落在有效边界的下方因而是没有效率的。在切点 T 处决定了投资者将要选择的风险资产组合,该风险资产组合的收益率是 R_m,风险水平是 σ_m,对所有的投资者而言,这个风险资产的组合都是相同的。无论投资者如何选择风险资产组合与无风险资产的投资比例,风险资产组合的构成都不会受到影响。也就是说,投资者对风险和收益的偏好状况与投资者选择的风险资产组合的最优构成是无关的,这就是著名的分离定律。

对于这个最优风险资产组合,我们知道在均衡状态下,风险资产价格的调整

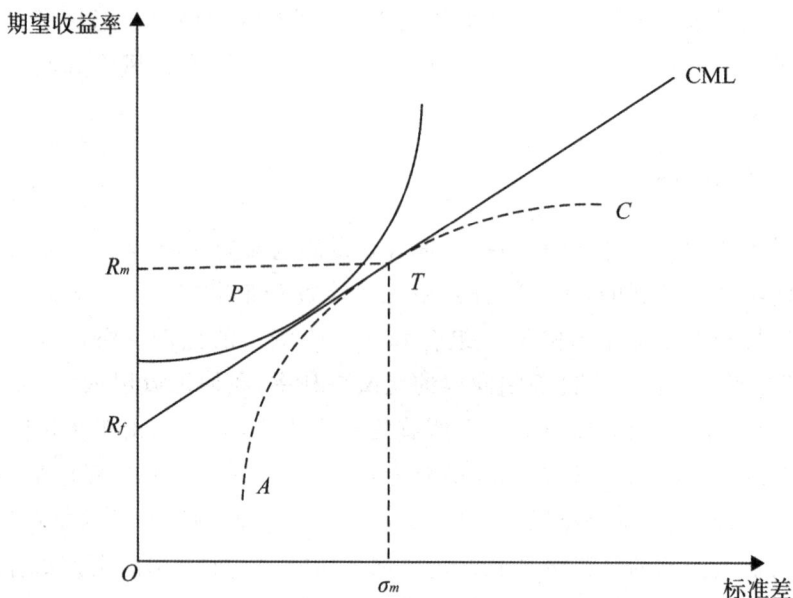

图 11-5 资本市场线

会使投资者在持有最优风险资产组合时,每一种风险资产的总需求等于总供给。如果某一种风险资产的总需求小于总供给,这种风险资产的价格就会下降,预期收益率上升,对该种风险资产的需求就会上升,直到总需求与总供给相等为止。同理可以推出,风险资产的总需求大于总供给的时候,也不会出现均衡。所以,在均衡状态下,所有的投资者对每一种风险资产的需求之和等于该风险资产的总供给。这样,每一位投资者持有的风险资产的相对比例是相同的,风险资产的最优相对比例等于它们的市值的相对比例。如果每一种风险资产的构成比例相当于风险资产的相对市值,我们称这个风险资产组合为市场组合。虽然风险资产也包括债券等金融资产,但是谈到市场组合时一般是指股票市场,因为股票市场上有来自不同行业上大量企业的股票,股票市场所有资产的组合,在一定程度上可以代表有效地分散了风险的最优风险资产组合。

图 11-5 中,经过点 $(0, R_f)$ 和切点 $T(\sigma_m, R_m)$ 的直线称为资本市场线(简称CML),代表了所有利用无风险资产和市场组合进行投资的市场交易者的收益率和风险的关系。资本市场线用公式可以表示为:

$$R_p = R_f + \frac{R_m - R_f}{\sigma_m} \cdot \sigma_p \qquad \text{式(11-16)}$$

显然,把点 $(0, R_f)$ 和切点 $T(\sigma_m, R_m)$ 代入式(11-16),公式是完全成立的。资本市场线的斜率是 $\frac{R_m - R_f}{\sigma_m}$,它是市场组合的收益率与无风险资产的收益率之差除以市场组合的标准差的差值,代表了每单位风险带来的收益率。可见,在均衡状态下,投资者的收益率由两部分构成,一部分是无风险利率 R_f,另一部分是单位风险报酬 $\dfrac{R_m-R_f}{\sigma_m}$ 与组合的风险水平 σ_p 的乘积。如果投资者选择了资本市场线上的点 $(0,R_f)$,就意味着投资者将只投资于无风险资产;如果投资者选择了点 $T(\sigma_m,R_m)$,那么投资者会把所有的资金都投入市场组合之中,而不持有任何无风险资产。

市场交易者最终选择的无风险资产与市场组合的比例还取决于市场交易者的无差异曲线。由于每个市场交易者的风险厌恶的程度不同,因此他们的无差异曲线可能有不同的陡峭程度。图 11-5 表示的是一位市场参与者的无差异曲线,其无差异曲线与资本市场线的切点是点 P,也就是说,他选择把部分资金投资于无风险资产,部分资金投资于风险资产。如果点 P 越靠近点 $(0,R_f)$,说明投资者的组合中无风险资产占的比例越大,投资者的风险厌恶程度越高;如果点 P 越靠近点 $T(\sigma_m,R_m)$,则投资者的组合中无风险资产的比例越小,市场组合的比例越大,投资者的风险厌恶程度越低。事实上,点 P 也可能在点 T 的右边。如果点 P 在点 T 的右边,那说明投资者不仅把自己所有的资金都投资到了市场组合中,还以无风险利率借贷了资金,把借来的资金也投入了市场组合中。事实上,当市场达到均衡时,市场上所有投资于无风险资产的资金应该等于以无风险利率获得的贷款的资金之和。

(三)β 系数

资本市场线给出了有效的市场组合与无风险资产的组合的收益率和风险的关系。但是,在现实生活中,能够构造真正的市场组合的投资者还是为数不多的。大多数投资者拥有的盈余资金的数量是有限的,往往倾向于投资于一个或几个金融资产。同时,市场上的资金短缺者,如上市公司,更关心自己所发行的股票的收益率和风险,从而确定筹资成本等信息,对公司治理方面的决策给出参考意见。因此,对于风险资产来说,还应该确定每一种资产的收益率与风险的关系。

通过数学推导,可以得到市场组合的标准差,又可以写成:

$$\sigma_m=\sqrt{\omega_{1m}\sigma_{1m}+\omega_{2m}\sigma_{2m}+\cdots+\omega_{nm}\sigma_{nm}} \qquad 式(11\text{-}17)$$

其中,σ_m 表示市场组合的标准差。假设市场组合中一共有 n 种风险资产,每一种风险资产 $i(i=1,2,3,\cdots,n)$ 的市值占市场组合的总价值的比例是 ω_{im},每一种风险资产的收益率与市场组合的收益率的协方差是 σ_{im}。

通过式(11-17)可以看出,市场组合的标准差等于所有风险资产与市场组合的协方差的加权平均数的平方根,其中权数等于各种风险资产在市场组合中占有的比例。显然,每一种风险资产的标准差的作用不是很重要,自身风险比较高的金融资产并不一定就对资产组合的风险和收益有多大的贡献。真正有重要影响的是风险资产与市场组合的协方差。也就是说,在权数等其他条件不变的情况下,协方差越大的风险资产对市场组合的影响越大,收益率也应该越高。

我们用 β 系数表示市场组合中的一个风险资产对市场组合的风险水平的影响。由于我们认为市场组合已经达到非系统性风险的充分分散的状况,因此,β 系数表示的实际是风险资产对系统性风险的贡献。用 β_{im} 表示第 i 种风险资产的 β 系数,可以得到如下计算公式:

$$\beta_{im} = \frac{\sigma_{im}}{\sigma_m^2} \qquad 式(11\text{-}18)$$

也就是说,单个风险资产的 β 系数等于该风险资产与市场组合的协方差和市场组合的方差的比值。对于投资者持有的风险资产组合,该组合的 β 系数应该等于组合中各个风险资产的 β 系数的加权平均值,其中权数等于各种风险资产在风险资产组合中占有的比例。这样,对于一个由 n 种资产构成的风险资产组合 P 而言,该组合的 β 系数为:

$$\beta_p = \sum_{i=1}^{n} \omega_i \beta_{im} \qquad 式(11\text{-}19)$$

其中,ω_i 表示第 i 种风险资产在资产组合中占的比例。

例 11-6:某投资者分别购买 A、B、C 三种股票各 200 股,这三种股票股价分别为 40 元、10 元、50 元,β 系数分别为 0.7、1.1、1.7。请计算该投资组合的 β 系数。

投资额＝40×200＋10×200＋50×200＝20 000(元)
A 股票比例:40×200÷20 000×100%＝40%
B 股票比例:10×200÷20 000×100%＝10%
C 股票比例:50×200÷20 000×100%＝50%
则投资组合的 β 系数＝0.7×40%＋1.1×10%＋1.7×50%＝1.24

(四)证券市场线

在具备了以上的知识以后,再来看证券市场线(简称 SML)。证券市场线表示单个风险资产与市场组合的协方差和预期收益率之间的关系,用公式可以表示为:

$$R_i = R_f + \frac{R_m - R_f}{\sigma_m^2} \cdot \sigma_{im} \qquad 式(11\text{-}20)$$

其中，R_i表示第i种风险资产的收益率。从式(11-14)可以看出,如果某一种风险资产与市场组合的协方差为 0,那么这种风险资产的收益率就等于无风险利率。

将式(11-18)代入式(11-20),证券市场线可以写成：

$$R_i = R_f + (R_m - R_f) \cdot \beta_{im} \qquad 式(11-21)$$

这是证券市场线的又一种表达方式,这也就是 CAPM。从式(11-2)中可以看出,如果某一种风险资产的β系数越高,该风险资产的收益率越高。我们可以用图形表示出证券市场线中β系数与风险资产收益率的关系。如图 11-6 所示,横轴代表了风险资产的β系数β_{im},纵轴代表了风险资产的收益率,证券市场线是一条过点$(0, R_f)$和点$M(1, R_m)$的一条向上倾斜的直线。这条直线的斜率是$(R_m - R_f)$。如果知道某种风险资产的β系数,就可以求出这种风险资产的收益率。

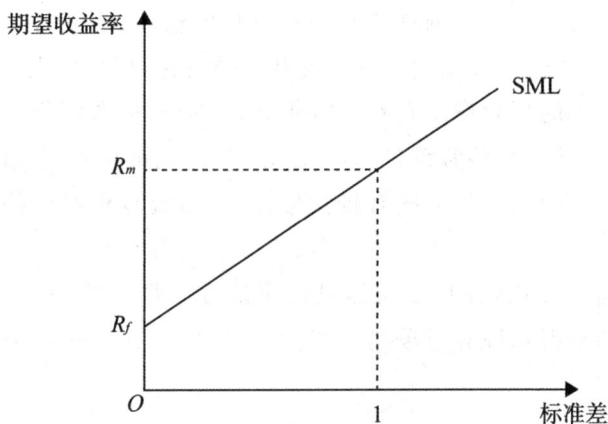

图 11-6 证券市场线

例 11-7：假设平均风险的风险收益率为 5%,平均风险的必要收益率为 8%,计算例 11-6 中投资组合的必要收益率。

投资组合的风险收益率＝5%×1.24＝6.2%

由于$R_m = 8\%$,$R_m - R_f = 5\%$,因此$R_f = 3\%$

投资组合的必要收益率＝3%＋6.2%＝9.2%

证券市场线可以广泛地应用于计算风险资产的收益率,对于资金盈余者,这是其投资的资产组合中该风险资产的贡献;对于资金短缺者,这是从资本市场进行筹资活动所需付出的成本。

由于无风险资产与市场组合不相关,β系数等于零,而风险资产组合的β系数等于各种风险资产的 β 系数的加权平均数,因此资产组合的 β 系数也落在证券市场线上。当投资者仅仅持有无风险资产时,β 系数为零,投资者的收益率就落在了点 $(0,R_f)$ 上;如果投资者持有的全部是市场组合,组合的 β 系数等于 1,投资者的收益率就落在了点 $M(1,R_m)$ 上。证券市场线反映出在不同的 β 系数下,各种资产和资产组合应有的收益率水平。

(五)资本资产定价模型的有效性和局限性

CAPM 最大的贡献在于提供了对风险和收益之间的一种实质性的表述,资本资产定价模型首次将"高收益伴随着高风险"这样一种直观认识用一种简单的关系式表达出来。到目前为止,该模型是对现实中风险与收益关系最为贴切的表述,因此长期被金融从业者、财务人员以及经济学家作为处理风险问题的主要工具。

尽管 CAPM 已经得到广泛的认可,但在实际运用中,仍存在着一些明显的局限,主要表现在:①某些金融资产的 β 系数难以估计,特别是对一些缺乏历史数据的新兴行业;②经济环境的不确定性和不断变化,使得依据历史数据估算出来的 β 系数对未来的指导作用必然要打折扣;③资本资产定价模型是建立在一系列假设之上的,其中一些假设(比如市场是均衡的、市场不存在摩擦、市场参与者都是理性的,等等)与实际情况有较大偏差,使得资本资产定价模型的有效性受到质疑。

由于以上局限,CPAM 只能大体描绘出证券市场风险与收益的基本情况,而不能完全确切地揭示证券市场的一切。因此,在运用这一模型时,应该更注重它所揭示的规律。

思考与练习

一、单项选择题

1.证券投资组合管理的主要目标是(　　)。

A.最大化单一股票收益　　　　B.最小化投资组合的风险

C.平衡风险和收益　　　　　　D.最大化投资组合的风险

2.根据马科维茨的投资组合理论,最优投资组合是(　　)。

A.风险最低的投资组合

B.收益最高的投资组合

C.在给定风险水平下收益最高的投资组合

D.收益与风险比例最大的投资组合

3.在 CAPM 中,系统性风险的衡量指标是(　　　)。

A.标准差　　　　　B.α 系数　　　　　C.β 系数　　　　　　D.期望收益率

4.资本市场线(CML)在资本资产定价模型中表示(　　　)。

A.个别证券的风险收益关系

B.最优投资组合的风险收益关系

C.无风险资产的收益

D.资本市场的总体收益率

5.在马科维茨的投资组合理论中,投资组合的风险取决于(　　　)。

A.各个资产的单独风险　　　　　B.各个资产的预期收益

C.各个资产的相关性　　　　　　D.投资者的风险偏好

6.在 CAPM 中,市场风险溢价的定义是(　　　)。

A.市场收益率与无风险收益率之差

B.市场收益率与 β 系数之差

C.市场收益率与个别证券收益率之差

D.无风险收益率与 β 系数之差

7.资本市场线(CML)的斜率表示(　　　)。

A.无风险资产的收益率

B.市场投资组合的标准差

C.市场风险溢价

D.投资组合的期望收益率

8.在马科维茨的投资组合理论中,两种资产之间的相关系数为 1,说明(　　　)。

A.两种资产完全不相关　　　　　B.两种资产完全正相关

C.两种资产完全负相关　　　　　D.两种资产的相关性未知

9.在 CAPM 中,风险资产的期望收益率公式为(　　　)。

A.无风险收益率＋β 系数×市场风险溢价

B.无风险收益率＋α 系数×市场风险溢价

C.市场收益率＋β 系数×无风险收益率

D.市场收益率＋α 系数×无风险收益率

10.根据马科维茨的投资组合理论,分散化投资的主要目的是(　　　)。

A.提高收益　　　　　　　　　B.降低风险

C.增加流动性　　　　　　　　D.提高市场认知度

二、多项选择题

1.证券投资组合的构成应考虑的因素有（   ）。

A.投资者的风险偏好　　　　　　　B.各资产的历史收益

C.各资产的相关性　　　　　　　　D.各资产的预期收益

2.在马科维茨的投资组合理论中,构建最优投资组合时需要考虑的因素包括（   ）。

A.各资产的预期收益　　　　　　　B.各资产的风险

C.各资产之间的相关性　　　　　　D.投资者的投资目标

3.根据 CAPM,影响个别证券期望收益率的因素有（   ）。

A.无风险收益率　B.市场风险溢价　C.证券的 β 系数　　D.证券的 α 系数

4.下列关于分散化投资的描述,正确的有（   ）。

A.可以完全消除系统性风险

B.可以减少非系统性风险

C.可以增加投资组合的预期收益

D.可以通过增加不同资产来实现

5.在 CAPM 中,市场组合的特征有（   ）。

A.由所有风险资产组成

B.所有投资者都持有相同的市场组合

C.市场组合的 β 系数为 1

D.市场组合的期望收益率等于无风险收益率

三、判断题

1.在马科维茨的投资组合理论中,所有资产的组合风险是各资产单独风险的加总。（   ）

2.根据 CAPM, β 系数为 0 的资产预期收益等于市场收益率。（   ）

3.分散化投资不能完全消除系统性风险。（   ）

4.在马科维茨的投资组合理论中,资产的相关性越高,组合风险越低。（   ）

5.根据 CAPM,高 β 系数的资产比低 β 系数的资产具有更高的期望收益率。（   ）

6.在证券投资组合管理中,收益和风险成正比关系。（   ）

7.马科维茨的投资组合理论仅适用于风险规避型投资者。（   ）

8.在马科维茨的投资组合理论中,增加资产数量总是能降低投资组合的风险。( )

9.CAPM假设投资者都是理性的,且遵循投资组合的均值-方差准则。( )

10.根据马科维茨的投资组合理论,最优投资组合位于有效前沿上。( )

四、计算题

1.假设一个投资组合由两只股票 A 和 B 组成,投资比例分别为 50% 和 50%。股票 A 的预期收益率为 10%,标准差为 15%;股票 B 的预期收益率为 8%,标准差为 12%。两只股票的相关系数为 0.5。请计算该投资组合的预期收益率和标准差。

2.假设无风险利率为 3%,市场投资组合的预期收益率为 10%,某股票的 β 系数为 1.5。请根据 CAPM,计算该股票的预期收益率。

五、简答题

1.简述风险的分类。
2.简述马科维茨的投资组合理论的基本原理。
3.什么是无差异曲线?
4.什么是证券市场线?
5.简述 CAPM 的贡献和不足。

六、案例分析

防范和化解金融风险

党的二十大报告指出,防范化解金融风险还须解决许多重大问题。当前,我国经济形势企稳向好,金融风险总体可控,但对金融风险仍需保持高度关注。

近年来,国家金融管理部门和各地认真贯彻落实中共中央、国务院相关要求,积极探索建立健全金融风险防控体系。为守牢金融安全底线,建议:

大力强化风险形势预研预判,打好防控风险主动仗。持续完善全面风险监测体系,有效提升防控金融风险能力。切实提升监管的前瞻性、准确性和有效性。持续强化重点领域风险防控,推动房地产市场平稳健康发展,有效化解头部房企风险。及时梳理摸清地方政府债务风险情况,压实地方政府降低债务率的责任。紧盯大额授信风险和外部冲击风险,切实提高对金融风险的警觉性,筑牢风险防火墙。

进一步明晰责任分工、加强央地协同,下好金融监管一盘棋。以推动金融稳定法的出台为契机,明确各方责任的内涵和外延,充分发挥中央金融管理部门的专业优势、跨领域跨地域统筹协调能力和地方政府在落实属地维稳责任方面的作用,持续健全央地之间金融风险早期通报以及跨区域、跨市场、跨行业交叉性风险研判等工作机制。同时,加快推出金融稳定保障基金,必要时给予再贷款安排,切实发挥其在风险处置中的"锚定"作用。

稳妥推进存量风险化解处置工作,打好风险处置组合拳。按照"稳定大局、统筹协调、分类施策、精准拆弹"的基本方针,推进存量高风险机构压降工作落地落细。深化风险防控相关单位之间的信息共享和监管协作,加大对重点风险的处置力度。以私募投资基金监督管理条例的出台为契机,全力做好私募基金风险分类整治收尾工作。严厉打击非法金融活动,形成有效震慑。优化应急维稳、行刑衔接等工作机制,联动化解重大涉群体性金融纠纷和风险,为国家经济社会稳定健康发展创造良好环境。

资料来源:解冬常委的发言:防范化解金融风险 牢牢守住安全底线[N].人民政协报,2023-06-29.

案例思考:结合本章所学内容和上述案例,谈谈你对我国当前面临的金融风险的认识。

思政点拨:牢固树立风险防范意识,谈谈你认为应该如何避免产生金融系统性风险。

七、实训课堂

1.实训目标:理解证券投资组合的意义,以及构建证券投资组合的方法。

2.实训操作:选择一只基金,分析其构建证券投资组合的方法,并形成研究报告。

第十一章
思考与练习参考答案

第十二章 我国证券市场监管

学习目标

知识目标

1.掌握证券市场监管的含义；

2.了解我国证券市场监管机构。

能力目标

1.能判断证券市场的违法违规行为；

2.能掌握证券市场监管基本手段的内容。

素养目标

1.强调诚信为本,遵守法律法规和职业道德规范,
维护证券市场的公平、公正和透明；

2.深化对证券市场监管的理解,增强对国家规范
发展证券市场的认同感。

知识结构图

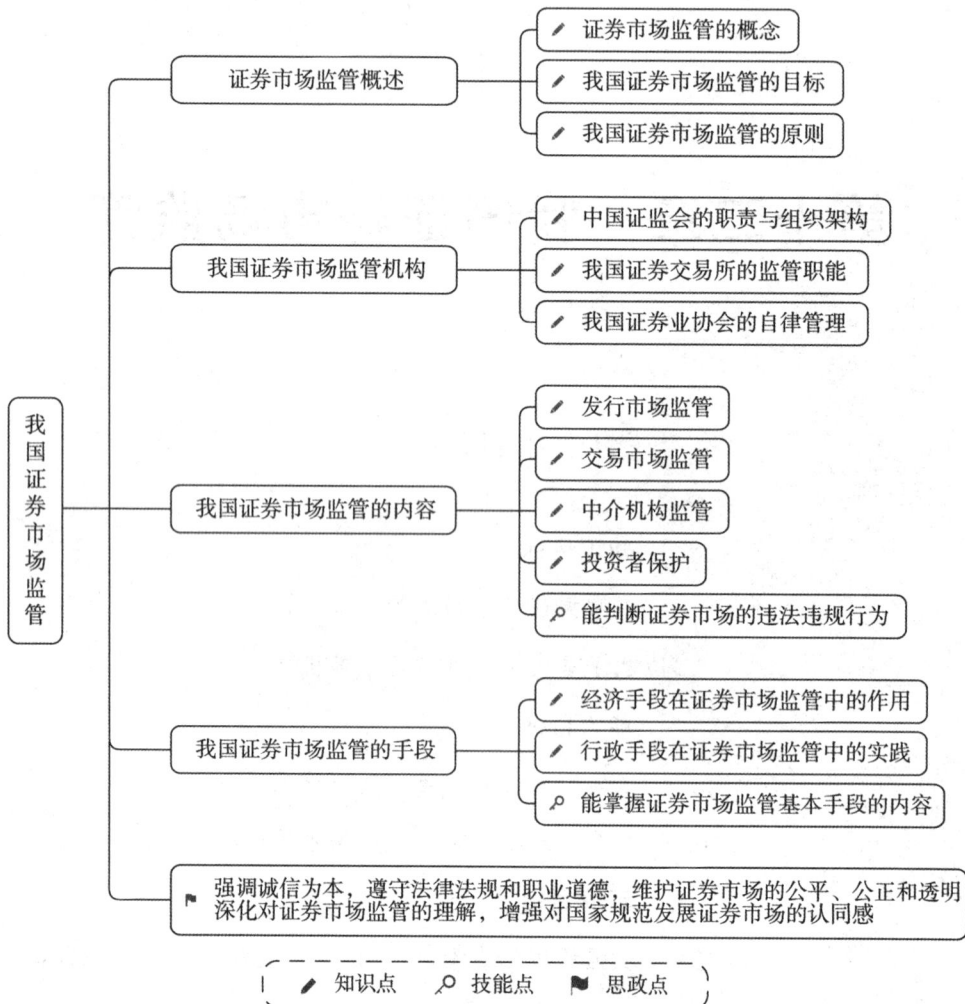

```
                              ┌─ ✎ 证券市场监管的概念
              证券市场监管概述 ──┼─ ✎ 我国证券市场监管的目标
                              └─ ✎ 我国证券市场监管的原则

                              ┌─ ✎ 中国证监会的职责与组织架构
              我国证券市场监管机构 ─┼─ ✎ 我国证券交易所的监管职能
                              └─ ✎ 我国证券业协会的自律管理

                              ┌─ ✎ 发行市场监管
                              ├─ ✎ 交易市场监管
我国证券市场监管  我国证券市场监管的内容 ─┼─ ✎ 中介机构监管
                              ├─ ✎ 投资者保护
                              └─ ✏ 能判断证券市场的违法违规行为

                              ┌─ ✎ 经济手段在证券市场监管中的作用
              我国证券市场监管的手段 ─┼─ ✎ 行政手段在证券市场监管中的实践
                              └─ ✏ 能掌握证券市场监管基本手段的内容

              ┌─ ⚑ 强调诚信为本，遵守法律法规和职业道德，维护证券市场的公平、公正和透明
              └─ ⚑ 深化对证券市场监管的理解，增强对国家规范发展证券市场的认同感
```

```
┌╴    ✎ 知识点    🔍 技能点    ⚑ 思政点    ╴┐
```

📖 引导案例

投资者保护典型案例

××证券公司分公司由于投资者适当性管理存在欠缺,如未对个别投资者进行风险测评、个别风险测评结果明显与投资者风险承受能力不匹配等,导致投资者投资决策出现偏差,造成投资者误投与其偏爱和风险承担能力不匹配的产品。证券监管部门针对上述违规问题,根据《证券期货投资者适当性管理办法》第三十七条的规定,对该证券公司分公司及其负责人采取出具警示函的行政监管措施。

拓展阅读 12-1
证券期货投资者
适当性管理办法

本案例中存在的个别投资者未进行风险测评、个别风险测评结果明显与投资者风险承受能力不匹配等问题,反映了适当性管理的重要性。

资料来源:中国证券监督管理委员会江西监管局.投资者保护典型案例(三):证券公司投资者适当性管理欠缺被处罚[EB/OL].(2023-10-11)[2024-07-03].http://www.csrc.gov.cn/jiangxi/c105770/c7436391/content.shtml.

证券公司违反投资者适当性管理的处罚案例屡见不鲜。证券公司常常因为投资者缺乏一定的理财知识、追求高收益但又无法承受随之而来的高风险等原因,与投资者发生各类纠纷。

你认为应当如何进行投资者适当性管理,才能真正实现理财市场的"卖者尽责""买者自负"?

第一节　证券市场监管概述

一、证券市场监管的概念

证券市场监管是指政府、证券监管机构以及其他相关机构,通过制定和执行一系列法律法规、政策措施和监管制度,对证券市场的发行、交易、信息披露、中介机构行为等各个环节进行监督和管理的过程。其目的在于维护证券市场的公平、公正、公开原则,保护投资者的合法权益,促进证券市场的健康稳定发展。

二、我国证券市场监管的目标

我国证券市场监管的目标是多方面的,旨在维护证券市场的健康、稳定、有序发展,保护投资者的合法权益,并促进资本市场的有效资源配置。

1.保护投资者利益

证券市场监管的首要任务是保护投资者的合法权益。这包括防止投资者受到欺诈、误导和其他不公平待遇,确保投资者能够基于充分、真实、准确的信息作出投资决策。具体来说,可通过加强信息披露制度、打击内幕交易和市场操纵行为、建立投资者教育和保护机制等措施,增强投资者的风险意识和自我保护能力,降低投资风险。

2.维护市场公平、公正、公开

"公平、公正、公开"原则是证券市场监管的基本原则之一。该原则要求市场参与者在平等的条件下进行竞争,确保市场的公平性和公正性;同时要求市场信息披露及时、准确、完整,保证市场的公开性和透明度。具体来说,可通过制定和执行相关法律法规和规章制度,规范市场参与者的行为;加大监管执法力度,对违法违规行为进行严厉查处和制裁;推动市场自律机制建设,提高市场自我约束能力。

3.促进证券市场健康发展

证券市场监管的最终目的是促进证券市场的健康发展。这包括提高市场运行效率、降低交易成本、丰富市场产品和服务、推动市场国际化等方面。具体来说,可通过优化市场资源配置、加强市场基础设施建设、鼓励和支持金融创新、加强与国际证券监管机构的合作与交流等措施,推动证券市场的持续健康发展。

4.防范和化解市场风险

证券市场监管需要密切关注市场动态和潜在风险,及时采取措施防范和化解市场风险,包括市场风险、信用风险、流动性风险等各类风险。具体来说,可通过建立风险预警机制、加强风险监测和评估、制定应急预案和处置措施等方式,提高市场监管的预见性和应对能力;同时加强对市场参与者的风险管理和内部控制要求,降低市场整体风险水平。

综上所述,我国证券市场监管的目标是多方面的、综合性的。这些目标相互关联、相互促进,共同构成了证券市场监管的完整体系。

三、我国证券市场监管的原则

1.依法管理原则

依法管理原则是指证券市场监管必须依据强有力的法治建设,来划分有关各方面的权利与义务,保护市场参与者的合法权益。即证券市场管理必须有充分的法律依据和法律保障。这一原则要求证券市场的运行和监管活动必须严格遵守国家法律法规,确保监管行为的合法性和有效性。

2.保护投资者利益原则

保护投资者利益是证券市场监管的核心目标之一。由于投资者是证券市场的主体,其利益保护直接关系到市场的稳定和发展。因此,证券市场监管机构应当采取各种措施,确保投资者能够获得公平、公正、公开的市场环境,防止其权益受到侵害。

3.公开原则

公开原则要求所有上市公司必须及时、准确、完整地披露信息,确保投资者能够获取到充分、真实、准确的市场信息。这一原则是实现市场公平、公正的必要条件,也是投资者进行投资决策的重要依据。通过信息披露制度,可以有效防止内幕交易、市场操纵等违法违规行为的发生,维护市场的正常秩序。

4.公平、公正原则

公平、公正原则是证券市场监管的基本原则之一。它要求证券市场上的所有参与者都应当享有平等的权利和机会,不得受到任何歧视或特殊待遇。同时,监管机构应当公正无私地进行市场管理和执法活动,确保市场的公平性和公正性。这一原则的实现需要监管机构加大对市场参与者的监管力度,对违法违规行为进行严厉打击和制裁。

5.监督与自律相结合的原则

监督与自律相结合的原则是指证券市场监管应当注重政府监管与自律管理的有机结合。一方面,政府监管机构应当加大对证券市场的监管力度,制定和执行相关法律法规和规章制度;另一方面,市场参与者也应当加强自我约束、自我教育和自我管理,增强自身的合规意识和风险意识。通过政府监管与自律管理的有机结合,可以形成更加完善、有效的证券市场监管体系。

综上所述,我国证券市场监管的原则是一个综合性的体系,包括依法管理、保护投资者利益、公开、公平、公正以及监督与自律相结合等多个方面。这些原则共同构成了证券市场监管的基本框架和指导思想,为证券市场的健康发展提供了有力保障。

第二节 我国证券市场监管机构

一、中国证监会的职责与组织架构

中国证券监督管理委员会(简称"中国证监会")是国务院直属机构,正部级,依照相关法律法规和国务院授权,统一监督管理全国证券期货市场,维护证券期货市场秩序,保障其合法运行。中国证监会机关内设 19 个职能部门,以及机关党委(机关纪委),在各省、自治区、直辖市和计划单列市设立 36 个证券监管局,以及上海、深圳证券监管专员办事处。

(一)中国证监会的职责

中国证监会负责贯彻落实党中央关于金融工作的方针政策和决策部署,把坚持和加强党中央对金融工作的集中统一领导落实到履行职责过程中。主要职责是:

(1)依法对证券业实行统一监督管理,强化资本市场监管职责。

(2)研究拟订证券期货基金市场的方针政策、发展规划。起草证券期货基金市场有关法律法规草案,提出制定和修改建议。制定证券期货基金市场有关监管规章、规则。

(3)监管股票、可转换债券、存托凭证和国务院确定由中国证券监督管理委员会负责的其他权益类证券的发行、上市、交易、托管和结算,监管证券、股权、私募及基础设施领域不动产投资信托等投资基金活动。

(4)监管公司(企业)债券、资产支持证券和国务院确定由中国证券监督管理委员会负责的其他固定收益类证券在交易所市场的发行、上市、挂牌、交易、托管和结算等工作,监管政府债券在交易所市场的上市交易活动,负责债券市场统一执法工作。

(5)监管上市公司、非上市公众公司、债券发行人及其按法律法规必须履行有关义务的股东、实际控制人、一致行动人等的证券市场行为。

(6)按分工监管境内期货合约和标准化期权合约的上市、交易、结算和交割,依法对证券期货基金经营机构开展的衍生品业务实施监督管理。

(7)监管证券期货交易所和国务院确定由中国证券监督管理委员会负责的其他全国性证券交易场所,按规定管理证券期货交易所和有关全国性证券交易场所的高级管理人员。

(8)监管证券期货基金经营机构、证券登记结算公司、期货结算机构、证券金融公司、证券期货投资咨询机构、证券资信评级机构、基金托管机构、基金服务机构,制定有关机构董事、监事、高级管理人员及从业人员任职、执业的管理办法并组织实施。

(9)监管境内企业到境外发行股票、存托凭证、可转换债券等证券及上市活动,监管在境外上市的公司到境外发行可转换债券和境内证券期货基金经营机构到境外设立分支机构。监管境外机构到境内设立证券期货基金机构及从事相关业务,境外企业到境内交易所市场发行证券上市,合格境外投资者的境内证券期货投资行为。

(10)监管证券期货基金市场信息传播活动,负责证券期货基金市场的统计与信息资源管理。

(11)与有关部门共同依法对会计师事务所、律师事务所以及从事资产评估、资信评级、财务顾问、信息技术系统服务等机构从事证券服务业务实施备案管理和持续监管。

(12)负责证券期货基金业的科技监管,建立科技监管体系,制定科技监管政策,构建监管大数据平台,开展科技应用和安全等风险监测、分析、评价、预警、检查、处置。

(13)依法对证券期货基金市场违法违规行为进行调查,采取相关措施或进行处罚。依法打击非法证券期货基金金融活动,组织风险监测分析,依法处置或协调推动处置证券期货基金市场风险。组织协调清理整顿各类交易场所,指导开展风险处置相关工作。

(14)按照建立以中央金融管理部门地方派出机构为主的地方金融监管体制要求,指导和监督与证券期货基金相关的地方金融监管工作,指导协调地方政府履行相关金融风险处置属地责任。

(15)开展证券期货基金业的对外交流和国际合作。

(16)完成党中央、国务院交办的其他任务。

(二)中国证监会的组织架构

中国证监会是国务院直属正部级事业单位,依照法律法规和国务院授权,统一监督管理全国证券期货市场,维护证券期货市场秩序,保障其合法运行。其组织架构包括多个内部职能部门、派出机构、直属行政机构以及其他机构等。中国证监会组织架构如图 12-1 所示。

1.内部职能部门

证监会的内部职能部门主要包括但不限于以下部门:①办公厅(党委办公室):负责机关日常运转,承担信息、应急值守、督查督办、新闻宣传、政务公开、信访、保卫、保密、机关财务等工作。②综合业务司:承担资本市场整体发展规划和重大问题研究、深化资本市场改革研究工作,起草综合性文件,承担证监会跨业务条线有关工作的综合协调。③发行监管司:拟订发行监管制度,承担境内首次公开发行股票、存托凭证、上海证券交易所和深圳证券交易所上市公司在境内发行证券等的注册工作,监督检查交易所上市审核行为。④公众公司监管司:拟订非上市公众公司、北京证券交易所上市公司监管制度,监管相关市场及公司的证券发行等行为。⑤市场监管一司:统筹多层次资本市场建设和证券市场金融基础设施监管,承担证券市场交易、结算、登记、托管及股票期权业务监管和风险管理工作。⑥市场监管二司(清理整顿各类交易场所办公室):拟订并组织实施私募投资基金、区域性股权市场监管制度,承担私募投资基金的监督检查工作。⑦证券基金机构监管司:拟订证券基金经营机构、证券投资咨询机构、基金托管机构、基金服务机构、合格境外投资者监管制度,依法对上述机构及其业务实施准

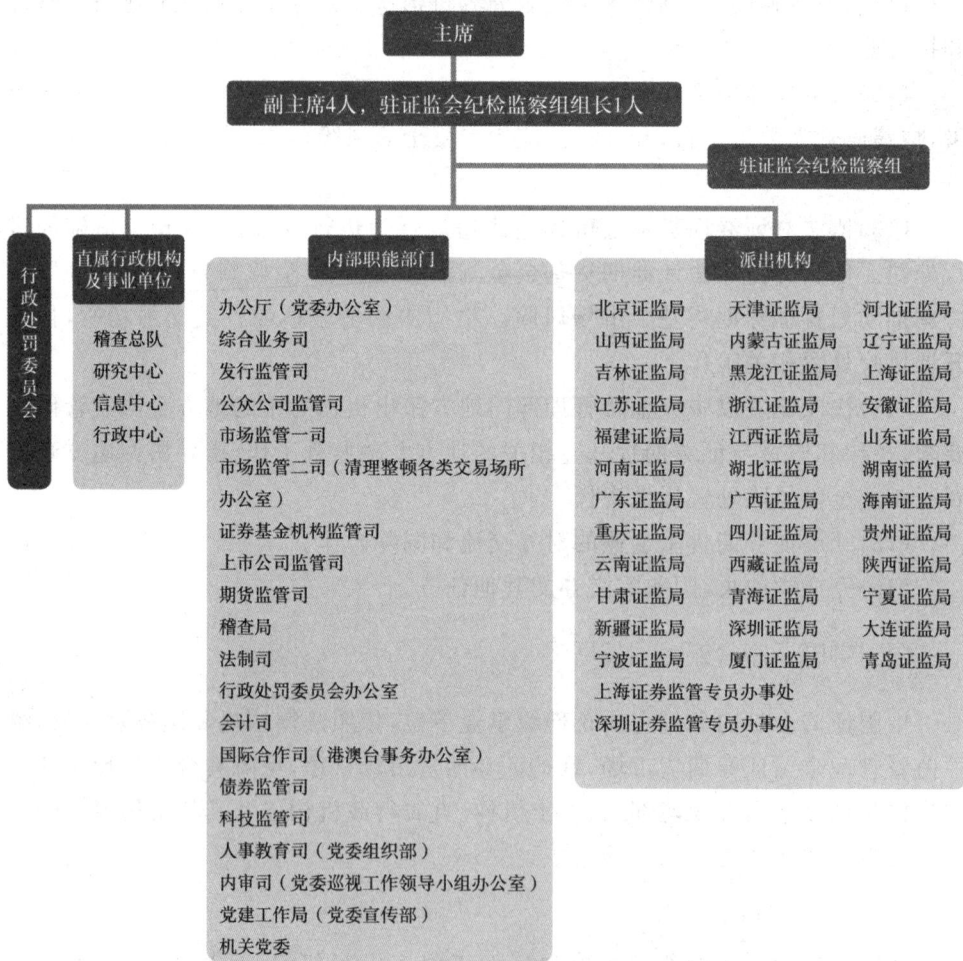

图 12-1　中国证监会组织架构图

入管理,对其业务活动和人员从业行为实施监督管理,开展风险监测和个案风险处置。⑧上市公司监管司:拟订上海证券交易所、深圳证券交易所上市公司监管规则,承担相关监管工作。⑨期货监管司:拟订期货市场及期货经营机构开展的衍生品业务相关监管制度,依法办理相关审批、核准、注册、备案申请。⑩稽查局:承担证券期货基金市场稽查工作,组织、协调、管理、监督违法违规案件调查。⑪法治司:起草相关法律法规草案,拟订相关规章制度和监管政策,承担行政复议、行政诉讼等工作。⑫行政处罚委员会办公室:依法拟订证券期货基金市场行政处罚制度,承担重大案件审理和应诉工作。指导系统行政处罚工作,承担罚没款执行工作。⑬会计司:拟订资本市场财务信息披露规范和监管相关制度,开展审计、评估机构证券服务业务备案及监管。⑭国际合作司(港澳台事务办公室):承担资本市场双向开放工作,备案管理境内企业境外发行上市证券,开展跨境监管交流与合作。⑮债券监管司：拟订交易所债券市场发展规划、政策制度，监管相关债券业务活动。⑯科技监管司：拟订证券期货基金业的科技规划和监管制度，承担网络安全、数据安全等监管工作。⑰人事教育司（党委组织部）、内审司（党委巡视工作领导小组办公室）、党建工作局（党委宣传部）、机关党委等：分别负责人事、内部审计、党建工作等。

2.派出机构

证监会下设了 38 个派出机构，包括 36 个证监局和 2 个证券监管专员办事处。这些派出机构根据证监会的授权，对辖区内的上市公司、证券期货经营机构、中介机构等的证券期货业务活动进行监督管理，并查处违法、违规案件。

3.直属行政机构

证监会还设立了稽查总队等直属行政机构，负责相关案件的调查、取证，提出处理意见等。

4.其他机构

此外，证监会还设有研究中心、信息中心和行政中心等，分别负责资本市场发展战略规划、信息化建设与服务、后勤服务与管理等工作。

二、我国证券交易所的监管职能

我国证券交易所包括上海证券交易所、深圳证券交易所、北京证券交易所、香港联合证券交易所、台湾证券交易所，这些交易所通过提供交易服务、制定交易规则、组织监督交易等职能的发挥，为我国资本市场的健康发展提供了有力保障。本节主要阐述我国大陆地区证券交易所的监管职能。

(一)我国证券交易所的层次结构

我国证券交易所市场形成了多层次的市场结构，主要包括主板市场、中小板市场(已并入主板)、创业板市场以及新成立的北京证券交易所等。这些不同层次的市场满足了不同规模、不同发展阶段企业的融资需求，也为投资者提供了多样化的投资选择。

(二)我国证券交易所的监管职能

我国证券交易所的监管职能是维护证券市场秩序、保障市场公平、公正、公开运行的重要职责。这些职能主要通过以下几个方面来体现。

(1)对证券交易活动的监管。具体包括：①实时监控。证券交易所对在交易所内进行的证券交易活动进行实时监控，确保交易活动的合法性和合规性。这包括对交易价格、交易量、交易速度等关键指标的监控,以及对异常交易行为的及时发现和报告。②交易规则的制定与执行。证券交易所负责制定和执行证券交易的各项规则和制度,包括交易方式、交易时间、交易费用等,以确保交易活动的有序进行。③风险防控。通过建立健全的风险防控机制,证券交易所对可能出现的市场风险进行预警和防范,确保市场的稳定运行。

(2)对会员的监管。具体包括:①会员资格管理。证券交易所对申请成为会员的机构进行严格的审核和评估,确保其具备从事证券交易业务的资格和条件。②会员行为监管。对会员的交易行为进行持续监管,防止操纵市场、内幕交易等违法违规行为的发生。同时,对会员的合规经营情况进行定期检查和评估。③会员违规处理。对违反交易规则或法律法规的会员进行处罚,包括警告、罚款、暂停或取消会员资格等措施。

(3)对上市公司的监管。具体包括:①上市审核。证券交易所负责对拟上市公司的申请材料进行审核,确保其符合上市条件和信息披露要求。②信息披露监管。要求上市公司按照相关法律法规和交易所的规定,及时、准确、完整地披露重要信息,保障投资者的知情权。③公司治理监管。对上市公司的公司治理结构、内部控制等方面进行监管,促进上市公司规范运作。

(4)其他监管职能。具体包括:①投资者保护。通过建立健全的投资者保护机制,如投资者教育、投诉处理、赔偿机制等,保护投资者的合法权益。②市场自律管理。作为自律性组织,证券交易所还承担着维护市场自律秩序的职责,包括制定行业自律规范、推动行业诚信建设等。

综上所述,我国证券交易所的监管职能是全面而深入的,涵盖了证券交易活动的各个方面和环节。这些职能的发挥对维护市场秩序、保障投资者权益、促进资本市场健康发展具有重要意义。

三、我国证券业协会的自律管理

我国证券业协会,即中国证券业协会(Securities Association of China,SAC),是依据《中华人民共和国证券法》和《社会团体登记管理条例》设立的证券业自律性组织,属于非营利性社会团体法人。

(一)基本概况

中国证券业协会成立于1991年8月28日,其地址位于北京市西城区金融大街19号富凯大厦B座2层,其主管单位和登记单位分别是中国证券监督管理委员会和中华人民共和国民政部。中国证券业协会定位为非营利性社会团体法人。

(二)主要职责

中国证券业协会依据相关法律法规和行业发展需要,主要履行以下职责:①教育和组织会员及其从业人员遵守证券法律、行政法规。通过培训、宣传等方式,增强会员及从业人员的法律意识和合规意识。②组织开展证券行业诚信建设和行业文化建设。推动行业诚信体系的建立,弘扬行业正能量,树立行业良好形象。③督促证券行业履行社会责任。引导会员单位积极参与社会公益事业,履行企业社会责任。④依法维护会员的合法权益。向证监会等部门反映会员的建议和要求,为会员提供法律援助和维权服务。⑤督促会员开展投资者教育和保护活动。增强投资者的风险意识和自我保护能力,维护投资者合法权益。⑥制定和实施证券行业自律规则和业务规范。对会员及从业人员的行为进行监督和检查,对违规行为进行自律管理。⑦组织执业评价。通过执业评价形成声誉激励和约束,促进会员及从业人员提升专业素养和职业道德水平。⑧制定证券从业人员道德品行、专业能力水平标准。开展从业人员执业登记和分类分层自律管理,提升行业整体水平。⑨组织会员就证券行业的发展、运作及有关内容进行研究。收集整理、发布证券相关信息,提供会员服务,组织行业交流,引导行业创新发展。⑩调解会员之间、会员与客户之间发生的证券业务纠纷。维护市场秩序和稳定。⑪对网下投资者、非公开发行公司债券、场外市场及场外衍生品业务进行自律管理。保障市场的公平、公正和透明。⑫推动会员加强科技和信息化建设。提高信息安全保障能力,对借助信息技术手段从事的证券业务活动或提供的相关服务进行自律管理。

(三)组织体系

(1)会员大会。会员大会是协会的最高权力机构,由全体会员组成,负责制定和修改章程、审议工作报告和财务报告等。

(2)理事会。理事会是会员大会的执行机构,在会员大会闭会期间领导协会开展日常工作,对会员大会负责。

(3)常务理事会。常务理事会由理事会选举产生,在理事会闭会期间行使部分职权。

此外,协会还设有多个内设部门和分支机构,如办公室、会员管理部、从业人员管理部、信息科技部以及证券行业文化建设专业委员会等,负责具体工作的执行和管理。

(四)协会的自律管理

(1)制定和实施自律规则与业务规范。中国证券业协会根据《中华人民共和国证券法》《中国证券业协会章程》等相关法律法规,制定了一系列自律规则和业务规范,以规范会员及其从业人员的行为。这些规则和规范涵盖了证券行业的各个方面,如证券发行、交易、承销、保荐、投资咨询等,确保了市场的公平、公正和透明。

(2)督促会员遵守法律法规和自律规则。中国证券业协会通过监督检查、自律处分等方式,督促会员及其从业人员严格遵守国家法律法规和协会制定的自律规则。对于违反法律法规和自律规则的会员及从业人员,协会将依据相关规定采取相应的自律管理措施,以维护市场秩序和投资者权益。

(3)开展投资者教育和保护活动。中国证券业协会积极组织会员开展投资者教育和保护活动,增强投资者的风险意识和自我保护能力。通过举办培训、讲座、发布投资者教育材料等方式,向投资者普及证券知识、揭示市场风险、引导理性投资。同时,协会还建立了投资者投诉处理机制,及时受理并处理投资者的投诉和纠纷,维护投资者的合法权益。

(4)调解会员之间的业务纠纷。当会员之间因业务合作产生纠纷时,可以向协会申请调解。协会将依据相关法律法规和自律规则,秉持公正、公平、合理的原则,对纠纷进行调解,以维护会员之间的和谐关系和市场的稳定。

(5)推动行业诚信建设和文化建设。通过制定行业诚信准则、开展诚信教育活动、表彰诚信典型等方式,引导会员及其从业人员树立诚信意识、弘扬诚信文化。同时,协会还加强对会员诚信状况的监督和管理,对失信行为进行惩戒和曝光,以维护行业的良好形象和声誉。

(6)推动行业创新和发展。通过组织会员开展创新研究、推动新产品新业务的发展、加强与国际证券业组织的交流与合作等方式,提升我国证券行业的国际竞争力和影响力。

综上所述,中国证券业协会的自律管理在维护市场秩序、保护投资者权益、推动行业创新和发展等方面发挥着重要作用。随着证券市场的不断发展和完善,中国证券业协会的自律管理也将不断加强和完善。

第三节　我国证券市场监管的内容

一、发行市场监管

发行市场监管的内容涉及多个方面,包括监管对象、监管制度、监管措施以及监管的法律制度等。

(一)监管对象[①]

监管对象有:①证券发行人,即发行证券的各类公司或机构,需要遵守相关的发行规定和信息披露要求。②证券中介机构,如证券公司、会计师事务所、律师事务所等,这些机构在证券发行过程中扮演着重要角色,需要接受监管以确保其行为的合法性和合规性。③投资者,虽然投资者不是直接的监管对象,但监管机构会通过保护投资者权益来间接监管市场。

(二)监管制度

(1)注册制相关制度。2018 年,上海证券交易所设立科创板并试点注册制,2019 年,首批科创板公司上市交易;2020 年,深圳证券交易所创业板改革并试点注册制正式落地;2021 年,北京证券交易所揭牌开市并同步试点注册制。2023 年 2 月 17 日,我国全面实行股票发行注册制,在上交所、深交所主板市场推行注册制。实行注册制后,国家通过相关规章制度对发行市场进行监管。目前,与注册制相关的制度共 165 部,其中证监会发布的制度 57 部,证券交易所、全国股转公司、中国证券登记结算有限责任公司等发布的配套制度 108 部。内容涵盖发行条件、注册程序、保荐承销、重大资产重组、监管执法、投资者保护等各个方面。

(2)信息披露制度。发行人需要按照相关法律法规的要求,真实、准确、完整地披露相关信息,以便投资者作出理性的投资决策。

(3)中介机构监管。监管机构会对中介机构进行监管,确保其行为的合法性和合规性,防止中介机构出具虚假报告或参与内幕交易等违法行为。

(三)监管措施

为了加强发行市场监管,监管机构会采取以下措施:①加大审核力度,对发行人的申请材料进行严格审核,确保发行人符合发行条件和信息披露要求。②强化信息披露,要求发行人充分披露相关信息,提高市场的透明度,降低信息不对称风险。③加大执法力度,对违法违规行为进行严厉查处,维护市场秩序和保护投资者权益。

(四)监管的法律制度

我国证券发行市场监管的法律制度主要包括《中华人民共和国证券法》《中

---

① 感兴趣的读者可以阅读《欺诈发行上市股票责令回购实施办法(试行)》,http://www.csrc.gov.cn/csrc/c101953/c7121844/content.shtml。

华人民共和国公司法》等相关法律法规。这些法律法规为发行市场监管提供了法律依据和制度保障,确保了市场的规范运作和健康发展。

二、交易市场监管

证券市场交易环节的监管主要围绕保护投资者利益、维护市场公平、有效和透明,以及减少系统风险等方面展开。

1.监管目标

(1)保护投资者利益。这是证券市场交易监管的首要目标,通过加强对市场参与者的监管,防止欺诈、内幕交易等违法行为,确保投资者的合法权益得到保护。

(2)维护市场公平、有效和透明。通过制定和执行交易规则,打击市场操纵、虚假报价等不当行为,确保市场信息的真实、准确和完整,促进市场的公平竞争和有效运行。

(3)减少系统风险。对市场的交易行为进行实时监控和风险评估,及时发现并处置潜在的风险隐患,防止市场风险的扩散和蔓延,维护金融市场的稳定和安全。

2.监管内容

(1)交易行为监管。具体包括:①异常交易监控。对投资者的交易行为进行实时监控,识别并处置异常交易行为,如频繁报撤单、大额申报等,防止市场操纵和价格异常波动。②交易信息披露。要求市场参与者及时、准确、完整地披露交易信息,提高市场透明度,便于投资者作出理性的投资决策。③程序化交易监管。随着程序化交易的兴起,监管机构加强了对程序化交易行为的监管,包括制定相关规则、建立报告制度等,确保程序化交易在合规的前提下进行。

(2)中介机构监管。具体包括:①证券公司监管。对证券公司的业务行为进行全面监管,包括经纪业务、自营业务、承销与保荐业务等,确保其合规经营,防止利益输送、内幕交易等违法行为。②交易所监管。交易所作为市场的组织者和管理者,承担着重要的监管职责。交易所通过制定和执行交易规则、维护市场秩序、提供交易设施等方式,为市场参与者提供公平、公正、透明的交易环境。

(3)法律法规体系。具体包括:①法律制定。不断完善证券市场的法律法规体系,为市场监管提供法律保障。例如,在《中华人民共和国公司法》中增加对股份回购、注册资本认缴制、股东权利保护等方面的规定,在《中华人民共和国证券法》中对大股东减持和违法处罚力度等规定进行调整,相关法律法规的修订和完善,为市场监管提供了更加明确和具体的法律依据。②执法力度。加大执法力度,对违法违规行为进行严厉打击,提高违法成本。

　　3.监管方式

　　监管方式有以下三种:①官方监管。由中国证监会等政府部门负责,通过制定法律法规、发布监管政策、进行执法检查等方式,对证券市场进行全面监管。②自律组织监管。由各大证券交易所、中国证券业协会等自律组织负责,通过制定行业规则、进行会员管理、开展投资者教育等方式,促进市场的规范发展。③公众监督。通过媒体监督、投资者投诉举报等方式,形成对市场的外部监督机制,推动市场环境的不断改善。

三、中介机构监管

　　证券市场监管对中介机构的监管是一个重要的方面,旨在确保中介机构在证券市场的运作中遵守法律法规,维护市场秩序和保护投资者利益。

　　1.对中介机构的监管内容

　　中介机构在证券市场中扮演着重要角色,如证券公司、会计师事务所、律师事务所等,它们的行为直接影响证券市场的公平、公正和透明。因此,对中介机构的监管是证券市场监管的重要组成部分。

　　(1)资质管理。中介机构需要获得相应的业务资质才能从事证券相关业务。证券监管部门会对中介机构的资质进行严格审查,确保其具备相应的专业能力和风险控制能力。

　　(2)行为监督。监管部门会对中介机构的行为进行持续监督,确保其遵守法律法规和自律规则。这包括中介机构在证券发行、交易、承销、保荐、财务顾问等方面的行为。

　　(3)信息披露。在从事证券业务过程中,中介机构需要按照相关规定披露信息,确保投资者能够充分了解相关情况。监管部门会对信息披露的及时性、准确性和完整性进行监管。

　　(4)内部控制。中介机构需要建立健全的内部控制制度,确保业务运作的合规性和风险可控性。监管部门会要求中介机构定期报告内部控制情况,并进行现场检查。

　　(5)违规处罚。对于中介机构在业务过程中出现的违规行为,监管部门会依法进行处罚,包括警告、罚款、暂停或取消业务资格等。同时,还会加强对中介机构的责任追究,确保违规行为得到严肃处理。

知 识 链 接 **12-1**

证监会对天职国际会计师事务所(特殊普通合伙)作出行政处罚

2024年8月5日,中国证监会官网发布对天职国际会计师事务所(特殊普通合伙)(以下简称天职国际)的行政处罚决定书。中国证监会对天职国际在江西奇信集团股份有限公司(以下简称奇信股份或公司)年报审计中未勤勉尽责和伪造、篡改、毁损审计工作底稿行为进行了立案调查、审理,查明天职国际在奇信股份年报审计中未勤勉尽责,制作、出具的审计报告存在虚假记载,伪造、篡改、毁损审计工作底稿等违法行为。天职国际的上述行为违反《中华人民共和国证券法》第一百六十二条的规定,构成《中华人民共和国证券法》第二百一十四条所述违法行为,并且情节严重。

中国证监会依法对天职国际责令改正,给予警告,没收业务收入3 679 245.28元,处以23 396 226.40元罚款,并处暂停从事证券服务业务6个月。

资料来源:中国证券监督管理委员会.中国证监会行政处罚决定书(天职国际)[EB/OL].(2024-08-05)[2024-09-03].http://www.csrc.gov.cn/csrc/c101928/c7500960/content.shtml.

2.具体监管措施

近年来,我国证券市场监管机构对中介机构的监管力度不断加大,采取了一系列具体措施。①建立常态化滚动式现场监管机制。对保荐机构、律师和注册会计师等中介机构进行定期或不定期的现场检查,督导其履职尽责情况。②实施分类监管。根据中介机构的执业质量和表现,实施分类监管,对表现良好的中介机构给予更多支持,对存在问题的中介机构加强监管和处罚。③强化内部决策和责任机制。要求中介机构建立健全内部决策和责任机制,确保各项业务决策的科学性和合规性。同时,加强对中介机构责任人的追责力度。④督促中介机构防范财务造假。要求中介机构在执业过程中充分运用资金流水核查、客户供应商穿透核查、现场核验等方式,确保财务数据符合真实的经营情况。

总之,证券市场监管对中介机构的监管是确保证券市场健康发展的重要保障。通过严格的资质管理、行为监督、信息披露、内部控制和违规处罚等措施,可以规范中介机构的行为,维护市场秩序和保护投资者利益。未来,随着我国证券市场的不断发展,对中介机构的监管也将不断完善和加强。

四、投资者保护

投资者保护是证券市场监管的重要组成部分,旨在维护投资者的合法权益,提升投资者信心,促进市场健康发展。

1.投资者的分类

根据财产状况、金融资产状况、投资知识和经验、专业能力等因素,投资者可以分为普通投资者和专业投资者。专业投资者的标准由中国证监会规定,两者在一定条件下可以相互转化。

2.投资者保护的制度建设

(1)制定和修订与投资者保护的相关法规。证监会及交易所等机构密集发布了一系列投资者保护制度,如《证券市场程序化交易管理规定(试行)》《监管规则适用指引——发行类第 10 号》等[①],旨在加强程序化交易监管、提升上市公司信息披露质量等,为投资者提供更加公平、透明的市场环境。

(2)优化发行上市、并购重组等制度安排。支持有创新发展潜力的公司加快做优做强,既支持优质的新兴企业健康成长,也支持优质的传统企业转型升级,让投资者更好地分享经济高质量发展的成果。

3.对投资者保护的监管

(1)强化线索发现和严查重大案件。加大科技监管应用,提升线索发现的敏感度和精准度,重点打击欺诈发行、财务造假、内幕交易、操纵市场等违法违规行为,为投资者提供公开、公平、公正的市场秩序。

(2)提升执法效能。通过跨部门、跨领域、跨市场监管协作,加强现场监管与非现场监管联动、信息披露与交易监管联动等,坚决消除监管空白和盲区,提高执法效率和效果。

4.对投资者的教育引导活动

(1)加大投资者教育和防非打非宣传力度。证券公司等金融机构通过举办讲座、发放宣传资料、开展线上投教活动等方式,帮助投资者提高认知能力,识别非法证券活动,增强自我保护能力。

(2)区分投资者群体进行精细化管理。针对不同年龄、投资经验等维度的投资者群体,设计差异化的投教内容和服务模式,提供更加精准、有效的投资者教育。

5.专业服务提升

(1)推动行业机构提升专业服务水平。中国证监会发布相关意见和规定,督促证券公司和公募基金等机构提高专业服务能力和监管效能,为投资者提供更

---

① 感兴趣的读者可以阅读《监管规则适用指引——发行类第 10 号》,http://www.csrc.gov.cn/csrc/c101802/c7480680/content.shtml。

加多元、更加适配的产品和服务。

（2）加强投资者权益保护机制建设。建立和完善投资者投诉处理、客户回访等机制，确保投资者诉求得到及时响应和解决。同时，推动行业机构成立投资者权益保护委员会等专门机构，负责投资者权益保护工作的具体实施和监督。

6.投资者维权救济

（1）畅通投资者维权救济渠道。证监会持续推动畅通投资者纠纷化解和救济渠道，如特别代表人诉讼、先行赔付、示范判决等机制落地见效，大幅提高维权效率，降低维权成本。

（2）加强调解仲裁等多元化解机制建设。推动证券期货纠纷调解组织建设，优化调解程序，提高调解成功率。同时，加强与司法部门的协作，推动诉调对接等机制落地实施。

知识链接 12-2

泽达易盛欺诈发行特别代表人诉讼案

科创板上市公司泽达易盛存在欺诈发行、连续多年财务造假，严重损害投资者合法权益。中国证监会强化立体化追责，对公司及责任人予以行政处罚，依法支持投资者追究上市公司及相关中介机构等责任主体的民事赔偿责任。2023年4月，上海金融法院对投资者提起的泽达易盛民事诉讼立案。2023年7月，案件转换为特别代表人诉讼。2023年12月，泽达易盛特别代表人诉讼以诉中调解方式结案，中证中小投资者服务中心代表7195名适格投资者获2.85亿元全额赔偿。该案是全国首例涉科创板上市公司特别代表人诉讼，也是中国证券集体诉讼和解第一案，取得良好的社会效果，被评为上海金融法院2023年度十大典型案例。泽达易盛案充分发挥特别代表人诉讼"默示加入、明示退出"的制度优势，集中高效化解群体性纠纷。通过公益机构代表、专业力量支持以及诉讼费用减免等制度，大幅降低了投资者的维权成本和诉讼风险，同时，对压实相关主体责任具有重要的示范意义。

资料来源：中国证券监督管理委员会.投资者保护典型案例[EB/OL].(2024-05-15)[2024-07-03].http://www.csrc.gov.cn/csrc/c100210/c7480514/7480514/files/2dd6c31639da 4d8b8 646f3980e568735.pdf.

第四节　我国证券市场监管的手段

一、经济手段在证券市场监管中的作用

经济手段在证券市场监管中扮演着重要的角色。经济手段是指政府以管理和调控证券市场为主要目的,采用间接调控方式影响证券市场运行和参与主体的行为。

1.调控市场供求与价格

在利率政策方面,政府通过调整利率水平,可以影响市场资金的供求关系,进而对证券市场的价格产生影响。例如,在股市过热时,提高利率可以吸引资金从股市流向银行储蓄,从而降低股市的资金供给,抑制股价上涨;相反,在股市低迷时,降低利率可以刺激资金流向股市,增加市场的资金供给,推动股价回升。在公开市场业务方面,中央银行通过公开市场操作,买卖国债等证券,可以直接影响市场的货币供应量和利率水平,进而对证券市场的走势产生影响。当中央银行卖出证券时,会减少市场上的货币供应量,提高利率,从而对股市产生压制作用;反之,则会对股市起到提振的作用。

2.调节交易成本与收益

在税收政策方面,政府通过调整证券市场的税收政策,如证券交易税、证券所得税等,可以影响投资者的交易成本和收益,从而引导投资者的行为。例如,提高证券交易税会增加投资者的交易成本,降低市场的活跃度;而降低证券所得税则可以增加投资者的实际收益,激发市场的投资热情。在信贷政策方面,政府通过调整对证券市场的信贷政策,如放宽或收紧对证券公司的贷款条件,可以影响证券公司的资金成本和业务规模,进而对证券市场的运行产生影响。

3.促进市场稳定发展

在平衡市场波动方面,经济手段的运用有助于平衡证券市场的波动,防止市场出现过度投机和泡沫。通过灵活的利率政策和税收政策等手段,政府可以在市场过热时及时降温,在市场低迷时给予支持,从而保持市场的稳定发展。在提高市场效率方面,经济手段的运用还可以促进证券市场的高效运行。通过优化市场结构、完善市场机制等手段,政府可以提高市场的信息透明度和流动性,降低市场的交易成本和风险,从而提高市场的运行效率。

综上所述,经济手段在证券市场监管中发挥着重要的调控作用。政府通过

运用利率政策、公开市场业务、税收政策和信贷政策等经济手段,可以影响证券市场的供求关系、交易成本和收益水平,以及市场的稳定性和效率性,从而实现对证券市场的有效监管和调控。

二、行政手段在证券市场监管中的实践

行政手段是证券市场监管的重要组成部分,它直接体现了政府对证券市场的干预和管理。行政手段在证券市场监管中的实践主要体现在以下几个方面:

1.法律法规的制定与执行

在制定法律法规方面,政府通过立法程序,制定和完善证券市场的相关法律法规,如《中华人民共和国证券法》《中华人民共和国公司法》等,为证券市场的监管提供法律基础。这些法律法规明确了证券市场的参与主体、交易规则、信息披露要求等,为行政手段的实施提供了法律依据。在执行法律法规方面,证券监管机构依据法律法规,对证券市场的违法违规行为进行查处和处罚。通过行政处罚、行政强制等手段,维护证券市场的秩序和公平。

2.监管机构的设立与授权

在设立监管机构方面,政府设立专门的证券监管机构,如中国证券监督管理委员会负责证券市场的全面监管。这些机构具有独立的监管权力和职责,能够直接对证券市场的参与主体和交易行为进行监督和管理。在授权监管方面,政府通过法律授权,赋予证券监管机构对证券市场的全面监管权力。这些权力包括但不限于对证券发行、交易、信息披露等环节的审核、监督、检查和处罚等。

3.行政手段的具体实施

行政手段的具体实施包括:①发行监管。在注册制下,对发行监管的行政手段涵盖法规制度建设、审核注册机制、信息披露监管、现场检查与调查、监管执法与处罚以及中介机构监管等多个方面。这些手段共同构成了注册制下发行监管的完整体系,为资本市场的健康稳定发展提供了有力保障。②交易监管。在证券交易环节,证券监管机构通过实时监控、异常交易调查等手段,对证券交易行为进行监管。对于内幕交易、操纵市场、欺诈客户等违法违规行为,证券监管机构将依法进行查处和处罚。③信息披露监管。证券监管机构要求上市公司和其他信息披露义务人及时、准确、完整地披露信息,以保障投资者的知情权和市场的透明度。对于信息披露不及时、不准确、不完整的行为,证券监管机构将依法进行处罚。④市场准入监管。证券监管机构对证券市场的参与主体进行严格的准入监管,包括证券公司、基金管理公司、期货公司等机构的设立和业务范围等。通过市场准入监管,确保参与主体具备相应的资质和条件,维护市场的稳定和健康发展。

4.国际合作与协调

在全球化的背景下,证券市场的监管已经超越了国界的限制。各国证券监管机构通过国际合作与协调,共同打击跨境证券违法违规行为,维护全球证券市场的稳定和健康发展。例如,中国证监会已经与多个国家和地区的证券监管机构建立了监管合作机制,共同应对跨境证券违法违规行为。

综上所述,行政手段在证券市场监管中的实践是多方面、全方位的。通过法律法规的制定与执行、监管机构的设立与授权、具体行政措施的实施以及国际合作与协调等手段,政府能够有效地对证券市场进行监管和管理,维护市场的公平、公正和稳定。

知识链接 12-3

证监会对上海思尔芯技术欺诈发行违法行为作出行政处罚

2024 年 2 月 9 日,中国证监会官网发布对上海思尔芯技术股份有限公司(原名:上海国微思尔芯技术股份有限公司,以下简称思尔芯或公司)申请科创板首发上市过程中欺诈发行违法行为作出行政处罚的公告。该案系新修订的《中华人民共和国证券法》实施以来,发行人在提交申报材料后、未获注册前,证监会查办的首例欺诈发行案件。

思尔芯于 2021 年 8 月提交科创板首发上市申请。作为首发信息披露质量抽查企业,证监会于 2021 年 12 月对其实施现场检查,发现公司涉嫌存在虚增收入等违法违规事项。2022 年 7 月,思尔芯撤回发行上市申请。证监会对其涉嫌欺诈发行行为进行了立案调查和审理。经查,思尔芯在公告的证券发行文件中编造重大虚假内容,其《招股说明书》第六节"业务与技术"、第八节"财务会计信息与管理层分析"涉及财务数据存在虚假记载,2020 年虚增营业收入合计 1 536.72 万元,占当年度营业收入的 11.55%,虚增利润总额合计 1 246.17 万元,占当年度利润总额的 118.48%。证监会依法决定:对思尔芯处以 400 万元罚款;对时任思尔芯董事长黄学良,时任思尔芯董事、首席执行官、总经理 Toshio Nakama 分别处以 300 万元罚款;对时任思尔芯董事、资深副总裁林铠鹏,时任思尔芯董事、资深副总裁、董事会秘书熊世坤分别处以 200 万元罚款;对时任思尔芯首席财务官黎雄应处以 150 万元罚款;对时任思尔芯监事会主席杨录处以 100 万元罚款。

资料来源:中国证券监督管理委员会,证监会对上海思尔芯技术欺诈发行违法行为作出行政处罚[EB/OL].(2024-02-09)[2024-07-03].http://www.csrc.gov.cn/csrc/c100028/c7462911/content.shtml.

思考与练习

一、单项选择题

1.中国证监会按照（　　　）的授权并依照相关法律法规对证券市场进行集中、统一监管。

　　A.中国证券业协会　　　　　　　　B.国务院

　　C.全国人民代表大会常务委员会　　　D.中国人民银行

2.证券市场监管的主要任务是（　　　）。

　　A.调控证券市场与证券交易的规模

　　B.保护投资者利益，营造公开、公平、公正的市场环境

　　C.保证证券市场的效率

　　D.降低非系统性风险

3.以下选项中，（　　　）不属于证券市场监管的行政手段的特点。

　　A.比较直接　　　　　　　　　　　B.相对比较灵活

　　C.运用不当可能违背市场规律　　　D.无法发挥作用甚至遭到惩罚

4.按照《证券公司监督管理条例》和《上市公司治理准则》的要求，证券公司董事会决议内容违反法律、行政法规或者中国证监会的规定的，（　　　）应当要求董事会纠正。

　　A.监事会　　　　　B.股东会　　　　　C.经理层　　　　　　D.证券交易所

5.融资融券业务的决策与授权体系原则上按照（　　　）架构设立和运行。

　　A.业务执行部门—董事会—业务决策机构—分支机构

　　B.董事会—业务执行部门—业务决策机构—分支机构

　　C.董事会—业务决策机构—业务执行部门—分支机构

　　D.业务决策机构—业务执行部门—分支机构—董事会

二、多项选择题

1.我国证券市场监管体系的重要组成部分包括（　　　）。

　　A.中国证监会　　　　　　　　　　B.证券交易所

　　C.中国证券业协会　　　　　　　　D.国务院

2.证券市场监管的目标主要包括(　　)。

A.保护投资者利益　　　　　　　B.确保市场公平、公正、公开

C.防范和化解市场风险　　　　　D.促进证券市场发展

3.我国证券市场监管的法律法规体系的重要组成部分包括(　　)。

A.《中华人民共和国证券法》

B.《中华人民共和国公司法》

C.《中华人民共和国刑法》中涉及证券犯罪的相关规定

D.证券交易所的自律性规则

三、判断题

1.中国证监会是我国唯一的证券监管部门。(　　)

2.实行注册制后,证券监管转变为自律。(　　)

3.证券监管要遵循公平、公正、公开原则。(　　)

4.证券市场监管的首要任务是保护投资者的合法权益。(　　)

5.证券监管不需要国际合作。(　　)。

四、简答题

1.证券市场监管的主要任务是什么?

2.证券市场监管的主要手段有哪些?

3.证券市场监管机构有哪些主要权限?

4.证券市场监管的意义是什么?

5.如何理解证券市场监管中的公平、公正、公开原则?

五、案例分析

我国对上市公司违法违规行为零容忍

2024年7月15—18日,党的二十届三中全会在北京召开,审议通过了《中共中央关于进一步全面深化改革、推进中国式现代化的决定》,全文提及资本市场共五次,对于监管问题,决定特别提到:健全投资和融资相协调的资本市场功能,防风险、强监管,促进资本市场健康稳定发展;提高上市公司质量,强化上市公司监管和退市制度;完善大股东、实际控制人行为规范约束机制;健全投资者保护机制等内容。

截至2024年6月6日,沪深两市新增99家公司股票被实施ST或＊ST;其

中,ST公司44家、＊ST公司55家。与往年相比,沪深两市2021年、2022年、2023年同期分别新增此类公司117家、78家、81家,到2024年6月为止变化不大。根据市场规则,每年4月30日年报披露结束后,问题公司的股票会因各种原因被实施ST或＊ST,包括财务数据不达标、大额资金被大股东占用、内部控制存在重大缺陷等。按照4月底新修订的沪深交易所《股票上市规则》,2024年的主要变化是:为严惩造假行为,上市公司因财务造假被行政处罚但未达重大违法退市标准的,将被实施ST(目前已有7家)。

上市公司退市后,公司及相关责任人对于退市前可能存在的违法违规行为仍应依法承担相应的民事、行政、刑事法律责任。证监会高度重视涉及退市的投资者保护工作,坚持对上述主体的违法违规行为"一追到底",对退市过程中的市场操纵、财务造假等行为依法严惩,并多渠道保护投资者合法权益。2023年,证监会查办证券期货违法案件717件,同比增长19％;作出行政处罚539件,同比增长40％,处罚责任主体1 073人(家)次,同比增加43％;市场禁入103人,同比增长47％;罚没63.89亿元,同比增长140％,"零容忍"打击高压态势不断巩固。同时,坚持对包括退市公司在内的财务造假公司及相关责任人违法违规行为"一追到底"、依法严惩,2024年已依法将17家涉嫌犯罪的退市公司及责任人移送司法追究刑事责任。

数据来源:证监会:今年以来沪深两市新增99家公司股票被实施ST或＊ST,与往年相比变化不大[EB/OL].(2024-06-06)[2024-07-03].https://baijiahao.baidu.com/s? id＝1801105490765708292&wfr＝spider&for＝pc.

案例分析:我国如何对上市公司进行监管,惩戒措施有哪些?

思政点拨:谈谈你对我国上市公司违法违规行为零容忍的思考。

六、实训课堂

1.实训目标:了解本地区证券监管情况。

2.实训操作:每位学生(或小组)选择一个发生在本地(或邻近地区)的证券监管案例进行分析,案例可以涉及证券公司违规、上市公司信息披露违规、内幕交易、操纵市场、违规减持等多种类型,并将分析内容整理成一篇结构清晰、逻辑严密的案例分析报告。

第十二章
思考与练习参考答案

第十三章 国际证券市场监管

学习目标

知识目标

1.深入了解不同国家的证券市场监管模式;

2.熟悉各国证券监管机构;

3.了解国际证券市场监管政策的最新变化。

能力目标

1.能够分析比较不同监管模式的优缺点及适用条件;

2.能够准确解读国际证券市场监管的法律法规;

3.能够运用证券市场监管的常用工具和技术进行监管实践。

素养目标

1.培养跨文化沟通和交流的能力,促进国际监管合作与交流;

2.鼓励创新思维和实践,推动证券市场监管工作的不断创新和发展。

知识结构图

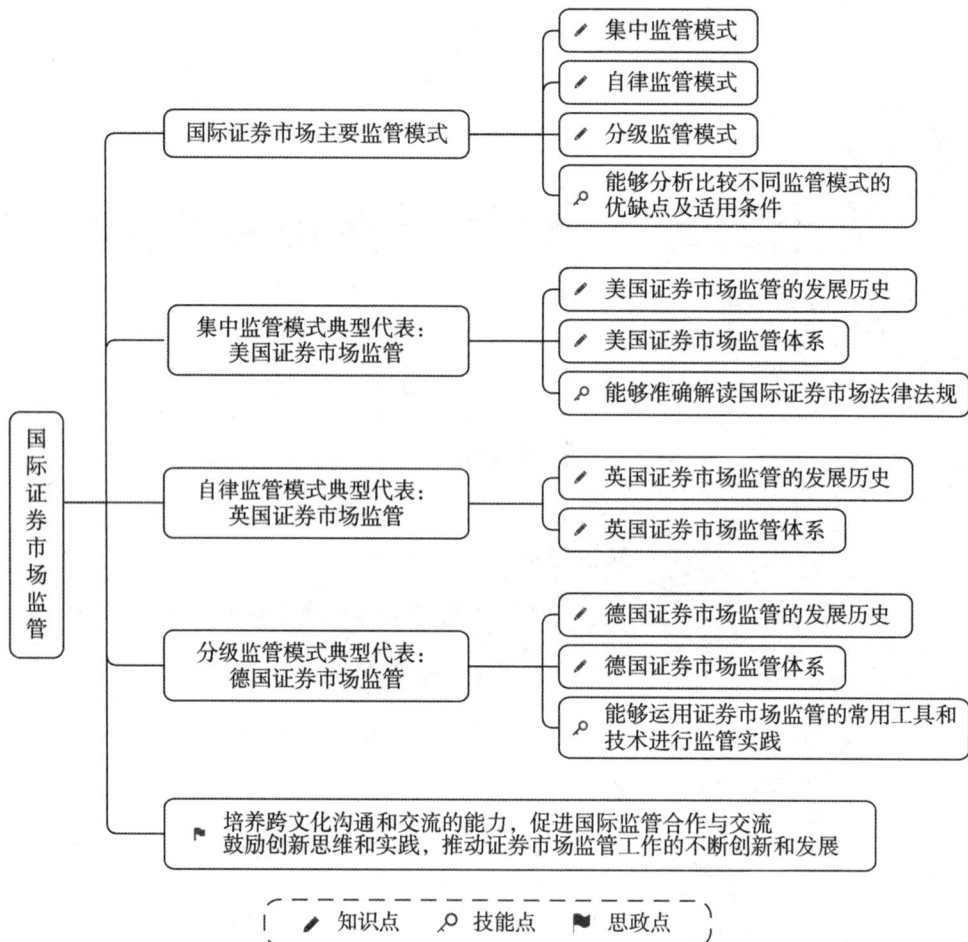

国际证券市场主要监管模式
- 集中监管模式
- 自律监管模式
- 分级监管模式
- 能够分析比较不同监管模式的优缺点及适用条件

集中监管模式典型代表：美国证券市场监管
- 美国证券市场监管的发展历史
- 美国证券市场监管体系
- 能够准确解读国际证券市场法律法规

自律监管模式典型代表：英国证券市场监管
- 英国证券市场监管的发展历史
- 英国证券市场监管体系

分级监管模式典型代表：德国证券市场监管
- 德国证券市场监管的发展历史
- 德国证券市场监管体系
- 能够运用证券市场监管的常用工具和技术进行监管实践

- 培养跨文化沟通和交流的能力，促进国际监管合作与交流
- 鼓励创新思维和实践，推动证券市场监管工作的不断创新和发展

✎ 知识点　🔍 技能点　🚩 思政点

引导案例

美国安然公司破产案

安然事件(the Enron Incident)，是指2001年发生在美国的安然(Enron)公司破产案。安然公司曾经是世界上最大的能源、商品和服务公司之一，名列《财富》杂志"美国500强"的第七名，然而，2001年12月2日，安然公司突然向纽约破产法院申请破产保护，该案成为美国历史上企业第二大破产案。

在安然公司破产事件中，损失最惨重的无疑是那些投资者，尤其是仍然掌握大量安然股票的普通投资者。按照美国法律，在申请破产保护之后，安然的资产将优先缴纳税款、赔还银行借款、发放员工薪资等，本来就已经不值钱的公司再经这么一折腾，投资人肯定是血本无归。

在此事件中受到影响的,还有安然的交易对象和那些大的金融财团。据统计,在安然破产案中,杜克(Duke)集团损失1亿美元,米伦特公司损失8 000万美元,迪诺基损失7 500万美元。在财团中,损失比较惨重的是J. P. 摩根和花旗集团。仅J. P. 摩根对安然的无担保贷款就高达5亿美元,据称花旗集团的损失也大致与此相当。此外,安然的债主还包括德意志银行、中国银行、中国招商银行以及日本的三家大银行等。

资料来源:美国安然事件[EB/OL].(2016-08-24)[2024-07-03]. https://www.163.com/dy/article/BV8JO5LN0519A782.html.

你认为应该如何构建监管体系,才能有效预防类似事件的再次发生,保护投资者的利益,维护市场的公平和正义?

第一节　国际证券市场主要监管模式

国际证券市场监管的主要模式包括集中监管模式、自律监管模式和分级监管模式。

一、集中监管模式

1.集中监管模式的定义

集中监管模式是指政府依据国家法律积极参与证券市场的监督管理,通过设立全国性的证券监管机构,对证券市场进行集中统一的监管。这种模式下,政府拥有高度的监管权力,能够确保证券市场的公正、公平、高效和稳定。

2.集中监管模式的典型国家

美国是采用集中监管模式的典型国家。美国证券交易委员会(SEC)由参议院以及总统任命批准的5名主任委员组成,系隶属于国会,是美国联邦政府的独立机构,负责美国的证券监督和管理工作。

3.集中监管模式的优缺点

集中监管模式的优点:①权威性高。集中监管模式通常由政府设立专门的监管机构,这些机构具有高度的权威性和独立性,能够确保监管政策的公正、公平和有效执行,进而有助于维护证券市场的稳定和健康发展。②法规体系完善。集中监管模式强调立法管理,具有一整套相互配合的全国性证券市场管理法规。

这些法规为市场行为提供了明确的法律依据,使得监管工作有法可依,提高了监管的规范性和透明度。③协调性强。集中监管模式能够协调全国各证券市场的监管工作,防止市场无序竞争和混乱局面的出现。通过统一监管标准和口径,可以避免各地监管政策的差异和冲突,提高监管效率。④投资者保护力度大。由于监管者地位超脱,能够更公平、公正、客观、有效地发挥其监管职能,因此集中监管模式在实践中更注重对投资者利益的保护。通过加强对市场参与者的监管和处罚力度,可以维护投资者的合法权益。⑤资源整合能力强。集中监管模式可以调动整合全国的资源进行资源重组和有序存列,避免各自为政和相互消耗。这种资源整合能力有助于提高监管工作的整体效能和水平。

集中监管模式的缺点:①监管成本高昂。由于证券法规的制定者和监管者超脱于市场之外,离市场相对较远,掌握的信息相对有限,因此监管的成本相对较高。为了获取全面准确的市场信息,需要投入大量的人力、物力和财力进行调研和分析。②监管滞后。集中监管模式在应对市场突发事件时可能反应相对较慢,导致处理不及时。由于监管决策需要经过一系列的程序和流程,因此可能会错过最佳的监管时机。③行政干预过多。在某些情况下,集中监管模式可能会产生过多的行政干预,影响市场的自主性和创新性。政府监管过细、过多,可能会破坏市场的活力,导致市场效率下降。④自律组织作用受限。由于政府监管机构的权威性和独立性较高,自律组织在监管过程中的参与度和话语权可能相对较低,难以充分发挥其自律作用。⑤官僚主义风险。监管机构内部可能存在层级复杂、决策缓慢等问题,导致监管工作难以高效推进。此外,监管部门内部也可能存在权力寻租等腐败现象,影响监管的公正性和有效性。

二、自律监管模式

1.自律监管模式的定义与典型国家

自律监管模式是指政府对证券市场干预较少,除了国家立法中有某些必要规定外,对证券市场的监管主要由证券交易所及交易商协会等自律性组织机构实行自我管理的模式。这种管理体制强调行业内部的自我监管,注重发挥行业自律组织在监管中的主导作用。传统观点认为,采取自律监管模式的典型国家是英国。尽管从1986年开始,英国的自律监管模式发生了重要变化,但其在历史上一直以其高度的市场自律性和严格的行业规范而著称。此外,新加坡和我国香港特别行政区等也采用了类似的自律监管模式。

2.自律监管模式的特点

自律监管模式具有以下特点:①证券立法采用综合性金融法律形式。实行自律监管模式的国家没有关于证券监管的专门法规体系,与证券有关的法规散见于各种金融法规之中。②没有专门的政府证券监管机构。政府机构中相关部门只对涉及其管理范围的内容实行监管,日常事务主要由一些非政府管理机构对证券市场及其交易的参与者进行自我管理。③行业自律组织发挥主导作用。证券交易所、交易商协会等自律组织负责制定和执行市场规则,对会员和市场参与者进行监管,确保市场的公平、公正和透明。④注重市场自律和市场机制的作用。自律监管模式强调通过市场机制来约束市场参与者的行为,减少政府对市场的直接干预,提高市场的运行效率。⑤优势与挑战并存。优势在于自律组织熟悉市场情况,监管成本低、效率高,能够迅速响应市场变化。然而,也可能存在监管力度不够、利益冲突等问题,需要政府和其他监管机构进行必要的监督和协调。

3.自律监管模式的优缺点

自律监管模式在激发市场活力、提高监管效率等方面具有显著优势,但在投资者利益保护、监管手段以及全国市场协调发展等方面也存在一定不足。

自律监管模式的优点:①市场创新与竞争意识。自律监管模式能够充分发挥市场的创新和竞争意识,有利于市场的活跃和发展。在这种模式下,市场参与者如证券交易所、证券商等有更多的自主权来制定和执行监管规则,从而激发市场的活力和创新能力。②高效性与灵活性。由于允许券商等市场参与者参与制定监管规则,自律监管模式在制定法律法规时更具灵活性和效率。这些规则更能贴近市场实际,快速响应市场变化,有效防止违规行为的发生。③迅速反应能力。自律组织对市场发生的违规行为能够迅速作出反应,采取必要的措施来维护市场秩序和保护投资者利益。这种快速反应机制有助于防患于未然,减少市场风险。

自律监管模式的缺点:①投资者利益保护不足。自律监管模式往往将监管的重点放在市场运行和保护证券交易所会员的经济利益上,而对投资者利益的保护可能不够充分。这可能导致投资者在市场中处于相对弱势地位,难以得到公平对待。②监管手段相对软弱。与政府集中管理型监管模式相比,自律监管模式在监管手段上可能较为软弱。由于缺乏立法作为后盾,自律组织在采取监管措施时可能受到一定限制,难以有效遏制违规行为。③难以实现全国市场协调发展。自律监管模式通常不设立全国性的统一监管机构,这可能导致各地证券市场的监管标准不一,难以实现全国市场的协调发展。此外,缺乏统一的监管机构还可能导致监管空白和监管套利等问题的出现。

三、分级监管模式

1.分级监管模式的定义

分级监管模式是指通过若干层次机构与组织的监督,形成各层次监管权力的分配与相互制衡。这种监管模式旨在通过不同层级的监管机构,对证券市场进行更为全面和细致的监督与管理,以确保市场的公平、公正和透明。分级监管模式可以根据具体的监管层次差异,进一步细分为二级监管和三级监管两种模式。①二级监管模式是指政府监管与自律组织自我监管相结合的一种监管模式。在这种模式下,政府设立专门的监管机构对证券市场进行宏观监管,而证券交易所、证券业协会等自律组织则负责具体的市场运作和微观监管。②三级监管模式是指中央政府监管、地方政府监管与自律组织自我监管相结合的一种监管模式。这种模式在二级监管的基础上,增加了地方政府的监管层级,使得监管体系更加完善和立体。

2.分级监管模式的特点

分级监管模式是一种具有多层次监管、权力分配与制衡、灵活性与适应性、强调自律监管、注重投资者保护等特点的证券市场监管模式。它有助于实现对证券市场全面、细致和有效的监管,维护市场的公平、公正和透明。

(1)多层次监管。分级监管模式通过设立多个层级的监管机构,实现了对证券市场的多层次、全方位监管。这种多层次的监管体系有助于弥补单一层级监管的不足,提高监管的效率和效果。

(2)权力分配与制衡。在分级监管模式下,各层级监管机构之间存在一定的权力分配与制衡关系。这种关系有助于防止权力过分集中而导致的监管失误或腐败问题,同时也有助于各层级监管机构之间的协调与合作。

(3)灵活性与适应性。分级监管模式可以根据证券市场的实际情况和发展需要,适时调整各层级监管机构的职责和权限,以更好地适应市场的变化和发展。

(4)强调自律监管。在分级监管模式中,自律组织如证券交易所、证券业协会等扮演着重要角色。它们通过制定行业规范、加强内部管理等手段,实现自我监管和相互监督,有助于维护市场的稳定和健康发展。

(5)注重投资者保护。分级监管模式还注重投资者保护。各层级监管机构通过加强信息披露、打击违法违规行为等措施,保护投资者的合法权益不受侵害。同时,它们还通过投资者教育等方式,增强投资者的风险意识和自我保护能力。

3.分级监管模式的优缺点

分级监管模式的优点：①充分调动各方优势和积极性。分级监管模式通过中央政府、地方政府和自律组织等多层次的监管体系,能够充分调动各监管主体的积极性和专业优势,形成合力,共同维护证券市场的稳定和健康发展。②防止权力过分集中。该模式有助于避免单一监管机构权力过于集中可能导致的政策偏差和监管空白点。通过分权制衡,能够更有效地发现和处理市场中的问题。③提高监管效率。自律组织由于贴近市场,对市场动态和变化具有更高的敏感度,能够迅速作出反应并采取相应的监管措施。这种高效的监管方式有助于维护市场的稳定,并提升投资者信心。④发挥自律组织优势。自律组织在监管中扮演着重要角色,它们对市场的熟悉程度、专业知识以及监管成本的相对较低等优势,使得分级监管模式能够更加灵活和有效地应对市场变化。

分级监管模式的缺点：①协调难度大。分级监管模式涉及多个监管主体,不同主体之间的利益诉求和监管目标可能存在差异,这增加了协调的难度。如果协调不力,可能导致监管重叠或监管空白,影响监管效果。②可能存在监管盲区。尽管分级监管模式试图通过多层次监管来避免监管盲区,但在实际操作中,由于各监管主体之间的职责划分不明确或信息不对称等原因,仍可能存在监管盲区。这些盲区可能成为市场风险的温床。③对自律组织依赖性高。分级监管模式对自律组织的依赖程度较高,如果自律组织自身的监管能力不足或存在利益冲突等问题,可能会影响整个监管体系的稳定性和有效性。④反应速度可能受限。尽管自律组织在反应速度上具有优势,但在某些情况下,如市场出现重大波动或突发事件时,可能需要更高级别的监管机构来统一协调和指挥。此时,分级监管模式可能因层级过多而影响反应速度。

第二节　集中监管模式典型代表：美国证券市场监管

一、美国证券市场监管的发展历史

美国证券市场监管的发展历史是一个不断适应市场变化、调整监管策略和完善监管体系的过程。通过不同历史阶段的监管实践和立法探索,美国逐步建立了一套相对完善、高效和灵活的证券市场监管体制。

(一)崇尚自由竞争的弱监管时代(20 世纪 30 年代"大萧条"以前)

这一时期的美国政府在经济政策上奉行自由放任原则,强调市场自我调节的作用,对证券市场的监管相对宽松。美国金融经营体制采取的是自由银行制度,金融机构在业务经营上享有较大的自主权,政府干预较少,因此,市场保持了很强的活力,但另一方面也因为交易行为自由度高,容易滋生投机行为。在缺乏有效监管的情况下,市场欺诈行为较多,交易行为更多的是投机行为,而非基于价值投资的理念。

从 1792 年的"梧桐树协定"到 1934 年美国证券交易委员会(SEC)成立,美国证券市场在长达 142 年的时间里都没有统一的监管者。各州政府虽然有一定的监管权,但缺乏统一性和强制性,监管效果有限。各州政府为保护本州投资者免受欺诈而制定了证券监管法律,即"蓝天法"(Blue Sky Laws),但这些法律在跨州交易和全国性市场上难以发挥有效作用。

知识链接 13-1

梧桐树协定

"梧桐树协定"(Buttonwood Agreement)是在 1792 年 5 月 17 日,美国 24 名经纪人在华尔街的一棵梧桐树下聚会,商订出的一项协议。协议约定,每日在梧桐树下聚会从事证券交易,并制定了交易佣金的最低标准及其他交易条款。这是纽约证券交易所的开端。1817 年 3 月 8 日,华尔街现代老板俱乐部联盟会员在"梧桐树协定"的基础上草拟出《纽约证券和交易管理处条例》。1863 年,纽约证券和交易管理处改名为纽约证券交易所。

虽然原来的梧桐树已于 1865 年在一次雷雨中死去,但是"梧桐树"这一代称仍持续下来。时至今日,《经济学人》的金融专栏仍名为"梧桐树专栏"。

2008 年全球金融风暴以来,"梧桐树协定"中的"联盟与合作"规则,仍然是世界各国应对危机的主要法则。

(二)市场稳定为主的证券监管体系形成(20 世纪 30 年代至 70 年代)

美国以市场稳定为主的证券监管体系形成是一个复杂而重要的历史过程,这一过程主要源于 20 世纪 30 年代的全球经济大萧条,尤其是美国股市的崩盘。

在 20 世纪 30 年代"大萧条"以前,美国金融市场采取的是自由银行制度和与之相对应的金融自由主义的监管制度。这种弱监管时代导致了金融市场的混乱和不稳定,最终在 1929 年的股市崩盘中达到了顶峰。股市的崩溃不仅严重打击了投资者信心,还引发了全球性的经济衰退。

1933年,美国国会通过了《格拉斯-斯蒂格尔法案》,又称"1933年银行法"。该法案确立了证券、银行、保险严格的分业经营格局,有效防止了金融机构的混业经营可能带来的风险传递。同时,美国制定了证券监管的核心法律——《证券法》(1933年)和《证券交易法》(1934年)。这两部法律为美国证券市场的监管奠定了法律基础。在立法支持的基础上,美国成立了美国证券交易委员会(United States Securities and Exchange Commission,SEC),它是一个独立的、非党派的、准司法性的管理机构,负责执行由国会制定的各项与证券有关的法律,以保护投资者的利益和维持证券市场的有序运转。

SEC的成立标志着美国证券市场监管体系的基本形成。此后,美国政府不断完善这一体系,通过制定一系列法律和法规来加强市场监管。例如,《信托契约法案》(1939年)、《投资公司法》(1940年)、《投资顾问法》(1940年)等法律进一步规范了证券市场的运作。

在监管体系中,除了政府层面的监管外,还强调市场的自律作用。全美证券商协会和各证券交易所等自律组织在各自范围内发挥着重要作用,共同维护证券市场的稳定。

这一时期,证券监管体系呈现如下特征:①分层次监管。包括联邦政府的监督与管理、各州政府的监督与管理以及证券业行业的自我监督与管理。这种分层次的监管体系确保了监管的全面性和有效性。②重视合规性和透明度。要求上市公司遵守相关法律法规,及时披露财务信息,并要求证券公司、基金公司等中介机构遵守一定的业务规范和道德准则。③强调市场自律。在加强政府监管的同时,也注重发挥市场的自律作用,鼓励市场参与者自觉遵守法律法规和道德规范。④处罚严厉。对于违反法律法规的行为采取严厉的处罚措施,包括罚款、监禁等,以维护市场的公正和稳定。

(三)金融自由化背景下的证券监管体制变革(20世纪70年代至90年代末)

20世纪70年代至90年代末,美国经历了从"滞胀"到金融自由化的重要经济转型期。这一时期,美国国内经济面临高通胀、低增长等挑战,传统凯恩斯主义政策效果有限,新自由主义经济学逐渐兴起,推动金融自由化成为主流。在金融自由化的背景下,美国证券市场监管体制也经历了深刻的变革。具体如下:

(1)从分业监管到综合监管。在20世纪30年代大萧条后,美国实施了严格的分业经营和分业监管制度,以防止金融风险跨行业传播。然而,随着金融创新的不断涌现和金融市场的日益融合,分业监管模式逐渐显露出其局限性。20世纪70年代后,随着金融自由化的推进,美国开始逐步放松金融管制,鼓励金融创新和金融机构的跨行业经营。这一趋势促使证券监管体制向综合监管方向发展。1999年，美国国会通过了《金融服务现代化法案》(GLB 法案)，正式废除了《格拉斯-斯蒂格尔法案》，标志着美国正式走上金融综合经营的道路，并确立了"功能"导向型的"双线多头"的"伞"式监管模式。

(2)监管内容和力度的调整。为促进证券市场的发展，美国逐步放松了对证券发行和交易的监管。例如，《1996年证券促进法》限制了州监管机构对"本法特指的证券"的发行和交易进行直接或间接的禁止、限制或附加条件。随着金融市场的复杂化，内幕交易和欺诈行为日益猖獗。美国监管机构加大了对这类违法行为的打击力度，通过立法和执法手段维护市场的公平、公正和透明。

(3)监管体制的创新。在金融自由化的背景下，美国逐渐确立了功能性监管模式。该模式以金融业务的功能为核心，跨越行业界限进行监管，旨在提高监管的效率和针对性。在经历了一系列金融危机后，美国开始重视宏观审慎监管的重要性。通过加强系统性风险的识别和防范，维护金融体系的整体稳定。

(四)次贷危机后的监管体制调整与加强(21世纪初至今)

2007年爆发的次贷危机(即次级房屋信贷危机)，是指一场发生在美国，因次级抵押贷款机构破产、投资基金被迫关闭、股市剧烈震荡引起的金融风暴。这场危机暴露了美国金融监管体制中的诸多漏洞，促使美国政府和监管机构在危机后进行了一系列深刻的改革和调整。具体如下：

(1)立法层面的改革。2010年7月21日，《多德-弗兰克华尔街改革和消费者金融保护法案》由时任美国总统的奥巴马签署实施。该法案被视为次贷危机后美国金融监管改革的重要里程碑，旨在通过强化宏观审慎监管、提高监管标准、建立自救处置机制、加强影子银行监管、改革证券市场、加强消费者保护等措施，全面改革金融监管体制。

(2)监管机构的设立与改革。金融稳定监管委员会(FSOC)：根据《多德-弗兰克华尔街改革和消费者金融保护法案》，建立了由9家金融监管机构首脑组成的 FSOC，负责识别和防范系统性风险。美国财政部部长担任 FSOC 主席，成员包括美联储主席、货币监理署主席、联邦存款保险公司主席等。

在美联储体系下设立消费者金融保护局(CFPB)，负责监管向消费者提供信用卡、按揭贷款等金融产品或服务的银行或非银行金融机构。该机构拥有广泛的监管权力和职责，包括实施金融教育、接收和处理消费者投诉等。

(3)监管内容的细化与强化。一是系统性风险的防范。对有系统性风险的金融机构提出更高的资本充足率、杠杆限制、流动性和风险管理要求。FSOC 获得"先发制人"的监管授权，可批准美联储对大型金融机构进行强制分拆重组或资产剥离。二是"沃克尔规则"的引入。限制银行和控股公司从事自营性交易，限制银行拥有或投资私募股权基金和对冲基金，以避免利益冲突和系统性风险。

三是场外交易(OTC)衍生产品和资产支持证券的监管。将大部分场外金融衍生产品移入交易所和清算中心,要求银行将高风险衍生产品剥离到特定的子公司,并加强对从事衍生品交易公司的监管。

(4)消费者保护的加强。一是CFPB的设立和职责的明确,使得消费者在金融产品和服务方面的权益得到了更好的保护。该机构通过数据分析和研究,对相关金融市场进行监管,并对这些产品和服务的适当性进行评估。二是加强金融知识教育,提高公众的金融素养和风险防范意识。CFPB下设金融知识办公室,并设立社区热线,处理消费者对金融产品和服务的投诉。三是次贷危机后的美国金融监管体制调整与加强,不仅是对危机教训的深刻反思和总结,也是对未来金融市场稳定和发展的有力保障。这些改革措施的实施,不仅提高了金融监管的效率和针对性,也增强了金融体系的韧性和抗风险能力。

二、美国证券市场监管体系

1.美国证券市场监管主体

(1)美国证券交易委员会(SEC)。SEC是美国全国证券市场的最高行政机构,具有立法及司法权,专门负责管理和监督全国证券发行与交易活动。它执行由国会制定的各项与证券有关的法律,如《证券法》(1933年)和《证券交易法》(1934年)等。SEC的监管范围广泛,包括证券发行、交易、信息披露、反欺诈、内幕交易等多个方面。它还负责监管投资公司、投资顾问、证券交易所等市场参与者的行为。

(2)其他联邦机构。财政部、商品期货交易委员会(CFTC)等也在各自职责范围内对证券市场进行监管。例如,美国财政部负责监管政府债券市场的交易行为。

(3)州政府监管机构。美国各州政府也拥有一定的证券监管权,但相对于联邦政府而言,其监管权较小。各州政府主要通过设立证券监管机构或利用现有法律框架对州内证券市场进行监管。

(4)自律组织。美国建立了一套非官方的行业自律组织,如全美证券商协会(FINRA)和各大证券交易所。这些自律组织在各自领域内发挥着重要作用,通过制定行业规则、监督会员行为等方式促进市场的公平、公正和透明。

2.美国证券市场监管法律体系

(1)联邦法律。例如,《证券法》(1933年),确立了证券发行的公开披露原则,要求所有公开发行的证券都需要进行注册登记,并向投资者充分披露相关信息。《证券交易法》(1934年),建立了证券交易的基本框架,规范了证券交易行为,并设立了证券交易委员会(SEC)作为统一的监管机构。此外,还有一些其他相关法律:如《投资公司法》(1940年)、《投资顾问法》(1940年)等,这些对证券市场的不同方面进行规范。

(2)部门规章。美国SEC、财政部、美联储等政府机构颁布的部门规章,进一步细化和落实了联邦法律的规定,明确了市场和机构的监管要求。

(3)自律组织所制定的规则。包括证券交易所(如纽约证券交易所、纳斯达克等)和美国金融业监管局(FINRA)等自律组织制定的规则,这些规则侧重于信息披露、交易行为等方面。

(4)各州法律。美国各州颁布的"蓝天法"等法律,对在本州发行的证券进行监管,并与联邦法律相互补充。

3.美国证券市场监管体系的特征

(1)集中统一的监管模式。美国证券市场监管以SEC为核心,形成了集中统一的监管模式。SEC负责制定和执行证券市场的法律法规,对全国范围内的证券市场进行监督和管理。

(2)政府管理与自律管理相结合。美国证券市场监管体系既强调政府的宏观管理和法律手段,又注重自律组织的自我管理。证券交易所、行业协会等自律组织在SEC的指导下,对各自领域的证券业务进行具体管理。

(3)公开原则。美国证券市场监管法律体系强调公开原则,要求证券发行人、交易商等市场主体充分披露相关信息,保障投资者的知情权。

(4)严格执法与严厉处罚。对于违反证券市场法律法规的行为,美国监管机构将依法进行严厉处罚,以维护市场秩序和保护投资者利益。

4.美国证券市场监管的具体措施

美国证券市场监管的具体措施涵盖信息披露、交易行为监管、投资者保护、反欺诈与执法以及国际合作等多个方面。这些措施共同构成了美国证券市场监管的完整体系,为证券市场的稳定和健康发展提供了有力保障。

在信息披露方面,建立了一系列制度。根据1933年的《证券法》,所有公开发行的证券都需要注册登记,并向投资者充分披露相关信息,包括公司的财务状况、业务模式、风险因素等。上市公司需要定期披露财务报告(如年报、季报)和重大事项,确保投资者能够及时了解公司的经营状况和财务状况。SEC要求披露的信息必须真实、准确、完整,不得有虚假记载、误导性陈述或重大遗漏。对于违反信息披露规定的行为,SEC将依法进行处罚。

在交易行为监管方面,SEC及其授权的自律组织(如FINRA)对证券交易行为进行实时监控,及时发现并调查潜在的违法违规行为。监控范围包括内幕交易、操纵市场、虚假陈述等。同时,建立交易报告制度。交易所和交易商需要向

SEC 报告交易信息,包括交易价格、交易量等。这有助于 SEC 了解市场动态,及时发现异常交易行为。另外,SEC 明确禁止内幕交易、操纵市场等违法交易行为,并对这些行为进行严厉打击。

在投资者保护方面,SEC 和自律组织通过网站、宣传册、讲座等多种形式向投资者普及证券知识,增强投资者的风险意识和自我保护能力;SEC 设立了投资者投诉处理机制,接受投资者的投诉和举报,并对投诉进行调查处理;对于因违法违规行为而遭受损失的投资者,SEC 依法追究相关责任人的法律责任,并采取措施保护投资者的合法权益。

在反欺诈与执法方面,SEC 通过制定和执行反欺诈规定,打击证券市场的欺诈行为,包括禁止虚假陈述、误导性广告等。对于违反证券法律法规的行为,SEC 将依法进行立案调查,并采取相应的执法行动,包括罚款、暂停或吊销业务资格、刑事起诉等。

在国际合作方面,SEC 与其他国家和地区的证券监管机构建立了广泛的合作关系,共同打击跨境证券违法犯罪行为。通过信息共享、联合调查等方式,加强跨国监管合作,提高监管效率。

第三节　自律监管模式典型代表:英国证券市场监管

英国证券市场以自律监管为核心,实行三级制的证券监管体制,是国际上自律监管模式的典型代表。在这种模式下,证券市场的监管主要由证券交易所、证券商协会等自律组织负责,政府则主要通过立法和必要的行政手段进行间接监管。

一、英国证券市场监管的发展历史

(一)"泡沫"禁令与民间管理时期(17 世纪末至 19 世纪中期)

英国证券市场监管的"泡沫"禁令与民间管理时期是一个充满挑战与变革的时期。在这一时期,政府通过严厉的立法手段打击市场投机泡沫,但同时也限制了证券行业的发展。然而,这一时期的监管措施也为后来的证券市场监管制度提供了宝贵的经验和教训。

1.时代背景

(1)历史背景。英国是世界上最早出现股票市场的国家之一,早在 17 世纪末,伦敦的一些咖啡馆就开始充当股票交易大厅的角色。随着海外贸易、产业革命和商品经济的迅速发展,股份公司及股票交易活动应运而生,证券市场开始兴旺起来。

(2)经济背景。传统的信用制度(如银行贷款)已无法满足资本主义经济扩张的要求,股份公司及股票交易成为新的融资方式。设立合股公司必须事先获得英国国王的特许证,这造成了证券市场供应上的行政垄断模式,加剧了市场供求关系的不平衡。

(3)市场背景。市场上出现了大量仅以发行股票为收入来源、无实体经济基础的"联合公司",这些公司泛滥成灾,引发了严重的投机泡沫。南海公司事件是这一时期最具代表性的案例,南海公司股票被政府用于偿还国债,导致股价暴涨暴跌,形成了著名的"南海泡沫"。

知识链接 **13-2**

南海泡沫

"南海泡沫"是经济学上的专有名词,指的是在 1720 年春天到秋天之间,脱离常规的投资狂潮引发的股价暴涨和暴跌,以及之后的大混乱。

"南海泡沫"事件与 1720 年的法国"密西西比泡沫"事件及 1637 年的荷兰"郁金香狂热",是西方历史早期爆发的三大泡沫经济事件。其中,"南海泡沫"事件中的南海股价如泡沫般快上快落的情况,更促使后人发展出"泡沫经济"一词,用来形容经济过热而收缩的现象。"南海泡沫"事件给英国带来了很大震荡,导致英国人对股份公司留有心理阴影,而在事件中制定的《泡沫法案》一直到 1825 年才被废除,反映出英国国民经过一段很长的时间才慢慢对股份公司重拾信心。

2.监管措施

(1)"泡沫"禁令。为了应对市场投机泡沫,英国国会在 1719 年通过了《泡沫法案》,也被称为《反金融诈骗和投机法》。该法案禁止"在未经议会或国王授权的情况下,成立像公司实体那样的联合体,并使其份额可转移和让渡"。这实际上是对民间股票发行的严厉打击,阻碍了股份公司在英国的发展。

(2)民间管理。在《泡沫法案》实施期间,证券行业的管理主要依靠交易所和行业内部自发成立的非政府机构。这些机构通过制定交易规则、进行自律管理等方式,维持证券市场的秩序。然而,由于政府的严格管制,证券行业的发展受到了极大的限制。

(3)交易所的兴起。尽管面临政府的严格管制,但证券行业在民间仍然呈现出了缓慢的发展态势。1762 年,现代伦敦证券交易所的雏形开始出现。

3.影响

由于《泡沫法案》的严厉管制,英国股票市场在之后的上百年时间里几乎停滞不前,发展极为迟缓。尽管《泡沫法案》对当时的市场造成了负面影响,但它也标志着英国政府对证券市场监管的开始,为后来的证券市场监管制度奠定了基础。

(二)自律监管形成与发展时期(19 世纪中期至 20 世纪中期)

英国证券市场监管的自律监管,是在经济环境变迁和证券市场发展的背景下逐步形成的。通过自律组织的建立与规则制定、注册与信息披露制度的实施、禁止内幕交易与市场操纵的措施以及政府有限的干预等手段,英国确保了证券市场的稳定运行和投资者的合法权益。

1.时代背景

(1)证券交易所的成立与发展。英国伦敦证券交易所成立于 1773 年,最初是一个私人俱乐部,只有特定的会员才能参与交易。随着工业革命的推进和英国经济的蓬勃发展,股市开始迅速发展,伦敦证券交易所逐渐成为全球重要的证券交易中心。

(2)自律传统的形成。在没有相应立法出台的情况下,英国证券市场主要依靠证券交易所、证券交易商协会等自律性组织的规则来规范市场行为。伦敦证券交易所在自律监管体系中发挥核心作用,制定了严格的业务规则和注册制度,形成了完全自治、不受政府干预的传统。

(3)经济环境的变迁。19 世纪中期至 20 世纪中期,英国经历了从工业革命到经济大萧条的多个重要历史阶段。经济环境的变迁对证券市场的监管提出了新的挑战,也促使自律监管体制不断完善和发展。

2.证券市场监管的主要内容

(1)自律组织的建立与规则制定,主要包括:①证券交易所协会。由在交易所大厅内从事营业的证券经纪商和自营商组成,管理伦敦和英国其他 6 个地方性交易所交易大厅内的业务,实际上负责整个英国证券业的管理。它制定了《证券交易所管制条例和规则》等交易规则,对成员进行严格的监管。②企业收购和合并问题专门小组。1968 年,由参加"伦敦城工作小组"的 9 个专业协会发起组成,负责解释和执行《伦敦城关于收购和合并的准则》,并进行相关的咨询和发布消息等活动。③证券业理事会。1978年,根据英格兰银行的提议而成立,由10个以上专业协会代表组成的私人组织,主席由英格兰银行任命。主要任务是制定规则并解释和实行这些规则,如《证券交易商行动准则》等。

(2)注册与信息披露制度。证券交易所对会员实行严格的注册制度,确保会员具备相应的资质和条件。同时,要求上市公司定期披露财务报告和其他重要信息,以便投资者了解公司的经营状况。

(3)禁止内幕交易与市场操纵。虽然没有专门的单行法律,但自律组织通过制定相关规则和进行道义劝告等方式,禁止内幕交易和市场操纵等违法违规行为,维护市场的公平和透明。

(4)政府干预的有限性。在这一时期,政府对证券市场的干预相对较少,主要通过立法对初级市场和内幕交易等方面进行必要的管制。例如,1944年完成的《投资业务管理法》以及后来的《公正交易法》《限制交易实践法》等法律,为证券市场的监管提供了一定的法律基础。

(三)政府立法与间接监管加强时期(20世纪中期至1986年)

20世纪中期至1986年是英国证券市场监管中政府立法与间接监管加强的关键时期。在这一时期,政府通过立法和加强间接监管手段逐步完善了证券市场监管体系,为证券市场的健康发展提供了有力保障。同时,随着国际合作的加强和全球金融市场的不断发展变化,英国的证券市场监管也将继续面临新的挑战和机遇。

1.时代背景

20世纪中期,随着全球经济的复苏和发展,英国证券市场也迎来了新的发展机遇。市场规模不断扩大,交易品种日益丰富,市场参与者数量显著增加。同时,市场复杂性和风险性也随之增加,对监管提出了更高的要求。历史上的一些金融危机事件,如"南海泡沫"事件等,给英国证券市场带来了深刻的教训。这些事件暴露了自律监管模式的局限性,促使政府认识到加强监管的必要性。同时,国际上其他国家的证券市场监管也在向集中立法监管模式转变。美国、日本等国家通过立法手段加强了对证券市场的监管,使英国政府逐渐认识到金融稳定对经济发展的重要性,开始通过立法手段加强对金融市场的监管。同时,相关法律体系的不断完善也为证券市场监管提供了有力的法律保障。

2.监管措施

政府通过制定和修订一系列法律法规来加强对证券市场的监管。这些法律包括《公正交易法》(1973年)、《公司法》(1985年)等,它们对证券市场的各个方面进行了规范,如内幕交易、市场操纵、信息披露等。这些法律的出台和实施,为证券市场的健康发展提供了有力的法律保障。在立法加强的同时,政府也通过间接手段加强对证券市场的监管。例如,通过贸易工业部、英格兰银行等机构对证券市场进行监督和指导;与自律组织合作,指导其制定和执行市场规则等。随着监管力度的加强和法律法规的完善,英国的证券市场监管体系逐渐完善。政府立法与自律监管相结合的监管模式逐步形成,并不断完善。在这种模式下,政府通过立法手段设定监管框架和基本原则;自律组织则根据这些原则和框架制定具体的市场规则和监管措施;同时,政府还通过监督和指导确保自律组织的有效运作和监管效果。此外,英国也积极参与国际证券市场监管的合作与交流。通过与国际组织和其他国家的监管机构建立合作关系,共同应对跨国证券市场的挑战和风险。

(四)统一监管趋势与现代化改革时期(1986年至今)

1.时代背景

自20世纪80年代以来,随着全球经济一体化的加速,金融市场也日趋全球化。英国作为国际金融中心之一,其证券市场面临着来自全球市场的竞争和挑战。同时,金融市场的复杂性不断增加,金融产品不断创新,跨市场、跨机构的交易活动日益频繁,对监管提出了更高的要求。在这一时期,英国证券市场涌现出了许多新型金融产品和交易方式,如金融衍生品、电子交易等,为金融监管提供了新的手段和工具。电子化和信息化的交易系统使得监管更加便捷和高效,但同时也带来了新的风险和挑战。历史上多次金融危机的爆发,如2008年国际金融危机,促使各国对金融监管体系进行了深刻的反思和改革。英国也不例外,政府和社会各界对原有的金融监管模式进行了广泛的讨论和评估。在这一时期,英国金融业混业经营的趋势不断加强。银行、保险、证券等金融机构之间的业务界限越来越模糊,跨行业经营成为常态。这要求监管机构必须具备全面的监管能力和跨行业的监管视角。

2.监管措施

(1)立法改革与统一监管。1986年,英国政府出台了《金融服务法》(也称为"大爆炸"改革),废除了单一资格制度、取消了最低佣金制度、实现了证券交易系统的电子化等,极大地促进了市场的竞争和效率。更重要的是,《金融服务法》为英国证券市场的统一监管奠定了基础。此后,英国政府逐步将分散的监管机构整合为统一的金融监管机构,如1997年成立的金融服务监管局(FSA),负责对银行、保险、证券等金融机构进行全面监管。

(2)加强政府立法与间接监管。在统一监管的基础上,英国政府通过立法手段不断加强对证券市场的监管。例如,《金融服务及市场法》(2000年)明确赋予了 FSA 广泛的监管权力和职责,使其成为英国金融业的超级监管者。同时,政府还通过制定相关法规和规则来规范市场行为、保护投资者利益和维护市场秩序。

(3)引入先进监管技术和手段。随着技术的进步和金融市场的发展,英国监管机构不断引入先进的监管技术和手段来提高监管效率和效果。例如,利用大数据、人工智能等技术对交易行为进行实时监控和风险预警;建立电子化的监管报告系统来收集和分析市场数据等。

(4)加强国际合作与交流。在全球化背景下,英国监管机构积极加强与国际金融组织和其他国家监管机构的合作与交流。通过签署双边或多边监管合作协议、参与国际金融监管标准制定等方式,共同应对跨国金融市场的挑战和风险。

(5)注重投资者保护与金融教育。英国监管机构始终将投资者保护作为监管工作的重中之重。通过加强信息披露、打击内幕交易和市场操纵等违法行为来保护投资者的合法权益;同时积极开展金融教育活动来增强投资者的风险意识和自我保护能力。

二、英国证券市场监管体系

(一)英国证券市场监管主体

英国证券市场监管主体包括证券交易所本身、证券交易所协会、企业收购与合并问题专门小组、证券业理事会以及政府代表机构等。这些机构共同构成了英国证券市场的监管体系,确保了市场的公平、公正和透明。

(1)证券交易所。英国证券管理以证券交易所本身的"自律"为主,政府当局干预较少。在历史上,伦敦证券交易所是完全自治的,强调"自我管理"和"自我约束"。这种自律型监管体制允许证券商的充分参与,使证券市场的监管更符合实际,并且条例的修订比证券立法表现出更大的灵活性,有利于市场的活跃与创新。

知识链接 13-3

伦敦证券交易所

伦敦证券交易所是英国最大的证券交易所,也是世界著名的证券交易所之一,其前身是 17 世纪中叶伦敦城内的露天证券交易市场。1773 年,在伦敦柴思胡同的约纳森咖啡馆中,证券商们正式组建了伦敦证券交易所;但直到 1802 年在英格兰银行附近的伦敦证券交易所的新大厦落成开业,才得到英国政府的正式承认。

该证券交易所采取会员制组织方式,最高决策机构是理事会。在伦敦证券交易所上市的证券主要有英国政府公债、外国政府公债以及各类公司证券等,是目前世界上最大的"金边证券"市场。

(2)证券交易所协会。作为自律组织之一,证券交易所协会负责制定并实施有关证券活动的规则,其代表经常向政府机构征询意见,并维持着同政府部门的联系。

(3)企业收购与合并问题专门小组。这也是一个重要的监管主体,专门负责处理企业收购与合并过程中的相关问题,确保市场公平、公正和透明。

(4)证券业理事会。证券业理事会同样承担着制定和实施证券活动规则的重要职责,与证券交易所协会等自律组织共同维护市场秩序。

(5)政府代表机构。尽管政府当局在证券市场监管中干预较少,但仍有几个政府机构在特定领域发挥作用。例如,英国贸工部(现为商业、能源和工业战略部)根据防止欺诈条例对非交易所会员的证券商有一定的管理权,并登记公开说明书(但不加审核)。此外,英格兰银行在证券交易涉及外汇管制问题时,也会进行一定的干预。

(二)英国证券市场监管法律体系

英国证券市场监管法律体系是一个由多个层面法律文件共同构成的复杂体系,它以自律为主,以政府间接监管为辅,注重投资者保护和市场秩序维护。这些法律文件不仅来源于国家立法机构,还包括欧盟指令、证券监管机构发布的规则以及证券交易所和其他行业自律机构的自律性规定。

1.国家立法

《金融服务与市场法》(FSMA,2000 年):这是英国迄今为止最重要的金融立法之一,它确立了金融服务管理局(后拆分为金融行为监管局和审慎监管局)作为金融业的单一监管机构,并赋予了其广泛的监管权力和职责。另外,FSMA还规定了金融市场的准入条件、行为准则以及处罚措施等。

《公司法》(1985 年及后续修订):该法是公司行为规范的基本法律,其中许多条款与证券市场密切相关,如资本发行、股票和债券的配售、股本管理、公司重组和收购要约等。

《内幕交易法》(1985 年):该法旨在打击内幕交易行为,保护投资者免受不公平交易的影响。

《破产法》(1986 年):该法不仅规定了公司和个人破产的程序,还引入了破产管理的新程序,以防止财务状况困难的公司进入清算。

2.欧盟指令

英国作为欧盟成员国(直至2020年脱欧前),其证券市场监管法律体系还受到欧盟指令的影响。这些指令要求成员国在证券市场监管方面遵循统一的标准和原则。

3.自律性规定

证券交易所协会制定的规则:如《证券交易所监管条例和规则》,这些规则主要针对交易所内的交易行为和市场秩序进行规范。

企业收购与合并问题专门小组制定的《伦敦城收购与合并准则》:该准则旨在保证公司收购与合并过程中的公平性和透明度。

证券业理事会制定的规则:如《证券交易商行动准则》等,这些规则对证券业从业者的行为进行了规范。

(三)英国证券市场监管特征

英国证券市场监管特征主要表现为自律监管为主、政府间接监管、法律体系完善、投资者保护和监管灵活性等方面。这些特征共同构成了英国证券市场监管的独特模式,为证券市场的稳定和繁荣提供了有力保障。

(1)自律监管为主。英国证券市场监管的一个显著特征是自律监管占据主导地位。在历史上,伦敦证券交易所是完全自治的,强调"自我管理"和"自我约束"。这种自律型监管模式允许证券商的充分参与,使得证券市场的监管更加符合市场实际,条例的修订也表现出更大的灵活性,有利于市场的活跃与创新。

(2)政府间接监管。尽管自律监管在英国证券市场中占据主导地位,但政府也通过立法和间接手段对证券市场进行监管。政府代表机构如英国贸工部(现为商业、能源和工业战略部)在特定领域(如非交易所会员的证券商管理、公开说明书的登记等方面)拥有一定的权力。此外,政府还通过立法为证券市场的监管提供法律基础,如《金融服务与市场法》《公司法》等法律文件,对证券市场的准入条件、行为准则、处罚措施等进行了规定。

(3)法律体系完善。英国证券市场监管法律体系相对完善,涵盖了从国家立法到自律性规定的多个层面。国家立法如《金融服务与市场法》《公司法》等为证券市场的监管提供了法律基础;欧盟指令则要求成员国在证券市场监管方面遵循统一的标准和原则;自律性规定(如证券交易所协会制定的规则、企业收购与合并问题专门小组制定的《伦敦城收购与合并准则》等)则对证券市场的具体行为进行了规范。

(4)投资者保护。英国证券市场监管体系注重投资者保护。通过信息披露制度的实施,确保投资者能够充分了解证券的相关信息,并进行正确决策;通过打击内幕交易、操纵市场等违法行为,维护市场的公平、公正和透明;通过投资者教育和咨询服务的提供,提升投资者的风险意识和自我保护能力。

(5)监管灵活性。自律型监管模式使得英国证券市场的监管更加灵活。自律组织可以根据市场变化及时调整监管规则和措施,以应对新的市场情况和风险挑战。这种灵活性有助于保持市场的活力和竞争力,促进市场的健康发展。

第四节　分级监管模式典型代表：德国证券市场监管

德国是分级监管模式的典型代表,采用三级监管体制,即中央政府、地方政府与自律组织相结合的监管模式。这种模式能够充分调动各方优势和积极性,既能防止权力过分集中,又可发挥自律组织熟悉市场、监管成本低、效率高的优势。

一、德国证券市场监管的发展历史

德国证券市场监管的发展历史经历了从自由无序到初步建立,再到统一监管和现代化的重要变革。如今,德国已经建立了相对完善的证券市场监管体系,为证券市场的健康发展提供了有力保障。

(一)早期自由无序阶段(19世纪至二战前)

1.时代背景

19世纪后,德国经济迅速崛起,股份制企业逐渐增多,为证券市场的发展提供了经济基础。随着经济的发展,德国的金融体系开始初步形成,银行系统在金融体系中占据主导地位,但证券业的发展相对滞后。

2.证券市场的特点

(1)自由无序。这一时期的证券市场缺乏统一的监管机构和法律体系,交易行为主要依赖于交易者的自律和道德约束。市场规则不明确,信息披露不充分,导致市场存在较大的风险和不确定性。

(2)交易中心分散。德国各地出现了多个小型交易中心,如法兰克福证券交易所等。这些交易中心各自为政,缺乏有效的协调和统一监管。

(3)投资者结构单一。由于证券市场的发展相对滞后,投资者结构相对单一,主要以个人投资者为主,机构投资者占比较低。

3.监管措施

(1)行业自律。在这一阶段,证券市场的监管主要依赖于行业自律。交易中心会制定一些简易的交易规范来约束市场行为,但这些规范往往缺乏强制力。

(2)政府干预有限。政府在这一时期,主要通过制定一些基本的法律法规来规范市场行为。然而,由于法律法规的不完善和执行力度的不足,政府监管的效果并不明显,非常有限。

4.重要事件

1896年,德国颁布《交易所法》。尽管这一法案的颁布标志着德国受监管的证券交易所行业正式确立,但此时的监管体系仍然较为薄弱,无法完全改变市场自由无序的状态。

(二)监管初步建立阶段(二战后至20世纪80年代)

1.时代背景

二战后,德国经济面临严重的破坏和重建任务。随着经济的逐步恢复,证券市场也逐渐复苏。另外,随着股份制企业的增多和资本市场的扩大,德国金融市场逐渐发展壮大,证券市场的地位逐渐提升。

2.监管体系建立

(1)法律基础。德国在这一时期制定了一系列与证券市场相关的法律法规,为证券市场监管提供了法律基础。这些法律法规包括《交易所法》《证券交易法》等,明确了证券市场的交易规则、信息披露要求等。

(2)监管机构设立。在这一时期,德国开始设立专门的监管机构来负责证券市场的监管工作。虽然具体的监管机构名称和职责可能有所变化,但总体上已经形成了初步的监管体系。

3.监管措施

(1)信息披露要求。为了提高市场的透明度,德国加强了对上市公司信息披露的要求。上市公司需要按照规定披露财务状况、经营成果等重要信息,以便投资者作出明智的投资决策。

(2)交易行为监管。德国监管机构对证券交易行为进行监管,防止操纵市场、内幕交易等违法行为的发生。通过加强对交易行为的监控和调查,确保市场的公平、公正和透明。

(3)自律组织作用。在这一阶段,自律组织在证券市场监管中也发挥了重要作用。证券交易所、证券业协会等自律组织通过制定行业规范、监督会员行为等方式,促进了证券市场的健康发展。

4.重要事件

(1)法兰克福证券交易所的发展。法兰克福证券交易所在这一时期逐渐发展成为德国乃至欧洲重要的证券交易中心之一,其交易规模、市场影响力等方面均有所提升,为德国证券市场的发展作出了重要贡献。

(2)监管体系的逐步完善。随着证券市场的不断发展和监管经验的积累,德国证券市场监管体系逐渐完善。监管机构不断加大对市场的监管力度,提高监管效率和质量,为证券市场的稳定健康发展提供了有力保障。

(三)统一监管和现代化阶段(20世纪80年代至今)

1.时代背景

自20世纪80年代以来,全球化趋势加速发展,各国经济联系日益紧密。金融市场的国际化程度不断提高,跨国资本流动加剧,这对德国证券市场的监管提出了更高要求。德国需要建立更加开放、透明和高效的监管体系,以吸引国际投资者并促进资本市场的国际化发展。另外,随着欧洲经济共同体的建立和发展,欧洲金融市场的一体化进程也在加速推进。德国作为欧洲经济的重要支柱之一,其证券市场监管体系需要与欧洲其他国家的监管体系相协调,以实现跨境监管合作和信息共享。

在金融创新方面,新的金融产品和交易方式不断涌现。这些创新为证券市场的发展提供了新动力,但同时也带来了新的风险和挑战。德国证券市场监管机构需要不断适应金融创新的发展,加强对新产品的监管和风险评估。此外,信息技术的飞速发展对证券市场监管产生了深远影响。电子交易系统的广泛应用、大数据和人工智能技术的兴起等,都为证券市场监管提供了更加高效、智能的手段。德国证券市场监管机构积极运用现代科技手段,提高监管效率和透明度。

2.统一监管体系的建立

(1)法律法规的完善。随着全球化和欧洲一体化的深入,德国不断完善证券市场的法律法规体系。例如,德国根据欧共体(现欧盟)的金融一体化改革法案,修改了《交易所法》等相关法律,以确保国内证券市场监管体系与国际接轨。

(2)监管机构的整合与强化。德国在这一阶段加强了监管机构的整合与强化,以提高监管效率和覆盖面。德国的证券市场监管体制形成了由联邦政府制定和颁布证券法规,各州政府负责实施和监督管理与以交易委员会、证券审批委员会、公职经纪人协会等自律管理相结合的证券管理体制。这种体制既强调行政立法监督管理,又注重证券业者的自律管理。

3.现代化监管手段的运用

(1)信息化监管。随着信息技术的飞速发展,德国证券市场监管机构积极运用现代信息技术手段,提高监管效率和透明度。例如,通过建立电子交易系统、实时监控系统等,实现对市场交易行为的实时监控和数据分析,及时发现并查处违法违规行为。

(2)风险监管。德国证券市场监管机构注重风险监管,加强对市场风险的预警和防范。通过建立风险评估体系、制定风险应对预案等措施,确保证券市场的稳定运行和投资者的合法权益。

4.国际监管合作与协调

(1)加强与国际监管机构的合作。德国证券市场监管机构积极与国际监管机构合作,共同打击跨境金融犯罪和违规行为。通过签订双边或多边合作协议、参与国际监管组织等方式,加大信息共享和联合执法力度。

(2)推动欧洲金融市场一体化。作为欧洲重要的经济体之一,德国积极推动欧洲金融市场一体化进程。通过参与欧洲金融监管体系的建设和改革,加强与欧洲其他国家的金融监管合作与协调,共同维护欧洲金融市场的稳定和发展。

二、德国证券市场监管体系

德国证券市场监管体系具有很强的分级监管特征。德国证券市场监管体系由多个层次的监管主体构成,共同维护证券市场的稳定和健康发展。

(一)德国证券市场监管主体

德国证券市场监管体系主要分为三个层次,每个层次都有其特定的监管主体和职责。

1.第一层:交易所

交易所是证券市场监管的第一线,负责证券发行、上市和交易等具体业务。交易所内设有交易监控部门,对证券交易和相关证券活动进行实时监控。其主要职责为:①管理证券发行、上市和交易等具体业务。②履行对证券交易的一线监管职能,包括监控异常交易行为,特别是涉嫌市场操纵或内幕交易的行为。③系统完整地记录和保存交易数据,对交易和证券活动进行分析。

2.第二层:州政府

各州政府通过设立交易所监管机关,对交易所实施法律监督,并对辖区内的交易、结算和其他证券活动进行监管。其主要职责为:①批准证券交易所的设立和撤销。②任命公职经纪人。③监督交易所对有关法规和条例的实施情况。④对辖区内的交易、结算等活动进行监管,确保市场参与者遵守法律法规。

3.第三层:联邦政府

德国联邦金融监管局(BaFin)作为联邦政府的代表,对整个证券市场进行监管,履行国家监管职能。其主要职责为:①负责行为监管,即监督市场参与者的行为是否符合法律法规,包括证券公司、投资基金、证券交易所等机构的业务活动。②监控市场操纵、内幕交易等违法违规行为,并有权对违规行为进行调查和处罚。③与各州政府交易所监管机关保持密切合作,共同维护证券市场的稳定和健康发展。

4.特点

(1)各司其职:每个层次的监管主体都有其特定的职责和权限,避免了监管重叠和冲突。

(2)相互协作:虽然各层次监管主体在职责上有所区分,但它们之间保持着密切的协作关系,共同应对市场挑战和风险。

(3)全面覆盖:从交易所的一线监管到州政府的法律监督,再到联邦政府的全面监管,德国证券市场监管体系实现了对市场参与者和市场活动的全面覆盖。

(二)德国证券市场监管的法律体系

德国证券市场监管的法律体系是一个相对完善且多层次的体系,它以《有价证券交易法》为核心法典,通过行政法规、部门规章以及自律管理规范等多个层次对证券市场进行全面、系统的监管。这种监管模式既有利于维护市场的公平、透明和稳定,又有利于保护投资者的合法权益。

德国证券市场监管的法律体系可以概括为"一法为主,多法协调"的模式。《有价证券交易法》是德国证券行业监管的核心法典,该法典于1998年由联邦政府立法机关出台,最近一次重要修改是在2011年。其以"建立更加有效稳定的证券市场"和"增强证券投资者利益保护"为立法目的。主要内容包括建立联邦金融服务局(BaFin)、内部交易管制、评级机构管理、交易所监控、监控市场信息以防止控制市场、通知发布传播注册企业投票权变化情况、监督发行人履行商业组织和信息披露责任、监督企业信息披露责任以及违法行为惩处和行政罚款等。

除了《有价证券交易法》这一核心法典外,德国还通过一系列行政法规和部门规章对证券市场进行细化监管。这些行政法规和部门规章包括但不限于:①交易所交易规则。由各证券交易所制定,并经州政府批准,用于规范交易所内的证券交易行为。②信息披露规则。要求上市公司及其他证券发行人按照法定要求及时、准确、完整地披露相关信息,以保障投资者的知情权。③投资者保护规则。通过设立投资者保护基金、制定投资者保护政策等方式,加大对投资者的保护力度。

此外,德国证券市场监管还注重自律管理的作用。交易委员会、证券审批委员会、公职经纪人协会等自律管理机构通过制定行业规范、加强行业自律等方式,促进证券市场的健康发展。这些自律管理规范与法律法规相互补充,共同构成了德国证券市场监管的完整体系。

(三)德国证券市场监管的特征

德国证券市场监管具有监管主体明确且多元化、法律体系完善且多层次、监管模式兼具立法管制与自律管制、注重投资者保护以及适应性与灵活性等显著特征。这些特征共同构成了德国证券市场监管的独特优势,为德国证券市场的健康发展提供了有力保障。

1.监管主体明确且多元化

德国证券市场的监管主体主要包括政府监管机构和自律管理机构。政府监管机构中,德国联邦金融监管局负责行为监管,而交易所所在地州政府则侧重主体监管。这种"平行监管、各有侧重、共同协作"的监管体制确保了德国证券市场的稳定运行。此外,自律管理机构如交易委员会、证券审批委员会和经纪人协会等也在日常监管中发挥着重要作用,通过制定行业规范、加强行业自律等方式促进证券市场的健康发展。

2.法律体系完善且多层次

德国证券市场监管的法律体系以《有价证券交易法》为核心,辅以一系列行政法规、部门规章和自律管理规范。这些法律法规相互补充,共同构成了德国证券市场监管的完整体系。法律体系的完善不仅为市场监管提供了法律依据,还确保了市场参与者的合法权益得到有效保护。

3.监管模式兼具立法管制与自律管制

德国证券市场监管制度既有立法管制的成分,又不失自律管制的色彩。这种混合型的监管模式既体现了政府对市场的宏观调控能力,又充分发挥了市场主体的自律作用。在立法管制方面,德国通过制定和完善相关法律法规来规范市场行为;在自律管制方面,则通过交易所、证券审批委员会等自律组织来加强行业自律和市场监管。

4.注重投资者保护

德国证券市场监管始终将投资者保护作为重要目标之一。通过设立投资者保护基金、制定信息披露规则、加强市场监控和打击违法违规行为等措施,德国为投资者提供了一个公平、透明、稳定的投资环境。此外,德国还注重投资者教育,增强投资者的风险意识和自我保护能力。

5.适应性与灵活性

德国证券市场监管体系还展现出较强的适应性和灵活性。随着金融市场的不断发展和创新,德国政府和监管机构能够及时调整监管政策和措施,以适应市场变化的需要。同时,德国还积极参与国际证券监管合作与交流,借鉴国际先进经验来提升本国证券市场的监管水平。

思考与练习

一、单项选择题

1.(　　)的证券市场监管体系以自律监管为主,政府监管为辅。

A.美国　　　　　B.英国　　　　　C.中国　　　　　D.德国

2.《有价证券交易法》是(　　)的核心证券市场监管法典。

A.日本　　　　　B.德国　　　　　C.法国　　　　　D.中国

3.美国证券市场监管的主要政府机构是(　　)。

A.美联储　　　　　　　　B.证券交易委员会

C.财政部　　　　　　　　D.商品期货交易委员会

4.(　　)是世界上最古老的证券交易所之一,且长期以自律监管为主导。

A.纽约证券交易所　　　　B.伦敦证券交易所

C.东京证券交易所　　　　D.法兰克福证券交易所

二、多项选择题

1.在(　　)的证券市场监管体系中,政府监管机构扮演了重要角色。

A.美国　　　　　B.英国　　　　　C.德国　　　　　D.日本

2.与美国的证券市场监管有关的机构包括(　　)。

A.证券交易委员会(SEC)

B.美联储(Federal Reserve)

C.商品期货交易委员会(CFTC)

D.全国证券交易商协会(NASD,现为FINRA)

3.通常与自律监管体系相关联的特征包括(　　　)。

A.强调市场参与者的自我管理和约束

B.政府监管机构在监管中起主导作用

C.行业协会制定并执行行业规范

D.监管政策相对灵活,能快速适应市场变化

4.通常用于加强证券市场投资者保护的措施包括(　　　)。

A.建立投资者保护基金

B.加强信息披露要求

C.实施内幕交易和市场操纵的严厉打击

D.设立投资者教育和咨询服务

三、判断题

1.美国实行自律型监管。(　　　)

2.分级监管有利于防止权力过于集中。(　　　)

3.德国监管模式兼具立法管制与自律管制的特色。(　　　)

4.美国的证券监管机构是美国证券监督委员会。(　　　)

5.英国的证券监管以自律为主,政府间接监管。(　　　)

四、简答题

1.简述美国证券交易委员会(SEC)的主要职责。

2.分析自律监管在英国证券市场中的作用。

3.德国证券市场监管体系的特点是什么?

4.分析跨境证券监管合作的必要性和挑战。

五、案例分析

阿里巴巴被美国证券交易委员会列入预摘牌名单

美国东部时间 2022 年 7 月 29 日,美国证券交易委员会将阿里巴巴列入预摘牌名单。截至当日收盘,阿里巴巴股价大跌 11.12%,下跌 11.18 美元,跌至 89.37 美元/股。

为什么美国证券交易委员会突然将阿里巴巴列入预摘牌名单呢?原来,这是因为美国的一项《外国公司问责法案》,也叫 SEC 法案,其内容要求是:外国发行人连续三年不能满足美国公众公司会计监督委员会对会计师事务所检查要求

的,其证券禁止在美交易。美国在 2020 年底正式通过该法案。

不过,由于《中华人民共和国保守国家秘密法》等法律规定,部分中国企业不得随意展示审计底稿,这又和美国的 SEC 法案造成了冲突。美国通过 SEC 法案的消息传出后,大多数人都认为这项法案主要针对的是在美上市的中概股公司。

2022 年 7 月 26 日,阿里巴巴发布消息称,将在香港联交所主板改变上市地位,寻求在香港上市。阿里巴巴集团董事会主席兼首席执行官张勇表示,这个决定的目的是希望让更广泛多元的投资者,尤其是阿里巴巴数字生态参与者,能共享阿里巴巴的成长和未来。

资料来源:阿里巴巴被美国证券交易委员会列入了预摘牌名单[EB/OL].(2022-07-30)[2024-07-03].https://www.163.com/dy/article/HDGSNM960511A6N9.html.

案例思考:美国的监管制度和我国的证券监管制度有何不同?

思政点拨:中国企业出海,应如何适应外国的监管环境?

六、实训课堂

1.实训题目:对美英德三国监管制度进行比较,并思考其对我国证券监管制度改革的借鉴意义。

2.实训任务要求:

(1)分组讨论三国监管制度的异同点及其对我国的借鉴意义;

(2)报告撰写:将上述分析内容整理成一篇结构清晰、逻辑严密的案例分析报告。

第十三章

思考与练习参考答案

第 五 篇
证券投资前沿

第十四章 新型投资工具

学习目标

知识目标

1.了解新型投资工具的种类；

2.掌握新型投资工具的特征。

能力目标

1.能应用新型投资工具进行资产配置；

2.能把控新型投资工具的风险。

素养目标

1.认识新型投资工具,培养创新精神；

2.了解绿色债券、绿色基金,提升对习近平生态文明思想的认识和理解。

知识结构图

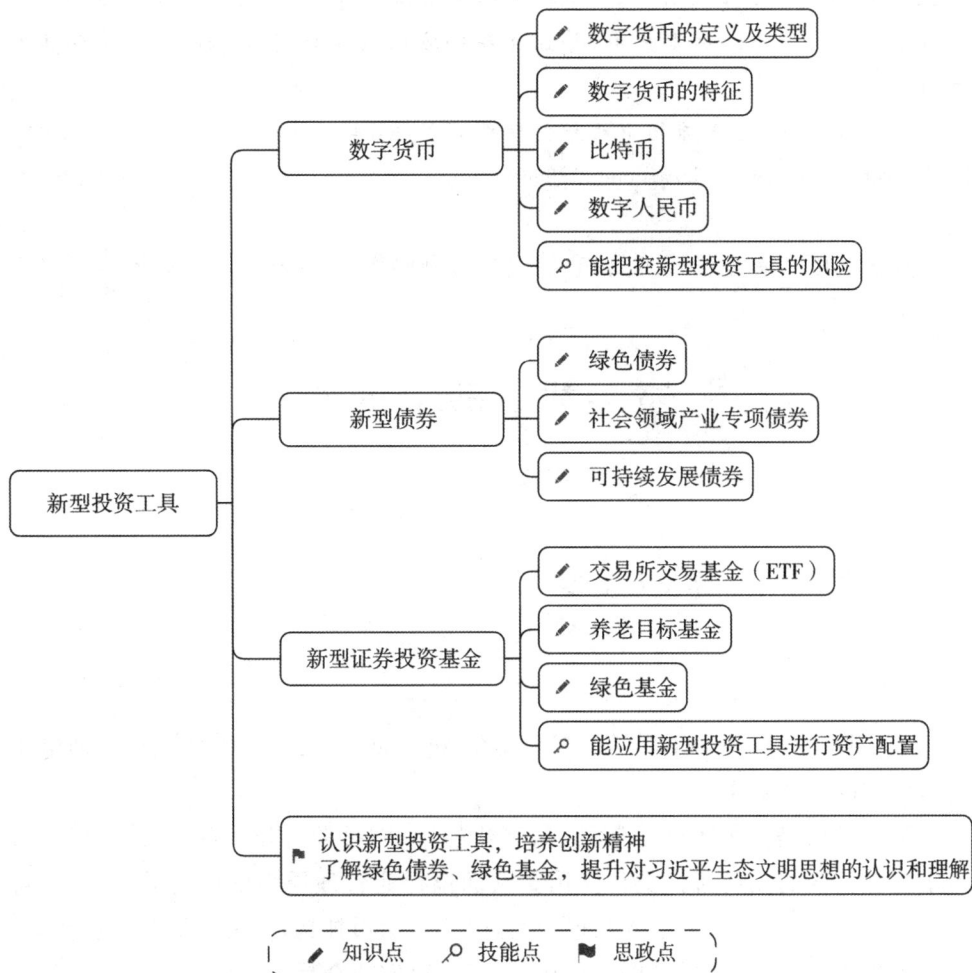

数字货币
- 数字货币的定义及类型
- 数字货币的特征
- 比特币
- 数字人民币
- 能把控新型投资工具的风险

新型债券
- 绿色债券
- 社会领域产业专项债券
- 可持续发展债券

新型证券投资基金
- 交易所交易基金（ETF）
- 养老目标基金
- 绿色基金
- 能应用新型投资工具进行资产配置

认识新型投资工具，培养创新精神
了解绿色债券、绿色基金，提升对习近平生态文明思想的认识和理解

知识点　技能点　思政点

引导案例

新型投资工具及其风险

随着金融科技的迅猛发展和全球经济格局的变化，越来越多的新型投资工具涌现在金融市场上。这些新兴产品不仅为投资者提供了更多选择，也给传统金融机构带来了前所未有的挑战。

以比特币（Bitcoin）为例。作为最早诞生于 2009 年，并由匿名人士"中本聪"提出概念及设计原理而成立起来的第一个去中心化电子加密货币系统，比特币在过去十余年间已引爆全球范围内对以区块链技术以及虚拟数字为代表的价值储藏手段的广泛研究和应用。然而，"黑天鹅事件"频发使得比特币价格剧烈波动、监管压力日渐升级，一系列问题逐渐显露无遗。有着"黄色金属"之称的黄金一直以来都是投资者避险、抵御通胀和保值增值的首选，但近年来比特币作为新型数字货币已经逐渐崭露头角，并且在某些方面展现出了超越传统贵重金属的潜力。

资料来源：揭秘金融市场中的新型投资工具［EB/OL］.（2024-04-23）［2024-07-03］.https://openvsm.com/ot_lc/article/1186664.html.

你了解哪些新型投资工具，它们发挥着哪些作用，存在哪些风险？

第一节　数字货币

一、数字货币的定义及类型

1.数字货币的定义

数字货币简称为 DC，是英文"Digital Currency"（数字货币）的缩写，即电子货币形式的替代货币。

数字货币是一种不受管制的、数字化的货币，通常由开发者发行和管理，被特定虚拟社区的成员所接受和使用。欧洲银行业管理局将虚拟货币定义为：价值的数字化表示，不由央行或当局发行，也不与法币挂钩，但由于被公众所接受，所以可作为支付手段，也可以电子形式转移、存储或交易。

2.数字货币的类型

按照数字货币与实体经济及真实货币之间的关系，可以将其分为三类：①完全封闭的、与实体经济毫无关系且只能在特定虚拟社区内使用的数字货币，如魔兽世界黄金。②可以用真实货币购买但不能兑换回真实货币的数字货币，可用于购买虚拟商品和服务，如 Facebook 信贷。③可以按照一定的比率与真实货币进行兑换、赎回的数字货币，既可以购买虚拟的商品服务，也可以购买真实的商品服务，如比特币、以太币等。

二、数字货币的特征

（1）交易成本低。与传统的银行转账、汇款等方式相比，数字货币交易不需要向第三方支付费用,其交易成本更低,特别是相较于向支付服务供应商提供高额手续费的跨境支付。

(2)交易速度快。数字货币所采用的区块链技术具有去中心化的特点,不需要任何类似清算中心的中心化机构来处理数据,交易处理速度更快捷。

(3)高度匿名性。除了实物形式的货币能够实现无中介参与的点对点交易外,数字货币相比于其他电子支付方式的优势之一就在于支持远程的点对点支付,不需要任何可信的第三方作为中介,交易双方可以在完全陌生的情况下完成交易而无须彼此信任,因此具有更高的匿名性,能够保护交易者的隐私,但同时也给网络犯罪创造了便利,容易被洗钱和其他犯罪活动等所利用。

三、比特币

1.比特币的起源

2008 年,国际金融危机爆发。同年 11 月 1 日,一个自称"中本聪"的人在 P2P 网站上发布了比特币白皮书《比特币:一种点对点的电子现金系统》,陈述了他对电子货币的新设想——比特币就此面世。2009 年 1 月 3 日,比特币创世区块诞生。

和法定货币相比,比特币没有一个集中的发行方,而由网络节点的计算生成,谁都有可能参与制造比特币,而且可以全世界流通,可以在任意一台接入互联网的电脑上买卖,不管身处何方,任何人都可以挖掘、购买、出售或收取比特币,并且外人在交易过程中无法辨认用户身份信息。2009 年 1 月 5 日,不受央行和任何金融机构控制的比特币诞生。比特币是一种数字货币,由计算机生成的一串串复杂代码组成,新比特币通过预设的程序制造。

2.比特币的原理

比特币是由系统自动生成一定数量的比特币作为矿工奖励来完成发行过程的。矿工在这里充当了货币发行方的角色,他们获得比特币的过程又称为"挖矿"。比特币的交易记录公开透明。点对点的传输意味着存在一个去中心化的支付系统。与大多数货币不同,比特币不依靠特定货币机构发行,它依据特定算法,通过大量的计算产生。比特币使用整个 P2P 网络中众多节点构成的分布式数据库来确认并记录所有的交易行为,并使用密码学的设计来确保货币流通各个环节的安全性。

P2P 的去中心化特性与算法本身可以确保无法通过大量制造比特币来人为操控币值。基于密码学的设计可以使比特币只能被真实的拥有者转移或支付。这同样确保了货币所有权与流通交易的匿名性。比特币的总数量有限,该货币系统曾在4年内只有不超过1 050万个,之后的总数量将被永久限制在2 100万个。

3.比特币的特点

比特币具有以下特点:①去中心化。这是比特币等私人数字货币最为核心的特征。比特币采取去中心化的货币发行和管理方式,不通过中央银行和政府进行信用背书,旨在摆脱对任何中心化机构和政府的依赖。②高度匿名化。比特币账号可通过私钥证明其所有权,而无须像传统银行账号一样需要实名认证;比特币账号由数字地址构成,该数字地址不记录比特币用户的个人信息,且不同账号间没有关联性,无法知晓比特币用户的总持币数量。③可追溯性。比特币从生成到交易的全过程都会被记录在主区块链中,且无须认证便可追溯交易的全过程。比特币的账号查询也是开放的。④不可逆性。为避免收款方利益被侵害,比特币交易不允许进行撤销操作,每笔交易只存在成功和失败两种状态,交易具有不可逆性的特点。⑤比特币具有全球性货币特性。比特币既没有国界,也无须兑换,这有助于降低国际贸易与资本流动的交易成本。

4.比特币投资的风险

(1)市场风险。比特币市场具有较高的波动性和不确定性,其价格会受到许多市场因素的影响,例如宏观经济指标、新闻事件、市场需求以及网络安全问题等。比特币的价格可能在一天之内波动数百元甚至数千元,这种波动幅度使得其存在极大的风险。投资者需要进行风险评估和投资规划,避免盲目跟风和冲动操作。

(2)安全风险。数字货币技术尚处于发展阶段,存在技术安全和技术漏洞的风险。比特币等数字货币的交易和存储需要使用数字钱包,而数字钱包的安全性直接关系到投资者的资金安全。投资者需要选择可靠的数字钱包,避免泄露个人信息和资金密码。

(3)监管风险。比特币投资面临着不同国家和地区的法律风险。[①] 例如,日本是第一个将数字货币交易纳入法律法规体系的国家。2017年,日本开始实施《资金结算法案》,承认数字货币作为支付手段的合法性。之后,日本金融厅(FSA)颁布《支付服务法案》,对数字货币交易所实施全方位监管。所有在日本境内运营的交易所必须获得财政部与FSA的牌照授权。我国也于2017年9月4日发布了《关于防范代币发行融资风险的公告》,该公告指出代币发行融资本质上是一种未经批准的非法公开融资行为,要求自公告发布之日起,各类代币发

---

① 感兴趣的读者可以阅读《关于防范代币发行融资风险的公告》,http://www.inewskeji. com/%E5%8C%BA%E5%9D%97%E4%B9%8B%E5%BF%83/778.html。

行融资活动立即停止,同时,已完成代币发行融资的组织和个人作出清退等安排。

知识链接 14-1

代币知多少

代币是指一种在特定区块链系统中常用的数字货币,可以用来表明一定的价值或权利,还可以作为一种可以在区块链上流通的虚拟货币。它可以用来为产品或服务付款,还可以用来存储和迁移价值。截至 2023 年 2 月,全球已知的数字货币数量超过 21 000 种,包括比特币、莱特币、瑞波币、门罗币等。

数据来源:现在有多少种数字货币了[EB/OL].(2024-06-26)[2024-07-25]. https://www.php.cn/faq/844764.html.

四、数字人民币

1.数字人民币的定义

数字人民币(字母缩写按照国际使用惯例暂定为"e-CNY")是由中国人民银行发行的数字形式的法定货币,由指定运营机构参与运营并向公众兑换,以广义账户体系为基础,支持银行账户松耦合功能,与纸钞硬币等价,具有价值特征和法偿性,支持可控匿名。

数字人民币的概念有两个重点,一个是数字人民币是数字形式的法定货币;另外一个点是和纸钞和硬币等价,数字人民币。主要定位于现金类支付凭证(M_0),也就是流通中的现钞和硬币,将与实物人民币长期并存,主要用于满足公众对数字形态现金的需求,助力普惠金融。

2.数字人民币的功能与特点

(1)法定货币。数字人民币由中国人民银行发行,是有国家信用背书、有法偿能力的法定货币。与比特币等虚拟币相比,数字人民币是法币,与法定货币等值,其效力和安全性是最高的,而比特币是一种虚拟资产,没有任何价值基础,也不享受任何主权信用担保,无法保证价值稳定。这是央行数字货币与比特币等加密资产的最根本区别。

(2)双层运营体系。数字人民币采取了双层运营体系。即中国人民银行不直接对公众发行和兑换央行数字货币,而是先把数字人民币兑换给指定的运营机构,比如商业银行或者其他商业机构,再由这些机构兑换给公众。运营机构需要向人民银行缴纳100%准备金,这就是1∶1的兑换过程。这种双层运营体系和纸钞发行基本一样,因此不会对现有金融体系产生大的影响,也不会对实体经济或者金融稳定产生大的影响。

(3)以广义账户体系为基础。广义账户体系是指在现行数字货币体系下,任何能够形成个人身份唯一标识的东西都可以成为账户。比如说车牌号就可以成为数字人民币的一个子钱包,可以在通过高速公路或者停车的时候进行支付。

(4)支持银行账户松耦合。支持银行账户松耦合是指不需要银行账户就可以开立数字人民币钱包。一些农村地区或者边远山区群众和来华境外旅游者等不能或者不便持有银行账户的人士,也可以通过数字钱包享受相应的金融服务,有助于实现普惠金融。2024年4月,为有效解决数字人民币硬钱包受理场景有限的痛点,提升境外来华人士、老年人等硬钱包使用群体的支付体验,有效提升受理覆盖率,在人民银行相关部门指导下,中国银行已形成数字人民币 App“碰一碰”硬钱包收款的方案,并率先在深圳出租车行业试点。

(5)其他个性设计,包括:①双离线支付。像纸钞一样实现满足飞机、邮轮、地下停车场等网络信号不佳场所的电子支付需求。②安全性更高。如果真的发生了盗用等行为,对于实名钱包,数字人民币可提供挂失功能。③多终端选择。不愿意或者没有能力用智能手机的人群,可以选择 IC 卡、功能机或者其他的硬件。④多信息强度。根据掌握客户信息强度的不同,可以把数字人民币钱包分成几个等级。如大额支付或转账,则必须通过信息强度高的实名钱包进行。⑤点对点交付。通过数字货币智能合约的方式,可以实现定点到人交付。民生资金可以发放到群众的数字钱包上,从而杜绝虚报冒领、截留挪用的可能性。⑥高可追溯性。在有权机关严格依照程序出具相应法律文书的情况下,进行相应的数据验证和交叉比对,为打击违法犯罪提供信息支持。即使腐败分子通过化整为零等手段,也难以逃避监管。

3.数字人民币与比特币的区别

无论是比特币还是数字人民币,都在经济和金融领域引起了广泛关注和研究,对未来的数字货币发展趋势也有着深刻的影响。二者主要有以下区别。

(1)技术原理不同。比特币是一种基于区块链技术的去中心化加密货币,而数字人民币是由中国人民银行研发的一种中央银行数字货币,数字人民币没有借鉴比特币的多节点确认的区块链技术,而是使用分层混合技术路线。

(2)发行实体不同。比特币没有中央发行主体,采用去中心化的方式,任何人都可以参与挖矿获得比特币;而数字人民币是中国人民银行发行的数字货币。

(3)法律地位不同。比特币在大多数国家并没有法律地位,不能用于合法交易和支付;而数字人民币是中国人民银行正式发行的数字货币,具有较高的法律地位。

（4）目的不同。比特币主要是作为一种资产类别存在，并被视为一种投资工具；而数字人民币旨在提高金融支付的便利性、安全性和效率，推动现金支付向数字支付的转移。

（5）适用范围不同。比特币可以在国际范围内进行交易和支付，而数字人民币目前只限于中国境内使用。

数字人民币和比特币的区别如表 14-1 所示。

表 14-1　数字人民币和比特币的区别

项目	类别	
	数字人民币	比特币
技术原理	区块链分层混合技术	区块链去中心化路线
发行主体	中国人民银行	无发行主体
法律地位	法定货币	非法定货币
目的	数字支付工具	投资工具
适用范围	中国境内	国际范围

第二节　新型债券

近年来，环保、养老、教育、可持续发展等问题日益成为人们关注的热点话题，募集资金投向上述相关领域的债券应运而生，包括绿色债券、社会领域产业专项债券、可持续发展债券等。

一、绿色债券

1.绿色债券的含义

"绿色债券"是指将所得资金专门用于资助符合规定条件的绿色项目或为这些项目进行再融资的债券工具。相比于普通债券，绿色债券主要在四个方面具有特殊性：债券募集资金的用途、绿色项目的评估与选择程序、募集资金的跟踪管理以及要求出具相关年度报告等。

拓展阅读 14-1
绿色金融债
势头强劲

2.我国绿色债券的发展状况

我国绿色债券市场源于 2015 年，发展于 2016 年，完善于 2021 年，领跑于

2022 年。历经近十年的发展,我国绿色债券制度不断完善、绿色债券市场越来越庞大,企业对绿色债券的认知逐渐深刻,越来越多的优质上市公司开始通过发行绿色债券节省融资成本、提高短期偿债能力、提升企业经营效益、推动估值提升。2023 年,我国绿色债券发行规模约 835 亿美元,连续两年保持世界最大的绿色债券发行市场地位。

根据中央结算公司中债研发中心发布的《中国债券市场概览》(2022、2023 年版),2023 年境内主体发行"投向绿"债券高达 16 755 亿元。其中,贴标绿色债券发行规模约为 8 448 亿元。

从绿色债券发行数据来看,上市公司参与绿色债券发行的积极性不断提升,发行总额占比逐年提高。根据 Choice 数据,截至 2023 年末,共有 150 家 A 股上市公司发行绿色债券,累计发行总额已达 1.3 万亿元。截取 2020 年、2021 年、2022 年、2023 年的数据,上市公司发行绿色债券总额分别占全部绿色债券发行总额的 7%、14%、32%、45%,呈逐年提高态势。

二、社会领域产业专项债券

1.社会领域产业专项债券的含义

社会领域产业专项债券,是指由市场化运营的公司法人主体发行(公立医疗卫生机构、公立学校等公益性质主体除外),募集资金主要用于社会领域产业经营性项目建设,或者其他经营性领域配套社会领域产业相关设施建设的企业债券。

2.社会领域产业专项债券的类型

社会领域产业专项债券包括但不限于以下专项债券类型:

(1)健康产业专项债券。健康产业专项债券主要用于为群众提供医疗、健康管理等健康服务项目。2020 年,国家发展改革委核准福建莆田兴发集团发行 6 亿元企业债券,募集资金中,3.6 亿元用于妈祖医疗健康城,2.4 亿元用于补充营运资金,这是全国首支用于健康产业的社会领域专项债券。

拓展阅读 14-2
社会领域产业专项债券发行指引

(2)养老产业专项债券。养老产业专项债券主要用于为老年人提供生活照料、康复护理等服务设施设备,以及开发康复辅助器具产品用品项目。以山东省为例,《2023 年山东省国民经济和社会发展统计公报》显示,截至 2023 年底,山东 60 岁及以上人口占常住人口的比例达到 23.6%,是全国首批进入中度人口老龄化社会的省份之一。为积极应对人口老龄化,截至 2023 年 12 月底,山东省累计发行地方政府专项债养老项目 68 个,总投资 158.64 亿元,发行债券额度达到 42.44 亿元。

(3)教育培训产业专项债券。教育培训产业专项债券主要用于建设教育培

训服务设施设备、提供教育培训服务、生产直接服务教育发展的教学教具产品的项目。2023 年 6 月 13 日,国家发展改革委、教育部、人力资源和社会保障部等 8 部门联合印发《职业教育产教融合赋能提升行动实施方案(2023—2025 年)》,将符合条件的职业教育产教融合项目纳入地方政府专项债券支持范围。

(4)文化产业专项债券。文化产业专项债券主要用于新闻出版发行、广播电视电影、文化艺术服务、文化创意和设计服务等文化产品生产项目,以及直接为文化产品生产服务的文化产业园区等项目。2021 年 6 月,成都成华旧城改造投资有限责任公司社会领域产业专项债券正式发行,发行总额 15.5 亿元,票面利率 4.45%,这是四川省首支文化产业专项债券。在资金用途上,9.3 亿元拟用于禾创文创产业园区项目,6.2 亿元拟用于补充发行人营运资金。

(5)体育产业专项债券。体育产业专项债券主要用于体育产业基地、体育综合体、体育场馆、健身休闲、开发体育产品用品等项目,以及支持冰雪、足球、水上、航空、户外、体育公园等设施建设。

(6)旅游产业专项债券。旅游产业专项债券主要用于旅游基础设施建设、旅游产品和服务开发等项目。支持企业发行专项债券,同时用于多个社会领域产业项目或社会领域产业融合项目。发债企业可使用债券资金收购、改造其他社会机构的相关设施,或扩大社会领域产业投资基金资本规模。

三、可持续发展债券

可持续发展债券是指发行人发行的一种债券,其募集资金用于支持符合可持续发展原则的项目或资产。这些原则包括经济、社会和环境可持续性,以及相关联的环境、社会和治理标准。可持续发展债券的发行人应该公开披露有关债券资金的用途,以及可持续发展项目或资产的进展情况和影响。同时,可持续发展债券的发行应该经过独立的第三方审计机构确认其符合可持续发展标准。2024 年 6 月 18 日,澳门中银在国际市场成功发行全球首批共建"一带一路"可持续发展债券 10 亿元人民币。可持续发展债券的发行有助于推动可持续发展目标的实现,并为投资者提供了一种可持续投资的机会。

第三节 新型证券投资基金

为促进资本市场优化资源配置、推动资本和实体经济高水平循环发展,我国基金行业紧跟国家产业发展步伐,在产品和政策方面延续创新并不断丰富产品线,交易所交易基金、养老目标基金、绿色基金等创新产品的问世和扩容,为市场投资者提供了更为丰富的选择。

一、交易所交易基金(ETF)

1.ETF 的含义

ETF 是英文"Exchange Traded Funds"的简称,常译为"交易所交易基金",是一种在交易所上市交易的、基金份额可变的基金。ETF 结合了封闭式基金与开放式基金的运作特点:一方面,基金份额可以像封闭式基金一样在交易所二级市场进行买卖;另一方面,基金份额又可以像开放式基金一样申购、赎回。

2.ETF 的特点

(1)被动操作。ETF 通常是一种以某一选定的指数所包含的成分证券为投资对象,依据构成指数的证券种类和比例,采用完全复制或抽样复制的方法进行被动投资的指数型基金。ETF 不仅具有传统指数基金的全部特色,而且是更为纯粹的指数基金。

(2)独特的实物申购、赎回机制。ETF 最大的特点是实物申购、赎回机制,即它的申购是用一篮子股票或债券换取 ETF 份额,赎回时是以基金份额换回一篮子股票或债券,而不是现金。ETF 有"最小申购、赎回份额"的规定,通常最小申购、赎回单位在 30 万份、50 万份或 100 万份,申购、赎回必须以最小申购、赎回单位的整数倍进行,故一般只有机构投资者才有实力参与一级市场的实物申购与赎回交易。

(3)实行一级市场和二级市场并存的交易制度。在一级市场,投资者可以在交易时间内以 ETF 指定的一篮子股票申购 ETF 份额或以 ETF 份额赎回一篮子股票。在二级市场,ETF 与普通股票一样在证券交易所挂牌交易,基金买入申报数量为 100 份或其整数倍,不足 100 份的基金可以卖出,机构投资者和中小投资者都可以按市场价格进行 ETF 份额交易。这种双重交易机制使 ETF 的二级市场价格不会过度偏离基金份额净值,因为一级、二级市场的价差会产生套利机会,而套利交易会使二级市场价格恢复到基金份额净值附近。

3.ETF 的类型

根据 ETF 跟踪某一标的市场指数的不同,可以将 ETF 分为股票型 ETF、债券型 ETF、商品型 ETF 等。而在股票型 ETF、债券型 ETF 中,又可以根据 ETF 跟踪的具体指数的不同对其进行进一步细分。如股票型 ETF 可以进一步被分为全球指数 ETF、综合指数 ETF、行业指数 ETF、风格指数 ETF(如成长型、价值型等)、策略指数 ETF 等。

根据复制方法的不同,可以将 ETF 分为完全复制型 ETF 与抽样复制型 ETF。完全复制型 ETF 是依据构成指数的全部成分股在指数中所占的权重,进行 ETF 的构建。我国首只 ETF——上证 50 ETF 采用的就是完全复制。在标的指数成分股数量较多、个别成分股流动性不足的情况下,抽样复制的效果可能更好。抽样复制就是通过选取指数中部分有代表性的成分股,参照指数成分股在指数中的比重设计样本股的组合比例进行 ETF 的构建,目的是以最低的交易成本构建样本组合,使 ETF 能较好地跟踪指数。

我国第一只 ETF 是成立于 2004 年底的上证 50 ETF。截至 2023 年一季末,我国已成立 ETF 776 只,规模 1.7 万亿元,是 2018 年末的 3 倍。为了推动国内绿色金融创新与发展、实现经济和环境的可持续发展,2022 年 7 月 4 日,首批 8 只中证上海环交所碳中和 ETF 开始认购,合计发行份额超 160 亿份。这 8 只碳中和 ETF 均以“中证上海环交所碳中和指数”为跟踪标的。

二、养老目标基金

1.养老目标基金的含义

根据 2018 年 2 月中国证监会发布的《养老目标证券投资基金指引(试行)》,养老目标基金是指以追求养老资产的长期稳健增值为目的,鼓励投资人长期持有,采用成熟的资产配置策略,合理控制投资组合波动风险的公开募集证券投资基金。养老目标基金应当采用“基金中的基金”(FoF)形式或中国证监会认可的其他形式运作。

2.养老目标基金的发展状况[①]

2022 年 4 月,国务院办公厅发布《关于推动个人养老金发展的意见》,确立了我国第三支柱养老保险基础制度框架。2022 年 11 月 25 日,个人养老金制度在 36 个先行城市(地区)启动实施。截至 2022 年末,个人养老金参加人数 1 954 万人,缴费人数 613 万人,总缴费金额 142 亿元。

全国社会保障基金、基本养老保险基金投资管理中,分为直接投资和委托投资两部分,年金基金也分为受托直投和委托投资两部分。包括基金行业在内的资产管理行业受托管理的养老金属于委托投资这一部分。根据公募基金公开信息披露数据统计,截至 2022 年末,共有 133 只养老目标基金 Y 类份额作为个人养老金基金成立运作,Y 类份额总规模 20.06 亿元。

---

① 感兴趣的读者可以阅读《关于推动个人养老金发展的意见》,https://www.gov.cn/zhengce/zhengceku/2022—04/21/content_5686402.html。

知识链接 14-2

Y 类份额

Y 类份额,是随着个人养老金制度的落地而出现的。2022 年 11 月发布的《个人养老金投资公开募集证券投资基金业务管理暂行规定》中提到:个人养老金基金应当针对个人养老金投资基金业务设立单独的份额类别。这里所说的"单独的份额类别",就是 Y 类份额。

Y 类份额不得收取销售服务费,可以豁免申购限制和申购费等销售费用(法定应当收取并计入基金资产的费用除外),可以对管理费和托管费实施一定的费率优惠。

资料来源:公募基金新增设的 Y 类份额是什么? [EB/OL].(2023-12-22)[2024-07-03].https://baijiahao.baidu.com/s? id=1785943048498363407&wfr=spider& for=pc.

三、绿色基金

1.绿色基金的含义

绿色基金指向不特定投资者公开发行受益凭证或者以非公开方式向合格投资者募集资金,并主要投资于绿色产业标的的投资基金。绿色基金又被称为环境基金、生态基金、可持续基金等名称。根据发起设立方式,我国绿色基金可以分为绿色产业引导基金、PPP 绿色项目基金、产业发展绿色基金、绿色 PE/VC 基金四大类。

2.绿色基金的发展状况

2018 年 11 月,中国证券投资基金业协会发布了《绿色投资指引(试行)》,不对行业机构做强制性约束,而是以促进企业环境绩效、发展绿色产业、减少环境风险为目标。2019—2022 年,基于《绿色投资指引(试行)》要求,连续 4 年开展了基金管理人绿色投资自评估调查。2024 年 8 月 12 日。国务院发布《关于加快经济社会发展全面绿色转型的意见》,指出到 2030 年,重点领域绿色转型取得积极进展,绿色生产方式和生活方式基本形成。到 2035 年,绿色低碳循环发展经济体系基本建立,主要资源利用效率达到国际先进水平,经济社会发展全面进入绿色低碳轨道,碳排放达峰后稳中有降,"美丽中国"目标基本实现。截至2022 年末,绿色、可持续、ESG 等投资方向的公私募基金 1 357 只,规模合计约9 065亿元,其中公募基金 296 只,管理规模逾 4 037 亿元,私募基金 1 061 只,管理规模 5 028 亿元,其中股权创投基金规模占比超过 90％,绿色投资、可持续投资的能力进一步提升。

思考与练习

一、单项选择题

1.与普通货币相比,数字货币的交易成本(　　)。
A.更高　　　　　B.更低　　　　　C.相等　　　　　D.无法确定

2.(　　)产业不适合采用绿色债券募集资金。
A.钢铁　　　　　B.新能源汽车　　C.风能发电　　　　D.资源回收

3.关于 ETF,以下说法错误的是(　　)。
A.ETF 可以像开放式基金一样申购、赎回
B.ETF 可以像封闭式基金一样在交易所二级市场进行买卖
C.机构投资者和中小投资者都可以按市场价格进行 ETF 份额交易
D.ETF 与指数型基金完全相同

4.我国首只 ETF——上证 50 ETF 采用的是(　　)。
A.完全复制　　　B.抽象复制　　　C.股票型　　　　D.债券型

5.包括基金行业在内的资产管理行业受托管理的养老金属于(　　)。
A.委托投资　　　B.直接投资　　　C.个人投资　　　D.公司投资

二、多项选择题

1.比特币的特点包括(　　)。
A.匿名性　　　　B.去中心化　　　C.不可逆性　　　D.可追溯性

2.关于数字人民币,下列说法正确的是(　　)。
A.数字人民币是法定货币
B.数字人民币支持离线支付
C.不需要银行账户就可以开立数字人民币钱包
D.数字人民币不具备可追溯性

3.相比于普通债券,绿色债券主要在(　　)方面具有特殊性。
A.债券募集资金的用途　　　　　　B.绿色项目的评估与选择程序
C.募集资金的跟踪管理　　　　　　D.要求出具相关年度报告

4.社会领域产业专项债券包括（　　　）。

A.养老产业专项债券　　　　　　B.健康产业专项债券

C.文化产业专项债券　　　　　　D.体育产业专项债券

三、判断题

1.数字人民币是与比特币相同的数字货币。（　　　）

2.社会领域产业专项债券是由政府发行的债券。（　　　）

3.可持续发展债券的发行应该经过独立的第三方审计机构确认其符合可持续发展标准。（　　　）。

4.ETF只能在交易所交易。（　　　）。

5.《绿色投资指引（试行）》要求对行业机构做强制性约束。（　　　）。

四、简答题

1.简述数字货币的特点。

2.简述数字人民币和比特币的联系和区别。

3.简述绿色债券的特殊性。

4.简述ETF的特点。

五、案例分析

绿色金融助力生态文明建设

党的十八大以来，以习近平同志为核心的党中央把生态文明建设摆在全局工作的突出位置，作出一系列重大战略部署，把生态文明建设纳入"五位一体"总体布局，把坚持人与自然和谐共生纳入新时代坚持和发展中国特色社会主义的基本方略，把绿色发展纳入新发展理念，把污染防治攻坚战纳入三大攻坚战，把美丽中国纳入建成社会主义现代化强国的战略目标。党的二十大报告指出："中国式现代化是人与自然和谐共生的现代化"，"推动经济社会发展绿色化、低碳化是实现高质量发展的关键环节"，为我国现代化、高质量发展作出了重大判断。

2024年8月11日，国务院印发的《关于加快经济社会发展全面绿色转型的意见》发布，这是中央层面首次对加快经济社会发展全面绿色转型进行系统部署。意见提出系列目标：到2030年，节能环保产业规模达到15万亿元左右；非化石能源消费比重提高到25%左右；营运交通工具单位换算周转量碳排放强度比 2020 年下降 9.5％左右；大宗固体废弃物年利用量达到 45 亿吨左右。

　　资料来源：我国首次系统部署加快经济社会发展全面绿色转型［EB/OL］.（2024-08-16）
［2024-09-20］.https：//www.nbd.com.cn/articles/2024-08-16/3508012.html.

　　案例思考：你是否了解绿色金融，它包含哪些内容？

　　思政点拨：结合本章所学知识，谈谈绿色债券、绿色基金可以从哪些方面支持国家绿色发展。

六、实训课堂

　　1.实训目标：了解新型投资产品的类型，能根据新型投资产品的不同特点匹配适合的投资者。

　　2.实训操作：选择一种新型投资工具，搜集其相关资料并制作成表格，以小组形式做新型投资产品推介展示。

第十四章
思考与练习参考答案

第十五章　新型投资方法

学习目标

知识目标

1. 掌握量化投资的含义和特点；
2. 了解量化投资的策略。

能力目标

1. 能应用量化投资策略，作出合理的投资决策，并承担相应的风险。

素养目标

1. 尊重数据，遵循科学的研究方法与流程，确保量化投资策略的可靠性与有效性；
2. 跟踪量化投资领域最新的研究成果与技术动态，做到与时俱进。

📋 知识结构图

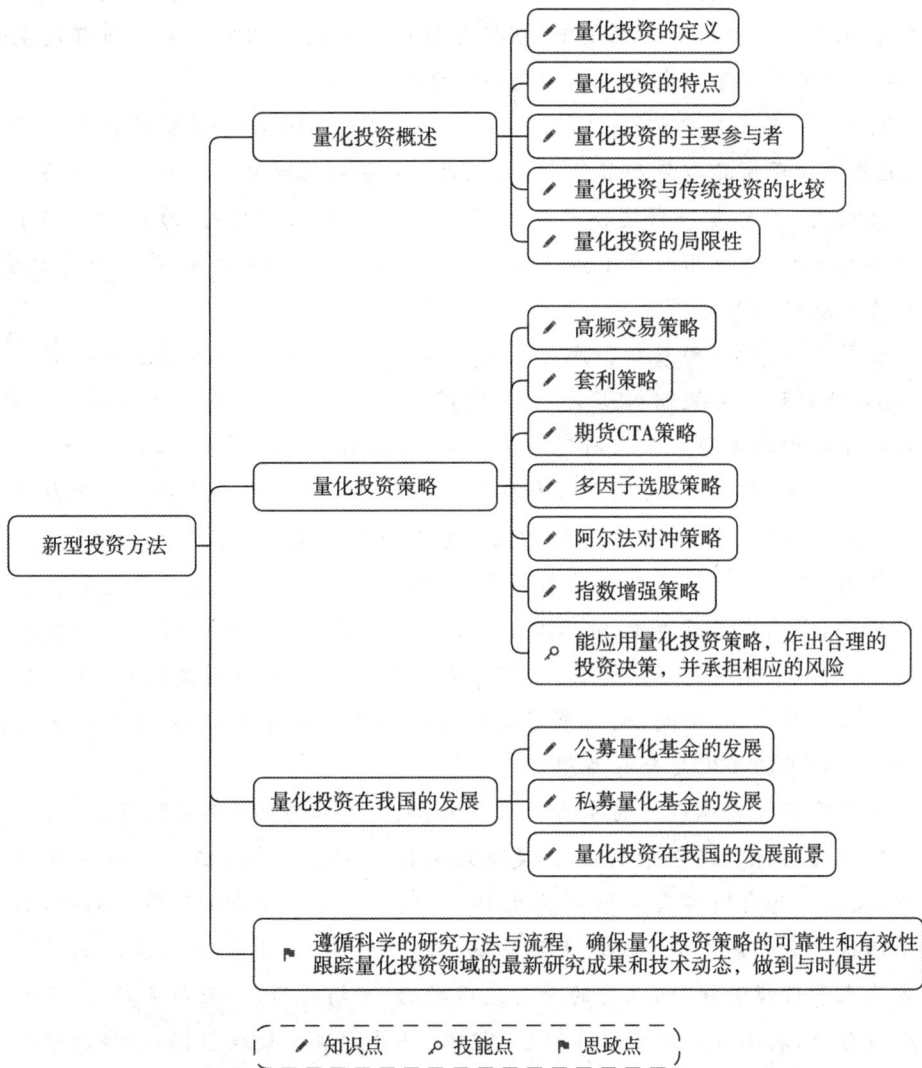

新型投资方法

量化投资概述
- ✎ 量化投资的定义
- ✎ 量化投资的特点
- ✎ 量化投资的主要参与者
- ✎ 量化投资与传统投资的比较
- ✎ 量化投资的局限性

量化投资策略
- ✎ 高频交易策略
- ✎ 套利策略
- ✎ 期货CTA策略
- ✎ 多因子选股策略
- ✎ 阿尔法对冲策略
- ✎ 指数增强策略
- 🔍 能应用量化投资策略，作出合理的投资决策，并承担相应的风险

量化投资在我国的发展
- ✎ 公募量化基金的发展
- ✎ 私募量化基金的发展
- ✎ 量化投资在我国的发展前景

🚩 遵循科学的研究方法与流程，确保量化投资策略的可靠性和有效性　跟踪量化投资领域的最新研究成果和技术动态，做到与时俱进

✎ 知识点　🔍 技能点　🚩 思政点

📚 引导案例

詹姆斯·西蒙斯——"量化投资之王"

1938 年出生的詹姆斯·西蒙斯于 1958 年毕业于麻省理工学院数学系，1961 年获得加利福尼亚大学伯克利分校的数学博士学位。年仅 23 岁就获得博士学位，西蒙斯可谓一位名副其实的数学天才。1976 年，西蒙斯获得了几何学界最高奖项——美国数学协会维布伦几何学奖，在数学研究上取得多项突破，对弦理论、拓扑学和凝聚态物理等科学研究领域都产生了深远影响，因此早在横扫华尔街之前,西蒙斯就已经作为顶尖数学家为全世界知晓。

在数学领域取得巨大成就后,西蒙斯也开始将目光转向投资界,他将扎实的数学和统计理论运用到实战之中,摆脱了传统金融模型的缺点和分析师的主观性,在华尔街开辟了一条独特的量化投资之路。

1978 年,西蒙斯来到华尔街,创立了一家名为 Monemetrics 的私人投资基金,主要投资于商品期货和其他金融工具,这就是著名的文艺复兴科技公司的前身。1982 年,文艺复兴科技公司诞生,作为一家对冲基金公司,该公司开创了量化交易的先河,并成为历史上最赚钱的投资公司之一。西蒙斯“量化交易之父”的传奇也从这里开始腾飞。

公司成立早期,西蒙斯和他的团队也采用基本面分析的方式进行投资。于是,他们开始研究美联储加息减息、美国国债中短期利率的变化等宏观面信息,以判断市场价格走势。但在研究的头十年,西蒙斯的团队并没有取得重大突破。

直到 1988 年 3 月,文艺复兴科技公司推出了第一只基金产品——大奖章基金(Medallion Fund),西蒙斯和他的团队才开始从主观交易转型到量化交易。

然而,在大奖章基金成立的前两年里,依然业绩平平,甚至一度亏损。1989 年上半年,大奖章基金曾回撤 30%,一度被叫停营业。直到西蒙斯重新建立模型,加之经过十几年的不断完善,大奖章基金才开启了疯狂捞金模式,并且从未停止。在之后的 30 年间,大奖章基金年化复合收益率接近 40%,大幅领先同期标普 500 指数的年化复合收益率。

大奖章基金表现最好的年份正是危机期间,比如 2000 年互联网泡沫,在其他对冲基金同行哀鸿遍野之际,大奖章基金获得 98.5% 的净回报。2008 年金融危机,大奖章基金同样大赚 80%。在 1994 年至 2014 年中期的这段时间里,其平均年回报率更是高达 71.8%。大奖章基金利用数学、统计学、信息技术的量化投资方法来管理投资组合,注重的是对宏观数据、市场行为、企业财务数据、交易数据进行分析,利用数据挖掘技术、统计技术、计算方法等处理数据,以得到最优的投资组合和投资机会。

在这种投资模式下,西蒙斯的投资系统甚至每天交易上万次,以至于占到整个纳斯达克市场交易量的 10%,来捕捉市场上那些转瞬即逝的套利机会。

“壁虎式投资法”让西蒙斯净赚 15 亿美元,成为全球收入最高的对冲基金经理。在金融危机爆发的 2008 年,西蒙斯以 25 亿美元的收入成为最能赚钱的对冲基金经理。2024 年,他以 314 亿美元财富净值位列 2024 年《福布斯》全球亿万富豪排行榜第 55 名。

资料来源:“量化投资之王”詹姆斯·西蒙斯离世,用数学改写投资传奇[EB/OL].(2025-05-11)[2024-07-03].https://baijiahao.baidu.com/s? id=1798731063418742016&wfr=spider&for=pc.

西蒙斯为什么被称为"量化投资之王"？他所推崇的量化投资有哪些优势？

第一节　量化投资概述

量化投资策略作为金融领域的重要投资手段，其重要性不言而喻。伴随着金融学、数学、计算机理论和技术等学科的深入发展与交叉融合，量化投资策略日臻完善。在国际发达资本市场，量化投资已经独树一帜，举足轻重；在国内，量化投资基金也犹如雨后春笋般蓬勃发展。但因起步较晚，国内的量化投资策略虽然被很多基金采用，但受市场大环境影响，目前仍然处于初级阶段，鲜有基金真正做到规模化量化投资。

一、量化投资的定义

量化投资是一种投资策略，它利用数学模型、计算机技术和大数据分析等手段，对金融市场进行定量分析，以实现投资决策自动化。量化投资的核心在于通过建立和分析模型来发现市场规律和趋势，以实现投资目标。它旨在通过科学化和系统化的方法，在控制风险的同时，追求更高的投资回报。量化投资策略包括股票择时、风险对冲、套利等多种方式，这些策略通常涉及股票、期货、外汇等领域，投资组合的构建和调整都基于大量的历史数据和分析结果。

拓展阅读 15-1
从 8 万到 5 亿！
梁文锋的传奇
量化之路

二、量化投资的特点

（1）以数学模型和算法为核心。量化投资的核心是建立各种数学模型和算法，这些模型和算法能够描述市场的行为，预测未来的走势，并据此作出交易决策。这些模型和算法可能涉及统计学、时间序列分析、机器学习和人工智能等领域。

（2）数据驱动。量化投资高度依赖大量的历史数据来进行模型的训练和验证。数据是建模的基础，通过对历史数据的分析和处理，可以提取出有用的特征，并利用这些特征来预测未来的市场走势。

（3）自动化。量化投资通常都是自动化的。一旦设定好模型和算法，就可以让计算机自动执行交易任务，无须人工干预。自动化不仅可以提高交易的效率，还可以减少人为错误和情绪的影响。

知识链接 15-1

智能投顾业务

在金融领域,对于人工智能的运用大多集中于"智能投顾"的开发。所谓智能投顾,通常是指 ROBO-ADVISOR,即根据个人投资者提供的风险承受水平、收益目标以及风格偏好等要求,运用一系列智能算法及投资组合优化等理论模型,为用户提供最终的投资参考,并根据市场动态对资产配置再平衡提供建议。

以华宝证券的"华宝智投"为例。"华宝智投"的"智能条件单"功能已经涵盖了止盈止损、价格条件、分批建仓、分批出货、拐点买入、回落卖出、网格交易、时间条件、涨跌幅条件、智能打新、国债逆回购智能条件单等,基本满足了各种股民常用的交易策略。

(4)可复制性和可持续性。由于量化投资是基于数学模型和算法的,所以其交易策略具有可复制性和可持续性。同一个模型和算法可以在不同的市场和时间周期上进行测试和应用,而且只要市场条件不发生大的变化,策略的表现通常会比较稳定。

(5)重视风险管理。量化投资同样重视风险管理。在制定交易策略时,通常会考虑到各种可能出现的风险情况,并提前制定应对策略。此外,还会通过仓位控制、止损设置等方式来控制风险。

(6)预先进行回测和模拟交易。在实际投入资金进行交易之前,量化投资者通常会进行回测和模拟交易。回测是指在历史数据上测试策略的表现,以评估其盈利能力;模拟交易是指在实际的市场环境中,使用虚拟的资金进行交易,以评估策略在实时交易中的表现。

总的来说,量化投资是一种基于数学、统计和技术分析的交易方法。通过建立和运用数学模型和算法,量化投资者能够在市场中作出更加客观、可复制和可持续的交易决策。

三、量化投资的主要参与者

量化投资由于其交叉类学科的特性以及对计算机硬件设备的高需求使其准入门槛较高,故目前普通投资者参与量化交易较少,主要是机构投资者,包括做市商、对冲基金、投资银行以及券商等投资者。

1.做市商

做市商是由具备一定实力和信誉的证券经纪法人,在其原有的水平上不断向交易者报出某些特定证券的买入价和卖出价,并在所报价之上接受机构投资者或者其他交易商的买卖要求、保证及时成交的证券交易方式,起源于场外店头市场。

做市商盈利的主要来源在于向市场提供流动性时所赚取的买卖差价。通过量化交易系统分析买单、卖单的情况,找到对市场冲击最小的成交价,有利于降低市场的波动性。高频交易者可以利用自己的技术优势和信息优势成为电子交易网络中事实上的做市商。他们在电子交易网络中大量进行交易,获取买卖价差,但又不承担传统做市商的责任,也几乎不受监管机构的约束。因此,高频交易成为近年来量化交易的热点。

2.对冲基金

对冲基金是量化交易的主要参与者。在规模在 200 亿美元以上的 7 家对冲基金机构中,J. P. 摩根、高盛等这些基金普遍采用量化交易方式,而且有越来越多的大型投资银行和对冲基金正在采用这一交易方式。

对冲基金是一种非常活跃并且另类的私募投资基金,无论是在熊市还是在牛市,它都在寻求能够产生非常有吸引力的正收益。对冲基金为了获得正收益,会用各种不同的策略和金融工具,所用策略既有激进的,也有保守的。对冲基金的核心资产其实就是它的基金经理,它的客户主要针对有限的高净值人士或者大型机构。对冲基金通过业绩来对基金经理进行考核,并且给予基金经理一定比例的提成,这是对冲基金区别于公募基金的主要因素之一,高比例的提成也鼓励基金经理努力工作并且为客户产生最大的回报。和公募基金不同的另一点是:对冲基金产品里含有对冲基金经理人自己的资产,这可以避免利益冲突,同时可以给予客户足够的信任,并且使客户认为经理人和自己的利益是捆绑在一起的,经理人会尽最大努力为客户理财。

3.投资银行、券商

投资银行和券商参与量化交易可以分为两个阶段,主要是以 2010 年 7 月生效的"多德-弗兰克法案"来划分时间点的。在该法案出台之前,投资银行、券商主要是以自营交易的形式参与到量化交易中来,这与对冲基金的模式十分类似,如摩根士丹利的 PDT(Process Driven Trading)和高盛的 Global Alpha Fund(全球阿尔法基金)。

"多德-弗兰克法案"被认为是"大萧条"以来最全面、最严厉的金融改革法案,成为与《1933 年银行法案》比肩的金融监管基石,其核心内容就是在金融系统当中保护消费者。该法案限制了银行自营交易及高风险的衍生品交易。在自营交易方面,允许银行投资对冲基金和私募股权,但资金规模不得高于自身一级资本的 3%。在衍生品交易方面,要求金融机构将农产品掉期、能源掉期、多数金属掉期等风险最大的衍生品交易业务拆分到附属公司,但自身可保留利率掉期、外汇掉期以及金银掉期等业务。

四、量化投资与传统投资的比较

传统交易策略可以按照管理风格分为两类:主动型投资策略和被动型投资策略。被动型投资策略即指数化投资,主动型投资则分为基本面投资与技术面投资。量化交易与传统交易中的主动投资一样,都是试图获得超过市场基准的超额收益。在交易决策分析方面,传统的交易是通过人工进行分析判断,而量化交易是通过数学模型进行投资决策分析。在交易执行方面,传统的交易一般由人进行手工下单,而量化交易大多数通过计算机程序自动完成下单。

传统交易很容易受到决策者自身情绪的影响,使得最终的投资结果偏离客观分析结果。而量化投资利用程序分析现有的数据,根据程序化投资策略完成判断,避免了分析与决策在情感方面的负面影响。因此,量化投资相对于传统的投资,可以更客观、稳定、可靠,避免情感因素。

由人主导的传统交易方式受制于人的精力与能力的影响,实时跟踪投资标的的数量有限,实时决策分析的参考依据有限,造成投资决策的范围狭窄;而量化交易通常借助计算机程序监控市场的变化、执行交易策略进行定量的分析和判断,通过升级计算机运算速度、优化程序,监控的市场和策略分析的依据可以不断增加。

不过,量化交易通常使用既定的交易模型,需要不断更新优化才可以适应不断变化的市场,若遇到突发事件,只能按照原有的策略执行。而在传统交易中,参与交易的人员可以根据市场行情的变化随时调整交易策略。

传统交易更强调投资收益而不是风险控制;而量化交易将风险控制作为一个重要环节,追求风险和回报之间的权衡。量化交易可以有效地避免投资者偏离潜在的性能基准,过度追求利润而忽视风险。

综上所述,量化交易与传统交易相比的优势在于它可以避免人为负面影响,通过计算机实现策略来管理人的情感和认知,更大、更快、更准确地针对投资对象进行判断及分析,可以平衡风险与回报;而传统交易的优势在于通过深层次的人为决策来选取投资策略。

五、量化投资的局限性

(1)入门门槛较高。量化投资要求投资者有着深厚的理论功底和熟练的计算机编程技术,因此许多公司和量化团队都乐于招收数学、物理学或者金融工程专业的博士和硕士研究生。但这对于普通投资者来说要求较高,大部分普通投资者并不具备这些理论功底和熟练的技术,因此,相比于量化投资,普通投资者更加青睐于入门门槛稍低的技术分析和基本面分析,故而投资者仍旧以主观投资为主。此外,量化投资需要补充的知识和技术较多,会让投资者花费巨大的学习成本,对于业余投资者来说很难实现,因此量化投资在我国也一直比较神秘,普通投资者也较少涉及。

(2)易复制性。量化交易策略具有数量化特征,所以,其与许多科技创新相类似,都普遍存在研发困难、复制简单的特点。仅仅泄露一些策略理念都容易被破解,从而增加了量化交易策略额外的风险,这也是人们在学习量化投资时很难收集到非常有价值的信息的原因。面对这种情况,量化研究团队将被迫花费一定的成本确保所开发策略的保密性,使其不被复制。正是基于这一点,许多专业人士并不喜欢在第三方的研发平台上进行策略研究。随着这几年第三方平台的增多,平台也设定了许多的方法来加强用户策略的保密性。

第二节　量化投资策略

量化投资策略种类繁多,投资者可以根据自己的经验和风险偏好,针对不同的资产类型、投资目标,建立不同的交易程序。本章节介绍几种常用的量化投资策略。

一、高频交易策略

高频交易策略是一种利用短时间内市场波动进行快速交易的策略。它依赖于高级算法和强大计算能力,以捕捉微小的价格变动并快速作出决策。

高频交易者通常在毫秒级别内执行大量交易,以获取微小的利润,并通过积少成多的方式实现稳定收益。这种策略要求高效、准确地处理大量数据,并具备快速执行交易的能力。

很多的市场变化是极为短暂的,可能在我们发现之后的很短时间里,投资机会就会消失,因此需要借助计算机来进行交易速度极快的高频交易。高频交易就是利用计算机从那些人们无法利用的极为短暂的市场变化中寻求获利的交易。例如,某种基金买入价与卖出价的价差的微小变化,或者是某只股票在不同交易所的微小价差。

高频交易依赖硬件设施,有些机构为了缩短交易指令的时差,会将自己的高频交易设备安置到离交易所的计算机很近的位置。而且高频交易的持仓时间一般都很短,日内交易次数很多,因此适宜投资者交易活跃的时段。

二、套利策略

套利即对一个或者 N 个品种,进行买入的同时卖出另外一个或 N 个品种的操作,这也叫作对冲交易。这种方法无论大盘向哪个方向波动,向上也好,向下也好,都可以获得一个比较稳定的收益。在牛市中,这种方法的收益率不会超越基准,但是在熊市中,它可以避免大的损失,还能有一些不错的收益。

1.无风险套利

无风险套利并不是完全没有风险的,而是利用市场中存在的价格不对称,使投资者在不承担风险的情况下获取收益的交易策略。在外汇市场、债券市场以及不同市场(交易所)之间,也存在价格不对称,所以投资者可以在不承担风险的情况下获取收益。由于市场动态不断变化,无风险套利策略的收益可能会受到影响。例如,如果市场的流动性不足,交易者可能无法找到合适的买方进行交易,以至于无法实现无风险套利。因此,投资者在使用无风险套利策略时,要时刻关注市场动态,并灵活应对可能发生的风险。

2.统计套利

统计套利是在有相关性的品种之间进行对冲操作,利用资产的历史统计规律进行套利的,主要是通过分析标的资产的价格规律和多个资产之间的价格差异来获利,常见思路是找出相关性较高的两个投资品种,并且找到它们长期均衡的关系,当二者的价差相差一定程度时,买入被低估的投资品种,卖出相对被高估的品种,因此统计套利适合极度活跃和波动性大的市场。它的风险在于这种历史统计规律在未来一段时间内是否继续存在。

三、期货 CTA 策略

CTA 策略即商品交易顾问策略,又称管理期货策略。简单理解就是:期货CTA 是指由专业管理人投资于期货市场,利用期货市场上升或者下降的趋势获取收益的投资策略。CTA 策略是指投资于期货市场的策略,这是与投资于股票市场的投资策略的最大不同。它是指由专业管理人投资于期货市场,利用期货市场上升或者下降的趋势获利的一种投资策略。

CTA 策略主要投资于大宗商品期货(农副产品期货,金融期货,能源期货)、外汇期货、金融期货(利率期货、股指期货)。量化 CTA 主要是对历史数据进行定量,包括开盘价、收盘价、最低价、最高价、成交量、持仓量等,基金管理人通过分析建立数量化的交易模型,由模型发出并执行买卖指令,进行投资决策。

以上操作的前提是历史会重演,因此量化 CTA 需要对数据进行长期分析、因子优化、模型更新。随着互联网的发展,大部分的期货 CTA 策略基本都采用了全自动交易,但也有部分由人工辅助。期货 CTA 策略适合于趋势明显的市场,投资者预计未来行情会上涨,买入期货合约,反之,下跌时卖出期货合约。期货既可以先买入后卖出,又可以先卖出后买入,因此,国内期货交易实现了做多、做空双向盈利机制。

1.CTA 策略的分类

(1)主观 CTA 策略。基于人的判断,管理人基于基本面,主观判断走势,非常考验基金管理人基于基本面、调研或操盘经验,主观来判断走势,决定买卖时点,以及出现失误时能否迅速作出调整。

(2)量化 CTA 策略。基于机器的判断,基金管理人通过分析,建立数量化的交易策略模型,由模型产生的买卖信号进行投资决策,人的错误判断对量化 CTA 的干扰比较小。量化 CTA 也需要对数据的分析、参数的优化、模型的更新迭代进行长期研究,这个过程和量化选股很类似。

2.CTA 策略的优点

(1)CTA 策略与股债市场的相关性低。低相关性的主要原因首先是底层标的不同,CTA 策略的主要标的是期货市场的各个品种,这种底层资产本身就与传统股市、债市差异较大,产品之间的相关性也很低,有利于分散风险。

(2)保证金交易制度。由于期货市场采用保证金交易制度,各不同品种通过保证金交易可以实现数倍至数十倍的无成本杠杆。一般来说,CTA 策略的净合约价值不会超过基金净资产的 2 倍到 3 倍。从保证金角度来说,一般占用10%～20%的保证金,其他的资金可用于市场中性策略或指数增强策略以增厚投资收益。同时,CTA 产品可以通过不同的保证金占用比例控制杠杆,量化 CTA 还可以通过交易品种的多元化(通常 40 余种)以及交易频次的提升降低风险,平滑收益曲线。

(3)具有危机阿尔法的"保险"作用。期货市场属于双向"T+0"市场,多空双向均可进行投资操作,其灵活特征在涨跌市场环境中都可能获益,这与 A 股"T+1"单向做多的市场也有很大差异。CTA 策略基金以趋势策略为主,因资产自身的做空交易机制的存在,在资产价格上涨和下跌行情下,均可以跟随行情趋势进行交易,获取收益。

四、多因子选股策略

(一)多因子选股策略的定义

在量化交易中,我们会经常使用某种指标或者多种指标来对股票池进行筛选,这些用于选股的指标一般被称为因子。多因子模型是指使用多个因子,综合考量各因素而建立的选股模型,其假设股票收益率能被一组共同因子和个股特异因素所解释。

(二)多因子选股策略的因子种类

根据因子分析的角度,多因子策略可以将因子划分为基本面因子和技术因子,如图 15-1 所示。

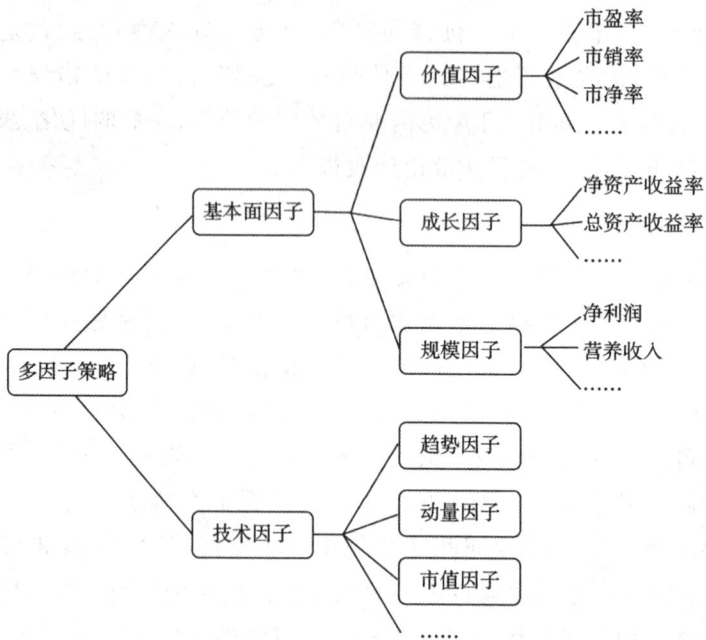

图 15-1 因子分析角度的因子种类

(三)多因子策略的搭建

1.因子选择

因子就是股票的特征,这种特征主要用来预测收益,并进行选股。因子选择是构建多因子模型的第一步,影响股票收益率的因子多种多样,多因子策略用到的因子包括:利润率、单位净值、基准净值、开仓次数、平仓次数、胜率、贝塔系数、准年化收益、年化收益、阿尔法系数、波动率、夏普比率、下方差、索提诺比率、跟踪误差、信息比率、最大回撤等。

2.因子检验

因子检验其实就是对因子和收益率存在的显著相关性进行稳定性和单调性的检验。稳定性是指因子和收益率之间存在的相关关系是否稳定；而单调性检验则是使用分层回测法对因子是否具有单调性进行检验。当这一步完成之后，我们就可以确认筛选出的因子的有效性、稳定性和单调性了，而这也是检验因子过程中最重要的一步。

3.因子筛选

同类型的因子之间可能存在着较强的相关性，如果回归模型中的自变量之间存在高度的相关性，可能会使模型产生偏差或者难以估计准确，因此还需要对因子间的相关性进行检验。因子相关性可通过 Pearson 相关系数和 Spearman 相关系数进行判断，而对于相关性较高的因子，则可以将这些因子进行合成，保留更加显著的因子，舍弃相对不显著的因子。

4.模型构造及检验

模型构造就是将筛选处理后的因子按照一定的权重构造成多因子选股模型。模型构造有多种方法，比如等权重法、市值加权法、IC 加权法、IR 法等方法，以确定各因子的权重，使构造的选股模型更加有效；还可以通过添加行业权重、因子暴露、个股上下限、收益目标和风险目标等约束条件，对模型进行进一步优化。

(四)多因子策略的优缺点

多因子策略的优势：①可以降低投资组合的风险。②量化多因子策略可以提高回报率。

多因子策略的缺点：①需要大量的数据和计算。②需要编写复杂的算法来计算每个因素的权重以及考虑如何组合这些因素。③依赖历史数据，这就可能会过度拟合投资组合。

五、阿尔法对冲策略

投资者在市场交易中面临着系统性风险(即 β 风险，不可分散的市场风险)和非系统风险(即 α 风险，可以分散的风险)。所谓阿尔法对冲，不是将阿尔法收益对冲掉，恰恰相反，阿尔法对冲策略是将系统性风险进行度量并分离，从而获取阿尔法收益的策略组合。阿尔法对冲策略常对股指期货进行对冲操作，当股票市场亏损时，可以通过期货市场弥补亏损，反之，当期货市场亏损时，可以通过股票市场来弥补亏损。

1.阿尔法全对冲

阿尔法全对冲适合市场中性,即同时构建多头(低买高卖)和空头(高卖低买)头寸以对冲市场风险,在任何市场环境下均能获得稳定收益。阿尔法全对冲策略是一种买入一揽子 A 股股票,再卖空等值的股指期货的策略。核心在于对一揽子股票的选择,其受事件驱动、多因子、动量模型等多重因素影响。市面上,该策略的平均年化收益在 15%~20%,适合策略容量较大、情绪稳定的市场。

2.择时阿尔法对冲

择时阿尔法对冲对择时的要求很高,是在阿尔法全对冲的基础上叠加股指期货敞口策略。股指期货的风险敞口就是股指的价格偏离沪深 300 指数的价格,择时阿尔法对冲除了要求具有量化选股的能力之外,对股指期货敞口的设置是该策略成败的关键。市面上该策略的平均年化收益在 10%~20%,主要来源于阿尔法无风险收益,还有 β 风险收益,其 β 收益敞口时刻在变,适合股票市场上涨的情况。

六、指数增强策略

1.指数增强策略概述

指数交易策略是量化交易中常见的投资策略,在有效跟踪基准指数的基础上,通过主动管理收获超额收益,实现超越指数的投资回报,这种策略利用量化增强模型,预测股票超额回报,并力求进行有效的风险控制,降低交易成本,优化投资组合。

指数增强策略的原理是基于市场价格具有"高卖低买"的特点。在市场上涨时,投资者可以通过购买被低估的股票来获取超额收益;在市场下跌时,投资者可以通过卖出被高估的股票来降低风险。这种策略通过不断调整股票组合的权重,以达到获取超额收益的目的。

指数增强策略不仅具有低成本、透明度高和风险分散化等特点,还能够在一定程度上降低市场风险和波动性。

知识链接 15-2

指数增强型基金

指数增强型基金并非纯指数基金,是指基金在进行指数化投资的过程中,为试图获得超越指数的投资回报,在被动跟踪指数的基础上,加入增强型的积极投资手段,对投资组合进行适当调整,力求在控制风险的同时获取积极的市场收益。指数增强型基金将大部分资产按照基准指数权重配置之外,对成分股进行一定程度的增、减持,或增持成分股以外的个股,其投资目标则是在紧密跟踪基准指数的同时获得高于基准的收益。

2.指数增强策略的基本方法与步骤

(1)确定基准指数。选择一个合适的基准指数作为投资的目标,如沪深300指数等。

(2)数据采集和处理。收集股票的历史价格数据、财务数据和其他相关信息,并进行清洗和处理,以备后续分析使用。

(3)股票筛选和权重调整。根据事先设定的筛选条件和调整规则,对股票进行筛选和权重调整。

(4)构建投资组合。根据选定的股票和权重分配,构建投资组合。

(5)监控和调整。定期对投资组合进行监控和调整,确保其与基准指数保持一定的跟踪误差和超额收益。

第三节　量化投资在我国的发展

量化投资在我国出现较晚,距今只有20多年的历史。2004年8月,我国第一只公募量化基金"光大保德信量化核心证券投资基金"成立。2005年,"上投摩根阿尔法股票型证券投资基金"也随之问世。但是,量化基金上市之初并未引起基金投资者的关注,直到2010年股指期货推出之后,量化投资开始逐渐涌现,并在2015年和2016年快速发展。下面分别阐述我国公募量化基金和私募量化基金的发展情况。

拓展阅读 15-2
我国首个量化基金指数面世

一、公募量化基金的发展

从全球发展的角度来看,量化投资正在逐步替代主动投资,其市占率不断提高。在美国市场,约有9%的市值持仓由量化基金掌握。在大部分全球前十对冲基金榜单中,至少一半是量化基金。所以,在全球范围内,对量化投资应该持有信心。不过,在A股市场中,量化投资仍处于初步发展阶段,市占率较低。目前,公募和私募量化基金的总规模估计在1万亿元到1.5万亿元之间,占A股市值总比例不到2%。因此,参照成熟发达市场,量化投资在A股市场中有巨大的发展空间。

在 A 股市场中,公募量化策略主要可以分为三大类。其中,指数增强是最自然的应用方式,即通过给定一个选股模型,将其用于指数增强策略,选出更好的股票代替指数成分股,实现超额收益(阿尔法)。第二类就是市场中性策略,比如,用沪深 300 指数增强做多头,使用沪深 300 的股指期货(即 IF 合约)做空头,把市场中的贝塔部分对冲掉,从而剩下阿尔法部分,策略收益不受市场涨跌影响。第三种就是主动量化策略,可以选择优化 Beta 策略,例如选取不同行业或风格的股票(如小盘成长和大盘价值),而当前流行的策略之一是选择红利和微盘股。在公募量化中,指数增强占 2/3 左右,主动量化占 1/3 左右。

二、私募量化基金的发展

随着资本市场的逐步开放和监管政策的不断完善,中国的量化投资行业得到了进一步的发展。

2019 年,百亿量化私募就已经达到 6 家。2021 年更是百亿量化私募的巅峰,有 9 家量化私募成功晋级百亿。截至 2024 年 2 月底,百亿量化私募共有 33 家。其中,以股票策略为核心策略的有 26 家,多资产策略有 6 家。百亿量化私募 2024 年 1—2 月收益率均值为 −6.53％,而 2024 年 2 月收益率均值为 5.7％。

拓展阅读 15-3
多因素影响下私募量化大幅跳水

三、量化投资在我国的发展前景

随着数字经济的蓬勃发展,量化投资在我国的发展前景中呈现出积极向好的态势,主要基于以下几个方面。

1.市场规模持续增长

(1)量化私募基金规模增长迅速。据中国证券投资基金业协会和中信证券等统计数据显示,量化私募基金管理规模从 2019 年末的 4 000 亿元增长至 2022 年末的 1.5 万亿元,增长速度显著。截至 2024 年 4 月,中国私募证券投资基金管理中,百亿量化私募已达到 33 家,量化规模约 1.5 万亿元,显示出量化投资在国内市场的强劲发展势头。

(2)公募量化基金规模增长。近年来,公募量化基金也呈现出蓬勃增长态势,部分主动量化基金以优异的业绩表现,频频获得资金青睐,产品规模持续增长。

2.政策支持与市场环境优化

(1)资本市场规范化。中国资本市场正在逐步走向成熟,监管机构对资本市场的监管越来越规范,法律法规不断完善,资本市场的发展也将更加规范和透

明。这为量化投资的发展提供了更加良好的市场环境。

(2)金融工具丰富。国内资本市场可提供的金融工具日益丰富,如融券做空、中证 1000 股指期货等交易规则和衍生品的丰富和完善,将进一步推动量化行业的发展。

(3)全面注册制落地。全面注册制将提升市场可交易股票的数量,有助于量化机构更好地进行分散投资,进一步降低交易风险和策略之间的相关性,同时提升策略模型容量和执行效率。

3.技术进步与策略创新

随着大数据、人工智能等技术的不断进步,量化投资策略正在不断优化和改进,以帮助投资者更好地分析市场趋势,提高投资决策的准确性和效率。

(1)策略多样化。量化投资策略逐渐多样化,包括股票策略、多资产策略、市场中性策略和 CTA 策略等,以满足不同投资者的需求。

(2)机器学习模型应用。机器学习模型的逐渐广泛应用有望进一步提升量化模型的风险收益表现,为投资者提供更稳定的收益。

4.市场需求增长

(1)投资者需求增加。随着中国经济规模的增大和居民财富的增加,投资者的投资需求与日俱增。量化投资作为一种有效的资产配置工具,其市场需求将会不断增长。

(2)资产配置需求。量化投资与主观投资互为补充,为投资者提供了不同的投资体验和投资选择。量化投资产品能够帮助投资者更好地完善家庭的整体资产配置,有利于投资者资产的长期保值增值。

5.行业发展趋势

(1)头部效应。在一个自然竞争的行业中,头部效应是一个自然现象。随着量化投资行业的不断发展,头部量化私募的规模和影响力将进一步扩大。

(2)国际化发展。随着中国金融市场的不断开放,越来越多的国内投资者开始关注海外市场,并尝试通过量化投资技术实现跨国资产配置。这将推动量化投资技术的国际化发展。

总之,量化投资在我国的发展前景广阔,具有巨大的市场潜力和发展机遇。然而,也需要投资者和投资机构不断学习和创新,提高自身的技术水平和投资能力,以应对未来的竞争和挑战。

知识链接 15-3

数字经济

　　数字经济是指以数据资源作为关键生产要素、以现代信息网络作为重要载体、以信息通信技术的有效使用作为效率提升和经济结构优化的重要推动力的一系列经济活动。数字经济作为一个内涵比较宽泛的概念,凡是直接或间接利用数据来引导资源发挥作用,推动生产力发展的经济形态,都可以纳入其范畴。在技术层面,包括大数据、云计算、物联网、区块链、人工智能、5G 通信等新兴技术。在应用层面,"新零售""新制造"等都是其典型代表。

思考与练习

一、单项选择题

1.不属于量化投资的目标的是(　　　)。

A.追求投资收益　　B.增加交易难度　　C.降低交易成本　　　　D.减少投资风险

2.量化投资相比于传统投资的优势是(　　　)。

A.依赖人为判断　　　　　　　　　B.克服人性弱点

C.交易成本高昂　　　　　　　　　D.无法进行全市场监控

3.关于量化投资中策略模型的核心,以下描述正确的是(　　　)。

A.策略模型的核心是技术分析

B.策略模型的核心是基本面分析

C.策略模型的核心是数据分析和算法

D.策略模型的核心是市场情绪预测

4.量化投资策略的特点是(　　　)。

A.可复制性　　　　B.不可持续性　　　C.不重视风险管理　　D.入门门槛低

二、多项选择题

1.量化投资的核心包括(　　　)。

A.数学模型　　　　B.算法　　　　　　C.策略　　　　　　　D.市场情绪

2.关于量化投资的执行,以下描述错误的有(　　　)。

A.量化投资完全不需要人工干预

B.量化投资需要严格执行模型给出的投资建议

C.量化投资只适用于高频交易

D.量化投资只关注短期收益

3.量化投资的参与者包括(　　　)。

A.做市商　　　　　B.对冲基金　　　　C.投资银行　　　　D.券商

4.量化投资的策略包括(　　　)。

A.高频交易　　　　B.套利　　　　　　C.对冲　　　　　　D.指数增强

三、判断题

1.无风险套利是完全没有风险的。(　　　)

2.量化投资不需要人为参与。(　　　)

3.指数增强策略是指在对基准指数进行有效跟踪的基础上,通过主动管理试图获取超额收益,从而实现超越指数的投资回报。(　　　)

4.做市商就是券商。(　　　)

5.量化投资就是 AI 投资。(　　　)

四、简答题

1.什么是量化投资?

2.量化投资相比传统投资的优势有哪些?

3.量化投资中的"回测"是什么? 为什么重要?

4.量化投资面临的主要挑战有哪些?

5.量化投资策略包括哪些?

五、案例分析

当 ChatGPT 闯入金融圈

智能投顾是以人工智能为基础的一项专业的投资咨询服务,ChatGPT 这类 AI 机器人应用以后,能排除人的主观因素,提供更加客观的建议,还可以随着市场和环境的变化而不断演变创新。

能写研报、能生成代码、能写作业,还作得了诗……人工智能聊天机器人 ChatGPT 近日火爆"出圈",让人惊叹。不少金融机构也利用 ChatGPT 写企业宣传稿、行业研究报告,或进行投资者教育宣传、推广。

"在金融领域,ChatGPT 能够应用在欺诈检测和风险管理、算法交易和投资组合管理、客户服务与支持、信用评分和贷款承销、对金融市场的洞察和预测等方面,有着巨大的想象空间。"行业专家对记者表示。不过,上述行业专家指出,如何确保 AI(人工智能)生成的答案可靠,将是 ChatGPT 这类 AI 机器人落地金融领域的最大挑战。此外,对于瞬息万变的金融市场,AI 如果无法及时获取最新的信息并迭代模型,将作出落后于当前时点的判断,因此时效性也是 ChatGPT 类 AI 机器人落地金融领域的一大阻碍。

类似 ChatGPT 的 AI 技术,目前确实还存在不少风险,比如大规模使用网络公开数据训练模型,可能会使得意外泄漏的个人隐私信息留存在神经网络中,存在隐私风险。ChatGPT 模型使用人类的反馈来对模型进行调优,但这些反馈无法代表所有的人,这也给模型带来了统一的有偏好的价值判断,存在一定的道德风险。ChatGPT 已经能对很多问题做出精彩回答,但依然可能生成符合人类语言习惯但不符合事实的回答。因此在使用相关 AI 模型时,需要有足够的辨别能力,盲目信任存在风险。

资料来源:ChatGPT 闯入金融圈,对量化投资、智能投顾影响几何?[EB/OL].(2023-02-10)[2024-07-03]. https://m.thepaper.cn/baijiahao_21880499.

案例思考:当 ChatGPT 参与量化投资,会对量化投资产生哪些影响?

思政点拨:在金融创新的过程中,特别是引入 AI 等新技术时,要如何防范风险?

六、实训课堂

1.实训目标:了解新型投资方法的原理,了解相关产品设计理念.

2.实训操作:选择一种新型投资方法,并查找其代表性产品,向身边的人进行推介。

第十五章

思考与练习参考答案

参考文献

[1]邢天才,王玉霞.证券投资学[M].6版.大连:东北财经大学出版社,2022.

[2]中国证券业协会.金融市场基础知识[M].北京:中国财政经济出版社,2022.

[3]吴晓求.证券投资学(精编版)[M].5版.北京:中国人民大学出版社,2021.

[4]董雪梅,姜睿.证券投资学教程(慕课版)[M].北京:清华大学出版社,2021.

[5]林青.证券投资学[M].上海:上海财经大学出版社,2015.

[6]中国基金业协会.证券投资基金(上册)[M].2版.北京:高等教育出版社,2015.

[7]中国基金业协会.中国证券投资基金业年报(2023)[M].北京:中国财政经济
    出版社,2023.

[8]韩复龄.证券投资学[M].3版.北京:首都经济贸易大学出版社,2015.

[9]曹凤岐,刘力,姚长辉.证券投资学[M].3版.北京:北京大学出版社,2013.

[10]陈永生.证券投资原理[M].3版.成都:西南财经大学出版社,2020.

[11]罗频宇.证券投资学[M].天津:天津大学出版社,2015.

[12]李建华,郭晓玲.证券投资学[M].北京:经济管理出版社,2014.

[13]姚军,赵宇.证券交易原理与实务[M].北京:清华大学出版社,2020.

[14]张华,刘畅.证券交易技术分析实战技巧[M].北京:中国市场出版社,2020.

[15]贾奇,张新.证券投资分析[M].北京:机械工业出版社,2021.

[16]王志刚.证券分析方法与技术[M].北京:中国金融出版社,2021.

[17]田颜.证券交易技术分析[M].北京:中国财政经济出版社,2021.

[18]汪丁丁,李巍.金融市场与证券交易[M].北京:北京大学出版社,2021.

[19]戴锦.新编证券投资学[M].北京:北京交通大学出版社,2016.

[20]马小南,刘娜.证券投资学[M].北京:清华大学出版社,2013.

[21]证券业从业人员一般从业资格考试编写组.金融市场基础知识应试指导:精
    华版[M].北京:中国铁道出版社,2016.

[22]高广阔.证券投资理论与实务[M].上海:上海财经大学出版社,2020.

[23]周春喜.投资与理财[M].杭州:浙江工商大学出版社,2023.

[24]本杰明·格雷厄姆.聪明的投资者[M].王中华,黄一义,译.4版.北京:人民

邮电出版社,2016.

[25]刘用明,战松,肖慈方.证券投资学[M].北京:科学出版社,2016.

[26]黄运武.现代企业制度大辞典[M].武汉:武汉工业大学出版社,2001.

[27]林大千.老百姓看得懂的银行理财产品:术语解析、常见风险与购买技巧
[M].北京:电子工业出版社,2018.

[28]赵鹏程.证券投资实验教程[M].2 版.北京:中国人民大学出版社,2018.

[29]刘彦文,王敬.证券投资学[M].北京:清华大学出版社,2016.

[30]栗民智.国际期货操盘盈利核心密码[M].广州:广东人民出版社,2019.

[31]龙飞.股票投资理财 1000 个不可不知的小知识[M].北京:人民邮电出版
社,2019.

[32]金丹.证券投资学[M].北京:中国金融出版社,2022.

[33]爱德华兹,迈吉,巴塞蒂.股市趋势技术分析[M].万娟,郭烨,姚立倩,等译.
10 版.北京:机械工业出版社,2017.

[34]金融联考系列辅导丛书编委会.金融联考:考试辅导指南[M].北京:中国人
民大学出版社,2009.

[35]刘少波.证券投资学[M].广州:暨南大学出版社,2017.

[36]杨长江,张波,王一富.金融学教程[M].上海:复旦大学出版社,2020.

[37]财政部会计财务评价中心.财务管理[M].北京:经济科学出版社,2023.

[38]刘颖.证券投资学[M].4 版.北京:人民邮电出版社,2024.

[39]刘俊彦,张志强.证券投资学[M].北京:中国人民大学出版社,2022.

[40]中国证监会股票发行注册制改革领导小组办公室.全面实行股票发行注册
制制度规则汇编[M].北京:新华出版社,2023.

[41]证券业从业人员一般从业资格考试编写组.金融市场基础知识应试指导:精
华版[M].北京:中国铁道出版社,2016.

[42]李子睿.量化投资交易策略研究[D].天津:天津大学,2013.

[43]忻海.解读量化投资:西蒙斯用公式打败市场的故事[M].北京:机械工业出
版社,2010.

[44]李必文.AI 量化投资[M].北京:清华大学出版社,2022.

[45]李翀.论重新定义货币供给量的必要性[J].福建论坛(人文社会科学版),
2024(4):45-57.

[46]张学勇,陶醉.收入差距与股市波动率[J].经济研究,2014(10):152-164.

[47]阳丹.经济周期与企业研发效率[J].产业经济研究,2023(6):87-99.

应用型本科经管系列教材

财务会计类

财务报表编制与分析
财务共享综合实务
财务管理学
财务建模与可视化
成本管理会计
成本会计
风险管理与内部控制
管理会计
会计模拟实验
会计学(非会计专业用)
会计学基础仿真实训
会计学科专业导论
会计学原理
Python 在企业财务中的应用
企业会计综合实验
审计学(非审计专业用)
审计学原理
业财一体信息化应用
中级财务会计

工商营销类

电商直播运营
短视频直播运营
服务管理
国际管理:赋能全球企业变革
绩效管理
健康管理学
客户关系管理
企业数字化战略变革案例集
商务礼仪
市场调查与预测
市场营销学
数智时代的市场营销理论与实务
数字营销
数字资产管理与综合实践
网络营销
文旅直播理论与实务
项目策划
消费心理学
新媒体营销
营销策划

经济贸易类

电子商务概论
国际结算
国际经济学
国际贸易实务
国际贸易学
国际市场营销
跨境电子商务
品牌管理
数字经济概论
数字经济理论与实务
数字经济学基础
数字贸易
数字贸易规则
统计学
自贸区发展学

金融投资类

保险金信托与财富传承概论
大数据金融
公司金融学
供应链金融
货币金融学
货币银行学
金融风险管理
金融市场学
金融学
金融衍生工具
商业银行经营管理理论及案例解读
投资学
投资银行理论与实务
投资组合理论与实务
证券投资学

物流类

仓储与配送管理
数智化沙盘模拟实验
物流成本管理
物流系统规划与管理
物流系统建模与仿真——案例与模型
现代物流学概论
运营管理
智慧供应链管理
智慧物流管理